KB220426

차동엽 신부의 주일 복음 묵상 가해

눈이 열려

(루카 24,31)

차동엽 신부의 주일 복음 묵상 가해

눈이 열려

(루카 24,31)

위즈앤비즈
Wisdom & Vision

나의 눈을 여시는 주님의 말씀

어떻게 하면 우리는 주님께 대한 사랑으로 불타오를 수 있을까요? 또 주님의 한없는 은총 속에서 행복할 수 있을까요? 저는 이 질문에 대한 해답을 故 차동엽(노르베르토) 신부님의 복음에 대한 열정에서 찾을 수 있었습니다.

미래사목연구소장직(2019년)을 맡으면서 차 신부님이 그동안 충실히 행하셨던 여러 업무들을 파악하게 되었습니다. 곧 사목과 관련된 다양한 책을 집필하고 잡지를 기획하고 출판하며, 수많은 강연 활동에 대한 업무들이었습니다.

그중에서도 오랜 시간 동안 신부님이 무척이나 열정을 가지고 행했던 작업이 있었습니다. 그것은 다름 아닌 주님의 기쁜 소식(복음)을 전하는 일이었습니다. 신부님의 모든 일에서 '복음 선포'의 사명이 뚜렷이 나타나지만, 특별히 ('사명'이라 부르고 싶은) 이 일을 통해 신부님은 '주님 말씀의 체험'을 많은 사람에게 전하고, 그것을 뜨겁게 나누고 싶었으리라 생각합니다.

그 이유는 복음을 묵상하고 선포하는 일이 무엇보다 신부님께서 매 강연과 저서에서 그토록 강조했던 '희망'의 근원이었기 때문입니다. 또한 신부님 자신이 복음을 통해 주님의 현존을 뜨겁게 체험했고, 주님을 충실히 따르는 이에게 약속하신 구원을 확신하게 되었기 때문입니다. 그리고 말씀을 통해 주님께 받은 충만한 위로와 기쁨의 체험이 복음을 전하고자 하는 마음을 불타오르게 했을 것이기 때문입니다.

실제로 차 신부님은 2005년부터 『차동엽 신부의 '신나는' 복음 묵상』을 통해 복음 말씀을 전했고, 2019년 11월 선종하기 전까지도 원고를 집필하며 녹음까지 충실히 마치셨습니다. 신부님은 이렇게 14년간을 한 주도 빠지지 않고 오직 복음에 대한 열정으로 수많은 사람들과 소통하며, 주님 말씀을 기쁘게 전하는 데 최선을 다했습니다.

하지만 『차동엽 신부의 '신나는' 복음 묵상』은 아쉽게도 회원제로 전달되어 단행본으로는 출간되지 않았습니다. 그런데 신부님의 업무를 이어받아 『신나는 복음 묵상』의 원고를 작성하고 녹음하면서, 그동안 쌓인 신부님의 귀한 원고를 열람할 수 있었습니다. 그 원고들을 보면서 신부님이 주님을 얼마나 사랑하셨으며, 복음에 대한 열정으로 얻게 된 체험을 사람들과 얼마나 나누고 싶어하셨는지를 깊이 느낄 수 있었습니다. 이런 차 신부님의 복음 사랑과 그 열정을 더 많은 사람들과 함께 나누고 싶어서 신부님의 '주일 복음 묵상집'을 엮게 되었습니다.

차 신부님의 '주일 복음 묵상집'은 앞으로 전례력(가나다해)에 맞게 총세 번에 걸쳐 출판될 예정입니다. 이번 묵상집은 첫 번째 묵상집으로, 제목은 "눈이 열려"(루카 24,31)입니다. 이 제목은 부활하신 예수님께서 엠마오로 가는 두 제자에게 나타나신 이야기(루카 24,13-35 참조)를 토대로, 우리가 주일 복음을 묵상하면서 주님을 알아 뵙고 온전히 주님만 바라볼 수 있기를 바라는 마음을 담고 있습니다.

묵상집은 각 주일의 복음 내용을 전체적으로 볼 수 있으며, 복음의 맥을 짚는 '말씀의 숲'과 렉시오 디비나_{Lectio Divina}를 통해 선택된 해당 주일 복음의 세 문장에 대한 깊은 묵상이 담겨 있는 '말씀 공감', 그리고 차 신부님의 특별한 '기도'로 구성되어 있습니다.

차동엽 신부님의 '주일 복음 묵상집'을 통해 많은 분들이 복음의 맛을 깊이 느끼고 주님께 대한 사랑이 불타오르길 간절히 소망합니다. 이 묵상집은 분명 복음 말씀을 통해 주님께 더 가까이 가는데 길잡이 역할을 해 줄 것입니다. 끝으로 주님께서 복음 말씀을 깊이 맛들이고 그 말씀대로 충실히 살아가는 이들에게 내리시는 은총이 여러분에게 충만하길 진심으로 기도합니다.

엮은이 김상인

목차

대림 제1주일: 마태 24,37-44

올 것에 대한 준비

"너희도 준비하고 있어라. 너희가 생각하지도 않은 때에
사람의 아들이 올 것이기 때문이다"(마태 24,44).

1. 말씀의 숲

어느덧 한 해가 돌아 전례적으로 새로운 해를 맞이했습니다. 오늘은
바로 대림 제1주일입니다. '대림待臨'이라는 말은 '올 것에 대한 준비'를 말
합니다. 바로 대림시기는 올 것을 기다리며 준비하는 시기입니다. 그래
서 오늘 복음 말씀은 우리에게 기다리는 자세에 대해서 알려주고 있습
니다.

그리스도인이 가장 기다려야 하는 날은 언제입니까? 바로 예수님께
서 다시 오실 날입니다. 이를 우리는 '재림'이라고 말합니다. 그런데 예
수님께서는 당신이 언제 다시 오실지는 아무도 모른다고 하셨습니다. 그
날은 구약 시대 노아의 홍수처럼 아무도 생각지도 못했던 때 닥칠 것입
니다. 그렇다면 우리는 언제인지도 모를 날을 어떻게 준비하고 기다려
야 할까요?

오늘 복음 말씀으로 들은 마태오 복음은 종말에 관한 예수님의 설교
중 한 부분입니다. 예수님께서는 '그날'에 대하여 묵시문학적으로 말씀
하십니다. 묵시문학의 특징은 장차 닥칠 미래에 대하여 관심을 가진다

는 것입니다. 그 이유는 현재 진행되고 있는 역사에 대해서 비관적인 관점이 생길 때, 이 역사가 가도 가도 끝이 없을 때 묵시문학에 의지하여 이 현실을 이겨나가기 위함입니다.

오늘 복음 말씀은 세 부분으로 나눌 수 있습니다.

첫째, 사람의 아들의 재림 상황을 노아의 홍수에 비유함(마태 24,37-39 참조)

둘째, 데려감과 버려둠(마태 24,40-41 참조)

셋째, 돌아오는 주인과 도둑의 침입 비유(마태 24,42-44 참조)

'사람의 아들의 재림'은 두 가지 상반된 성격을 가지고 있습니다. 하나는 고통과 멸시 속에서 주님을 기다리던 모든 제자들에게 기쁨과 영광의 기대를 안겨주는 대망의 날입니다. 항상 깨어 기다리는 이는 주님의 구원을 받을 것입니다. 다른 하나는 방심 속에 생활하다가 갑자기 들이닥치는 날입니다. 복음에는 귀도 기울이지 않고 그저 당장 먹고 사는 데에만 온 힘을 기울이던 이들은 이날에 구원을 받지 못하게 될 것입니다. 이 때에는 밭에서 가라지와 곡식을 가려내듯 옳은 사람과 옳지 못한 사람들을 갈라놓을 것입니다.

"수확 때에 내가 일꾼들에게, 먼저 가라지를 거두어서 단으로 묶어 태워 버리고 밀은 내 곳간으로 모아들이라고 하겠다"(마태 13,30).

그 옛날 노아 시대에는 온 인류가 타락했기 때문에 홍수가 일어났습니다. 그러나 여기서는 일반적인 인간 생활에 대해서만 이야기할 뿐, 인류의 타락에 대해서는 언급이 없습니다. 여기서 강조되는 것은 생활의 일상성입니다. 우리가 생각해야 할 것은 죄를 벌하기 위해 찾아오시는 주님의 재림이 아니라, 우리의 일상생활을 중단시키는 갑작스러움입니다.

노아 시대의 사람들은 일상생활을 탐닉한 나머지 홍수의 심판을 예상하지 못했습니다. 사람의 아들이 다시 오실 때도 이와 같이 예측할 수 없습니다. 그 때에는 들에서 일하고 있는 두 사람 중에서 한 사람은 구원을 받고, 한 사람은 파멸을 당하여 서로 결별하게 될 것입니다. 이에 대한 판단 기준은 사람의 아들이 올 것에 대하여 얼마나 준비를 했는가, 그렇지 않은가입니다. 맷돌질을 하는 두 여인의 경우에도 그러합니다.

그러므로 주님이 언제 오실지 모르기 때문에 너무 일상생활에 집착하여 그 날을 잊지 말아야 합니다. 그렇기 위해서는 항상 깨어 있어야 합니다. 이 깨어 있음은 도둑이 집을 뚫고 들어오지 못하도록 대비하는 것과 같습니다.

2. 말씀 공감

■ 자기성찰의 달란트

> "홍수 이전 시대에 사람들은 노아가 방주에 들어가는 날까지
> 먹고 마시고 장가들고 시집가고 하면서, 홍수가 닥쳐
> 모두 휩쓸어 갈 때까지 아무것도 모르고 있었다"(마태 24,38-39).

이 말씀을 통하여 주님께서는 노아 때의 일을 반면교사로 삼아 주님의 재림을 대비하여 깨어 있을 것을 당부하십니다.

주님께서는 먼저 홍수 이전, 곧 노아가 방주에 들어갈 때까지 사람들이 살았던 모습을 간략히 서술하고 있습니다. 곧 사람들은 그때까지 "먹고 마시고 장가들고 시집가고" 하였습니다. 이러한 행동들은 사람들

이 살아가면서 가장 기본적으로 행하는 것들입니다. 그 자체로는 문젯거리가 아니라는 얘기입니다. 그럼에도 이런 것들이 문제로 부각되고 있는 것은 그 도가 지나쳤음을 암시합니다. 그 시대 사람들은 이런 것들에 빠져 흥청망청하면서 방탕하게 살았던 것입니다.

더욱이 그들은 그러느라고 "홍수가 닥쳐 모두 휩쓸어 갈 때까지" "아무것도 모르고" 있었습니다. 이는 그 일상생활이 마치 전부인 것으로 착각하고 살면서 자신들의 삶의 방식에 대해 전혀 성찰 없이 살았던 영적 부주의와 태만, 나아가 하느님께서 내리시는 징조에 대한 무지가 더 문제였음을 드러내 줍니다. 결과는 한 마디로 대홍수의 파국이었습니다.

이런 노아 때와 같은 일이 "사람의 아들이 다시 오실 때" 벌어질 것임을 예수님께서는 경고하십니다.

"사람의 아들의 재림도 그러할 것이다"(마태 24,39).

그러기에 예수님의 궁극적인 메시지는 "깨어 있으라"는 요지로 귀결됩니다.

"그러니 깨어 있어라. 너희의 주인이 어느 날에 올지 너희가 모르기 때문이다"(마태 24,42).

여기서 깨어 있음의 관건이 되는 것은 자기성찰 기준과 능력입니다.

우선, 자기성찰 기준이 올발라야 합니다. 예를 들어 그리스도교의 성찰 기준은 일단 십계명입니다. 하나하나 짚어볼수록 너와 나 우리 모두를 충족시켜주는 행복의 정석입니다. 하지만 무속신앙의 성찰기준은 자고로 '다다익선多多益善', 곧 '많을수록 좋다'입니다. 저들에게는 윤리고 도덕이고 없어 그저 수단과 방법을 가리지 않고 무엇이든 많이 가지는 것이 선입니다. 우려스러운 것은 이 영향으로 현대인의 대대수 자기성찰 기준이 너무 왜곡되고 오염되어 있다는 사실입니다. 그러니 이 양심으로 아무리 자기성찰을 꾀한들 아무리 공공연한 중죄도 가책이 되지 않는 것입니다. 참으로 불행한 진실입니다만, 나이가 들수록 이런 양심을 치유하기란 "낙타가 바늘귀를 통과하는 것보다 더 어렵다"는 것이 지혜의 안목입니다.

다음으로, 뇌과학자들은 사람의 자기성찰 능력은 태어나면서 일정하게 정해져 있다고 합니다. 그런데, 성찰 능력이 부족한 사람은 남의 죄를 들추고, 성찰 능력이 충분한 사람은 자신의 죄를 되짚어 본다는 것입니다. 그러기에 아무리 성찰 기준이 고상해도, 자기성찰 능력이 부족한 사람은 그 혹독한 기준을 자신에게가 아니라 남에게만 들이댑니다.

이렇게 봤을 때, '깨어 있음'도 건강한 깨어 있음과 병든 깨어 있음으로 구분되는 것이라 하겠습니다. 곧 올바른 성찰 기준에 비추어 깨어 있는 자와 병든 성찰 기준에 비추어 깨어 있는 자로 갈립니다.

이런 전체성을 견지하면서 우리는 깨어 있음을 말하고 도모할 수 있어야 합니다. 그런데, 자랑스럽게도 우리 가톨릭 신앙인에게는 말씀과 십계명이라는 절대 성찰 기준이 있습니다. 남은 한 가지 과제는 이 성찰 기준에 비추어 얼마나 잘 성찰할 것이냐겠죠.

■ 나는 어느 하나일까

> "두 여자가 맷돌질을 하고 있으면,
> 하나는 데려가고 하나는 버려둘 것이다"(마태 24,41).

오늘 예수님의 말씀을 가만히 묵상하다보니 만일 나와 같이 생활하던 사람이 주님께서 오시는 날 나와 다른 길을 가게 되면 얼마나 안타까울까 생각을 하게 됩니다. 만일 내가 구원받았는데 친하게 지내던 사람, 또는 가족들 중에서 누군가 구원을 받지 못한다면 얼마나 안타깝겠습니까? 또는 다른 사람들은 구원을 받았는데 나만 구원을 못 받는다면 얼마나 슬프겠습니까? 그런데 오늘 예수님께서 하시는 말씀은 일상생활 속에서 우리와 함께 일하던 사람이라도 구원을 받을 수도, 받지 못할 수도 있다는 것을 말해줍니다.

"두 사람이 들에 있으면, 하나는 데려가고 하나는 버려둘 것이다. 두 여자가 맷돌질을 하고 있으면, 하나는 데려가고 하나는 버려둘 것이다"(마태 24,40-41).

이 이야기에 나오는 사람들, 들에 나가 일하던 두 사람이나, 맷돌질을 하던 두 여인은 모두 일상생활을 별스런 차이 없이 하던 사람들이었습니다. 그런데 한 사람은 내버려 두고, 한 사람만 데리고 간다는 것은 무슨 말이겠습니까? 바로 데려가는 사람은 구원받을 사람이고, 버려두는 사람은 구원을 받지 못한다는 말입니다. 어째서 이런 일이 벌어지는 것일까요? 여기에는 분명히 '들 일'을 하거나 '맷돌질'을 하는 일상생활 말고도 우리가 구원받는 기준이 다른 데 있음을 알려줍니다.

우리는 그 예를 예수님께서 앞에서 말씀하신 노아에게서 볼 수 있습니다. 노아 역시 그 당시 사람들이 생활하던 그 방법대로 살았습니다. 그들과 같이 일하고, 먹고, 결혼하고, 잠을 잤습니다. 하지만 그가 그 당시 사람들과 다른 점이 있었다면 그것은 바로 하느님과 함께 살아갔다는 것입니다.

'하느님과 함께 살아간다는 것', 그것은 과연 어떠한 삶일까요?

2007년 4월 22일자 『가톨릭평화신문』에 실린 한 할머니에 대한 기사가 이 질문에 대한 답을 주는 것 같습니다. "김남희 할머니, '영세 환갑'

기념잔치 화제"라는 제목이 붙은 기사 내용을 소개하도록 하겠습니다.

　　1947년 정해년丁亥年에 태어난 이들은 올해 환갑을 맞는다. 하지만 환갑을 16년이나 넘긴 할머니가 올해 특별한 환갑잔치를 열어 화제다.

　　김남희(로사, 서울 상계동본당) 할머니는 12일 서울의 한 음식점에서 나이 환갑이 아닌 '영세 환갑(60주년)'을 기념해 잔치를 열었다. 김 할머니는 자신의 나이보다는 '하느님의 자녀'로 태어난 나이가 진짜 나이라고 여길 만큼 신앙심이 깊다.

　　할머니는 영세 후 60년 동안 거의 빠지지 않고 미사 봉헌으로 하루를 열었다. 2만1783일. 할머니가 16살 때 세례를 받은 후 지금까지 미사에 참례한 날 수다. 신앙생활 60년 중에 겨우 117일만 빼고 모두 성당에서 아침을 맞았다. 몸이 안 좋거나 새벽에 일이 있었던 날만 빠졌다.

　　할머니는 레지오 마리애 단장만 20여 년을 지냈다. 또 본당 노인기도 모임인 '성심회'를 창단, 초대 단장을 맡는 등 본당 일이라면 두 팔을 걷어붙였다. 선교에도 남다른 열정을 보여 지금까지 300명이 넘는 사람들을 입교시켰다. 1997년에는 한 해 동안만 46명을 하느님의 자녀로 만들었다. 대녀 중 살아있는 이들만 68명이다.

　　또한 봉사에도 앞장서 홀몸노인 임종을 돕거나 몸져누운 이들을 위해 죽을 쑤어 입에 떠먹여 주기도 했다. 할머니의 인생 전부가 기도와 봉사였다고 해도 과언이 아니다. 그래서 할머니 신심과 선행을 아는 이들은 할머니에게 각별한 사랑과 존경을 표한다.

　　하지만 할머니 인생은 고난의 연속이었다. 1931년생인 할머니는 6·25때 징병 당한 남편을 잃고 20대에 과부가 됐다. 홀로 딸 하나를 키우면서 남편 잃은 한恨을 신앙으로 견디며 평생을 살아왔다. 1993년에는 직장암 3기 판정을 받아 의사로부터 "가망이 없으니 준비하라"
는 얘기까지 들었으나 기적과 같이 암이 나았다. 할머니는 "이제부터
의 삶은 모두 하느님께서 주신 것이니 하느님께 봉헌하는 삶을 살겠
다"는 약속을 했다. 지금도 그 약속을 굳게 지키며 살고 있다.[1]

특별히 김 할머니가 특출난 신앙생활을 한 것은 아닙니다. 그리고 꼭
신앙생활을 이렇게 해야 한다는 것도 아닙니다. 우리는 모두 각자의 방
식으로 '하느님과 함께하는' 신앙생활을 할 수 있습니다. 하느님과 함께
하려면 무엇보다도 먼저 하느님의 말씀에 귀를 기울이는 자세가 필요합
니다. 다음으로 그 말씀을 순명하는 자세가 필요합니다. 이것은 억지로
해서도 안 됩니다. 신나서 기쁘게 해야 합니다. 의무가 아니라 사랑으로
하는 것입니다.
　우리 모두가 이러한 삶의 주인공이기를 바랍니다. 그리하여 주님께서
데려가시는 하나에 속하시기 바랍니다.

■ 언제일지 모르는 그때인 것처럼

> "너희도 준비하고 있어라. 너희가 생각하지도 않은 때에
> 사람의 아들이 올 것이기 때문이다"(마태 24,44).

예수님의 오심을 맞이하기 위해 우리에게 요구되는 태도는 기본적으
로 두 가지입니다.
　깨어 있음과 준비! 이 두 가지가 도둑처럼 아무도 모르는 때에 오시
는 주님의 왕림을 대비하는 우리의 기본자세인 것입니다.

깨어 있음에 대해서는 바로 앞에서 "아무것도 모르고 있었다"는 말씀을 성찰하면서 함께 묵상해 보았습니다. 이제 주님께서는 "준비"에 대해서도 언급해 두십니다.

"그러니 너희도 준비하고 있어라. 너희가 생각하지도 않은 때에 사람의 아들이 올 것이기 때문이다"(마태 24,44).

여기서 "준비"는 사실상 앞에 언급된 '깨어 있음'과 겹치는 말입니다. 다만 '깨어 있음'이 주님께서 오시는 때를 놓치지 않고 또 주님의 정체를 알아 모실 수 있도록 영적으로 각성하는 것에 강조점을 두고 있는 반면, "준비"는 주님 맞이에 합당한 자격과 정성을 갖추는 것에 방점을 두고 있다 할 것입니다.

깨어 있어도 준비가 미비하면 낭패를 면하기 어렵습니다.

준비는 되어 있되 깨어 있지 않아도 때를 놓쳐 구원의 기회를 상실하고 말 것입니다. 그러므로 둘 다 필요한 것입니다.

그렇다면 어떻게 준비할 것인가? 1416년 이탈리아 파올라Paola에서 태어나 은수자회를 설립하고 1507년 선종한 파올라의 성 프란치스코St. Francis of Paola는 편지글을 통하여, 그 준비에 요구되는 부분적인 요건을 다음과 같이 제시합니다.

> 가장 너그러이 갚아 주시는 우리 주 예수 그리스도께서 여러분의 노고에 상을 내려 주시기를 기원합니다.
>
> 여러분은 악을 피해 달아나고 위험들을 몰아내십시오. 우리와 우리 모든 형제들은 비록 부당한 사람들이지만, 여러분이 영혼과 육신의 구원을 찾고 있는 동안 아버지 하느님과 성자 예수 그리스도와 동정 모친이신 마리아께서 여러분과 함께 계시기를 끊임없이 간구합니다.

형제들이여, 강력히 권고합니다. 여러분은 온갖 사려와 열성으로 힘써 영혼의 구원을 얻도록 하십시오. 죽음은 확실하고, 인생은 짧아 연기처럼 사라지고 맙니다. 우리에 대한 사랑으로 불타올라 우리를 구속하시고자 하늘에서 내려오신 우리 주 예수 그리스도의 수난에다 여러분의 마음을 고정시키십시오. 그분은 우리 때문에 영혼과 육신의 온갖 고통을 당하셨고, 어떤 고초도 피하지 않으셨습니다. 이렇게 하여 우리에게 인내와 사랑의 완전한 모범을 보여 주셨습니다. 그러므로 우리 역시 역경 가운데서도 인내심을 지녀야 합니다.[2]

짧은 글이지만 곰곰 곱씹어보면 준비의 진수가 될 만한 요건들로 빼곡합니다. 그대로만 준비해도 우리는 주님을 기쁨으로, 그리고 당당히 맞이할 수 있을 것입니다.

함께 기도하시겠습니다.

주님, 저희의 '알량한 노고에 상을 내려 주시기를' 희망하며, 매순간 '악을 피해 달아나고 위험들을 몰아내고자' 하오니, 저희를 도우소서.

주님, 오늘이 마치 언제일지 모르는 그때인 것처럼, '온갖 사려와 열성으로 힘써 영혼의 구원을' 위해 진력하고자 하오니, 저희를 도우소서.

주님, '죽음은 확실하고, 인생은 짧아 연기처럼 사라질 것'임을 명심하고, '주 예수 그리스도의 수난에' 우리의 마음을 고정시키고서 '역경 가운데에서도 인내심을 지니고자' 하오니, 저희를 도우소서.

우리 주 예수 그리스도를 통하여 비나이다. 아멘!

메타노이아

"회개하여라. 하늘 나라가 가까이 왔다"(마태 3,2).

1. 말씀의 숲

지난주 우리는 사람의 아들의 재림에 대한 이야기를 들었습니다. 사람의 아들이 언제 올지 알 수 없기 때문에 항상 깨어 기다리라는 말씀이었습니다. 그리고 오늘 대림 2주일 말씀 주제는 메시아의 출현에 대한 직접적인 약속입니다. 세례자 요한이 광야에 니다나 하느님의 말씀과 회개의 세례를 선포합니다. 이는 이사야 예언서에 기록된 예언이 성취된 것이라고 마태오 복음사가는 전해주고 있습니다.

세례자 요한은 구약 시대에 속하는 분으로 예수님의 오심을 본격적으로 준비한 분입니다. 마태오 복음에서 예수님의 족보와 잉태, 탄생, 성장에 관한 이야기(1-2장)을 제외한다면, 예수님에 대한 복음의 시작은 광야에서 세례자 요한의 출현과 함께 시작되는 것입니다. 하느님의 구원 역사에 있어서 그 중심은 예수 그리스도이십니다. 그러나 그 중심의 바닥에는 세례자 요한이 있습니다. 구원의 역사의 흐름으로 보면, 세례자 요한은 구약과 신약을 이어주는 다리 역할을 하고 있기 때문입니다. 곧 요한은 구약의 마지막 예언자이며, 동시에 신약을 준비한 선구자입니다.

마태오 복음 3장은 예수님께서 갈릴래아에서 공적으로 활동하시기 전 역사의 한 부분입니다. 3장은 크게 두 부분으로 나뉘어지는데, 3장 1 절부터 12절은 세례자 요한의 선포와 생활, 3장 13장부터 17절은 예수 님의 세례를 다루고 있습니다.

그리고 오늘 복음 말씀에 속하는 3장 1절부터 12절은 다시 두 부분 으로 나누어 볼 수 있습니다. 3장 1절부터 6절은 요한의 선포와 등장에 대하여, 3장 7절부터 12절까지는 바리사이파 및 사두가이파 사람들에 대한 요한의 심판 말씀이 전해집니다.

3장 1절부터 6절은 다시 두 부분으로 구분되는데, 1절부터 3절은 요 한의 선포에 관한 것이며, 4절부터 6절은 요한의 생활과 활동에 대한 소개로 나뉩니다. 후반부인 7절부터 12절도 두 부분으로 나뉩니다. 7절 부터 10절까지 회개의 필요성에 대한 말씀과 11절과 12절의 예수님께 대한 예고 말씀으로 말입니다.

이를 간략히 정리하면 다음과 같습니다.

첫째, 요한의 선포와 등장(마태 3,1-6 참조)

  1) 요한의 선포(마태 3,1-3 참조)

  2) 요한의 생활과 활동 소개(마태 3,4-6 참조)

둘째, 바리사이와 사두가이에 대한 심판 말씀(마태 3,7-12 참조)

  1) 회개의 필요성에 대한 말씀(마태 3,7-10 참조)

  2) 예수님께 대한 예고 말씀(마태 3,11-12 참조)

마태오 복음서에서 세례자 요한은 갑자기 등장합니다. 우리는 루카 복음서를 통하여 세례자 요한의 탄생에 대하여 듣게 됩니다. 그는 탄생에서부터 매우 특별한 모습을 보였습니다. 본래 그의 어머니 엘리사벳은 아이를 낳을 수 없는 여자였습니다. 그렇지만 하느님의 도우심으로 요한이 태어나게 되었습니다. 그의 부모님은 양가 모두 아론의 후손으로 사제 가문이었습니다. 만일 요한이 원하기만 했다면 편하고 안락한 삶을 살 수 있었습니다. 그러나 그는 스스로 고난과 역경의 길을 택했습니다. 그는 어느 정도 가정교육이 끝난 후 바로 광야로 나가서 지냈습니다.

광야에서 지내던 요한은 정해진 때가 되자 광야에서 하느님의 말씀을 선포하였습니다. 바로 하늘 나라가 다가왔으니 회개하라는 내용이었습니다. 그런데 그가 하느님의 말씀을 선포하고자 정했던 장소가 광야라는 것은 의미심장합니다. 당시 이스라엘 사람들은 메시아의 도래와 메시아의 행차 길을 닦으러 오는 특사가 자기 궁궐에 나타나리라고 믿었습니다. 그런데 그가 궁궐이 아닌 광야에 나타날 것이라고 누가 상상이나 했겠습니까?

세례자 요한이 선포한 메시지는 바로 회개하고 세례를 받으라는 내용이었습니다. 그래서 예루살렘을 비롯하여 유다 각 지방과 인근 지역의 모든 사람들이 요르단 강으로 그를 찾아가 세례를 받았습니다.

그때 바리사이와 사두가이파 사람들이 요한을 찾아왔습니다. 요한은 그들을 향하여 '독사의 자식들'이라고 맹렬한 비난을 쏟아부으며, "회개에 합당한 열매를 맺어라."(마태 3,8)라고 말합니다. 이는 예나 지금이나 한결같이 유효한 말씀입니다. 아브라함의 자손이라는 족보나 세례를 받았다는 증명서가 도래할 메시아의 심판을 피해갈 수 있는 보장이 되지 못하기 때문입니다.

그리고 이어서 세례자 요한은 장차 오실 분에 대하여 사람들에게 선포합니다. 세례자 요한은 그들에게 물로 세례를 베풀 뿐이지만, 장차 오실 그분은 성령과 불로 세례를 주시는 분입니다. 그렇기에 요한은 그분이 자신보다 더 큰 능력을 지녔다고 말합니다. 또한 그분은 심판자로서 "알곡은 곳간에 모아들이시고 쭉정이는 꺼지지 않는 불에 태워 버리실"(마태 3,12) 분이십니다.

2. 말씀 공감

■ 평화를 주소서

> "회개하여라. 하늘 나라가 가까이 왔다"(마태 3,2).

세례자 요한은 예수님의 첫 번째 오심, 곧 강생을 준비하기 위한 태도로 "회개"를 언급하고 있습니다. "하늘 나라가 가까이 왔다"는 말은 당시로서는 메시아의 시대가 도래했음을 알리는 표현인 것입니다. 항시 예수님 오심을 기다리는 우리에게도 이 회개의 요구는 여전히 유효합니다.

그런데 "회개하여라"라는 말로 번역되는 그리스어 동사 원형 '메타노에오metanoeo'는 '다르게, 달리'를 뜻하는 '메타meta'와 '생각하다'라는 '노에오noeo'의 합성어입니다. 그러기에 회개는 본디 생각을 고치는 것을 가리킵니다.

이 점이 바로 우리가 잠깐 머물러야 할 대목입니다.

신앙생활을 하면서 우리가 지속적으로 성장하려면 성경 말씀에 합치하는 낱말 이해를 갖추어야 합니다. 그러지 않고 주먹구구식으로 개념 파악을 해 두면, 영영 제자리걸음이 되고 맙니다. 마치 테니스나 골프를 배울 때 교재에 충실하게 학습하는 것과 어깨너머로 배워 얼치기로 학습하는 것 사이에 엄청난 결과의 차이가 빚어지듯이 말입니다.

이런 의미에서 우리가 "회개"라는 단어를 떠올릴 때, 우리는 일단 본디 성경이 뜻하는 의미로 '생각을 고쳐먹는 것'을 짚어봐야 합니다. 이렇게 사고방식과 사고지평을 성찰한 연후에 그와 관련하여 윤리적인 성찰, 나아가 영적인 성찰로 나아가야 하는 것입니다.

이런 까닭에 파올라의 성 프란치스코는 그의 편지글에서 "회개"를 권고하면서, 어떠어떠한 죄가 우리에게 해악을 끼치는 작동 원리를 소상히 설명해 주고 있습니다. 진정한 회개는 생각의 짧음을 깨닫고 보다 명료한 이해를 함으로써 출발하기 때문입니다. 그의 권고를 따라 함께 회개의 실마리를 확인해 보겠습니다. 그는 이렇게 씁니다.

미움과 적개심을 버리십시오. 거친 말을 삼가도록 하십시오. 그러나 만일 여러분의 입에서 한번 그런 말이 흘러 나왔다면, 그 말로 인해 생긴 상처를 치료해 줄 치료제를 같은 입으로 만들어 내는 데에 게으르지 마십시오. 이렇게 서로 용서해 주고 과거에 당한 일을 영원히 잊어버리도록 하십시오.

당한 일을 잊지 않고 간직하는 것은 상대방에 대한 모욕이며 분노가 가져다주는 결과이고 죄를 간직하는 것이며 정의에 대한 증오입니다. 그것은 녹슨 화살이고 영혼의 독소이며 덕의 파멸이고 정신을 좀먹는 벌레요 기도의 방해물입니다. 그것은 또한 우리가 하느님께 바치는 청원들을 무효화하고 사랑을 몰아냅니다. 당한 일을 잊지 않고 간직하는 것은 또한 영혼에 박힌 가시요 결코 잠자지 않는 악이며 끝이 없는 죄이고 날마다 겪는 일종의 죽음입니다.

평화를 사랑하십시오. 그것은 누구나 갈망할 수 있는 가장 귀한 보물입니다. 여러분은 우리 죄가 하느님을 분노케 해드린다는 것을 알고 있습니다. 자비로우신 하느님께서 여러분을 용서해 주시도록 회개하여야 합니다. 우리가 사람들에게 숨기는 것도 하느님께는 환히 드러나 있습니다. 그러니 진실한 마음으로 회개하십시오. 주님의 축복을 얻을 수 있게끔 살아가십시오. 우리 아버지 하느님의 평화가 항상 여러분 안에 깃들기를 바랍니다.[3]

이 편지글은 우리에게 무엇을, 왜, 그리고 어떻게 회개해야 하는지를 잘 일러줍니다. 또박또박 읽어보면 이 글은 우리 신앙생활에 결정적으로 필요한 요소들을 짜임새 있는 논리를 따라 언급하면서 설득력을 발휘하고 있습니다.

예를 들어, 이 편지글은 미움, 적개심, 거친 말 등은 "하느님께 바치는 청원들을 무효화하고 사랑을 몰아낸다"는 사실을 깨닫게 함으로써 우리를 호소력 있게 회개에로 이끌어줍니다. 또한 죄는 어느 경우에도 하느님을 진노케 하니 얼른 회개하여 용서를 얻음으로 평화를 누리도록 우리에게 권면하고 있는 것입니다.

■ 오롯한 봉헌금

> **"회개에 합당한 열매를 맺어라"**(마태 3,8).

세례자 요한은 바리사이와 사두가이가 자기에게 세례를 받으러 오는 것을 보고 단단히 경고합니다.

"독사의 자식들아, 다가오는 진노를 피하라고 누가 너희에게 일러 주

더냐? 회개에 합당한 열매를 맺어라"(마태 3,7-8).

이 말씀은 세례자 요한이 기득권에 대한 집착과 영적 타성에 젖은 바리사이와 사두가이들의 적폐를 꿰뚫어보고 있었음을 드러내 줍니다. 저들이 아무리 자진하여 회개의 표시로서 세례를 청하여 받는다 해도, 구태와 악습을 뜯어고치지 않는 한 의미가 없음을 세례자 요한은 직시하고 있었던 것입니다.

여기서 "합당한 열매를 맺어라"라는 경고는 "하느님께 돌아와 회개에 합당한 일들"(사도 26,20)을 실행해야 한다는, 곧 영적 결실을 맺어야 한다는 것을 의미합니다.

이를 우리 가톨릭 신자들의 신앙 생활에 적용하면 이런 말이 됩니다.

"하느님 앞에 당당히 설 수 있도록 항상 자신을 살피라.

죄, 특히 대죄가 보이거들랑 심령으로 통회하고 고해성사를 보라.

반드시 보속을 행하고 감사기도를 바치라.

그런 연후엔 '결실'이다.

그 은혜의 상태에서 새 삶을 살아, 믿음과 희망과 사랑의 결실을 맺으라.

믿음의 결실은 이런 것이다. 무엇을 도모하건, 먼저 하느님 아빠께 뜻을 여쭙고 기도로써 실행하여, 일궈낸 결과물.

희망의 결실은 이런 것이다. 궁극적으로 하느님께 희망을 두어, 어떤 절망적 상황도 희망의 말과 희망의 행위로써 견뎌내는 것.

사랑의 결실은 이런 것이다. 하느님을 향한 끔찍한 사랑으로 작고 낮은 자리에 있는 이들까지 보듬어 맺어진 자비와 선행.

이 세 가지 결실이 하느님 아빠께서 가장 기쁘게 받아주시는 우리의 봉헌이다."

그렇습니다. 이렇게 요약하여 기억할 때 우리가 회개의 결실을 풍요롭게 맺지 않을까 하는 것입니다. 물론, 그 결실들은 대자연의 과실들처럼 온갖 색깔을 뽐낼 것입니다.

■ 안심하지 말라

> "'우리는 아브라함을 조상으로 모시고 있다.'고 말할 생각일랑
> 하지 마라"(마태 3,9).

독일 뤼벡Lübeck 교회의 낡은 돌판에 다음과 같은 글이 새겨져 있다고 합니다(작자 미상).

너희가 나를 주라 부르면서도 따르지 않고
너희가 나를 빛이라 부르면서도 우러르지 않고
너희가 나를 길이라 부르면서도 걷지 않고
너희가 나를 삶이라 부르면서도 의지하지 않고
너희가 나를 슬기라 부르면서도 배우지 않고
너희가 나를 깨끗하다 하면서도 사랑하지 않고
너희가 나를 부유하다 하면서도 구하지 않고
너희가 나를 영원이라 하면서도 찾지 않고
너희가 나를 어질다 부르면서도 오지 않고
너희가 나를 존귀하다 하면서도 섬기지 않고
너희가 나를 강하다 하면서도 존경하지 않고
너희가 나를 의롭다 하면서도 두려워하지 않으니,
그런 너희를 꾸짖어도 나를 탓하지 마라.

이 글은 우리의 신앙생활을 반성하게 합니다. 이 글은 우리의 묵상 주제인 "'우리는 아브라함을 조상으로 모시고 있다.'고 말할 생각일랑 하지 마라."(마태 3,9)라는 말씀과 상통합니다. 곧 스스로는 아브라함의 후손이라고 말하면서 아브라함의 후손답게 올바른 믿음으로 살지 못하고 있다는 사실을 볼 수 있게 해 줍니다. 스스로 뭐뭔 체 하지만 실상 내용은 충실하지 못한 경우가 나 자신에게서 얼마나 자주 발생하는지 성찰하게 해 줍니다.

그러므로 자만은 금물입니다. 주저앉음도 게으름도 금물입니다. 답습도 타성도 관행도 금물입니다. 자칫하면 저 옛날 소아시아의 라오디케이아 교회에 떨어졌던 불호령이 '가톨릭'을 자부하는 우리에게 떨어질 수도 있습니다.

"나는 네가 한 일을 안다. 너는 차지도 않고 뜨겁지도 않다. 네가 차든지 뜨겁든지 하면 좋으련만! 네가 이렇게 미지근하여 뜨겁지도 않고 차지도 않으니, 나는 너를 입에서 뱉어 버리겠다. '나는 부자로서 풍족하여 모자람이 없다.' 하고 네가 말하지만, 사실은 비참하고 가련하고 가난하고 눈멀고 벌거벗은 것을 깨닫지 못한다"(묵시 3,15-17).

이는 오늘 우리를 두고 하는 말씀입니다. 우리는 '가톨릭' 신자임에 자긍심을 갖고 스스로 '풍족하여 부족한 것이 조금도 없는 듯'이 살아가지만 혹시 '비참하고 불쌍하고 가난하고 눈멀고 벌거벗은' 것이 우리의 실제 모습은 아닌지 냉철하게 돌아볼 줄 알아야 합니다.

대림시기를 지내는 지금 우리는 신앙생활을 다시금 뒤돌아봐야 할 것입니다. 얼마나 우리가 실천적인 믿음으로 주님께 가까이 가려고 노력하고 있는지 말입니다.

함께 기도하시겠습니다.

주님, 미움과 적개심에서 회개하오니 저희의 청원을 거두지 마소서.

주님, 이웃에게 상처를 입히는 거친 말에서 회개하오니 저희의 기도를 어여삐 들으소서.

주님, 주님을 진노케 한 악습과 죄들을 떨치고자 하오니 저희에게 평화를 주소서.

우리 주 예수 그리스도를 통하여 비나이다. 아멘!

오실 분

"요한에게 가서 너희가 보고 듣는 것을 전하여라"(마태 11,4).

1. 말씀의 숲

세례자 요한은 이미 태어나기 전 어머니 태중에서 성모 마리아 태중의 구세주를 알아 보고 기쁨을 표시하였습니다. 예수님께서 세례받으러 자기에게 왔을 때에 세례를 베풀 사람과 받을 사람이 바뀌었다고 펄쩍 뛰면서 자기는 주님의 신발 끈을 풀어 드릴 자격조차도 없다고 고백하였고, 그때 하늘이 열리며 하느님의 아들임을 선포하는 목소리를 들었다고 증언하기도 하였습니다. 또 어느 날엔 예수님께서 오시는 것을 멀리서 보고 저 분이 세상의 죗값을 대신 짊어질 어린 속죄양이라고 제자들에게 증언했습니다. 그런 요한이 감옥에서 예수님에 대한 이야기를 전해듣고는 제자들을 시켜 예수님께 질문을 했습니다.

"오실 분이 선생님이십니까? 아니면 저희가 다른 분을 기다려야 합니까?"(마태 11,3)

대림 3주일을 보내는 우리는 다시금 우리가 기다리고 있는 분은 어떤 분이신지 생각을 해보아야 하겠습니다.

오늘 복음 말씀은 세 부분으로 나눌 수 있습니다.

첫째, 세례자 요한의 질문(마태 11,2-3 참조)

둘째, 예수님께서 세례자 요한에게 전하는 예언의 말씀들(마태 11,4-6 참조)

셋째, 예수님과 관계된 요한의 사명(마태 11,7-15 참조)

예수님의 태도는 세례자 요한이 광야에서 예수님에 대하여 선포하였던 강한 이미지와는 전혀 어울리지 않습니다. 요한은 심판자로 오실 메시아를 생각하고 있었기에 "손에 키를 드시고 당신의 타작마당을 깨끗이 하시어, 알곡은 곳간에 모아들이시고 쭉정이는 꺼지지 않는 불에 태워 버리실 것이다."(마태 3,12)라고 강하게 말했던 것입니다. 그런데 예수님의 설교는 부드럽고, 미움을 사랑으로, 잘못을 용서로 화해하는 관용의 설교였습니다. 그뿐 아니라 예수님의 생활은 일상생활에서 크게 벗어나지도 않았습니다. 세리와 죄인들과 어울렸던 것입니다. 예수님의 이러한 모습들은 요한의 생각과는 너무도 달랐습니다. 그래서 요한은 제자들을 시켜 예수님께 질문을 했던 것입니다.

그런데 예수님께서는 이러한 요한의 질문에 예수님께서는 분명하게 답변을 주시지 않습니다. "요한에게 가서 너희가 보고 듣는 것을 전하여라. 눈먼 이들이 보고 다리저는 이들이 제대로 걸으며, 나병 환자들이 깨끗해지고 귀먹은 이들이 들으며, 죽은 이들이 되살아나고 가난한 이들이 복음을 듣는다. 나에게 의심을 품지 않는 이는 행복하다"(마태 11,4-6).

예수님께서 하신 이 말씀은 이사야 예언자가 메시아의 활동에 대하여 예언했던 내용입니다. 과연 예수님께서는 눈먼 이들을 보게 하시고, 앉은뱅이를 고치시고, 나병 환자를 깨끗하게 해주셨습니다. 또한 귀먹은 반벙어리를 고쳐주셨으며, 죽은 이를 살려주셨습니다. 바로 이러한 내용들이 예수님이 메시아이심을 증명하고 있는 것입니다.

세례자 요한의 제자들이 떠난 후 예수님께서는 세례자 요한에 대하여 증언하십니다. 일전에 요한은 자신이 엘리야가 아니라고 대답을 했지만, 여기서 예수님은 그가 미리 오기로 되어 있던 예언자, 곧 엘리야이며 여자에게서 태어난 사람 중 가장 크다고 말씀하십니다. 그러나 그런 요한도 하늘 나라에서는 가장 작은 사람이라는 말씀도 덧붙이십니다. 과연 이 말씀은 무슨 뜻일까요?

세례자 요한은 구약의 마지막 예언자였습니다. 그리고 동시에 메시아 예수님의 길을 미리 준비한 사람입니다. 그렇기에 그는 큰 사람이었습니다. 하지만 요한은 직접적으로 예수님의 복음 선포에는 참여할 수 없었습니다. 장차 도래할 하늘 나라는 예수님의 복음이 실현되는 곳입니다. 그러하기에 요한은 그 하늘 나라에서 가장 작은 사람이라는 말씀인 것입니다.

여기서 우리가 한 가지 생각해야 할 것은, 사도 시대에도 세례자 요한의 제자들이 존재했다는 사실입니다. 사도 시대의 요한 공동체는 그리스도교 공동체와 다르게 요한의 세례만을 받았습니다. 요한의 세례는 하느님의 최후 심판을 준비하는 정결 예식이었기 때문에 그들은 성령의 은사를 받지 못했던 것입니다.

"바오로는 여러 내륙 지방을 거쳐 에페소로 내려갔다. 그곳에서 제자 몇 사람을 만나, '여러분이 믿게 되었을 때에 성령을 받았습니까?' 하고 묻자, 그들이 '받지 않았습니다. 성령이 있다는 말조차 듣지 못하였습니다.' 하고 대답하였다. 바오로가 다시 '그러면 어떤 세례를 받았습니까?' 하니, 그들이 대답하였다. '요한의 세례입니다.' 바오로가 말하였다. '요한은 회개의 세례를 주면서, 자기 뒤에 오시는 분 곧 예수님을 믿으라고 백성에게 일렀습니다.' 그들은 이 말을 듣고 주 예수님의 이름으로 세례를 받았다. 그리고 바오로가 그들에게 안수하자 성령께서 그들에게 내리시어, 그들이 신령한 언어로 말하고 예언을 하였다"(사도 19,1-6).

그러하기에 초대 교회는 세례자 요한과 예수님의 위상을 정확히 알려야만 했습니다. 4복음서는 한결같이 예수님의 출현과 활동 개시 전에 세례자 요한을 등장시킴으로써 구세주께서 오실 것을 준비시킵니다. 그리고 요한을 예언자 중에서 가장 위대한 예언자로 소개합니다. 하지만 그러한 요한도 예수님의 신발 끈을 풀어드릴 자격조차 없었다고 말할 정도로 요한과 예수님과의 차이는 극명한 것입니다.

2. 말씀 공감

■ 당신이셨지요

> "오실 분이 선생님이십니까?
> 아니면 저희가 다른 분을 기다려야 합니까?"(마태 11,3)

세례자 요한은 "회개하여라. 하늘 나라가 가까이 왔다"(마태 3,2)라고 선포하면서 주님을 위하여 길을 준비하던 마지막 예언자였습니다. 그는 주님에 대하여 이렇게 증언하였습니다.

"내 뒤에 오시는 분은 나보다 더 큰 능력을 지니신 분이시다. 나는 그분의 신발을 들고 다닐 자격조차 없다. 그분께서는 너희에게 성령과 불로 세례를 주실 것이다"(마태 3,11).

그는 "오시는 분"이 바로 예수님이시라는 기대를 걸고 있었습니다. 그는 활동 초창기에 예수님께서 그에게 세례를 받으시려고 갈릴래아에서 요르단으로 그를 찾아가셨을 때, "제가 선생님께 세례를 받아야 할 터인데 선생님께서 저에게 오시다니요?"(마태 3,14) 하면서 만류했습니다. 그의 이런 행동은 예수님이 바로 자신이 기다리던 그 메시아이시라고 확신했음을 드러내 줍니다.

그런데 이제 제수를 아내로 삼은 헤롯왕의 패륜을 공공연하게 비판하다가 감옥에 갇히게 된 세례자 요한은 주님이신 "그리스도께서 하신 일"(마태 11,2)을 전해 듣습니다. 그 끝에 그는 제자들을 보내 이런 질문을 주님께 전하게 합니다.

"오실 분이 선생님이십니까? 아니면 저희가 다른 분을 기다려야 합니까?"(마태 11,3)

이 질문은 솔직한 질문이면서도 진지한 것이었습니다. 현재 세례자 요한은 감옥에 있기 때문에 바깥세상과 단절되어 있고, 예수님의 행적에 대하여 듣기는 하였지만, 자신이 생각했던 모습(마태 3,11-12 참조)과는 사뭇 달랐던 것입니다. 세례자 요한은 오실 분의 역할에 대하여 이렇게 예고한 바 있습니다.

"도끼가 이미 나무뿌리에 닿아 있다. 좋은 열매를 맺지 않는 나무는 모두 찍혀서 불 속에 던져진다"(마태 3,10).

"또 손에 키를 드시고 당신의 타작마당을 깨끗이 하시어, 알곡은 곳간에 모아들이시고 쭉정이는 꺼지지 않는 불에 태워 버리실 것이다"(마태 3,12).

누가 들어도 이는 심판과 정의의 하느님입니다. 그러나 주님께서는 그 정반대로 구원의 복음을 선포하시고 용서와 사랑의 삶을 사셨습니다. 이는 세례자 요한을 당황스럽게 하기에 충분했습니다. 바로 이 괴리에서 세례자 요한의 회의 어린 질문이 비롯되었다고 일반적으로 이해합니다.

하지만 좀 더 상황을 파고들면 그에 더하여 또 다른 이유도 있었을 것이라고 보입니다. 실제 세례자 요한에겐 촌각이 아쉬운 심리적 욕구가 있었습니다. 감옥에서 순교를 예감하고 있는 세례자 요한의 처지를 깊이 감안할 때, 우리는 그가 심리적으로 하늘의 위로를 받고서 안도하고 싶어 했을 것임을 직관합니다. 바로 그런 처지였기에 그의 물음은 회의의 반영이라기보다 '비록 처음 예상과는 편차가 있지만, 그럼에도 그분은 오시기로 되어 있던 메시아이시다' 하는 마지막 안도를 위한 확인 조치였을 것으로 보입니다.

이에 대해 예수님께서는 이사야 예언자의 예언들을 한데 인용하여 답변해주셨습니다.

"눈먼 이들이 보고 다리저는 이들이 제대로 걸으며, 나병 환자들이 깨끗해지고 귀먹은 이들이 들으며, 죽은 이들이 되살아나고 가난한 이들이 복음을 듣는다"(마태 11,5).

이 대답을 전해 듣고서 요한 세례자는 필경 이렇게 독백했을 것입니다.

"그러면 됐다. 그분이 바로 메시아이시다. 비록 내 기대를 일정하게 넘어섰지만, 그분이 바로 내가 예고했던 오실 분이시다. 이제 여한이 없다. 그분이 오실 길을 곧게 내다가 목숨을 바치게 되었으니, 후회 없는 생이었다. 아멘!"

■ 내가 보고 들은 것은?

> "요한에게 가서 너희가 보고 듣는 것을 전하여라"(마태 11,4).

예수님께서 세례자 요한의 제자들에게 "요한에게 가서 너희가 보고 듣는 것을 전하여라"라고 말씀하신 이유는 무엇일까요? 요한의 제자들은 예수님이 장차 오실 분인지 아닌지를 확인하라고 요한이 보낸 것이었습니다. 그런데 예수님이 '그렇다, 아니다'를 대답하지 않으시고 '보고 듣는 것'을 전하라는 것은 그들이 체험한 것을 직접 전하여 요한으로 하여금 판단하도록 하라는 것이었습니다.

여기에 바로 선교의 가장 기본적인 내용이 들어있습니다. 선교는 그리스도에 대한 설명이 아닙니다. 선교는 공허한 교리의 전파가 아닙니다.

선교는 증언입니다. 바로 우리가 직접 보고 듣고 체험한 바를 전해야 한다는 것입니다. 예수님께서 승천하신 후 베드로 사도와 요한 사도가 산헤드린에서 대사제와 백성의 대표들에게 했던 말이 오늘 예수님께서 하신 말씀과 일맥상통합니다.

"우리로서는 보고 들은 것을 말하지 않을 수 없습니다"(사도 4,20).

저는 사도행전의 이 말씀을 『선교훈련 시그마 코스』(2006년)에서 '선교 동기 훈련'의 기본 원칙을 제시하는 성구로 채택하였습니다. 바로 우리가 성당에서 보고 듣고 체험한 것들을 전하지 않으면 안 된다는 뜻입니다.

우리는 좋은 책을 읽거나 좋은 영화를 보고 나면 꼭 이웃에게 입소문을 냅니다. 맛있는 음식을 먹고 나면, 반드시 그 음식점을 친지들에게 알려주고 싶어 합니다. 신앙도 마찬가지입니다. 우리가 교회 안에서 체험한 은총과 축복을 자신 안에 담아두는 것이 아니라 사랑하는 사람에게, 이웃들에게 전해야 합니다. 이것이 바로 선교이고 축복의 나눔입니다. 신앙이 얼마나 은혜로운 것인지를 체험한 사람은 전하지 말라고 해도 이웃에게 전하게 되어있습니다.

그렇다면 우리가 교회 안에서 무엇을 보고, 무엇을 듣고, 무엇을 체험하는지 한번 되새겨봐야 할 것입니다.

우선 우리는 교회 안에서 복음을 듣습니다. 실제로 예수님을 만난 '가난한 사람들'은 '기쁜 소식'을 들었습니다. '억압받은 이들'은 해방되었습니다. '절름발이'가 걷게 되었고, '나병 환자'가 멀쩡히 치유되었습니다. 예수님을 만남으로써 '팔자'가 바뀌게 된 것입니다.

바로 이런 복음 체험을 전하는 것이 선교입니다. 선교는 단순히 '예수는 그리스도다'라며 교리를 선포하는 것이 아니라, '나는 내 인생에서 예수님을 그리스도로 체험했습니다. 예수님이 우리에게 구원자이시고, 해결사이시고, 인생의 답입니다'라며 체험을 증언하는 것입니다. 요컨대, 선교는 자기가 만난 예수님을 증언하는 것이며, 예수 그리스도 안에서 체험한 은총과 삶의 변화를 다른 사람에게 증거하는 것입니다.

예수님 안에서 우리가 만날 수 있는 은총의 종류는 다양합니다. 복음을 전하기에 앞서서 우리는 우리가 예수님을 통해서 체험한 은총 곧 기쁜 소식을 점검해 보아야 합니다. 우리는 예컨대 다음과 같은 것들을 체험했다고 고백할 수 있습니다.

첫째, '예수님이 내 문제를 해결해 주셨습니다.'

자신이 고통이나 어려움 중에 있을 때 기도를 하여 응답을 받은 체험이 있을 것입니다. 각자의 사연과 체험이 있을 것입니다. 누구에게고 신앙인이라면 꼭 있을 것입니다. 그런 것들을 추억 속에서 더듬어 찾아내는 것입니다.

예수님께서 약속해 주셨습니다. "고생하며 무거운 짐을 진 너희는 모두 나에게 오너라. 내가 너희에게 안식을 주겠다"(마태 11,28).

이 약속이 이루어지는 것을 체험하는 것은 신앙인 각자의 몫입니다.

둘째, '예수님 안에서 평화를 찾았습니다.'

예수님께서 주시는 평화는 조건이 충족된 다음에야 누릴 수 있는 세상의 평화와는 다릅니다. 예수님을 진정으로 신뢰하면, 문제의 한복판에서도, 고통의 절정에서도, 마음에 평안을 누릴 수 있습니다. 이것이 예수님께서 주시는 평화입니다. "나는 너희에게 평화를 남기고 간다. 내 평화를 너희에게 준다. 내가 주는 평화는 세상이 주는 평화와 같지 않다. 너희 마음이 산란해지는 일도, 겁을 내는 일도 없도록 하여라"(요한 14,27).

이런 평화의 체험은 몇몇 신앙인만 누리는 특별한 체험이 아니라, 그리스도인 모두가 누리는 체험입니다. 바로 이 체험을 확인하고 고백할 수 있어야 합니다.

셋째, '예수님 안에서 나는 행복을 누립니다.'

예수님은 인간의 본성을 꿰뚫어 알고 계시기에, 인간이 행복할 수 있는 비결도 알고 계셨습니다. 그리고 이를 제자들에게 선포하셨습니다. "행복하여라, 마음이 가난한 사람들! 하늘 나라가 그들의 것이다. 행복하여라, 슬퍼하는 사람들! 그들은 위로를 받을 것이다. 행복하여라, 온유한 사람들! 그들은 땅을 차지할 것이다"(마태 5,3-5).

말씀 묵상을 깊이 한 신앙인들은 누구든지 이 행복의 원리를 깨닫고 이 행복을 체험할 수 있습니다.

이 밖에도 우리가 예수님을 통해 누리는 복음의 체험은 수없이 많습니다. 예수님 자신이 우리를 죄罪에서 의義로, 죽음에서 생명으로, 절망에서 희망으로, 불행에서 행복으로 옮겨 주시는 기쁜 소식인 것입니다.

■ 그가 저희의 그리움입니다

요한의 제자들이 떠나간 뒤, 예수님께서는 세례자 요한에 대해 군중들에게 질문의 형식을 빌려 평가하십니다. 주님께서 누군가에 관해 이렇게 길게(마태 11,7-19 참조) 말씀하신 적은 세례자 요한 외에는 유례가 없습니다.

예수님께서는 "무엇을 보러 나갔더냐"는 질문을 세 번(마태 11,7.8.9) 하시고, 답을 촉구하는 질문을 역시 세 번 하십니다.

첫 번째 질문의 나머지 반쪽은 "바람에 흔들리는 갈대냐?"(마태 11,7)입니다. 이는 "바람에 흔들리는 갈대와 같은 인물을 보러 광야에 나갔느냐?"라는 뜻입니다. 예수님의 이 질문을 통해 다시 한 번 세례자 요한의 품성에 대하여 생각하게 합니다. 세례자 요한이 활동하던 요르단 강가에는 갈대가 많이 있습니다. 갈대는 바람이 부는 대로 휘어지는 특징을 가지고 있습니다. 그래서 갈대는 변덕스러움과 연약함을 상징합니다. 그런데 세례자 요한은 헤로데의 잘못을 꾸짖고도 굽히지 않을 정도로 타협도 불사하고 메시아의 선구자로서 최선을 다한 인물이었습니다(루카 3,19-20 참조).

두 번째 질문의 나머지 반쪽은 "고운 옷을 입은 사람이냐?"(마태 11,8)입니다. 이에 대한 대답은 예수님께서 내리십니다. 그런 사람들은 "왕궁에 있다"고 말입니다. 군중들은 세례자 요한이 "낙타 털로 된 옷을 입고 허리에 가죽 띠를 두르고"(마태 3,4) 광야에 있던 사실을 잘 알고 있었습니다. 예수님께서는 이 질문과 대답을 통해서 광야에서 고행과 수덕

생활에 전념한 요한이 왕궁에서 사치스럽고 화려한 옷을 입은 사람일 수 없음을 강조하셨습니다.

마지막으로 예수님께서는 "예언자냐?"(마태 11,9)라고 질문하셨습니다. 사실 군중들은 요한을 예언자로 여기고 있었습니다. 그 때문에 많은 사람들이 요한에게 다가갔던 것입니다. 예수님은 이러한 군중들의 생각을 인정하시면서도 요한을 '예언자보다 더 위대한 사람'으로 격상시키십니다.

예수님께서는 세례자 요한이 그 어느 예언자보다 위대한 이유를 말라키 예언서 3장 1절의 말씀을 인용하여 밝히십니다.

"그는 성경에 이렇게 기록되어 있는 사람이다. '보라, 내가 네 앞에 나의 사자를 보낸다. 그가 네 앞에서 너의 길을 닦아 놓으리라'"(마태 11,10).

예언서 말씀은 여기서 "그"가 다름 아닌 엘리야라고 밝힙니다.

"보라, 주님의 크고 두려운 날이 오기 전에 내가 너희에게 엘리야 예언자를 보내리라"(말라 3,23).

결국 예수님께서는 이 예언을 들어 세례자 요한이 다시 오기로 되어 있는 엘리야였음을 증언하고, 동시에 당신 자신이, 요한이 그 길을 준비한 종말의 메시아라는 것을 간접적으로 증거하고 계십니다.

요컨대, 요한이 다른 예언자들보다 더 훌륭한 이유는 신분이나 업적의 차이에 있는 것이 아니라, 주님이 오시는 길을 준비함으로써, 예언 성취의 길을 열었다는 데 있습니다. 그러기에 예수님께서는 "여자에게서 태어난 이들 가운데 세례자 요한보다 더 큰 인물은 나오지 않았다."(마태 11,11) 하고 말씀하신 것입니다.

이 사실은 오늘 우리에게 매우 중요한 지혜를 깨우쳐줍니다.

곧, 하늘의 안목에서 봤을 때, 신분의 귀하고 낮음은 땅에서 귀하게 여기는 권력이나 호사와 전혀 상관없다는 사실입니다.

그 대신에 '주님이 오시는 길을 준비'하고 주님을 '증언'하는 사람, 그 사람이 하늘의 안목에서 귀한 신분의 사람인 것입니다.

이 귀한 신분에로 주님께서는 여러분을 간곡히 초대하십니다.

함께 기도하시겠습니다.

주님, 제 신앙의 형성기에 맞나게 성경 말씀을 읽을 때 제 가슴이 뛰도록 했던 그 무엇, 당신이셨지요. 그러면 됐습니다.

주님, 제가 생의 진로를 놓고 고민할 때 혹은 말씀으로 혹은 운명의 책으로 때론 번뜩이는 영감으로 제 앞길을 비추어주신 분, 당신이셨지요. 그러면 됐습니다.

주님, 지금껏 살아오는 동안 복음 전하는 즐거움에 세상 재미 잊게 하신 분, 당신이셨지요. 그러면 됐습니다.

우리 주 예수 그리스도를 통하여 비나이다. 아멘!

대림 제4주일: 마태 1,18-24

임마누엘

"마리아가 아들을 낳으리니 그 이름을 예수라고 하여라.
그분께서 당신 백성을 죄에서 구원하실 것이다"(마태 1,21).

1. 말씀의 숲

한 아이가 5시간이 넘는 심장 수술을 받았습니다. 수술이 성공적으로 끝나서 그 아이는 중환자 회복실에서 치료를 받게 되었습니다. 그 아이의 어머니는 유리창 너머에서 가슴을 애태우며 면회 시간이 되기를 기다렸습니다. 결국 면회 시간이 되어 어머니는 아이 곁에 갔습니다.

그 아이는 코와 가슴에 고무호스를 10개 정도 달고 있었습니다. 아이는 엄마를 보자마자 원망하며 울음을 터뜨렸습니다.

"엄마. 어디 갔었어. 나 이렇게 아픈데 어디 갔다 이제 오는 거야. 나 수술받을 때 엄마는 어디 갔었어?"

아이는 엄마를 보자 서러움과 반가움이 복받쳐 울음을 터뜨린 것입니다. 아이 어머니는 아이를 바라보며 같이 울고 있었습니다. 그러면서 아이에게 이렇게 대답을 했습니다.

"너 수술받을 때 내가 어디를 갔겠니? 수술실 유리 밖에서 하루종일 먹지도 않고 너를 위해 기도했단다. 네가 수술 중에 받은 고통을 함께했단다. 차라리 엄마 생명을 데려가고 우리 아이 살려달라고 하느님께 기도했단다. 엄마는 수술하는 내내 기도하며 너와 함께 있었단다."[4]

오늘 우리는 대림시기의 마지막 주일을 보내고 있습니다. 우리는 예수님을 기다리면서 오늘 복음을 듣습니다. 오늘 복음에서 주인공은 요셉입니다. 요셉은 장차 오실 예수님을 맞이하도록 우리 마음을 준비시켜 주는 도우미로 등장을 합니다.

마태오는 자신의 복음서를 쓰면서 "다윗의 자손이시며 아브라함의 자손이신 예수 그리스도"(마태 1,1)라고 예수님의 정체를 장엄하게 밝히고, 예수님의 족보를 알려줍니다. 그리고 이어지는 내용이 바로 오늘 우리가 들은 내용입니다.

오늘 복음 말씀은 네 부분으로 나누어 볼 수 있습니다.
첫째, 성령으로 말미암은 잉태와 파혼을 결심하는 요셉(마태 1,18-19 참조)
둘째, 요셉의 꿈을 통한 천사의 개입(마태 1,20-21 참조)
셋째, 구약 예언의 성취(마태 1,22-23 참조)
넷째, 요셉의 순명(마태 1,24 참조)

여기서 우리는 예수님의 유년기를 전하는 마태오 복음과 루카 복음의 차이에 대해서 한번 살펴보고 가야겠습니다.

루카는 혈통을 강조하며 마리아를 주 인물로 쓰고 있습니다. 루카 복음에서는 마리아가 천사로부터 수태고지를 듣고, 엘리사벳을 방문하는 식으로 이야기가 전개됩니다. 요셉은 여기서 들러리 역할을 할 뿐입니다.

반면 마태오는 예수님의 법통을 강조하여 예수님의 법적인 아버지 요셉을 주 인물로 이야기를 전개하고 있습니다. 그 이유는 무엇일까요? 마태오 복음은 유다인들을 위한 복음서입니다. 그리고 유다인들은 구약성경을 읽고, 메시아를 기다리는 사람들입니다. 그래서 마태오는 구약성서적인 표현에 따라서 이 예수님을 소개할 필요가 있었습니다. 마태오는 예수님이 다윗의 후손으로 입증해야 할 필요성을 알았던 것입니다.

"다윗의 자손 요셉"(마태 1,20)이 비록 마리아와 성관계를 맺지 않았지만, 마리아와 약혼하고 동거를 하면서 그녀에게서 태어난 아기, 곧 예수님을 자신의 아들로 삼았기 때문입니다. 당시 관습에 따르면 입양을 한 아들도, 친아들과 다름없이 모든 권리를 보장받았습니다. 결국 예수님이 비록 요셉의 친아들은 아니지만 합법적인 아들인 까닭에 다윗의 후손인 요셉의 가계를 물려받은 것입니다. 이처럼 마태오는 자신의 복음서에서 예수님께서 다윗의 후손이 되신 까닭을 밝힐 뿐 아니라, 한걸음 더 나아가 그분이 성령으로 말미암아 잉태되었다는 사실을 전합니다.

2. 말씀 공감

■ 관용의 의인

> "마리아의 남편 요셉은 의로운 사람이었고
> 또 마리아의 일을 세상에 드러내고 싶지 않았으므로,
> 남모르게 마리아와 파혼하기로 작정하였다"(마태 1,19).

마태오 복음서에서 예수 그리스도의 탄생 기록은 마리아와 요셉의 약혼 이야기로 시작됩니다.

"그분의 어머니 마리아가 요셉과 약혼하였는데, 그들이 같이 살기 전에 마리아가 성령으로 말미암아 잉태한 사실이 드러났다"(마태 1,18).

어느 날 마리아의 배가 불러오는 것을 감지한 요셉, 첫 번째 반응은 당황이었을 것입니다.

그럼에도 "의로운 사람" 요셉은 사태를 침착하게 처리하려 했습니다.

"마리아의 남편 요셉은 의로운 사람이었고 또 마리아의 일을 세상에 드러내고 싶지 않았으므로, 남모르게 마리아와 파혼하기로 작정하였다"(마태 1,19).

요셉은 약혼을 거스르는 처녀의 부정행위에 관한 신명기 22장 23-24절의 율법 규정을 알고 있었을 것입니다.

"어떤 젊은 처녀가 한 남자와 약혼을 하였는데, 성읍 안에서 다른 남자가 그 여자와 만나 동침하였을 경우, 너희는 두 사람을 다 그 성읍의 성문으로 끌어내어, 그들에게 돌을 던져 죽여야 한다"(신명 22,23-24).

이 율법 규정대로라면 요셉은 약혼녀 마리아를 돌로 쳐 죽이는 쪽으로 결단을 내려도 자신의 '의로움'에 전혀 훼손을 입지 않습니다. 하지만 요셉은 상식의 의로움을 넘어서는 의로움의 인물이었습니다.

그러기에 요셉은 율법을 따라 처리하려 하지 않고 "남모르게" 마리아와 파혼하기로 작정하였습니다. "남모르게"는 그 일을 세상에 드러내지 않으려는 배려를 나타냅니다. 어차피 파혼은 남모르게 할 수 있는 것이 아니고 언젠가는 드러나기 때문입니다.

이런 요셉의 마음 씀씀이를 복음서는 "의로운 사람"이라고 요약합니다. 그의 의로움은 당시 유다인들이 생각하던 의로움의 기준인 '율법의 철저한 준수' 차원을 넘는 의로움이었습니다. 자신은 흠도 티도 없이 살지만, 남의 허물에 대해서는 자비와 배려를 베푸는 의로움! 이 의로움은 공의하시지만 동시에 그 이상의 자비를 베푸시는 하느님의 연민을 닮은 의로움이라 할 것입니다.

요셉의 의로움은 과연 예수님의 양부답게 구약에서 신약으로 넘어가는 다리의 역할을 한다고 볼 수 있습니다.

이로써 영적으로 중요한 사실이 밝혀졌습니다. 진정한 의로움은 단죄와 심판을 일삼는 의로움이 아니라, 정의의 잣대는 버리지 않되 용서와 배려라는 자비의 여지를 품은 의로움을 가리킵니다.

이와 유사한 의로움을 우리는 아시시의 성 프란치스코San Francesco d'Assisi, 1182-1226의 일화에서 만납니다.

아시시의 성 프란치스코는 자기의 성당 주변에 강도들이 진을 치고 있다가 미사 드리러 오는 사람들을 털어 간다는 사실을 알고 있었습니다. 다른 수도승들이 어서 경찰에 알려 그들을 잡아가게 하자고 말했으나 프란치스코 성인은 그들의 말을 듣지 않았습니다.

그는 오히려 수사에게 말하기를, 음식과 술을 좀 가지고 강도들에게 가서 사람들의 재물을 훔치기는 하되, 죽이지는 말 것을 약속받고 오라고 했습니다. 그런 다음 얼마 뒤에 똑같은 방식으로 다시 그들을 보내 주일과 축제일에만은 물건을 훔치지 않기로 약속받고 오게 했습니다. 그렇게 천천히 천천히 그는 그들을 회개시켰습니다.

프란치스코 성인의 관심은 강도들의 단죄가 아니라 회개에 있었던 것입니다. 그리고 야금야금 그들이 회개하도록 마음을 움직일 지혜를 발휘했던 것입니다.

■ 나발부는 사람

> "마리아가 아들을 낳으리니 그 이름을 예수라고 하여라.
> 그분께서 당신 백성을 죄에서 구원하실 것이다"(마태 1,21).

모르긴 몰라도 사람들이 복음을 전할 때 가장 많이 받는 질문은 "성당 다니면 뭐가 좋은가요?" 하는 물음일 것입니다. 함께 생각해 봅시다. 우리는 성당을 다녀서 어떤 좋은 일이 있었나요? 우리는 성당을 다녀서 어떤 변화를 체험했나요?

우스갯소리지만 우리는 이런 식으로 말할 수도 있을 것입니다.

"성당 다니면 뭐가 좋냐고? 많지. 우선 성당 다니면 술 먹어도 되고, 담배 피워도 되고, 제사도 드릴 수 있어. 그뿐이 아니야. 성당 다니면 돈을 쪼끔만 내도 돼. 성당에선 그렇게 강요를 안 하거든."

신앙을 갖는 것이 너무 많은 것을 요구하기에 부담스러워하는 이들에게는 이런 말이 통할지도 모릅니다. 일단 부담감을 덜어주는 것은 좋은 방법입니다. 하지만 이는 소극적인 설명에 불과합니다. 성당 다니면 정말로 어떤 좋은 일이 일어나는지 보다 적극적으로 증언할 줄 알아야 하는 것입니다.

할 말이 없는 것이 아닙니다. 거의 매달 천안 정하상 바오로 피정의 집에서 〈선교훈련 시그마 코스〉 강의를 했을 때, 매번 참여자들의 증언을 듣고 감동을 받았습니다. 성당 다니면서 만난 예수님 체험을 말해보라고 체험 발표를 시켜보면 마이크를 잡고 시간을 초과하면서까지 열변들을 토합니다. 복음서에 나오는 수많은 일들이 실제로 신자들 가운데 수없이 일어나고 있음을 보고 함께 하느님께 박수를 드린 적이 한두 번이 아니었습니다. 병 치료를 받은 사람들, 절망 중에 예수님의 따뜻한 손길을 만난 사람들, 집안에서 줄줄이 회개의 기적을 겪은 사람들, 문제를 해결받은 사람들, 우울증에 시달리다가 행복을 발견한 사람들 등등 여러 유형의 체험자들이 있었습니다.

이분들에게 예수님은 단지 실질적인 의미에서의 구원자가 되신 것입니다. '예수'라는 이름은 히브리어 '여호수아'의 그리스식 발음입니다. 그 의미는 '하느님께서 구원하신다'입니다. 이 이름은 결코 사람이 지은 이름이 아닙니다. 천사를 통하여 하느님께서 직접 지어주신 이름입니다. 그러하기에 예수라는 이름은 단지 이름으로 끝나는 것이 아닙니다. 예수라는 이름은 그 이름을 부르는 사람에게 구원을 베풀어주시리라는 하느님의 약속입니다.

예수님께서는 그 이름의 의미대로 과연 많은 이들을 구원해 주셨습니다. 예수님을 만난 병자들은 모두 병이 치유되었고, 마귀에 시달리던 이들은 마귀로부터 해방을 얻었습니다. 예수님께서는 모든 이들을 죄와 죽음으로부터 구원하시기 위하여 당신 자신을 기꺼이 십자가 제물로 바치시고 부활하셨습니다.

결론적으로 예수님은 단지 추상적인 구원자가 아니십니다. 예수님은 실질적 의미에서 구원자십니다. 이 순간에도 예수님을 구세주로 받아들이는 이들은 구원을 받습니다. 많은 이들이 주님을 해방자로, 치유자로, 착한 목자로 체험하고 있습니다.

오늘 복음에서 우리는 예수님의 또 다른 이름을 듣게 됩니다. 바로 '임마누엘'이라는 이름입니다.

"동정녀가 잉태하여 아들을 낳으리니 그 이름을 임마누엘이라고 하리라"(마태 1,23).

이 이름은 마태오가 전하는대로 '주님께서 우리와 함께 하신다'라는 뜻입니다. 예수님은 우리를 구원해 주셨을 뿐 아니라 우리와 끝까지 함께 하십니다. 마태오는 예수님의 이러한 점을 자신의 복음서 마지막에서도 장엄하게 선포합니다. "보라, 내가 세상 끝 날까지 언제나 너희와 함께 있겠다"(마태 28,20).

우리가 마지막까지 의지할 수 있는 분은 바로 '임마누엘' 예수님뿐입니다. 사랑하는 사람이라 할지라도 최후의 마지막 순간에는 우리와 함께하지 못합니다. 그러나 예수님께서는 우리의 영혼을 구원하시기 위하여 마지막 순간까지도 우리를 이끌어주시고, 보호해주시는 구원자이십니다.

여러분에게도 필시 자신의 체험이 있을 것입니다. 잘 더듬어 보면 한두 가지씩은 꼭 있을 것입니다. 이것을 우리는 증거할 줄 알아야 합니다. 저는 평소 확신을 갖고 신자들에게 이런 말을 해드리는 것을 좋아합니다.

"여러분, 주님께서는 나발 부는 사람을 좋아하십니다. 자신의 자랑거리가 아니라, 주님의 업적을 나발 부는 사람을 매우 좋아하십니다. 왜 제가 하는 일은 하는 일마다 잘 되는지 아십니까. 자꾸 나발을 불고 다니기 때문입니다. 주님께서 그것을 반기시고 그 위에 더 큰 축복을 주시기 때문입니다."

■ 명령한 대로

> "잠에서 깨어난 요셉은 주님의 천사가 명령한 대로
> 아내를 맞아들였다"(마태 1,24).

요셉은 주님의 천사가 "명령한 대로" 따랐습니다. 장차 치러야 할 고

충이 순간적으로 예감되었지만 '명령' 그대로 받아들였습니다. 이것이 요셉을 성인 중의 성인이 되게 만들었습니다.

구약성경에서도 하느님께서 특히 크게 세우시는 인물들은 하나같이 순명의 사람들이었습니다. 노아가 그랬고, 아브라함이 그랬고, 모세가 그랬고, 다윗이 바로 순명의 사람이었습니다. 이들을 묘사할 때마다 따라다니는 것이 바로 '하느님께서 명령하신 대로 그대로 행했다'는 표현이었습니다.

오늘 이 시대에도 주님께서는 여러 가지 방법으로 우리에게 '명령'하십니다.

'가라'

'오라'

'봉헌하라'

'복음을 전하라'

등등 말입니다.

이 시대에 우리가 어떻게 그리스도의 말씀을 따라야 하는지를 헨리 블랙커비Henry T. Blackaby라는 미국의 선교사가 쓴 『소명』(2003년)이라는 책이 잘 가르쳐 주고 있습니다. 이 책에 쉐릴 올핑거라는 사람이 소개되고 있습니다.

그녀는 초등학교 1학년 때부터 농구 선수가 되는 게 꿈이었습니다. 결국 그녀는 고등학교와 대학교에서 뛰어난 선수로 활약했을 뿐 아니라, 유럽 농구 리그전에서 활약을 했습니다. 깊은 신앙심을 가졌던 그녀는 '크리스천 체육인 협회FCA'에 가입하여 다른 신자들과 교류를 하며, 신앙생활과 함께 자신의 일을 열심히 했습니다. 그러다가 한 선교사가 쉐릴에게 그리스도교 체육인들이 국제적으로 스포츠를 통하여 전교할 수 있도록 '크리스천 체육인 협회'를 체계화할 필요가 있다는 이야기를 들었습니다. 그때 그녀는 속으로 말했습니다.

"하느님, 참 좋은 생각이네요. 하지만 전 아닙니다. 사람을 잘못 보셨어요!"

비록 그녀가 신앙심이 깊고 선교사를 통하여 하느님께서 계획하신 일이 좋은 일이라 생각했지만, 자신은 그 일을 도울 사람이 아니라고 판단을 내렸던 것입니다. 하지만 시간이 흐르면서 자신이 지금까지 살아온 시간을 돌이켜볼 때마다, 하느님께서 자신을 이 일에 쓰시기 위하여 준비시켜 주셨다는 생각이 강하게 들었습니다. 결국 그녀는 하느님의 부르심만을 믿고 1993년 4월, '국제 경기 연맹ISF'을 창설하게 됩니다.

그녀가 '국제 경기 연맹'을 창설한 해, 마다가스카르로 간 첫 번째 스포츠 선교 여행에서 하느님께서는 당신의 계획과 그녀의 순명이 세상을 어떻게 변화시킬 것인지 보여주셨습니다. 그녀는 그때 있었던 일을 다음과 같이 회상합니다.

"국가대표팀 간의 경기 후, 나는 상대편 여자 선수 중 한 명에게 그 나라 말로 된 성경을 주면서 예수님이 나에게 어떤 분이신지 전했습니다. 그것은 내가 설교나 찬양을 해서가 아니라 농구를 했기 때문에 가능한 일이었습니다. 선교하는 것이 불법인 나라는 있지만, 농구로 관계 맺는 것이 불법인 나라는 없습니다."

그 후 4,000명이 넘는 '국제 경기 연맹' 자원 봉사자들이 70개국에서 500개 이상의 선교 프로젝트를 마쳤습니다. 하느님의 부르심에 대한 한 농구 선수의 순명이 수많은 영혼을 구원받을 수 있는 계기가 되었던 것입니다.[5]

지금 이 묵상과 함께하시는 여러분에게 이 말이 부담이 아니기를 바랍니다. 주님의 부르심을 받는 것은 결코 불행이 아니라 축복입니다. 손해 보는 일이 아니라 특권입니다.

지금 이 순간에도 하느님께서는 우리를 부르고 계십니다. 교회에서 하는 일이 내 마음에 내키지 않는다 하더라도, 그 일을 하느님께서는 우리에게 맡기실 때가 있습니다. 하느님께서는 아무리 작은 일이라도 우리들이 당신의 부르심에 온전히 응답하기를 바라십니다. 우리가 두려워하지 않고 초대의 말씀을 따를 때, 하느님께서는 그 일을 통하여 당신께서 계획하신 일을 완수하시고, 우리가 상상할 수도 없는 무한한 은총의 선물을 우리에게 베풀어주실 것입니다. 아멘!

함께 기도하시겠습니다.

주님, 저희 인생에 부과하신 배역, 기쁨으로 살겠습니다.

주님, 인생 여정에서 이따금 저희에게 돌발적으로 배정되는 특수 사명, 영광으로 받아들이겠습니다.

주님, 어느 경우이든 저희 배역을 동행하는 고충들, 순명으로 견디겠습니다.

우리 주 예수 그리스도를 통하여 비나이다. 아멘!

구유에 누운 아기

"목자들은 천사가 자기들에게 말한 대로 듣고 본 모든 것에 대하여 하느님을 찬양하고 찬미하며 돌아갔다"(루카 2,20).

1. 말씀의 숲

우리 주님이 오늘 아기 예수님께서 그 생명, 그 숨결로 우리에게 오십니다. 그런데 이 분은 역설적인 분입니다. 바로 구유로 오셨기 때문입니다. 예수님께서 구유로 오신 까닭이 무엇일까요? 바로 가난한 이들이 하늘 나라를 차지하고 굶주리는 이들이 배부르게 되고, 우는 이들을 웃게 하시기 위함입니다. 바로 마태오 복음 5장에 나오는 진복팔단의 내용입니다. 이것은 세상을 뒤집는 내용입니다. 구유에서 탄생하신 예수님은 바로 우리에게 이런 역설적인 모습으로 오셔서 우리에게 역설적인 체험을 하게 하십니다.

오늘, 우리는 천사로부터 구세주의 탄생을 전해 들은 목자들이 그 아기를 찾아와 증언하는 내용을 듣습니다. 또한 그들이 전한 소식을 듣고 마음속 깊이 간직하는 성모님에 대한 이야기를 듣습니다.

오늘 복음 말씀을 짧지만 네 부분으로 나누어 살펴볼 수 있습니다.

첫째, 천사의 말에 대한 목자들의 확인(루카 2,15-17 참조)

둘째, 목자들로부터 천사의 메시지를 들은 사람들의 반응(루카 2,18 참조)

셋째, 마리아의 반응(루카 2,19 참조)

넷째, 목자들의 찬양과 귀향(루카 2,20 참조)

이 이야기는 오늘 복음 말씀에는 나타나지 않지만, 예수님께서 베들레헴에 탄생하신 뒤에 천사가 베들레헴 근처에서 양을 치고 있던 목자들에게 구세주의 탄생을 알려준 이후의 일부터 시작됩니다.

"두려워하지 마라. 보라, 나는 온 백성에게 큰 기쁨이 될 소식을 너희에게 전한다. 오늘 너희를 위하여 다윗 고을에서 구원자가 태어나셨으니, 주 그리스도이시다. 너희는 포대기에 싸여 구유에 누워 있는 아기를 보게 될 터인데, 그것이 너희를 위한 표징이다"(루카 2,10-12).

요즘 우리는 재림 예수에 대한 이야기를 많이 듣습니다. 최근에 저 역시 한 신자분으로부터 책 한 권을 받았습니다. 그것은 계룡산에 있는 어떤 사람에 대한 이야기를 담은 책인데, 그 사람이 재림 예수라는 것입니다. 하지만 우리에게는 주님을 알아보는 표가 있습니다. 바로 구유에 누우신 분이라는 것입니다. 물론 이것은 상징적인 의미이지만, 예수님께서는 항상 구유에 계십니다. 영광 속에 계시지 않습니다. 언제나 낮은 데 계십니다. 자신을 행세하지도 않으시고, 사람들로부터 떠받침 받지 않으시고, 화려하게 살지 않으십니다. 그런데 제가 들은 그 재림 예수는 돈도 많고, 사람들로부터 경배를 받는 분이고, 행세를 하는 사람이었습니다. 이것은 분명히 그가 재림 예수가 아니라는 것을 말해줍니다.

이야기는 아주 짧고 단순하지만 매우 아름답고, 놀라운 소식을 전해 주고 있습니다.

천사들의 소식을 들은 목자들은 어물쩍하거나 다투지 않았습니다.

오히려 그들은 즉각적인 결정을 내렸습니다. 목자들은 서둘러 베들레헴으로 올라가 마리아와 요셉과 구유에 누운 갓난아기를 찾아냈습니다. 그들이 갓난아기를 찾기 위하여 베들레헴의 마굿간들을 다 뒤졌는지는 알 수 없지만, 그들이 조금도 머뭇거리지 않고 서둘러 갔다는 사실만을 전해주고 있습니다. 주님을 뵙고 싶은 갈망에 그들의 간장이 속에서 녹아내렸기 때문입니다. 그들은 하느님이 세상에서 하시는 일의 일부가 되기를 원했기 때문입니다. 그리고 목자들은 직접 뵈었습니다. 귀로만 들었던 말씀을 이제 자신들의 눈으로 뵙게 되었던 것입니다. 그들은 천사들의 말대로 포대기에 싸여 구유에 누인 아기를 발견하였습니다. 그리고 그 아기의 얼굴에서 하느님의 일을 보았습니다. 하느님께서 가장 미천한 직업과 가장 빈약한 자원을 사용하여 놀라운 구원 역사를 시작하심으로써 우리를 놀라게 만드십니다.

아기 예수를 보는 것만으로는 목자들에게 충분하지 않았습니다. 그들은 자신들이 보고, 들은 것을 사람들에게 알려야만 했습니다. 그래서 그 자리에 있던 사람들에게 자신들이 들판에서 천사들을 만난 것, 천사들의 찬송, 그리고 자신들이 하느님의 영광을 지닌 아기를 보기 위해 구유를 찾아온 것을 이야기했습니다. 그 중 가장 중요한 내용은 바로, 천사가 자기들에게 이 아기에 대하여 말한 것이었습니다. 그 아기에 대한 사실은 뉴스였고, 그 아기의 역할은 복음이었습니다. 목자들은 구유에 누운 아기를 통하여 구세주 메시아를 보았던 것입니다. 그래서 그들은 자신들의 말을 들을 수 있는 모든 사람에게 그것을 전해주고자 했던 것입니다.

이러한 의미에서 이 목자들은 단순히 양을 치는 목자들이 아니었습니다. 그들은 천사들로부터 구세주의 탄생을 전해 들었고, 그러한 소식을 다른 이들에게 전함으로써 이 사건에 대하여 처음부터 목격하며 말씀의 시종이 되었던 것입니다.

목자들의 말을 전해 들은 사람들의 반응을 특징짓는 낱말은 단 하나입니다.

"놀라워하였다"(루카 2,18).

구유에 누운 아기에 대한 증언을 들은 사람들은 놀람으로 반응했던 것입니다. 그러나 아기의 어머니 마리아는 그들과는 다르게 반응하였습니다. 곧 이 모든 일을 마음속에 새겨 곰곰이 생각했던 것입니다. 그녀는 아홉 달 동안 놀라움을 품고 있었습니다. 그리고 이제 그녀는 그러한 경험들을 마음에 품었습니다. 그리고 그 경험들은 차츰 소중한 기억들이 되었습니다. 각 경험은 아들에 관한 새롭고도 다른 어떤 것을 보여주었고, 또 다윗의 아들이자 지극히 높으신 이의 아들이 큰일을 할 것에 대한 가브리엘의 약속을 확증했던 것입니다. 확실히 하느님께 불가능한 것은 없었습니다.

이제 목자들은 이 모든 일을 기려 하느님께 영광을 돌리고 찬양하면서 돌아갔습니다. 목자들은 천사가 일러준 대로 가서 구유에 누운 갓난아기를 경배하고 돌아갔던 것입니다. 이후 목자들은 다시는 등장하지 않지만, 그들은 결코 잊혀지지 않을 것입니다.

2. 말씀 공감

■ 숨겨진 구유

> "서둘러 가서, 마리아와 요셉과 구유에 누운 아기를 찾아냈다"(루카 2,16).

오늘 복음의 이 말씀 바로 앞부분에서 천사들은 목자들에게 구세주 아기 예수를 알아보는 표징을 이렇게 일러주었습니다.

"오늘 너희를 위하여 다윗 고을에서 구원자가 태어나셨으니, 주 그리스도이시다. 너희는 포대기에 싸여 구유에 누워 있는 아기를 보게 될 터인데, 그것이 너희를 위한 표징이다"(루카 2,11-12).

이 말을 들은 목자들이 서둘러 베들레헴으로 달려가 보니 과연 구유에 뉘어진 아기가 있었습니다. 그들은 '바로 저 아기구나' 하고 금세 알아차릴 수 있었습니다.

구유! 참 기막힌 발상입니다. 우리의 안목으로 이해하기 힘든 하느님의 선택이었습니다. 구유는 소와 말이 먹이를 먹는 통입니다. 상식적으로 결코 새로 난 아기를 눕힐만한 통이 못됩니다. 그럼에도 불구하고 새로 나신 아기 예수님께서는 포대기에 싸여 구유에 누워계시는 것입니다. 한마디로 포대기와 구유는 '가난함'과 '비천함'을 드러냅니다.

자격으로 치자면 왕궁에 태어나도 부족함이 있겠지만, 주님은 일부러 이렇게 낮고 천한 장소에 태어나셨습니다. 그리하여 상한 갈대와 같이 가난하고 천대받는 모든 사람에게 희망이 되셨습니다.

우리는 이 '구유'라는 말을 잘 알아들어야 합니다.

당연히 이 구유는 현실적인 의미를 지닙니다. 실제로 가난하고 초라한 처지에 있는 모든 이에게 아기 예수님이 우선적으로 오신다는 말입니다.

하지만 따지고 보면 사람은 비록 물질적으로는 풍요로울지 몰라도 심리적으로나 영적으로는 초라하고 비천할 수 있습니다. 그러니 누구에게든 숨겨진 구유가 있습니다. 시인 한상용 님은 그 '구유'[6]를 이렇게 그려내고 있습니다.

> 칙칙하고 냄새나는 구유
> 그곳은 실제 우리들의 마음
> 우리들의 세상
> 세상의 그 무엇으로도 청소할 수 없는
> 음습한 현장
> 바로 그곳에
> 당신의 오심은
> 한줄기 빛이었다
> 세상의 그 무엇과도
> 비교할 수 없는 보좌되어
> 어둡고 암울한 구유
> 그곳은 이제
> 당신의 임재 당신의 영광

그렇습니다. 내 마음 한켠에 '칙칙하고 냄새나는 구유'가 있습니다. 그것은 나의 고통일 수 있고, 상처일 수 있고, 아직도 곪고 있는 심리적 종기일 수 있습니다. 그것은 콤플렉스일 수 있고, 고독일 수 있고, 우울증일 수 있습니다.

아무리 좋은 집에 살아도, 아무리 맛있는 음식을 먹어도, 아무리 화려한 옷으로 치장해도 그 '구유'는 여전히 내 마음 한구석에 자리 잡고 있습니다.

시인의 표현대로 그곳은 "세상의 그 무엇으로도 청소할 수 없는 음습한 현장"일 수 있습니다. 왜냐하면 그것은 바로 하느님의 빈자리이며 빛의 빈자리이기 때문입니다. 곧 하느님이 아니고는 채워질 수 없는 자리요, 빛이 아니고는 치유될 수 없는 자리인 것입니다.

여러분의 마음에도 아직 주인을 맞지 못한 그 빈 구유가 있었을 터입니다.

오늘 그 자리에 주님께서 오셨습니다. 주님은 이미 오셨습니다. 오신 주님을 따뜻하게 맞이합시다. 그리하여 '어둡고 암울한 그 구유'에 이제 하느님의 임재가 충만히 느껴지도록 마음을 엽시다.

주님, 당신 영광이 제 안에 가득하소서. 아멘! 할렐루야.

■ 어떻게 찬미하리

> "목자들은 천사가 자기들에게 말한 대로 듣고 본 모든 것에 대하여 하느님을 찬양하고 찬미하며 돌아갔다"(루카 2,20).

목자들은 천사들이 전해준 대로 구세주의 오심을 봤습니다. 그리고 자신들의 일상생활로 돌아가면서 하느님을 찬양하고 찬미하였습니다.

찬양과 찬미! 이는 바로 하느님의 은혜를 체험한 사람들의 즉각적인 반응입니다. 사실 따지고 보면 우리가 살아가는 하루하루는 모두가 주님께서 주시는 은총입니다. 그러하기에 이를 깨달은 사람의 입에서는 찬양과 찬미가 절로 나오게 되어 있습니다.

우리는 『참 소중한 당신』 2007년 7월호에 실린 "새벽에 부는 나팔 소리"라는 글을 기고해주신 김○○ 자매님을 통해서 이를 확인하게 됩니다. 김 자매님은 다음과 같이 체험의 글을 시작하고 있습니다.

예로부터 교회에 다음과 같은 이야기가 전해 오고 있습니다. 하느님께 충성을 다하는 미카엘 대천사와 반기를 든 루시퍼Lucifer 천사 사이에 처절한 전투가 벌어졌습니다. 결과는 미카엘 대천사의 대승으로 끝났습니다. 타락한 천사들을 지옥에 던져 넣은 미카엘 대천사가 그들에게 가장 잊을 수 없는 것이 무어냐고 물었답니다. 그랬더니 그들은 이구동성으로 '새벽에 부는 나팔' 소리라고 대답했다고 합니다.

새벽에 부는 나팔 소리!

그것이 무엇을 의미하겠습니까? 다름 아닌 하느님께 대한 찬미와 감사의 표현이겠지요. 하느님께서 주신 사랑과 은총에 응답하여 온전히 자신을 드러낸 것이 나팔 소리였습니다. 지옥으로 떨어져 사탄이 된 옛 천사들이, 이제는 하느님의 은총을 모두 상실한 그들이 천사 시절에 불던 나팔 소리를 가슴 시리도록 잊지 못했던 것입니다.[7]

김 자매님의 말대로 '새벽에 부는 나팔', 곧 찬미와 감사의 기도는 마귀의 힘을 무력화시킬 뿐 아니라 우리가 드리는 기도의 꽃이 되기도 합니다.

어려서부터 부모님으로부터 기도하는 생활을 철저하게 배운 김 자매는, 처음에는 "그저 부모님께서 시키기 때문에" 기도를 했지만, 점차 기도문을 외우게 되면서 부모님과 함께 기쁜 마음으로 기도를 드리게 되었다고 합니다. 그러다가 아버지께로부터 들은 얘기를 '영적 보례補禮'로 삼게 되었다고 합니다. 아버지의 말씀은 다음과 같은 말씀이었습니다.

"하느님 말씀대로 매일 끊임없이 기도해라. 사람에게 하루보다 더 소중한 것은 없다. 어젯밤에 우리가 죽었다면 오늘 하루가 없기 때문이지. 그러니 아침에 눈을 뜨거든 제일 먼저 '주님! 오늘 하루를 주셔서 감사해요. 착한 사람이 되게 도와주세요'라고 기도해야 한다. 오늘 하루를 어떻게 지낼 것인가도 생각해 보아라. 하루라고 누구에게나 다 행복한 하루가 아니란다."

김 자매님은 아침에 눈을 뜨면 제일 먼저 하는 것이 촛불을 켜고 감사의 화살기도를 바치는 것이라고 합니다. 그리고 부족한 자신을 하느님의 도구로 써 주심에 감사하다는 기도를 바친다고 합니다. 낮에도 시간이 주어지면 묵주기도를 바치니 이는 하루를 온전히 주님께 봉헌하고자 하는 자매의 열망의 표현인 것입니다.

이렇게 기도를 열심히 하는 자매는 어느 날 잊지 못할 은총을 체험했습니다. 김 자매님은 그때의 체험을 다음과 같이 전합니다.

그러던 중 평생 잊지 못할 은총을 체험했습니다. 2년 전 그러니까 2005년 11월 말경입니다. 지금 생각하면 아찔할 정도로 큰 사고를 당했습니다. 강원도 태백에 가려고 '만항재'라고 하는 해발 1,380m나 되는 험한 고개를 올라갈 때였습니다. 그 고개는 급커브 길이 많고 경사가 매우 심했는데, 그날 따라 안개가 자욱하고 진눈깨비까지 흩날렸습니다. 저는 묵주를 손에 쥐고 성호를 그은 뒤 운전하는 자매님을 위해 작은 목소리로 묵주기도를 올렸습니다. 자매님도 불안한지 속으로만 하지 말고 큰소리로 묵주기도를 바치라고 하더군요. 그래서 큰 소리로 환희의 신비를 바치는데, 2단째에 이르렀을 때 차가 커브를 돌면서 '꽝' 소리와 함께 무엇엔가 부딪쳤습니다. 저는 그만 정신을 잃고 말았습니다. 나중에 안 일이지만 고개를 내려오던 8톤 트럭과 충돌했던 것입니다. 가드

레일을 들이받고 멈추었는데, 더 아찔했던 것은 고개 아래가 아스라한 벼랑이었다는 사실입니다. 만약 트럭이 빠른 속도로 내려왔다면 어떻게 되었을까요? 차 앞 유리창이 모두 깨지고 차제가 심하게 구겨졌으나, 우리 일행 중 어느 누구도 크게 다친 사람은 없었습니다. 우리는 서로 부둥켜안고 울면서 주님과 성모님께 감사드렸습니다. 영적 무기인 묵주기도를 통해 생명을 구해 주셨으니 그렇지 않겠습니까?[8]

하루하루 주님께 기도로써 찬양과 찬미를 드리는 김 자매님은 큰 사고 중에서도 주님의 보호하심을 체험했던 것입니다. 그리고 이 체험은 더욱 큰 찬양과 찬미를 드리도록 이 자매의 마음을 감동의 영으로 채워주었던 것입니다.

함께 기도하시겠습니다.

주님, '구유'에 대해 묵상해 봤습니다. 가난함과 비천함을 대표하는 그 '구유'가 바로 내 마음 한켠에 숨겨져 있음을 확인해 봤습니다.

주님, 고백합니다. 아무리 넘치는 풍요 속에서도, 아무리 휘황한 사치 속에서도, 아무리 흐뭇한 권력 속에서도, 저희의 마음은 초라하기 짝이 없습니다.

바로 그 자리는 주님이 채워주셔야 할 자리입니다. 그 무엇으로도 우리는 그 자리를 채울 수 없습니다. 오로지 주님만이 채우실 수 있습니다.

오소서, 주님. 오셔서 미치도록 공허한 그 자리를 당신 임재로 채워주소서. 임마누엘 주님이시오니, 그저 함께만 계셔주시옵소서. 그것으로 모든 것이 채워지리이다.

우리 주 예수 그리스도를 통하여 비나이다. 아멘!

우리를 살리는 말씀

"말씀이 사람이 되시어 우리 가운데 사셨다"(요한 1,14).

1. 말씀의 숲

예수 성탄인 오늘 복음을 들으면, 좀 당황할 수 있습니다. 예수님 탄생 이야기를 실감 나게 듣다가 갑자기 철학을 접하는 느낌마저 들기 때문입니다. 그러나 조금만 귀 기울여 들어보면 오늘 복음이 사실은 오늘날 우리의 현실을 말해주고 있다는 것을 알 수 있습니다. 곧 말씀이 사람이 되어 우리 가운데 빛으로 계시는 데도 우리가 어둠을 선호한다는 사실입니다. 오늘 본문은 이를 반복해서 다음과 같이 말합니다.

"그 빛이 어둠 속에서 비치고 있지만 어둠은 그를 깨닫지 못하였다"(요한 1,5).

"그분께서 세상에 계셨고 세상이 그분을 통하여 생겨났지만 세상은 그분을 알아보지 못하였다"(요한 1,10).

"그분께서 당신 땅에 오셨지만 그분의 백성은 그분을 맞아들이지 않았다"(요한 1,11).

그렇다면 왜 사람들은 그분을 알아보지 못하는 것일까요? 13절의 표현에 의하면 "혈통이나 육욕이나 남자의 욕망"에서 난 사람들, 곧 세속의 자녀들이 세속의 안목을 벗어나지 못하기 때문입니다. 그러므로 영적인 안목이 있는 사람만이 그분을 알아보고 그분을 받아들여 하느님의 자녀가 된다는 것입니다. 그렇습니다. 영적인 눈을 뜨는 사람만이 예수님을 알아볼 수 있습니다.

예수 성탄은 하느님의 아들의 탄생이며 동시에 새로운 세계, 새로운 시간의 탄생입니다. 예수님은 빛으로서 모든 사람에게 비추어지고 있습니다. 누구나 그 빛에로 가기만 하면 새 생명을 시작할 수 있습니다. 그러면 예수님은 이제 '우리 가운데' 거처하시려고 오십니다. 그분은 그냥 오지 않으십니다. 은총과 진리를 바리바리 싸 가지고 오십니다. '집세'를 받지 않고 오히려 주러 오시고 '우리 가운데'를 천국으로 바꾸어 주십니다.

2. 말씀 공감

■ 아버지 품을 향하여

> **"모든 사람을 비추는 참빛이 세상에 왔다"**(요한 1,9).

오늘 우리가 느끼는 어려움 중 하나가 군중 속의 고독이 아닐까 합니다. 대중 속의 '나'는 왠지 초라해지고 소외감에 휘둘리게 됩니다.

그러기에 우리는 흔히 '나'를 '알아봐 주는' 사람만 찾고 선호하기 마련입니다. 내 마음을 알아주고, 내 일의 가치를 알아주고, 내 행동의 의미를 알아주는 사람……. 그런 사람과 함께 있으면 왠지 더 즐겁고, 편안하고, 기운이 나는 듯합니다.

그런데 여기, '나'와 함께 그 관계를 나누고자 오신 분이 계십니다. 그분은 '모든' 이를 '알아봐' 주십니다. 그 존재감이 너무 미비하다거나 구겨져 있다 하더라도 상관없습니다. 그분에게 '모든' 이는 결코 군중이나 대중이 아니라 '한 사람 한 사람'입니다. 그분께는 모두 다 똑같이 소중하고 아름다운 하나하나인 것입니다.

보스턴 필하모닉의 지휘자 벤저민 젠더. 그는 누구든 클래식을 들을 수 있고, 클래식은 누구에게나 필요하다고 말합니다.

그런데 애초부터 그의 신념이 이와 같았던 것은 아닙니다. 처음엔 그도 대중을 위한 클래식에 부정적이었습니다. 그는 더 깊고 완벽한 클래식을 전할 수 있도록 3%의 애호가를 위해 공연하리라 마음먹었습니다.

그러던 어느 날, 그는 어느 전쟁 분쟁 지역에서 클래식 공연을 펼쳤습니다. 클래식이 뭔지 모르는 이들 앞에서 지휘한 것입니다. 그런데 공연이 끝나자, 맨 앞줄에서 눈을 반짝이던 꼬마가 그의 곁으로 다가와 속삭였습니다.

"전 이런 음악을 처음 들어요. 하지만 선생님이 쇼팽의 작품이라고 한 음악을 들을 때 작년에 총 맞아 죽은 형이 생각났어요. 그때도 울지 않던 제가 어느새 눈물을 흘리고 있었어요. 그 느낌이 정말 따뜻했어요."

그는 아이의 말을 듣는 순간, 자신이 해야 할 일을 깨달았습니다. 클래식을 좋아하는 3%가 아닌, 97%를 위해서도 지휘봉을 들겠다는 것이었습니다.

그는 그 뒤로 자신이 속한 오케스트라에서 벗어나 세계 곳곳을 누비며 클래식 전도사를 자처하고 있습니다. 단 한 사람이라도 상처를 치유할 수 있다면 무료 공연은 계속될 것이라면서 말입니다. 그는 이렇게 말합니다.

"예전엔 악보를 지휘하는 데 그쳤지만, 이제는 누군가의 마음을 움직이고 있다는 생각이 들어요. 그게 얼마나 제 가슴을 뛰게 하는지 아십니까?"⁹

3%를 위해서가 아닌, 100%를 위한 열성. 바로 예수님의 그것을 닮은 마음 아닐까요.

"모든 사람을 비추는 참빛이 세상에 왔다"(요한 1,9).

말 그대로 '모든' 사람, 100% 인류를 위해, 하느님이신 분께서 이 땅에 오셨습니다. 그 빛이 온 세상을 밝히고 계십니다. 그 덕에 우리 한 사람 한 사람이 빛나는 오늘입니다.

■ 제 반려로 선언합니다

> **"말씀이 사람이 되시어 우리 가운데 사셨다"**(요한 1,14).

성탄 대축일 낮 미사 복음 말씀으로 요한 복음이 전하는 예수님 탄생 기록이 선정되었습니다. 요한 복음사가는 예수님께서 탄생하신지 약 90년이 지나고 있을 즈음, 예수님의 일대기를 당시 상황에 부합하게 기록하였습니다. 요한 복음사가 시대의 사람들에게는 예수님 탄생 이야기가 다른 복음서들을 통하여 얼추 알려져 있었습니다. 그들은 그 이야기에서 출발하여 물음을 던졌습니다.

"도대체 예수님은 본래 어떤 존재이셨나? 그분은 하느님이셨다고 했는데, 그렇다면 성부 하느님과 예수님은 어떤 관계이셨나?"

이런 식의 물음에 대하여 요한 복음사가는 독특한 방식으로 답을 제시합니다. 예수님의 본질적 정체를 '말씀'이라고 밝히고, 그 말씀이 강생하여 사람이 되셨다고 진술한 것입니다.

"말씀이 사람이 되시어 우리 가운데 사셨다"(요한 1,14).

이 표현은 다소 포괄적이고 추상적인 느낌이 드는 게 사실입니다. 하지만 이는 실존인물 예수님으로부터 가장 사랑을 받던, 막내둥이 제자 요한의 증언이기에 그 누구의 말보다도 신빙성이 있어 보입니다.

그렇다면 요한 복음사가는 왜 예수님의 여러 본질적 면모 가운데 '말씀'을 콕 집어냈을까요. 이는 그가 예수님의 공생활을 동행하며 목격한, 예수님의 모든 성취, 곧 치유, 구마, 온갖 기적, 가르침, 용서, 죽은 이를 살리심 등이 예외 없이 한 마디 '말씀'으로 이루어졌음을 인상 깊게 기억하고 있었기 때문일 터입니다. 성령께서는 요한 복음사가로 하여금 이 기억에서 출발하여 예수님께서 이처럼 자유자재로 말씀의 권위를 부릴 수 있었던 것은, 그분께서 바로 태초에 성부 하느님의 창조활동에 동역한 '말씀' 자체이셨기 때문이라는 사실을 깨우쳐 주었던 것입니다.

그리하여 요한 복음사가는 이 놀라운 신비를 찔끔 맛본 그 흥분으로 장엄하게 저 유명한 문장을 적어 후세에 남기는 영광을 누렸습니다.

"말씀이 사람이 되시어 우리 가운데 사셨다"(요한 1,14).

그렇습니다. 이 문장은 저에게도 흥분입니다.

신앙생활을 본격적으로 시작한 지 40년을 채워가고 있는 요즈음에 와서, 저는 겨우 '말씀'의 은혜를 알아갑니다. 돌이켜 보니 말씀이 제 인생의 구원이었습니다.

제가 막막한 미래를 바라보며 이것을 할까 저것을 할까 망설일 때 제가 갈 길을 비추어준 것은 말씀이었습니다. 청년기 괜스레 흐트러지고 싶은 객기가 저를 일탈로 유인할 때마다 저를 붙잡아 준 것도 말씀이었습니다.

건강에 치명적인 위기가 왔을 때, 저를 부축하여 일으켜 세워준 것도 말씀이었습니다.

부끄러울 때, 숨고 싶을 때, 속상할 때, 억울할 때, 외로울 때 등등 끝까지 저를 동행해 준 것도 말씀이었습니다.

지금 세상과 교회의 현실이 절망의 깃발을 흔들어대도, 고집스럽게 희망의 깃발을 들도록 제게 응원이 되어 주는 것 역시 말씀입니다.

얼마나 기쁜 날입니까. 이 말씀이 오늘 사람이 되시어 우리 가운데 사십니다.

우리에게 친구가 되어 주시려고 '우리 가운데' 우리들 사이에 사십니다.

우리에게 동행이 되어 주시려고 '우리 가운데' 우리 마음 안에 사십니다.

우리에게 구원이 되어 주시려고 '우리 가운데' 우리 고난 복판에 사십니다.

우리에게 생명이 되어 주시려고 '우리 가운데' 우리 죽음을 관통하여 사십니다.

그날 그 운명의 날 우리에게 변론이 되어 주시려고 '우리 가운데' 우리들 수고의 일점일획마다 사십니다.

■ 사랑 촉촉한 연민

> "우리는 그분의 영광을 보았다. 은총과 진리가 충만하신 아버지의
> 외아드님으로서 지니신 영광을 보았다"(요한 1,14).

예수님 탄생에 대한 요한 복음의 기록은 이제 바라보는 이의 관점에서 소묘됩니다.

"우리는 그분의 영광을 보았다. 은총과 진리가 충만하신 아버지의 외아드님으로서 지니신 영광을 보았다"(요한 1,14).

여기서 "영광"은 우리식으로 표현하자면 '용안'에 비견됩니다. 그러니까 신적 아우라가 엄위롭게 풍기는 주님의 면모와 위용을 가리키는 것입니다. 내용적으로는 숭엄한 자비의 임장이라 할 수 있습니다.

이로써 볼 수 없는 하느님의 면면이 성자 예수님을 통하여 드러났습니다. 얼굴에서만이 아니라 예수님의 존재 자체를 통하여 드러났습니다. 주님께서는 그러기를 희망하셨습니다. 이는 훗날 당신의 기도에서 확인됩니다.

"아버지, […] 세상 창조 이전부터 아버지께서 저를 사랑하시어 저에게 주신 영광을 그들도 보게 되기를 바랍니다"(요한 17,24).

이런 영광을 체험하는 것은 주님을 받아들이고 주님의 이름을 믿는 주님의 자녀들이 누릴 특권이라 할 것입니다.

주님의 영광 곧 후광을 바라보면 바라볼수록, 우리 역시 그 덕을 봅니다.

우리 내면의 모방 심리는 자신이 보는 것을 무의식중에 닮으려 합니다. 그러기에 부부는 오래 살수록 서로 닮은꼴이 되어간다고 하는 말이

있는 것입니다.

'은총과 진리가 충만하신' 예수님을 자주 바라볼수록 우리에게도 어느새 은총과 진리의 향기가 솔솔 나게 되어 있습니다.

우리는 신앙생활의 연륜만큼 "인상이 참 좋다"라는 말을 들을 수 있어야 합니다.

사람들이 내 얼굴을 보면, 얼른 자비와 용서를 떠올릴 수 있어야 합니다.

사람들이 내 눈을 보면, 연민의 그윽함을 볼 수 있어야 합니다.

사람들이 내 귀를 보면, 경청하는 겸손을 떠올릴 수 있어야 합니다.

사람들이 내 코를 보면, 낮은 데로 향하는 배려를 느낄 수 있어야 합니다.

사람들이 내 입술을 보면, 스스로 진중하기를 결심할 수 있어야 합니다.

다 그랬으면 더욱 좋겠지만, 이 중 하나라도 이루어진다면 부끄러운 우리에게도 나름대로 신앙의 보람이 될 것입니다.

함께 기도하시겠습니다.

주님, 오늘도 저를 위해 축복의 빛을 비추어 주시니 감사드립니다.

주님, 주님께서는 제 지난 생을 훤히 아시고, 제 현재를 주관하고 계시며, 제 미래를 예비하고 계십니다.

주님, 주님의 꺼지지 않는 빛이 저를 동행하기에, 저는 어떤 어둠 속에서도, 결국 아버지 품을 향하여 걷고 있는 것임을 확신합니다.

우리 주 예수 그리스도를 통하여 비나이다. 아멘!

예수, 마리아, 요셉의 성가정 축일: 마태 2,13-15.19-23

요셉의 순종

"요셉은 일어나 아기와 그 어머니를 데리고 이스라엘 땅으로 들어갔다"(마태 2,21).

1. 말씀의 숲

우리는 지난 성탄 대축일에 이어 오늘 성가정 축일을 보내고 있습니다. 오늘 우리가 들은 마태오 복음은 예수님의 유년기 이야기의 마지막 부분입니다. 이 이야기는 구약에서 언급된 모세의 이야기와 많은 부분이 유사합니다. 이집트에서 일어난 히브리 아이들의 학살, 모세가 파라오를 피해 미디안 지방으로 피신함과 파라오의 죽음 후 이집트로 돌아옴. 이 이야기를 그대로 마태오는 예수님께 적용시키고 있습니다. 여기서 나타나는 복음서 저자의 의도는 분명합니다. 바로 예수님께서 당신 백성을 구원하시고, 그 구원은 이방인까지도 포함하게 될 것이라는 점입니다.

오늘 이야기는 두 부분으로 구분됩니다. 첫 번째는 성가정이 이집트로 피신함. 두 번째는 성가정이 이집트에서 돌아옴입니다. 이 이야기의 사이에는 헤로데의 유아 학살이라는 내용이 생략되어 있습니다. 그리고 이 두 이야기는 같은 구조로 구성되어 있습니다. 각 부분을 세분화하면 다음과 같습니다.

첫째, 성가정이 이집트로 피신함(마태 2,13-15 참조)

　1) 천사가 요셉에게 전한 명령(마태 2,13 참조)

　2) 명령의 실행(마태 2,14-15ㄱ 참조)

　3) 에피소드의 의미를 밝혀주는 구약성경 구절(마태 2,15ㄴ 참조).

둘째, 성가정이 이집트에서 돌아옴(마태 2,19-23 참조)

　1) 천사가 요셉에게 전한 명령(마태 2,19-20 참조)

　2) 명령의 실행(마태 2,21-23ㄱ 참조)

　3) 에피소드의 의미를 밝혀주는 구약성경 구절(마태 2,23ㄴ 참조)

오늘 복음 말씀에서 핵심 인물은 요셉입니다. 구약의 예언 말씀들이 요셉의 순종으로 이루어지기 때문입니다. 요셉은 이집트로 피난을 갈 때나, 이집트에서 돌아올 때 꿈에서 받은 천사의 지시에 철저히 복종하고 있습니다.

또한 하느님의 구원 계획은 인간의 거센 저항에도 실현됩니다. 인간은 자신의 이익만을 생각하여 하느님의 계획을 무시하거나 파괴하려고 시도합니다. 하지만 하느님의 계획은 어김없이 이루어지고야 만다는 것을 오늘 복음 말씀은 전하고 있습니다.

그렇다면 왜 예수님은 이집트로 가셨다가 다시 돌아오셨을까요? 그것은 단순히 당신의 생명을 건지기 위함이 아니었습니다. 예수님은 새로운 모세입니다. 그 옛날 주님은 모세를 거룩한 땅에서 이집트로 보내신 적이 있습니다. "나는 이집트에 있는 내 백성이 겪는 고난을 똑똑히 보았고, 작업 감독들 때문에 울부짖는 그들의 소리를 들었다. 정녕 나는 그들의 고통을 알고 있다. 내가 이제 너를 파라오에게 보낼 터이니, 내 백성 이스라엘 자손들을 이집트에서 이끌어 내어라"(탈출 3,7.10).

'나는 보았고, 들었고, 알고 있다.'라는 이 이야기는 유명한 이야기입니다. 결국 모세는 이 사명을 가지고 일생을 살아가게 됩니다. 이 말씀은 결국 예수님께도 그대로 적용이 됩니다. 그리고 오늘날에도 마찬가지입니다. 하느님께서는 오늘도 우리를 보고 계시고, 듣고 계시고, 알고 계십니다. 그리고 바로 여기서부터 예수님을 보내셔서 우리들을 구원해 주시는 것입니다.

2. 말씀 공감

■ 팽이 인생

> "박사들이 돌아간 뒤, 꿈에 주님의 천사가
> 요셉에게 나타나서 말하였다"(마태 2,13).

요셉은 철저히 하느님의 분부를 따라 살았습니다. 그는 순명의 사람이었습니다. 그랬기에 그는 하느님으로부터 예수님의 양부가 되는 간택을 받았습니다. 아내 마리아와 외아들 예수를 돌보는 가장으로서 그가 가족의 신변을 안전하게 지켜낼 수 있었던 것도 이 순명을 통해서였습니다.

매 순간 주님의 분부를 식별하고 따르는 것은 오늘 우리에게도 매우 중요한 일입니다. 이런 삶의 태도를 줄곧 견지할 때, 주님께서는 무소불위의 권능으로 우리의 뒤를 든든히 밀어주실 것입니다.

주님께서 요셉에게는 특별히 꿈속에 천사를 보내시어 당신의 뜻을 전하셨습니다마는, 오늘 우리가 주님의 뜻을 전달받기 위해서는 말씀과 기도를 통하는 것이 정석이 아닐까 합니다.

『가톨릭평화신문』 2010년 9월 5일 자에 실린 윤 안셀모 형제의 경우가 바로 그랬습니다.

"팽이는 돌지 않으면 팽이가 아니죠. 저는 주님의 채찍질 덕에 멈추지 않고 '씽씽' 돌아가는 팽이입니다."

중학교 영어 교사를 하다 1999년 은퇴한 뒤 왕성한 봉사활동으로 새 삶을 사는 윤 안셀모 씨가 자신을 '멈추지 않는 팽이'에 비유했다. 그는 주님의 채찍질 같은 뭔가(?)에 이끌려 시작한 봉사활동을 여생의 유일한 낙으로 삼고 있다. […]

윤 씨는 본당 활동도 열심이었다. […] 레지오 마리애 활동 당시 하루에 묵주기도 150단씩 바쳐 기도를 가장 많이 하는 단원으로 꼽히기도 했다.

[…] 교직 생활을 하는 동안에는 자신이 이토록 열심히 봉사활동을 할 것이라고는 꿈에도 생각하지 못했다.

"은퇴 후 중랑 노인종합복지관에서 일본어 강좌를 수강했는데, 우연히 제가 영어 교사 출신인 것을 안 학생들 요청으로 다시 영어를 가르치기 시작했어요. 공부하고 싶었을 뿐인데, 봉사하게 될 줄 누가 알았겠어요. 하느님 덕분이 아닌가 싶네요."

윤 씨는 여느 은퇴자처럼 교편을 놓은 뒤 등산 동아리에 가입해 활동해보고 얼마 동안 홀로 자연과 벗하며 지내기도 해봤다. 하지만 가슴 속에 차오는 공허함을 채울 길이 없었다. 그래서 찾아간 곳이 성당이다. 기도하고 봉사하는 삶을 두 번째 인생 목표로 삼게 된 동기다. […]

"제가 남들보다 잘나서 봉사하는 게 아니에요. 주님이 아직 저를 필요로 하시는 것 같습니다. 그건 최고의 기쁨이지요."[10]

윤 안셀모 형제는 은퇴한 뒤 행복과 보람을 찾아 여기저기 전전하다가 마침내 '성당'을 찾았습니다. 성당에서 기도하면서 내면에서 말씀하시는 하느님의 음성을 듣고 기도의 끈을 잡고 봉사의 길에 나섰습니다. 그에게 돋보이는 점은 자신은 팽이이고 주님께서는 그 팽이를 돌리시는 분이라는 생각이라 여겨집니다. 마치 요셉이 성가정을 돌보는 양부로서 매 순간 하느님의 분부에 충실한 태도를 보였던 것처럼, 안셀모 형제 역시 매 순간 하느님의 뜻에 초점을 맞춘 믿음의 사람이 아닐까 합니다.

■ 그리움

> **"요셉은 일어나 밤에 아기와 그 어머니를 데리고 이집트로 가서, 헤로데가 죽을 때까지 거기에 있었다"**(마태 2,14-15).

어느 날 저녁 평화방송 라디오국의 PD로부터 전화가 왔습니다.

"신부님, 내일 아침 라디오 방송 전화 인터뷰 하나 부탁드립니다."

"네? 내일 아침요? 주제가 뭔데요?"

"요즈음 연예인들이 잇달아 이혼 발표를 했지 않습니까. 그 일에 대해서 우리 가톨릭의 입장을 묻고 싶어서요. 아무래도 공인들의 이야기라 사회적인 파장이 클 것 같아서요."

저는 가릴 것은 가리지만, 할 수 있는 것까지 발뺌하지는 않는 성격입니다. 그래서 상황이 좀 급하지만 승낙하였습니다.

인터뷰를 하면서 저는 스스로에게 답답함을 느꼈습니다. 명쾌한 논리가 전개되지 않았습니다. 무엇보다도, 연예인들의 사생활이 대중에 공개되고 그것이 또 왜곡, 과장되어 언론에 보도되는 것이 못내 못마땅했던 것입니다. 그러기에 '던져진 사실', 달리 말하여 '발표된 말'만 가지고 이러쿵저러쿵 얘기하는 것이 무척 위험한 일이라는 생각이 들었습니다. 과연 언론에 떠도는 스캔들성 소식들 가운데 객관적 진술은 얼마나 될까, 이런 생각도 들었습니다. 정확하지 않은 데이터를 가지고 판단하는 것은 심하게는 살인 행위로까지 간주될 수도 있는 일 아닌가 하고 생각했던 것입니다.

이런 이유로 그날 인터뷰에서 전반적으로 두루뭉술한 의견을 개진할 수밖에 없었지만, 결론만은 확실하게 내렸습니다.

"상식을 존중합시다. 인류는 수만 년의 역사를 소화시키면서 그 결과물로 '상식'을 만들어냈습니다. 상식은 예지이며 진리입니다. 가정은 상식입니다. 가정은 인류가 지혜를 총동원하여 만들어낸 상식입니다. 이것이 깨지면 행복이고 뭐고 없습니다. 아무리 다른 방안을 찾으려 해도 가정보다 더 좋은 대안은 없습니다. 할 수만 있다면 가정은 꼭 지켜야 합니다."

이런 취지였습니다. 물론 여기서 '상식'이라는 말을 잘 알아들어야 할 것입니다. 사실 상식은 상대성을 지녔습니다. 시대마다 변증법적으로 발전한다는 얘깁니다. 커먼 센스common sense, 말 그대로 상식은 시대마다 선을 인식하는 공동의 감각인 것입니다. 그렇다고 상식이 사람마다 들쭉날쭉은 아닙니다. 사람 안에는 선을 인식하는 감각인 '양심'이 있기 때문입니다. 참고로 양심은 신학적으로 주관적인 동시에 객관적인 특성을 함께 지니고 있는 것으로 설명됩니다. 여하튼 이만큼의 기준을 가지고 '상식'을 이해하면 별 탈이 없을 것입니다. 곧 주관적인 융통성을 지니면서 동시에 객관적인 규범성을 지니고 있는 것이 상식인 것입니다. 제 안에 있는 상식은 이렇게 저에게 명령합니다.

쉽게 말하지 말라.

"누가 어떻게 됐대. 그 사람이 저렇게 됐대. 아 글쎄 그렇게 됐대."

쉽게 말하지 말라.

"우리, 서로 성격이 안 맞으니까 이혼합시다. 헤어지자구."

오늘은 성가정 축일입니다.

요셉의 인자함이 더욱 그리워집니다. 마리아의 희생이 더욱 아쉬워집니다. 예수의 천진한 웃음이 더욱 보고 싶어집니다.

■ 아버지

> "요셉은 일어나 아기와 그 어머니를 데리고
> 이스라엘 땅으로 들어갔다"(마태 2,21).

한때 '아버지'라는 주제가 큰 화젯거리였습니다. 기러기 아빠의 애환이 여러 형태로 전해져 오는가 하면, '아버지 학교'라는 문화프로그램이 유행하고 있다는 얘기도 듣습니다.

작가 김정현의 『아버지』(1996년)라는 소설이 많은 사람들에게 감동을 주었습니다. 가난하게 자라 고시에 합격해 나름대로 열심히 살아온 50대 공무원인 아버지는 갑작스럽게 췌장암 선고를 받고 몹시 힘들어합니다. 아직 가족에게 알리지도 못하고 친구와 매일 술을 마시며 혼자 자신의 죽음을 받아들이려 애를 씁니다. 다음 편지는 아버지의 자랑인 대학생 큰딸이 아직 아버지가 아픈 줄은 모르고 매일 술에 취해서 돌아오는 모습에 실망하여 쓴 편지입니다.

아버지, 전 지금 당신에게 몹시 실망하고 있습니다. 그 실망은 분노에 가깝습니다. 전 언제나 당신이 다른 그 누구보다도 저와 희원이의 훌륭한 아버지시고 엄마의 남편이기를 기대해 왔습니다. 그러나 아버지는 매번 저희를 실망시켰습니다. 언제나 술 취한 모습, 비틀거리고 흔들리고 나약하고 볼품없는 모습, 왜 저희는 그런 아버지의 모습만 보아야 합니까. 저희도 남들처럼 자랑스럽고 성공한, 그리고 멋진 아버지를 갖고 싶습니다. […] 제 기억에 남아 있는 그 어린 시절부터 아버지, 당신은 차라리 남이었습니다. […] 아버지는 언제나 아버지의 인생만을 사셨습니다. […] 아버지, 그런 당신이 이뤄 내신 것은 무엇입니까. 누구처럼 거창한 사회적 명성을 이루셨던가요. 아니면 많은 재산을 축적하여 엄마에게 부귀를 안겨 줄 재산이라도 준비해 놓으셨나요. 그 어느 것이 아니어도 좋습니다. 제가 원하는 것은 아버지가 진정한 아버지의 자리에 있어만 주셨으면 하는 겁니다. […]

아버지를 사랑하고픈 딸 지원이가.

p.s. 아버지, 전 절대 이 편지에 대해서 후회하지 않습니다.[11]

아버지는 딸이 써 준 이 편지를 소중하게 간직합니다. 딸이 쓴 편지이기 때문입니다. '아빠'라고 부르며 쓴 편지이기 때문입니다.

딸은 홀로 죽음을 맞이하려던 아버지의 병명을 알고 난 다음 후회하며 다음과 같은 편지를 씁니다.

아빠, 용서를 빕니다. 철없고 경솔했던 저를 부디 용서해 주세요. 아빠의 그 깊고 깊은 사랑을 몰라서가 아니었어요. 투정이었는데, 어리광이었는데, 제가 너무 격했어요. 그동안 얼마나 후회했는지 몰라요. 저 자신이 얼마나 미웠는지 몰라요. 시간이 흐를수록 아빠에 대한 죄스러움이 더해 미처 용서를 빌 기회마저 놓쳐 버렸어요. 아빠, 얼마나 서운하셨어요, 얼마나 노여우셨어요. 백 번을, 만 번을 무릎 꿇고 머리 조아려 빌어도 용서받을 길이 없습니다. 아빠, 차라리 제 뺨이라도 때려 주시죠. 차라리 밉다고 혼내시어 쫓아내기라도 하시죠. 그랬으면, 정말 그러셨으면 아빠의 품에 안겨 엉엉 울며 용서를 빌었을 텐데요.

얼마나 외롭고 쓸쓸하셨어요? 얼마나 가슴 아프셨어요?

아빠, 부디 절 용서해 주세요. 한 번만, 딱 한 번만 용서해 주세요.

사랑하는 아빠, 돌아와 주실 거죠? 기다릴게요.

사랑해요, 우리 가족 모두 아빠를 사랑해요. 세상에서 그 누구보다도 아빠를 사랑해요.

P.S. 아빠, 많이 아프시다죠? 죄송해요. 제가 아빠 마음을 아프게 해드렸기 때문이에요.[12]

아버지는 불효한 딸의 이 편지 때문에 행복합니다. 딸이 준 마음 때문에 행복합니다. 죽음도 그 행복을 앗아 가지 못합니다.

저는 이 '아버지' 속에서 요셉을 만났습니다. 속사정을 말하지 못하는 답답함과 그 희생적 사랑을 말입니다. 오늘 모든 아버지들 안에서 진정한 '아버지'가 회복되기를 기도할 뿐입니다.

함께 기도하시겠습니다.

주님, 가정에서든, 직장에서든, 사회에서든 중요한 선택을 앞두고 성호를 긋고 잠시 주님의 뜻을 묻겠습니다.

주님, 저희가 그런 작은 믿음을 보여드릴 때 주님께서는 말 그대로 '천사'를 보내시어 주님의 뜻을 선명히 알려주심을 굳게 믿습니다. 그리고 이것이 주님의 뜻이다 싶을 때는 망설임 없이 실행하겠습니다.

주님, 저희를 도우소서.

우리 주 예수 그리스도를 통하여 비나이다. 아멘!

주님 공현 대축일: 마태 2,1-12

구원의 빛

"유다인들의 임금으로 태어나신 분이 어디 계십니까?
우리는 동방에서 그분의 별을 보고 그분께 경배하러 왔습니다"(마태 2,2).

1. 말씀의 숲

작가 최인호 씨는 『하늘에서 내려온 빵』(2005년)에서 오늘 복음의 '별'을 윤동주 시인의 '서시'에서 발견하였습니다.

1945년 2월, 28세의 젊은 나이로 후쿠오카 형무소에서 옥사한 윤동주(1917-1945)는 1941년 『하늘과 바람과 별과 시』라는 제목의 자전 시집을 발간하면서 다음과 같은 「서시序詩」를 남겼습니다.

죽는 날까지 하늘을 우러러

한 점 부끄럼이 없기를,

잎새에 이는 바람에도

나는 괴로워했다

별들을 노래하는 마음으로

모든 죽어가는 것을 사랑해야지

그리고 나한테 주어진 길을 걸어가야겠다

오늘 밤에도 별이 바람에 스치운다.

나침반조차도 없던 시절, 옛 사람들에게 있어 '별'은 밤에 나그네가 가야 할 방향을 알려주는 길잡이였습니다. 전등도, 휴대전화도, 네비게 이션도 없는 막막한 광야의 밤, 자신이 어디에 있고, 어디로 가야 하는 지도 모르는 나그네들은 특히 '북극성'을 보고 자기가 가야 하는 방향을 알아내곤 했다고 합니다. 변치 않고 그 자리에 있으면서 나그네들에 게 길잡이가 되어 준 북극성, 한 치 앞도 내다 볼 수 없는 우리 인간들 에게 꼭 필요한 것은 바로 이처럼 그 자리를 변함없이 지켜주는 북극성 과 같이 굳건하고 밝은 그 무엇일 것입니다. 윤동주 또한 자신이 걸어가 야 할 길을 별을 보며 새롭게 다짐했던 것 같습니다. 윤동주에게 있어서 도 '별'은 인생의 길잡이였습니다. 그리고 이 별은 마찬가지로 오늘 복음 에서 동방박사들이 발견한 별과도 같은 것입니다.

　　오늘 우리가 보내는 주님 공현 대축일은 제2의 성탄이라고 할 수 있 습니다. 주님 공현이란, 말 그대로 주님께서 나타나셨다는 뜻으로, 구원 의 빛이신 주님을 온 세상에 드러내 보이는 신비를 말합니다. 교회 역사 에서는 이를 '에피파니아Epiphania'라고 합니다. 이는 세상의 구세주인 예수 님의 탄생을 맞아 아기 예수께 경배드리고 예물을 바치러 온 동방박사 삼왕三王의 방문을 기념하기 때문입니다. 이 대축일은 본래 1월 6일이지 만, 한국에서는 1월 2일과 8일 사이의 주일에 기념합니다.

　　오늘 복음에서는 동방에서 박사들이 찾아오는 내용으로 시작합니다. 그들은 동방에서부터 주님의 별을 따라 예루살렘까지 왔습니다. 그러 나 이제 그들에게 성경의 말씀이 주어집니다.

　　"유다 베들레헴입니다. 사실 예언자가 이렇게 기록해 놓았습니다"(마 태 2,5).

동방박사들은 그 예언의 말을 듣고, 베들레헴으로 가서 새로 나신 왕을 발견했습니다. 그러나 그들의 생각과는 달리 그곳은 왕궁이나 대저택이 아닌 초라한 헛간이었습니다. 그러나 그들은 실망하지 않았습니다. 오히려 어머니 마리아와 함께 있는 아기를 보고 엎드려 경배를 드렸습니다. 그리고 자신들이 정성스럽게 준비해온 세 가지 선물, 황금과 유향과 몰약을 예물로 드렸습니다.

오늘 이야기는 두 부분으로 나누어 볼 수 있습니다.

첫 부분은 1절부터 6절로 예수님을 가리켜 여러 가지 이름들이 나열됩니다. '유다인의 임금', '그리스도', '통치자' 등 매우 화려하고 영광스러운 이름들입니다.

그러나 7절부터 이어지는 두 번째 부분에서는 이러한 호칭들이 모두 사라지고 오로지 한 가지 이름만이 불립니다. 바로 '아기'입니다. 그것도 초라한 헛간에 포대기에 싸여 구유에 누워있는 힘없는 '아기'입니다. 누가 이 아기를 보고 그리스도라고 믿을 수 있겠습니까? 동시에 이야기는 이 '아기'를 두고 헤로데 왕과 동방 박사들의 서로 다른 모습을 뚜렷이 부각시키고 있습니다. 한쪽은 의심하고 경계하기 시작했으며, 한쪽은 기뻐하며 경배를 드렸기 때문입니다.

참고로 현재 우리는 동방 박사들이 세 사람이라고 생각을 합니다. 그리고 이 세 사람의 이름을 6세기부터 카스팔, 멜키올, 발타살이라고 불렀습니다. 사실 성경에서 동방 박사가 세 사람이라는 직접적인 언급은 없습니다. 그럼에도 우리가 동방 박사를 세 사람이라고 믿는 이유는 그들이 바친 세 예물에 기인합니다. 그리고 아기 예수님을 경배하는 세 명의 동방박사 그림이 카타콤바에 있는 것으로 보아 초대 교회 때부터 동방박사의 경배가 공경받았음을 알 수 있습니다. 어찌되었든 이 이방인들은 예수 그리스도를 찾아 나선 첫 사람들이기 때문입니다.

2. 말씀 공감

■ 연신 미소를 날리겠습니다

> "유다인들의 임금으로 태어나신 분이 어디 계십니까?
> 우리는 동방에서 그분의 별을 보고 그분께 경배하러 왔습니다"(마태 2,2).

그 옛날 동방박사들은 하늘에 떠 있는 별을 좇아 아기 예수님이 계신 곳을 찾아냈지요. 그런데 오늘 이 시대, 캄캄한 밤 후미진 뒷골목에서 초라한 빛을 내뿜는 거지 예수님을 찾아다니는 한 사람이 있습니다. 놀랍게도 그 주인공은 목자 중의 목자, 바로 프란치스코 교황님이십니다.

2013년 12월 4일 자 『허핑턴포스트』가 보도한 내용에 따르면, 교황님께서 밤에 교황청을 빠져나가 노숙자들을 만나 돌본다는 소문이 사실일 수 있음을 시사한 것입니다.

이 미디어는 로마 소식통의 말을 인용해 "근위대가 교황이 밤에 일반 사제의 옷을 입고 나가 노숙인들을 만나는 것을 확인했다"고 전했습니다.

최근 교황청 구호 담당자인 콘라드 크라체프스키 대주교는 한 인터뷰에서 "'오늘 저녁 거리로 나간다'고 교황에게 말하면 교황이 나와 함께 갈 위험이 항상 있다"고 말한 것으로 알려졌습니다. 이에 기자들이 "교황이 함께 거리로 나가느냐"고 단도직입적으로 묻자, 대주교는 웃음만 지을 뿐 대답하지 않았다고 합니다.

프란치스코 교황님은 과거 추기경 시절에도 밤에 몰래 나가 노숙자들에게 빵을 나눠주고, 그들과 거리에 앉아 함께 음식을 먹기도 했다는 이야기는 이미 유명하지요.[13]

세간의 눈으로 보면, 최고의 높은 자리에 있는 한 인물이 최하층민들을 찾아다니며 돕는 기행쯤으로 보일 수 있겠지요. 하지만 그리스도인의 눈으로 보면, 그것이야말로 우리들 사이에 오신 예수님을 찾아 나서고, 알아보고, 급기야 대접해 드릴 줄 아는, 소박하지만 위대한 한 걸음입니다. 그 맨 앞줄에서 우리들의 교황님은 몸소 실천하고 계신 것이고요.

"유다인들의 임금으로 태어나신 분이 어디 계십니까? 우리는 동방에서 그분의 별을 보고 그분께 경배하러 왔습니다"(마태 2,2).

지난 성탄, 구유 속의 아기 예수님께 정성을 다해 경배드렸던 그 아름다운 마음을 이제는 우리 삶 속 숨은 예수님을 찾는 데에도 나눠 봄이 어떨까요.

■ 별이 되자

> "동방에서 본 별이 그들을 앞서 가다가,
> 아기가 있는 곳 위에 이르러 멈추었다"(마태 2,9).

예로부터 별은 밤길을 여행하는 사람들에게 안내자 역할을 했습니다. 오늘 동방박사들을 아기 예수님께 인도해 준 것도 다름 아닌 별이었습니다.

오늘 복음을 묵상하면서 우리는 "과연 나를 인도해 주는 별은 무엇이며 어디 있을까?"하고 반사적으로 물음을 던져봤습니다. 이제 우리는 여기서 한 걸음 더 나아갈 때입니다. 그리하여 이런 물음을 물을 줄도 알아야 할 것입니다.

"내가 별이 될 수는 없을까? 그 누군가를 아기 예수님께로 인도해 주는 그런 별이 될 수는 없을까? 그러려면 어떻게 해야 하지?"

실제로 우리 주변에는 멋진 별들이 많이 있습니다. 월간 『참 소중한 당신』 2007년 10월호에 실린 한 자매의 이야기 속에서 저는 다른 이들에게 별이 되어 주는 기쁨을 발견하였습니다. 수원교구 오전동 본당의 함 데레사 자매 이야기입니다.

데레사 자매는 구역장 생활을 15년 동안 해오면서 매년 40여 명을 입교시켰다고 합니다. 놀라운 숫자가 아닐 수 없습니다. 어떻게 그러한 일이 가능했을까요? 그녀는 어디에서건 사람만 만나면 자리를 마련해 일상생활 얘기로 시작해서 하느님 말씀까지 이야기보따리를 막힘없이 맛나게 풀어놓는다고 합니다. 대상자마다 소재를 바꿔가며 이야기하는 것이 일품이랍니다.

이웃 아줌마에게 음식을 대접하면서 신부님, 수녀님에 대해 호기심을 자극해 입교하게 하기도 하고, 자녀를 바르게 키워야 한다며 주일 학교에 먼저 보내게 한 뒤 1년 안에 부모까지 입교시키기도 합니다. 어떤 때는 모범적으로 연예 활동을 하는 신자 연예인 얘기로 선교하기도 하고, 미혼 남녀에게는 성당에서 하는 혼인성사의 아름다움을 강조해 입교시키기도 합니다. 고민이 있는 사람에게는 신부님께 고해성사를 통해 공짜로 상담받을 수 있음을 강조해 입교시키고, 더러는 성당에서 좋은 강의 있으니 들으러 가자고 하여 입교시키기도 한다고 합니다.

이러한 함 자매님의 노력은 바오로 사도의 다음과 같은 고백을 떠올리게 합니다.

"나는 아무에게도 매이지 않은 자유인이지만, 되도록 많은 사람을 얻으려고 스스로 모든 사람의 종이 되었습니다"(1코린 9,19).

데레사 자매는 몇 사람이라도 구원하기 위하여 "모든 이에게 모든 것"이 됨으로써 주님을 믿지 않는 이들을 주님께로 이끄는 별이 되었던 것입니다. 그렇다면 이 자매의 선교 열정과 능력은 어디서 나온 것일까요? 이에 대하여 데레사 자매는 다음과 같이 답합니다.

"선교하려면 내가 기본적으로 하느님을 완전히 신뢰해야 해. 내 믿음이 약하면 절대로 선교할 수가 없어. 내가 먼저 하느님으로 무장하고, 내 신앙 체험을 바탕으로 사람들 얘기를 들어주고, 그들 입장에서 그들에게 다가가야 가능해. 그리고 무엇보다 기도와 영성체를 통해 힘을 얻어야 해. 나도 하루에 5-6시간 기도하고, 매일 미사에 참례해서 영성체를 하는데 그 힘으로 더 신나고 즐겁게 선교도 할 수 있는 거지. 입교시켜 놓고 그 사람을 우리가 책임져야 한다고 생각하면 그건 교만이야. 그렇게 되면 부담스러워서 선교를 못해. 그저 나는 씨만 뿌렸고 그것을 키워 주시는 분은 하느님임을 명심하고 우린 그저 그 사람이 성당에 나올 수 있도록 인도해 주고 기도해 주면 그걸로 되는 거야. 그다음은 다 하느님께서 알아서 해주셔."[14]

그렇습니다. 이 자매의 말이 맞습니다. 우리는 스스로 빛을 발하는 별이 될 수는 없습니다. 우리 존재의 모든 것이 하느님께로부터 비롯되었듯이 우리가 발산하는 빛도 결국 하느님으로부터 공급받아야 하는 것입니다. 틀림없는 것은 하느님으로부터 흘러들어오는 빛의 세기가 클수록 우리가 발산하는 빛의 밝기 역시 더 커진다는 사실입니다.

■ 그저 한 걸음 한 걸음

> **"그들은 그 별을 보고 더없이 기뻐하였다"**(마태 2,10).

2013년 11월 초 저는 의왕의 성라자로마을 후원회 연례행사에 초청받아 특강을 했습니다. 강의 직전, 창설의 주역 故 이경재 신부님에 대한 원로 영화배우 최은희 여사의 짤막한 회고 증언 기회를 드렸으면 하는 주최 측의 제안에, 기꺼이 수락했지요.

최은희 여사는 초창기 성라자로마을을 위문공연으로 도왔던 인연, 김정일에 의한 납북 경위, 북한에서의 행적에 이어, '마리아'라는 북한 여인을 극적으로 만나 영적 도움을 얻게 된 사연을 다소 흥분된 어조로 풀어놓았습니다. 이윽고 신상옥 감독을 만나 기적적으로 탈북하게 된 과정을 토로한 뒤, 미국으로 망명한 직후 국제전화로 이경재 신부님에게 연락하여 영세 의사를 밝히고 도움을 받게 된 일화를 소상히 기억해 내었지요.

제가 그 모든 이야기를 듣다가 가장 인상 깊게 들은 대목은, 결론적으로 이경재 신부님이 최은희 여사에게 들려준 이 말이었습니다.

"최 여사! 사실은 그동안 우리 한센병 환우들이 최 여사를 위해 줄곧 기도해 왔습니다. 우리들은 십시일반으로 기도를 모아 묵주기도 1만 단을 봉헌했습니다. 주님께서는 우리의 기도를 들어주셨습니다."

얼마나 감동적인 증언인가요. 최은희 씨의 납북 소식이 뉴스로 보도되었을 때, 한센병 환우들은 합심하여 성치 않은 손가락으로 묵주기도를 바쳤고, 이 기도에 대한 응답으로 주님께서는 탈북의 기적에 이어 세례의 특은을 보너스로 내려 주셨다고 하니 말입니다! 한마디로, 통공의 기적이 이루어낸 구원의 빛이었습니다.

오늘 동방의 박사들도 빛의 이끄심에 따라 드디어 고대하던 아기 예수님과의 만남이 이루어집니다. "그들은 그 별을 보고 더없이 기뻐하였다"(마태 2,10).

나의 구원자, 인류의 그리스도, 그분 위에 반짝이는 별!

지금 이 순간, 우리에게도 이 빛이 오시어 우리 마음을 환하게 비추고 계십니다. 이 소중한 빛이 올 한 해 동안, 그 어떤 위기에도, 절망에도, 실패에도 결코 사그라지지 않을 수 있도록, 서로가 서로에게 기도 안에서 지켜주길 희망합니다.

함께 기도하시겠습니다.

주님, 지나온 제 생애 고비고비마다 별을 보내시어 제 갈 길을 인도해 주셨음에 감사드립니다.

주님, 오늘도 저희는 말씀의 별을 따라 그저 한 걸음 한 걸음 내디딜 뿐입니다.

주님, 아직도 우리 주변에는 별의 인도를 믿지 않고, 나아가 외면하고 등지기까지 하면서 헤매는 이들이 많사오니, 그들의 눈을 열어주소서.

우리 주 예수 그리스도를 통하여 비나이다. 아멘!

주님 세례 축일: 마태 3,13-17

하늘문

"그때 그분께 하늘이 열렸다"(마태 3,16).

1. 말씀의 숲

오늘 복음에서 예수님께서 '세례'를 받으십니다. 좀 다른 의미이지만 우리는 예수님께서 제정하신 세례를 받았습니다. 먼저 그 추억을 되살려보는 것도 좋을 일일 것입니다.

김형영(스테파노, 1994-2021) 시인은 '세례'의 기억을 이렇게 더듬습니다.

세례를 받고 나서 한동안은
빌 데가 있어 행복했는데,
해가 가면 갈수록 그리워지는
그날 흘린 눈물 한 방울[15]

아, 그날 흘린 그 눈물 한 방울, 어쩌면 우리는 그 힘으로 입때껏 살아왔는지도 모릅니다.

그건 그렇고 다시 예수님의 세례로 눈을 돌려봅시다. 작가 박완서 님은 『옳고도 아름다운 당신』(2007년)에서 예수님의 세례를 다음과 같이 묵상합니다.

제가 신약성경을 처음 통독한 것은 거의 사십을 바라볼 나이였는데 종교적인 갈망에서라기보다는 그리스도교에 대한 무식을 면해보려는 일종의 지적 욕구에 가까운 것이었습니다. 통독이 처음이지 띄엄띄엄 읽은 적은 여러 번 있었기 때문에 다 아는 소리구나, 거의 감동 없이 읽어가다가 문득 발목을 잡힌 것처럼 이상한 느낌에 사로잡히게 되었습니다. 그건 예수께서 굳이 사양하는 요한으로부터 보통 사람들과 마찬가지로 요르단 강에서 세례를 받으시는 대목이었습니다.

이상하지 않습니까? […] 이상할 밖에요. 우리는 동네 유지만 돼도 벌써 동사무소에 가면 줄 서서 기다리는 대신 누군가가 굽실대며 남보다 일을 먼저 처리해주기를 바라며, 텔레비전 화면에 비친 일이 있는 인기인이라면 교통법규를 어겨도 순경이 웃으면서 봐주기를 바라고, 국회의원 정도만 되면 공항에서 출입국 절차나 세관검사를 누군가 알아서 보통 사람보다 신속하게 대행해주기를 바랍니다. 우리는 누구나 티를 내기 위해, 남이 알아주는 것을 즐기기 위해 성공을 꿈꾼다 해도 과언이 아닙니다. 하느님의 아들쯤 되는데도 티를 안 낸다는 건 말도 안 됩니다.

제가 예수에게 사로잡힌 건 바로 그 말도 안 되는 대목에서였습니다. 사로잡혔다고는 하나 곧이곧대로 믿은 건 아니었습니다. 이건 분명히 위선일 것입니다. 예수의 위선을 까발리기 위해서 성서를 통독했다고 해도 과언이 아닙니다. 그러나 저는 그분이 위선을 부렸다는 증거를 끝내 잡아낼 수가 없었습니다. 그분은 처음부터 끝까지 보통 사람, 병든 사람, 미천한 사람, 천대받는 사람과 진정으로 더불어 계셨습니다.

이제야 알겠습니다. 어떤 계층의 사람과도 입장을 바꿀 수 있는 능력이야말로 하느님의 아들만이 할 수 있는 일이라는 것을. 하느님이 그를 보내심은 보통 사람을 하느님의 자녀로 편입시키기 위한 큰 역사였음을.[16]

예수님 세례에 대한 이야기는 공관복음서 모두에 기록되어 있습니다. 예수님께서 세례를 받는 장면은 세례자 요한의 등장과 예수님의 광야 생활을 준비하기 위한 가운데 등장합니다.

오늘 우리가 듣는 예수님 세례 이야기는 두 부분으로 나누어집니다.
첫째, 세례자 요한과 예수님의 대화(마태 3,13-15 참조)
둘째, 예수님의 세례(마태 3,16-17 참조)

마태오는 마르코 복음서의 세례 이야기(마르 1,9-11 참조)를 옮겨 적으면서, 예수님께서 왜 세례자 요한에게 세례를 받으셨는지 그 이유를 설명합니다. 그리고 예수님의 신원을 증명하기 위해 이사야서 42장 1절을 인용하여 하느님의 아들, 하느님의 종이라는 중요한 성경 용어들을 사용합니다.

세례자 요한이 공개적으로 이스라엘 민중들에게 세례를 베푼 이유는 기쁨과 희망을 조성하기 위한 것이었습니다. 당시 이스라엘 민중들은 정치적, 경제적, 율법적으로 짓눌려 희망이 없는 상태였습니다. 이런 이들에게 세례자 요한의 세례 사건은 일종의 어둠 속의 서광이라고 볼 수 있습니다. 이런 상황에서 예수님은 민중 속에 하나 되어 평범하게 회개의 세례를 요한에게 요청했습니다. 그러자 요한은 놀라며 예수님을 말렸습니다. 요한은 자신이 예고한 분, 자기 뒤에 오실 분에게 세례를 베풀 수가 없었던 것입니다. 그러나 예수님은 확고하게 말씀하십니다. "지금은 이대로 하십시오. 우리는 이렇게 해서 마땅히 모든 의로움을 이루어야 합니다"(마태 3,15). 예수님은 '모든 의로움'을 이루기 위하여 요한에게 세례를 받아야 했던 것입니다.

예수님께서 세례를 받으시고 올라오시자, 하늘이 열리고 하느님의 영이 내려와 예수님 위에 머물렀습니다. 동시에 하늘에서 말하는 소리가 들려왔습니다. "이는 내가 사랑하는 아들, 내 마음에 드는 아들이다"(마태 3,17). 세례를 통해 아버지의 아들임이 공적으로 선포되었습니다.

어떤 사람들은 삼위일체Trinity라는 용어가 성경에 나타나지 않는다는 것을 문제 삼지만, 오늘 이 구절에서 하느님의 삼위일체는 너무도 분명하게 파노라마처럼 나타나고 있습니다. 예수님께서 세례를 받으신 후 물에서 올라오실 때 하느님의 성령이 비둘기처럼 임했고 하느님의 음성이 하늘에서 들려 예수님이 하느님의 아들이심을 천명한 것입니다. 너무도 완벽하게 삼위일체의 출현이 이루어진 것입니다. 그래서 초대 교회 때의 아타나시우스Athanasius는 예수님의 신성神性을 부인하는 아리우스Arius와 논쟁하면서 "아리우스여! 요르단 강에 가서 하느님의 삼위일체를 배우라."고 말했던 것입니다. 이렇게 성부와 성령이 웅장한 모습으로 요르단 강에서 세례받는 예수님에게 나타나신 것은 이제 요한의 세례를 받음으로 공생애를 시작하시는 예수 그리스도의 신성을 드러내며, 그것을 사람들에게 알리기 위한 것이었습니다. 이제부터 예수님께서는 사생활이 아닌 공적인 삶을 살며 세상에 오신 목적인 대속의 죽음을 향해 나아가실 것입니다.

2. 말씀 공감

■ 죄인들이 사는 곳

> "그때에 예수님께서는 요한에게 세례를 받으시려고
> 갈릴래아에서 요르단으로 그를 찾아가셨다"(마태 3,13).

사랑의 위대한 표현 중 하나는 스스로를 낮추고 상대방의 눈높이에 맞춰주는 모습 아닐까요. 상대를 이해하고 감싸 안아 주기 위해서는, 바로 그 상대가 되어야 하기 때문이지요.

오늘 예수님께서는 당신 공생활의 시작을 바로 그런 모습에서 출발하셨습니다.

"그때에 예수님께서는 요한에게 세례를 받으시려고 갈릴래아에서 요르단으로 그를 찾아가셨다"(마태 3,13).

우리를 극진히 사랑하시는 그 마음으로 죄 없으신 그분께서 스스로를 낮춰 인간의 세례를 받으시다니요!

이런 거룩하고도 희생적인 눈높이 사랑, 우리들은 오늘날 누구에게서 받고, 또 누구를 향해 행하고 계십니까.

스승 예수님의 이 사랑을 고스란히 자신의 삶에 녹여내어 우리에게 모범이 되어주신 분, 바로 김수환 추기경의 작은 에피소드를 통해 우리들의 사랑을 되짚어 보는 시간을 가져봅시다. 제가 엮은 『김수환 추기경의 친전』(2012년)에 소개된 한 대목입니다.

김 추기경은 은퇴 후 혜화동 소재 신학교로 돌아가 '혜화동 할아버지'가 되었다. […] 어느 날 추기경은 일탈을 감행한다.

"마음으로 원하는 것이 있다면, '김삿갓'처럼 정처 없이 돌아다니는 방랑이라고 할까, 이것에 대한 그리움이 늘 있습니다. 언젠가, 토요일에 수원 근처로 노타이 남방 차림으로 전철을 타고 갔었던 일이 있었고, '작은 자매회' 수녀님들이 계시는 일산에도 간 일이 있었습니다. 일종의 '바람'이라고 할까요. 전철 타고 버스 타고, 올 때도 역시 그렇게…….

늘 자동차를 타고 비서 신부가 수행하고 주변에서 자꾸 그렇게 해

주는데, 나 자신이 독립성을 잃는 것 같기도 하고 해방되고도 싶어서……. 사람들이 쳐다보고 인사하면 나도 인사하고, 자꾸 쳐다보면 다른 데 얼굴 돌리고, 어떤 때는 '혹시 추기경님이 아니세요'라는 질문을 받을 때도 있습니다. 그러면 '나도 그런 말을 많이 듣습니다'라고 대답하곤 합니다."

우리네에게는 일상이 김 추기경에게는 파격이었다.

마음 흐르는 대로 살아보기. 이것을 김 추기경은 시도해 보고 싶었던 것이다.

무엇보다도 그가 추기경 직무 수행 기간 내내 일구월심 꿈꾸어 왔던 '가난한 이들과 함께하는 삶', 바로 이것을 원 없이 꾀할 수 있다는 것이 가장 큰 기쁨이었다.

이제 추기경이 소망했던 진짜배기 행보는 시작되었다. 그는 기회 있을 때마다 이렇게 말해 왔었다.

"인생에 있어서 가장 긴 여행이 무엇인지 아십니까? 이것입니다. 머리에서 마음에 이르는 것. 머리에서 좋다고 생각하는 것을 마음에까지 도달하게 하여 마음이 움직여야 하는데 그것을 우리는 모두 잘 못합니다."

"사랑이 머리에서 가슴으로 내려오는 데 칠십 년 걸렸다."

이제 진짜 출발이다. '머리'의 명령을 따르는 삶이 아니라 '마음'의 명령을 따르는 삶!

이는 누구도 만류할 수 없는 기쁨이었다.

김 추기경은 이 기쁨을 만끽하고 싶어 했다.[17]

교회를 대표하는 추기경에서 동네 할아버지 포스로, 기사 딸린 자가

용에서 전철과 버스로, 대표로서의 직무 수행이 아닌 가난한 이들의 스스럼없는 친구로⋯⋯. 이 모두가 머리가 아닌 가슴이 시킨 일이었습니다. 그 가슴 한 가운데에 예수님의 사랑 박동이 쿵쿵 뛰고 있던 까닭이겠지요. 지금, 우리의 가슴도 이 사랑 박동이 힘차게 뛰고 있나요?

■ 때가 되면

> **"지금은 이대로 하십시오"**(마태 3,15).

신앙생활을 하다 보면, 아니 그냥 살아가다 보면, 이해할 수 없는 일들이 많이 생깁니다. 그때는 굳이 이해하려 하지 말고 그대로 믿는 것이 상책입니다. 그렇게 생겨먹은 대로 사는 것이 상책입니다. 그러다 보면, 이해될 때가 오는 것입니다.

세례자 요한도 도무지 예수님을 이해할 수가 없었습니다. 왜 예수님이 자신에게서 세례를 받으시려 하는지 세례자 요한은 알 길이 없었습니다. 이때 주님께서는 간결하게 한 말씀 주셨습니다.

"지금은 이대로 하십시오."

이 말씀은 오늘 우리를 위해 크나큰 위로가 됩니다. 내가 왜 이런 고통을 겪어야 하는지 이해할 수 없을 때, 이 말씀을 잡을 줄 알아야 합니다. 풀리지 않는 문제를 언제까지 짊어지고 살아야 하는지 답답하기만 할 때, 이 말씀을 의지할 줄 알아야 합니다.

정호승 시인의 수필집, 『내 인생에 힘이 되어준 한마디』(2006년)라는 책 속 「호승아, 이제는 실뭉치가 풀리는 일만 남았다」라는 글에서 저는 "지금은 이대로 하십시오."라는 예수님 말씀을 메아리처럼 듣습니다.

그의 말을 들어보겠습니다.

　　동화작가 정채봉 형과 함께 수원에 살던 시절이 있었습니다. 형은 화서역 부근에 살았고, 저는 율전역(현재 성균관대역) 부근에 살았습니다. 원래 형과는 월간 『샘터』 편집부에서 같이 일하면서 알게 되었습니다. 그러나 『샘터』에서 일할 때는 형이 제 윗사람이었던 탓으로 그리 가까이 지내지 못하고, 오히려 제가 『샘터』를 그만두고 나서 더 가까워졌습니다.

　　형은 제가 사표를 제출하자 받아주지 않았습니다. 이미 다른 직장으로 출근하겠다고 약속을 한 저는 고민이 되어 수원 화서아파트로 형을 찾아갔습니다. 마침 일요일이라 형은 이미 가족들하고 어디로 나가버린 뒤였습니다. 저는 사 들고 간 과일 봉지를 들고 하루종일 그 집 앞을 오가며 기다렸습니다. 아파트 마당에 어둠이 찾아오자 형이 아이들을 앞세우고 집으로 돌아왔습니다.

　　"야, 호승이 네가 찾아올 것 같아서 일부러 도망 나갔는데 아직까지 안 가고 기다리고 있었나?"

　　형은 나를 보고 웃음부터 먼저 터뜨렸습니다. 아마 그때가 형이 대표작 『오세암』을 쓸 때가 아닌가 싶습니다.

　　그 뒤 형이 수원에 산다는 이유만으로 저도 수원으로 이사를 갔습니다. 부모님과 함께 네 살 된 아들을 데리고 율전의 작은 아파트로 이사가 살게 되었습니다. 당시 저는 아이 엄마와는 결별 상태였습니다. 법적으로 헤어진 것도 아니고, 그렇다고 같이 사는 것도 아니고 아주 어정쩡한 상태에서 아이만 제가 키우고 있는 형편이었습니다.

　　상황이 그러하니 힘든 일이 한두 가지가 아니었습니다. 자세히 이야기할 필요가 없지만 갈수록 아이 엄마하고의 일은 꼬이고 꼬여 어디를 바라보아도 헤어날 구멍이 없었습니다. 사면초가, 바로 그것이었습니다.

그러나 당시 서울과 수원을 오가는 전철을 타고 출퇴근한다는 일은 저에게 큰 기쁨이었습니다. 안양만 지나면 그대로 시골 풍경이 펼쳐졌습니다. 전철의 창 너머로 보이는 산과 들과 하늘은 저에게 큰 위안을 주었습니다. 자연이 인간을 위로하고 치유하는 능력이 있다는 것을 그때 처음 알았습니다.

퇴근길에 우연히 형을 전철에서 만났을 때는 수원역에서 같이 내려 술을 한 잔씩 하기도 했습니다. 당시 저는 민음사에서 나올 『새벽편지』라는 제목의 시집 준비를 하던 중이어서 형에게 발문을 부탁하기도 했습니다. 형은 그 글에서 그 무렵의 저를 이렇게 적어놓았습니다.

"저 어둡고도 어두운 80년대의 초반을 정호승과 나는 수원의 변방에서 살았었다. 그가 산 동네의 이름은 '밤밭'이었고, 내가 산 동네 이름은 '꽃뫼'였다. 사전에 한마디의 상의도 없던 정호승이 이사를 왔노라고 불쑥 연락을 주었을 때 나는 한편 반가웠고 한편 궁금했다.

서울에서 그의 등을 떠밀어 보낸 것은 무엇이었을까. 그 막연한 바람을 알아보기 위해 나는 그의 집까지의 오리 길을 철로 변을 따라 걸었다. 논에는 벼꽃이 피어 있었고 밭에는 콩꽃이 그리고 깨꽃이 한창이었다. 깨꽃의 뒤꽁무니를 빨면서 그의 집에 이르러 보니 노모가 집을 지키고 있었다.

'얘가 대학도서관에 갔심더. 도시락까지 가지고 갔으니 내가 불러 오지예.'

나는 순간 정호승이 서울의 어떤 바람에 떠밀려온 것은 결코 아니라는 것을 직감했다. 그는 꽤나 오랜 기간 동안 침묵하고 있었는데, 이제 허심虛心이 된 그가 충전을 하러 온 것이라고 생각했다.

그날, 정호승과 나는 그의 아들 영민이의 손을 나눠 잡고 솔밭길을 걸었었다. 산새들을 날리며 풀 위에 앉아서 우리는 문학보다도 우리들 일상에 대해 더 많이 이야기하였다. 폭우에 맞선 비닐우산과 같은 고통을 때때로 나한테 들켜준 것에 대해 나는 그에게 고마워한다."

아마 그 무렵이었을 겁니다. 저는 저 혼자 부여안고 가기에는 너무나 힘든, 누구에게라도 말하지 않고는 견딜 수 없는 일들을 형에게 털어놓았습니다. 노모가 어린 영민이를 키우는 이야기, 이혼 과정에서 일어나는 고통스러운 일 등을 이야기하자 형이 제 손을 꼭 잡고 말했습니다.

"호승아, 이제는 실뭉치가 풀리는 일만 남았다. 그러니 너무 힘들어하지 말아라."

저는 형의 말을 듣는 순간, 막혔던 가슴이 뻥 뚫리는 듯한 느낌을 받았습니다.

'맞아, 실뭉치는 언제까지 뭉쳐지는 것만은 아니야. 뭉쳐지기만 한다면 그것은 이미 실뭉치가 아니야. 실뭉치는 어느 시점에 풀어지기 위해서, 풀어져 새로운 옷을 짜기 위해서 뭉쳐지는 거야.'

저는 그런 생각을 하며 형의 말에 큰 힘을 얻었습니다.

그 후 저는 힘들고 고통스러울 때마다 '이제 실뭉치가 풀리는 일만 남았다'고 생각했습니다. '이 일은 실뭉치가 풀리는 한 과정이다' 생각하고, 꿋꿋이 용기를 잃지 않으려고 노력했습니다. 그리고 시간은 좀 걸렸지만, 그 고통의 실뭉치는 형의 말대로 풀려나갔습니다.

그래서 저도 형이 병상에 있을 때 그 말을 했습니다.

"형, 이제 형한테도 실뭉치가 풀리는 일만 남았어. 그러니 힘내!"

형이 그 말을 듣고 빙그레 웃었습니다. 그러나 형의 그 실뭉치는 그만 죽음을 통해 풀려지고 말았습니다.

저는 지금까지 형의 그 말을 잊어본 적이 없습니다. 지금도 제 삶이 힘들 때는 '이제는 실뭉치가 풀리는 일만 남았다'고 생각합니다. 그러면 정말 그때부터 실뭉치가 서서히 풀리기 시작합니다. 풀리는 실로 어떠한 옷을 새로 짜느냐 하는 문제만 남아있게 됩니다.

이제는 만날 수 없는, 저세상에 있는 형이 너무나 보고 싶습니다.[18]

좀 긴 글이었지만 이 글 속에서 표현되지 않은 신앙이 묻어납니다. 두 분 다 가톨릭 신앙을 가슴 깊이 품고 살아왔음은 잘 알려진 사실입니다. 바로 그런 까닭에 '이제는 실뭉치 풀리는 일만 남았다'는 믿음 속에는 필경 "지금은 이대로 하십시오."라며 위로 아닌 위로를 주시는 주님 말씀에 대한 순명이 숨겨져 있는 것입니다.

■ 여기가 하늘 문이로구나

> **"그때 그분께 하늘이 열렸다"**(마태 3,16).

'하늘이 열렸다'는 말은 땅과 하늘의 경계가 무너졌다는 것을 의미합니다. 그리하여 지상의 사람이 천상의 하느님과 막힘없는 대화를 나누게 되었다는 것을 의미합니다.

이런 일은 예수님에게만 일어난 일이 아니라 믿음의 사람들에게 이따금 일어나는 일이기도 합니다. 이런 체험을 한 인물로 우리는 단연 야곱을 꼽을 수 있습니다. 『맥으로 읽는 성경』에 실린 그의 이야기를 소개합니다. 이 이야기는 야곱이 자신의 형 에사우를 꾀여 장자권을 사고 아버지를 속여 장자에게 주는 축복을 가로채고서 이 사실을 알게 된 에사우가 격분하여 '죽이겠다'고 하자 도망의 길에 올랐을 때 생긴 일을 전해줍니다.

길은 멀다. 장장 350Km.

얼마쯤 왔을까. 야곱은 '베텔'이라는 곳에 이르렀다. 돌베개를 베고 잠을 자는데 꿈에 사다리가 나타나고 거기에 천사가 오르락내리락하며 '하늘 문'이 열리는 것을 보게 된다. 그리고 하느님의 음성을 듣는다. 잠에서 깬 야곱은 말한다.

"진정 주님께서 이곳에 계시는데도 나는 그것을 모르고 있었구나. 여기가 바로 하늘의 문이로구나"(창세 28,16.17).

여기서 앞뒤 상황을 클로즈업시킬 필요가 있다. 우선 야곱은 '돌베개'를 베고 잤다고 했다. '돌베개'는 무엇을 뜻하는가? 사람이 아무리 없이 여행을 다녀도 옷 보따리에다가 비상식량은 가지고 다닌다. 그리고 잘 때는 그것을 베고 잔다. 돌베개는 야곱에게 그것조차 없었다는 것을 말해 준다.

야곱이 얼마나 빨리 줄행랑을 쳤으면, 아무것도 준비하지 못한 채 도망쳤을까. 불같은 형의 성격을 너무 잘 알았던 것이다. 잡히면 죽는 것이다. 이를 알고 바로 튀다시피 해서 여기까지 와 보니 축복이고 뭐고 아무것도 없다. 축복은 나중 일이고 살아남는 일이 문제다.

그럼에도 불구하고 야곱은 기도를 못 하고 있었다. 옛날에는 아무데서나 기도를 할 수 없던 것이다. 성소나 서낭당 등 이런 공간이 따로 필요했다. 그런 와중에 야곱은 불안에 떨면서 돌베개를 베고 잠을 잤던 것이다. 그런데 야훼 하느님께서 그의 꿈에 나타나신다. 야곱은 비로소 깨닫는다. "여기 야훼께서 계셨는데 내가 몰랐구나!"

이것이 참 영성이다. 돌베개를 베고 자는 상황은 우리에게도 수도 없이 발생한다. '의지가지' 하나 없는 상황, 같이 사는 사람에게도 도움을 청하기 어려운 상황이 언제고 생기게 마련이다. "이거 돌베개구나……. 내가 의지할 것은 돌멩이 하나구나!"

그런데 바로 그때가 "여기 야훼께서 계셨는데!"를 고백하는 때다. 주님께서 우리와 함께 계신다면 언제겠는가? 우리가 잘나갈 때인가? 아무 문제 없을 때인가?

극한 상황에 처해 있을 때 그분은 더더욱 우리와 함께 계신다. 힘들 때, 외로울 때, 절망할 때, 그 순간이 바로 주님께서 우리와 가장 가까이 계시는 때라는 것을 확신하기 바란다. 그리고 그 순간, "여기 야훼께서 계셨는데!" 하고 고백하기 바란다.

저 깨달음을 얻은 야곱은 그곳에 제단을 쌓아두고, 이름을 베텔이라 하였다. 그리고 기도하였다.

"하느님께서 저와 함께 계시면서 제가 가는 이 길에서 저를 지켜 주시고, 저에게 먹을 양식과 입을 옷을 마련해 주시며, 제가 무사히 아버지 집으로 돌아가게 해 주신다면, 주님께서는 저의 하느님이 되시고, 제가 기념 기둥으로 세운 이 돌은 하느님의 집이 될 것입니다. 그리고 저는 당신께서 주시는 모든 것에서 십분의 일을 당신께 바치겠습니다"(창세 28,20-22).

가는 길은 멀고 먼 사막 길. 우리나라 같으면 가다가 동네에서 얻어먹어도 되고, 주막에서 막노동이라도 해서 얻어먹어도 되지만, 이곳은 그조차 없는 허허벌판 사막이다. 생존이 위태로운 야곱은 그래서 이처럼 기도했던 것이다.

이에 하느님이 주시는 약속의 말씀은 간단했다.

"야곱! 내가 너와 함께하리라"(창세 28,15 참조).

야곱이 주문한 것은 많았다. "이것도 주세요, 저것도 주세요."

그런데 응답은 한마디였다. "내가 너와 함께하리라."

결론을 보면 주문한 것을 이 응답 속에 다 주셨다는 것을 알 수 있다. 독자들 또한 주님께서 주시는 가장 큰 축복이 바로 "내가 너와 함께하리라!"임을 기억하시길 바란다.[19]

야곱 이야기를 통해서 우리는 위로를 받습니다. 오늘도 우리는 기도 중에 '하늘'이 열리기만을 고대합니다. 하느님께서 돌베개를 베고 자는 야곱에게 하늘 문을 열어주셨다면, 우리 각자에게도 틀림없이 하늘 문을 열어주실 것입니다. 왜냐하면 야곱은 우리의 대표이기 때문입니다. 대표에게 보여주신 것은 바로 우리를 위한 것이었기 때문입니다.

함께 기도하시겠습니다.

주님, 저희는 '하늘'이 열리는 것을 묵상해 봤습니다. 구체적으로 야곱이 겪었던 하늘 문이 열리는 체험에 머물러 봤습니다.

주님, 저희에게 역시 '돌베개' 하나에 의지해서 잠을 청했던 날들이 있습니다. 지금 이 순간도 그러한 처지에서 두려움과 좌절로 가슴앓이하는 사람들이 많이 있습니다.

주님, 그들에게 '하늘 문'을 열어주소서. 단지 꿈에서라도 좋으니 꿈으로라도 열린 하늘 문을 보게 하소서.

주님, 그들에게도 주님의 그 신나는 말씀을 내려 주소서. "내가 너와 함께 하리라."

주님, 저희에게 이 말씀 하나면 족하나이다. 그것으로 모든 것이 눈 녹듯이 녹아내리나이다. 그것으로 다시 힘과 의욕이 용솟음치나이다.

우리 주 예수 그리스도를 통하여 비나이다. 아멘!

하느님의 어린양

"보라, 세상의 죄를 없애시는 하느님의 어린양이시다"(요한 1,29).

1. 말씀의 숲

오늘 복음을 살펴 읽기 전에 먼저 마종기 노렌조 님의 "누구인지"를 함께 음미하고 싶습니다.

절망의 멍에를 벗겨 주시고

외로움의 신음을 달래 주시고

혼자일 때 친구 되어 다가오는 이,

나도 처음에는 누구인지 몰랐네.[20]

오늘 우리는 복음 말씀에서 세례자 요한의 고백을 통해 예수님의 모습, 곧 예수님의 정체성과 사명을 듣게 됩니다.

그런데 여기서 요한 복음서의 독특한 기록 방식에 대하여 살펴보아야 합니다. 요한 복음서는 모든 사실들을 사건기술로 취급하지 않고 상징적으로 취급하면서 신학적인 뜻을 부여합니다.

구약의 창세기가 세상에 자연 생명이 움트고 성장하는 과정을 적었다면, 요한 복음서는 초자연적인 영원한 생명이 태어나 성장해가는 모습을 전해줍니다. 그래서 창세기가 7일간의 창조 이야기를 전해주듯이 요한 복음서도 예수 그리스도가 하느님이심을 드러내는 과정을 7일이라는 상징을 통해 나타내고 있습니다.

첫째 날에는 반대자들에게 메시아가 이미 와 있다는 사실을 요한이 확언하고(요한 1,19-28 참조), 둘째 날에는 그분이 하느님의 아들이며 바로 저기 오시는 분이 하느님의 어린 희생양이시라고 가리킵니다(요한 1,29-34 참조). 셋째 날에는 이 사실을 요한이 자기 제자들에게 알리고(요한 1,35-36 참조), 넷째 날에는 예수님과 베드로의 첫 대면이 이루어집니다(요한 1,41-42 참조), 다섯째 날에는 필립보와 나타나엘의 신앙고백(요한 1,43-51 참조), 여섯째 날은 아무 일도 없는 날로서 아마도 예수님께서 베타니아에서 카나로 여행하신 날일 것입니다. 일곱째 날에는 카나 혼인 잔치에서의 첫 기적으로 영광을 드러내신 날입니다(요한 2,1-11 참조).

이 가운데 오늘 우리가 읽는 부분이 바로 두 번째 날에 해당하는 부분입니다. 오늘 이야기는 두 부분으로 나누어 볼 수 있습니다. 첫 번째 부분은 29절부터 31절까지로 요한은 예수님을 '하느님의 어린양'으로 소개합니다. 그리고 두 번째 부분은 32절부터 34절까지로 성령이 예수님 위에 머무르심에 대하여 증언하고 있습니다.

요한은 예수님을 어린양으로 보았습니다. 요한은 예수님을 하느님의 어린양이라고 지칭하면서 이사야 예언자가 선포한 야훼의 종을 일깨워 주고 있습니다. 그 종은 하느님의 마음에 들어서 뽑아 세운 종으로, 하느님의 영을 받고 뭇 민족에게 바른 인생길을 펴줄 종이며, 자신의 목숨을 아낌없이 바치는 종이었습니다(이사 53장 참조).

또한 이 어린양은 파스카 어린양을 가리켰습니다. 그때는 파스카 축제가 멀지 않았을 때였습니다(요한 2,13 참조). 그들이 이집트에서 나오던 날 저녁 이스라엘의 집들을 보호해 준 것은 살해당한 어린양의 피였다는 것은 파스카 축제에 대한 오랜 전승이었습니다(탈출 12,11-13 참조). 죽음의 사자가 두루 다니면서 이집트인들 중에서 맏이로 태어난 것들을 살해하던 그 날 밤에 이스라엘 사람들은 살해된 어린양의 피를 그들의 문설주에 바름으로써 사자가 그 피를 보고 지나가도록 했던 것입니다.

지금 요한이 본 "어린양"은 앞으로 백성들인 양 떼를 이끌고 구원하는 우두머리였습니다. 그러므로 어린양은 종이면서도 구원자였습니다. 요한은 예수님이 자기가 증언한 분임을 확신하였습니다. 요한은 예수님을 증언하면서 동시에 자신의 사명도 분명히 깨달았습니다. 자신은 물로 베푸는 세례를 통해 이스라엘에 오시는 분을 알려야 하는 사명을 띠고 있었습니다.

그런데 이 이야기에서 한 가지 흥미로운 사실을 발견할 수 있습니다. 바로 두 번에 걸쳐서 세례자 요한이 예수님을 몰랐다고 말하는 것입니다. 그러나 이 이야기를 통해 요한이 어떻게 예수님에 대한 확신을 가지게 되었는지를 말합니다. 바로 하느님께서 요한에게 예수님을 계시해 주신 것입니다.

"나도 저분을 알지 못하였다. 그러나 물로 세례를 주라고 나를 보내신 그분께서 나에게 일러 주셨다. '성령이 내려와 어떤 분 위에 머무르는 것을 네가 볼 터인데, 바로 그분이 성령으로 세례를 주시는 분이다'"(요한 1,33).

성령이 비둘기처럼 하늘에서 내려와 예수님 위에 머물렀습니다. 예수님의 사명은 세상의 죄를 없애시는 구원자로서 성령으로 세례를 베푸는 것이었습니다. 요한은 바로 이 예수님을 하느님, 곧 하느님의 아들로 고백했습니다.

2. 말씀 공감

■ 용서의 특은을 증거하게 하소서

> **"보라, 세상의 죄를 없애시는 하느님의 어린양이시다"**(요한 1,29).

엎어 보고 메쳐보고 뒤집어 보고 다시 봐도, 신나기만 한 이야기가 있다면, 무엇일까요? 바로 죄의 용서에 관한 기쁜 소식입니다. 하도 은혜로워서, 본당 사목을 하던 시절 저는 예비신자들에게 그 대목을 이렇게 설명해 주는 재미를 즐겼습니다.

"여러분, 결국 우리가 죽어서 하느님 앞에 가게 되면, 최후의 심판이 있게 될 것입니다. 그때 하느님 오른편에 앉으신 예수님께서 모든 사람들에게 물으실 것입니다."

"???"

"'네 죄를 네가 알렷다!' 바로 이것입니다. 이 물음 앞에 우리는 용鼈 빼는 재주 없습니다. 모든 것을 알고 계신 분 앞에서 우리는 죄를 숨길 수도, 축소할 수도 없습니다. 할 수 있는 것이라고는 다만 우리의 알량한 '선행'을 내세워 정상참작을 청하는 것 밖에는요."

"……"

"그럴 때 가톨릭 신자들은 어떻게 해야 할까요? 제가 대답하는 법을 가르쳐 드릴게요."

"???"

"이렇게 말하는 것입니다. '이미 땅에서 다 풀고 왔는데요!'"

"!!!"

그렇습니다. 저 한 마디면 골치 아픈 문제는 끝나게 되어 있습니다. 왜

일까요? 예수님께서 지상에서 활동하고 계실 때 베드로를 비롯한 제자들에게 '땅에서 푸는 권한'을 위임하셨기 때문입니다.

"너는 베드로이다. […] 나는 너에게 하늘 나라의 열쇠를 주겠다. 그러니 네가 무엇이든지 땅에서 매면 하늘에서도 매일 것이고, […] 땅에서 풀면 하늘에서도 풀릴 것이다"(마태 16,18-19).

이는 빈말이 아니었습니다. 그러기에 가톨릭 교회는 예수님이 위임하신 '푸는 권한' 곧 죄의 용서를 실효적으로 보장해 주기 위하여 '세례성사'와 '고해성사'라는 제도를 구비하였습니다. 그러니 이들 성사를 통하여 죄를 용서받은 신자들이 나중에 하느님 앞에 서게 될 때 저렇게 주장한다고 해서 "어느 안전이라고 무례한 말을 하느냐. 무엄하도다!" 하는 불호령이 떨어질 일은 없을 것 아니겠습니까.

이런 이유로, 교황 요한 23세는 고해성사의 은총을 확신해 마지 않았습니다.

"천국으로 가는 문은 두 개 있는데 하나는 '천진난만함'이고 다른 하나는 '참회'입니다. 보잘것없는 우리가 어떻게 첫째 문이 활짝 열려 있기를 기대하겠습니까? 그러나 두 번째 문에 대해서는 자신할 수 있습니다."

이처럼 죄의 용서는 비로소 예수님에 의해 새롭게 열린 전혀 새로운 차원의 특권입니다.

"보라, 세상의 죄를 없애시는 하느님의 어린양이시다"(요한 1,29).

오늘, 세상 모든 죄를 홀로 뒤집어쓰기 위해 어린양 예수님께서 우리에게 오셨습니다. 이렇게 하여 용서받은 우리들은 또한 진심으로 타인을 용서할 줄도 알게 됩니다.

이집트에 주둔한 적이 있었던 한 영국 상사의 고백입니다.

"내가 있던 부대에 예수님을 믿는 민간인이 하나 있었는데, 우리들이 그 사람을 되게 못살게 굴었습니다. 비가 몹시 내리던 어느 날 밤, 그는 지쳐서 들어와서는 잠자리에 들기 전 기도를 하려고 무릎을 꿇었습니다. 나는 진흙이 잔뜩 묻은 내 장화를 그 사람의 머리 위에 올려놓았지만, 그는 기도를 계속했습니다.

다음날 아침에 일어나 보니, 그 장화가 깨끗이 닦여져서 내 침대 옆에 놓여 있었습니다. 그것이 나에 대한 그의 보답이었고, 그 대답이 내 마음을 녹였습니다.

나는 그날 구원을 받았습니다."[21]

이처럼 구원받은 우리는 또 다른 누군가를 구원의 길로 이끌 수 있습니다. 용서와 사랑, 예수님께서 이 땅에 오신 이유이자, 오늘 우리들에게 원하시는 모습입니다.

■ 비둘기처럼

> "나는 성령께서 비둘기처럼 하늘에서 내려오시어
> 저분 위에 머무르시는 것을 보았다"(요한 1,32).

저는 개인적으로 성령에 대하여 어떤 부정적인 선입견을 갖고 알레르기 반응을 일으키는 분을 가끔 만납니다. 이런 분들에게 저는 꼭 "성령께서는 맞춤식으로 오시니 걱정 마십시오"하고 말해 줍니다. "성령께서 화끈하게 오시기를 바라는 분들에게는 그렇게 오시고, 또 조용히 오시기를 바라는 분들에게는 조용히 와주신다니깐요." 이런 식으로 말입니다.

오늘 복음 말씀에도 성령께서 '비둘기처럼' 내려오셨다는 표현을 쓰고 있습니다. 이를 묵상하려는 순간 불현듯 저에게 대전교구 성령 봉사회를 지도하고 계신 김 베드로 신부가 떠올랐습니다. 왜냐하면, 그는 대전교구에서 요 몇 년간 성령에 대한 반감을 불식시키고 각 본당에 조용히 성령의 바람을 일으키고 있기 때문이었습니다. 그래서 성령의 역사하심에 대한 그간의 체험을 말씀해 달라고 청했더니 이렇게 증언하였습니다.

"성령을 체험하면 사람들이 아주 소란스럽고 시끄럽고 이상한 현상들이 나타나는 것으로 인식을 합니다. 물론 우리가 은혜를 받았을 때 벅찬 기쁨으로 어린아이들처럼 펄쩍펄쩍 뛸 수도 있고 과도한 반응을 보일 수 있습니다. 사람들은 이러한 현상들에 대해서 두려움을 느낄 수도 있고, 거부감을 가질 수도 있습니다. 그러나 이러한 반응들은 특별한 케이스로 꼭 거부감을 가질 필요는 없습니다. 대부분 성령 체험은 조용하고 평화롭고, 잔잔하게 오는 것이 보편적입니다."

그러면서 김 베드로 신부는 한 가지 중요한 것을 강조했습니다.

"성령 봉사회의 목적은 성령의 열매를 맺도록 도와주는 데 있습니다. 성령의 은사들 역시도 열매를 맺기 위한 도구입니다. 성령 체험을 통해 나타나는 현상들은 반드시 그 열매를 맺게 되어 있습니다."

이 말에 이어 김 신부는 성령께서 어떻게 내적 변화를 일으키고 열매를 맺게 하는지 직접 목격한 것을 이렇게 들려주었습니다.

"10년 동안 냉담을 해오던 분이 계셨습니다. 그 형제는 모 대학의 이사장직을 맡고 계셨는데, 전에는 아랫사람들을 대할 때 사람들을 매우 권위적으로 대했고, 모든 것을 자기중심적으로, 속된말로 자기 잘난 맛에 살았던 사람이었습니다. 그러기에 그분의 모든 생활의 중심은 당연히 자기 자신이었습니다. 어떠한 일이 잘 되었을 때는 '내가 잘해서'고 안 되면 '직원들이나 남들이 잘 못 살아서'라고 생각했기에 그럴 때마다 사람들을 불편하게 했던 것입니다. 그분에게 있어서 하느님은 관심의 대상이 아니었습니다.

그러던 어느 날 그 형제가 성령 세미나에 끌려나오다시피 오셨습니다. 처음에는 피정에 참여할 때도 적극적으로 참여하기보다는 삐딱하게 꼬투리를 잡기 위해 앉아 있는 사람처럼 자신은 물론 사람들을 불편하게 하였습니다.

그러던 중 피정 중반에 면담과 고해성사를 통해 마음이 서서히 움직이기 시작하면서 마침내 하느님을 체험하는 안수식 때 성령께서는 그 형제를 강하게 터치하셨던 것입니다. 그 형제는 성령 안에 한없는 평화와 위로를 받으면서 온몸에 힘이 빠지기 시작하더니 성령께서 자신의 일생의 삶을 영화 필름처럼 선명하게 보여주시더랍니다. 그때 그 형제는 자신의 지나온 삶이 얼마나 이기적이고 형편없는 삶이었는가를 절실히 깨닫고, 내가 이렇게 살아서는 정말로 안 되겠구나 결심했습니다. 그때부터 그 형제 안에 놀라운 변화가 일어나기 시작했습니다.

그 이후로 그 형제의 삶은 전과는 전혀 다른 삶이 되었습니다. 자기 부하 교수들이나 직원들을 대할 때 예전의 냉소적이고 권위적인 모습과는 달리 따뜻하고 친절하며 다정하게 대해주었습니다. 그러니 모든 사람들이 오히려 이상하게 느낄 정도로 그렇게 성령께서는 그 형제의 마음과 삶을 완전히 바꿔 주셨던 것입니다. 그때부터 그 형제는 하루의 시작을 기도로 시작해서 기도로 마쳤고, 주일 미사는 10년째 한 번도 빠진 적이 없으며, 직장에서도 직원들이 보는 앞에서 감사할 일이 있으면 그 자리에서 무릎을 꿇고 성호를 그으며 감사 기도를 바치는 사람으로, 어려울 때는 하느님께 기도하자고 말하면서 완전히 새로운 사람으로 바뀌어진 것입니다.

그 형제는 말했습니다. '60이 가까운 내가 이제야 인간이 되어가는 것 같아요. 이제야 행복이 무엇인지 알 것 같으니 말이에요.'"

이러한 사례들은 많이 있지만, 이 형제의 경우가 대표적이라고 말할 수 있습니다. 이전에는 말을 막 하고, 다른 이들을 무시하던 사람이 성령으로 인하여 돌연 변했습니다. 모든 것에서 자기 자신만을 생각하던 사람이 모든 것을 하느님께 맡기는 생활을 하게 되었습니다. 이러한 내적 변화는 바로 성령 체험을 통해서 오는 것입니다. 비록 그것이 요란하거나 특별한 현상이 나타나지는 않더라도 우리가 내적으로 변화를 체험하게 되고, 그 결과로 신앙의 열매를 맺게 되는 것이 바로 성령께서 임하신 가장 확고한 증거라는 것입니다.

김 신부는 이렇게 결론을 내립니다. "성사생활의 변화, 곧 기도를 못 하던 사람들이 기도에 맛을 들이고, 성체조배를 못하던 사람들이 성체조배에 맛을 들이며, 고해성사를 어려워하던 이들이 고해성사를 통해 은총을 체험하게 되는 것도 성령께서 이끄심입니다."

맞는 말입니다. 그런데 이렇게 역동적인 내적 변화를 가져다주는 성령께서는 비둘기처럼 평화롭고 고요히 우리에게 임하십니다. 이 점을 잊지 말아야 할 것입니다.

■ 무엇을

> **"과연 나는 보았다. 그래서 저분이 하느님의 아드님이시라고**
> **내가 증언하였다"**(요한 1,34).

세례자 요한은 말했습니다. "과연 나는 보았다."

이 말에 이어 그는 결론을 내렸습니다. "그래서 […] 내가 증언하였다."

이 두 말씀은 원리이며 법칙입니다. 누구든지 무언가를 '보게 되면' 반드시 '증언하게 되어 있다'는 것입니다.

저는 이 말씀들을 묵상하면서 개인적으로 가슴이 뜨거워짐을 느낍니다. 그동안 제가 '본 것'은 저 자신에게서뿐 아니라 사람들 안에서 살아계신 예수님이었습니다. 그분의 무한한 사랑과 자비였습니다. 그로 인하여 수많은 사람들이 재기하는 것을 보았습니다. 좌절한 사람들이 다시 일어서는 것을 보았습니다. 실패한 사람들이 다시 흥하는 것을 보았습니다. 죽어가던 사람들이 다시 살아나는 것을 보았습니다. 문제 앞에서 한 숨 쉬던 사람들이 그분의 도움을 받고 찬미드리는 것을 보았습니다. 두려움에 떨던 사람들이 평화를 회복하는 것을 보았습니다. 우울증에 걸린 사람들이 다시 행복한 미소를 짓는 것을 보았습니다. 그러기에 저 역시 전국을 다니며 어디에서건 그것을 증언하고 있는 것입니다. 보지 않았다면, 증언도 없었을 것입니다. 증언하려는 열정은 진작에 시들었을 것입니다.

여러분들도 틀림없이 각자 나름으로 '본 것'이 있을 것입니다. 그것을 다시금 확인하는 것만으로도 '증언'하고 싶은 열정이 회복될 것입니다. 『가톨릭평화신문』 2007년 5월 27일 자에 실린 조 요셉 형제의 이야기에서 저는 그 열정을 발견하였습니다. 그 이야기를 소개합니다.

서울 동대문구 답십리동에 있는 하늘스포츠의학클리닉 메디컬 재활센터. 이른 아침, 러닝머신 위에 올라가 가볍게 달리던 조(요셉) 원장은 옆 직원에게 한 마디 건넸다.

반응이 석연치 않자, 조 원장은 매일 러닝머신을 하며 3주 동안 그 직원을 위해 기도했다. 조 원장은 다시 의향을 물었고 그 직원은 가톨릭 신자가 됐다.

국내 최초로 설립된 스포츠의학 전문병원인 이 병원은 직원 복음화율이 30%를 웃돈다. 병원의 설립 취지는 '하느님 손길로, 환자를 하느님처럼 대하겠다'는 것. 병원 이름에 '하늘'이 붙은 것도 같은 이유에서다.

병원 복음화율의 비결은 '사랑'에 있다. 조 원장은 "가장 인격적 대우가 사랑이자 선교"라고 했다. 그는 직원과 환자들에게 따뜻하고 진심 어린 마음으로 대할 뿐이다. 그래선지 직원들은 개인적으로 힘든 일이 생기면 원장을 찾아와 의논할 정도로 가족적이다.

조 원장의 직접적 선교라고 할 수 있는 건 지나가는 말로 "성당 다녀볼래?" 하고 묻는 게 전부다. 다만 그 말엔 기도가 녹아 있을 뿐이다.

병원에 예비신자 교리반이 생긴 지는 7개월이 됐다. 당시 환자로 진료를 받고 있던 이○○(직장사목부 담당), 용○○(서울시립보라매청소년수련관 관장) 신부는 조 원장의 이런 열성에 감탄해 교리반을 만들었다. 교리반은 일주일에 두 번 열리며 미사는 한 달에 한 번 봉헌된다.

6일 혜화동 신학교 소성당에서 세례를 받은 직원들은 "하느님 자녀로서 환자들에게 더 따뜻한 마음으로 다가가게 되고 무엇보다 생각만 했던 신앙을 갖게 돼 기쁘다"고 말했다.

조 원장은 "의사로서 삶을 살 수 있게 해주신 하느님께 감사하다"
며 "사랑으로 무장해 하느님 사랑을 나눠주는 병원이 되도록 노력하
겠다"고 말했다.[22]

이 신문 기사에는 소상히 밝혀지지 않았지만 조 원장이 이렇게 복음
을 전하는 열정을 품고 있는 데에는 필시 사연이 있을 것입니다. 그 역
시 무언가를 '보았을 것'입니다. 틀림없이 그것은 가슴 벅찬 주님의 사
랑이었을 것입니다. 어떤 형태로 다가왔던지 그것은 영락없는 주님의
무조건적인 사랑이었을 것입니다. 아멘!

함께 기도하시겠습니다.

주님, 저희는 예수님을 만남으로 더 큰 행복을 만났음을 증언합니다.

주님, 저희는 그리스도를 만남으로 더욱 잔잔한 평화를 누리고 있음
을 증언합니다.

주님, 저희는 예수 그리스도를 만남으로 지상에서 이미 영원한 생명
을 살고 있음을 증언합니다.

우리 주 예수 그리스도를 통하여 비나이다. 아멘!

하늘 나라가 가까이 왔다

"회개하여라. 하늘 나라가 가까이 왔다."(마태 4,17).

1. 말씀의 숲

예수님께서는 4장 12절부터 공생활을 시작하십니다. 4장은 1-11절은 광야에서 유혹을 받으신 장면, 12-17절까지는 갈릴래아 전도 시작, 18-22절까지 네 어부를 첫 제자로 부르심, 23-25절 군중이 각지에서 예수님의 말씀을 듣고 치유를 받음 등 4부분으로 구성되어 있습니다. 이 가운데 오늘 우리가 들은 부분은 갈릴래아 전도 시작 부분입니다. 본래는 네 명의 어부를 제자로 선택하신 내용까지 복음 내용에 들어가 있습니다만, 눈으로 읽기에서는 전반부 예수님께서 갈릴래아에서 선교 활동을 시작하신 부분까지만 살펴보도록 하겠습니다.

마태오는 마르코의 카파르나움 정착 기사(마르 1,21 참조)를 참작하여 이 이야기를 엮으면서, '나자렛을 떠나 […] 카파르나움으로 가시어 자리를 잡으셨다'라는 구절을 만들어 덧붙였습니다. 또한 예수님께서는 이사야의 예언을 실현하기 위해서 즈불룬과 납탈리 지방에 있는 호숫가 카파르나움에 정착하셨다고 풀이하고 있습니다. 이러한 구조는 요셉이 이집트에서 돌아올 때 유다에 정착하기 두려워 갈릴래아로 가서 나자렛에 정착함으로써 예언자들의 말씀이 이루어졌다고 하는 이야기의 구조와 매우 흡사합니다. 예수님께서 예루살렘에 머무시지 않고 갈릴래아로 오신 것은 외부적 위협과 압력을 피하신 것입니다.

요한의 운명에서 예수님의 종말이 예고되고 있습니다. 세례자 요한과 예수님의 가르침과 삶은 매우 닮아서 마치 운명 공동체 같이 느껴집니다. 하지만 그 둘 사이에는 다른 점도 없지 않습니다. 예수님께서는 요한이 활동을 마친 다음에 활약하시기 시작하는데, 요한이 주로 유다 지방 요르단 강 유역에서 활동했다면 예수님께서는 갈릴래아 지방 호수 북변에서 활동하십니다.

"회개하여라. 하늘 나라가 가까이 왔다"(마태 4,17)라는 말씀에는 예수님의 기쁜 소식 전체가 요약되어 있습니다. "하늘 나라"라는 표현은 마태오 복음에서만 발견되며, 다른 신약성경의 '하느님 나라'와 같은 것입니다. '하느님'이라는 말을 사용할 수 없는 유다인들의 관습에 따라 '하늘'은 하느님을 대신하는 명칭으로 사용된 것입니다. 따라서 하늘 나라는 하느님 나라 또는 하느님의 왕적 지배를 의미합니다. 이러한 하늘 나라가 가까이 왔습니다. 이 표현은 가까이 오긴 왔으나 아직 완전히 온 것은 아니라는 의미입니다. 많은 이들이 교회와 하느님 나라를 동일시하는 혼동에 빠져 있으나 교회는 하느님 나라가 아닙니다. 교회는 하느님 나라의 실현을 위하여 노력하는 것입니다. 그러하기에 우리가 하느님 나라에 참여하기 위해서는 회개가 필요한 것입니다. 그리고 예수님께서는 우리에게 회개를 요청하고 계신 것입니다.

예수님께서는 복음 선포와 함께, 갈릴래아 호숫가에서 첫 제자들을 부르십니다. 베드로라는 시몬과 안드레아 형제, 그리고 야고보와 요한 형제가 그들입니다. 여기서는 시몬이 베드로임을 이미 밝히고 있습니다. 이들은 어부였습니다. 이들은 예수님의 부르심을 듣고 자신들이 하던 일을 버리고 그대로 예수님을 따라나섭니다. 예수님께서는 유일한 세상의 빛이시고, 생명의 빛이셨지만 당신 홀로 일을 하지 않으셨습니다. 예수님은 적극적으로 함께 일할 협력자들이 필요했던 것입니다.

"나를 따라오너라. 내가 너희를 사람 낚는 어부로 만들겠다"(마태 4,19).

이제 제자들은 단순한 어부에서 사람들을 낚는 어부가 될 것입니다. 그렇기 위해서는 지금부터 예수님이 어떤 행동을 하시고, 어떤 말씀을 하시는지 지켜보고 배워야 합니다. 이러한 훈련이 끝난 다음에 그들도 사람 낚는 어부로서 하늘 나라의 가르침을 선포하고 세상의 악을 물리칠 것입니다.

2. 말씀 공감

■ 제 수치심을 낮은 곳으로

> "예수님께서는 요한이 잡혔다는 말을 들으시고
> 갈릴래아로 물러가셨다"(마태 4,12).

예수님께서는 요한이 잡혔다는 말을 들으시고 갈릴래아로 물러가셨습니다.

왜 그러셨을까요? 짐작컨대, 거기에는 예수님의 깊은 뜻이 숨겨져 있었습니다. 즉, 그 이유는 '때kairos'에 대한 높은 지혜의 발로였다고 여겨집니다.

한동안 세례자 요한의 본격 활동과 예수님의 예비 활동이 겹쳐진 시기가 있었습니다. 당시 세례자 요한에게는 그를 뒤따르는 제자단이 있었고, 예수님께선 아직 활동의 기지개만 슬슬 펴고 계셨습니다. 자칫하면 제자들 사이에 경쟁과 충돌이 있을 수 있기에 예수님께서는 본격 활동을 자제하고 계셨습니다.

아무래도 사람이 여럿 모이다 보면 원치 않은 충돌이 생기기 마련입니다. 구약성경에서 삼촌 아브라함의 부하들과 조카 롯의 부하들 사이에서 좋은 땅을 차지하기 위한 경쟁으로 충돌이 있었던 사실을 우리는 기억합니다. 이때 아브라함은 조카를 나무라는 대신, 서로 합의 하에 영역을 갈라 나누는 지혜를 발휘했습니다. 아브라함에게는 인간의 본능을 꿰뚫어보고 이를 미연에 피할 줄 아는 예지가 있었던 것입니다.

바로 이런 지혜의 안목에서 예수님께서는 요한의 활동과 당신의 활동 시기가 겹치지 않기를 바라지 않으셨을까 여겨집니다. 그리하여 예수님께서는 요한의 시기가 마지막에 이르러가고 있음을 확신하셨을 때, 당신 활동을 시작하십니다.

그런데 예수님께서는 활동 개시를 위하여 일부러 변방으로 "물러가셨"습니다. 내려가신 곳은 갈릴래아였습니다.

복음은 예수님의 거주지로 갈릴래아 지역 "카파르나움"을 언급하며, 이사야 예언자의 예언 말씀(이사 8,23-9,1 참조)을 인용하면서 예수님께서 카파르나움에 복음 전파의 둥지를 트신 까닭을 이렇게 밝힙니다.

"즈불룬 땅과 납탈리 땅 바다로 가는 길, 요르단 건너편 이민족들의 갈릴래아, 어둠 속에 앉아 있는 백성이 큰 빛을 보았다. 죽음의 그림자가 드리운 고장에 앉아 있는 이들에게 빛이 떠올랐다"(마태 4,15-16).

여기서 유독 '어둠 속에 앉아 있는 백성'과 '죽음의 그림자가 드리운 고장'이라는 표현이 눈에 띕니다. 이들 표현에서 예수님의 속 깊은 의중을 얼른 읽을 수 있습니다. 곧 예수님께서 물러가신 곳은 다른 곳이 아니라 인간 세상의 밑바닥, 가장 낮은 곳이었습니다.

어중간한 데에서 구원 사업을 펼치면, 그보다 더 못한 처지의 사람들에게는 소용이 없습니다.

이는 마치 고기를 잡는 저인망 그물의 이치와 같습니다. 바다 밑바닥 고기를 잡아 올리려면 바닥을 훑는 저인망 그물만이 효력을 발휘합니다. 적당히 깊은 곳에서 조업을 하면 그 아래 영역에 있는 물고기들은 그대로 방치되는 것입니다.

구원 활동은 상징적인 의미에서 그물로 물고기를 잡는 것과 같습니다. 밑바닥부터 훑는다는 것은 온 인류를 구원한다는 것을 뜻하는 것입니다.

이렇듯이 예수님께서 인간 존재의 밑바닥으로 선택하신 지역이 바로 카파르나움이었습니다. 왜냐하면 이곳은, 유다인들 입장에서 봤을 때, 북쪽 변방으로서 이방인들의 침공과 교류로 인하여 삶이 피폐화된 곳이기 때문입니다. 오죽하면 오늘 복음서에서는 '어둠'과 '죽음의 그림자'라는 극단적인 단어로 이 지역의 특징을 묘사했겠습니까.

이 사실을 우리에게 적용해 볼 때, 그 자체로 감동입니다. 오늘 이 시대에도 예수님께서 가장 선호하시는 방문지가 바로 낮은 곳, 후미진 골목, 어둠과 죽음이 콜록이는 구역이기 때문입니다.

■ 까다로우신 주님

> "나자렛을 떠나 즈불룬과 납탈리 지방 호숫가에 있는
> 카파르나움으로 가시어 자리를 잡으셨다"(마태 4,13).

즈불룬과 납탈리 지방. 오늘날로 치자면 '어느 변두리 뒷골목쯤'이라 할 수 있을까요? 이렇듯 이 지역은 날고 기는 이들이 다 모인 수도권 도

심지와는 한참 거리가 먼 장소입니다.

예수님은 바로 그 이름 없는 동네에서 당신의 활동 문을 여시었던 것입니다.

오늘도 당신을 따르는 우리들에게, 주님께서는 후미진 뒷골목으로 우리를 보내십니다. 당신 손길, 당신 마음, 당신 행동을 고스란히 전하라 우리의 마음을 채근하십니다. 여기 그런 주님의 부르심을 잘 알아들은 한 형제가 있습니다. 월간 『참 소중한 당신』 2013년 12월 호에 소개된 서울강북우체국 집배원 최 도미시오 형제의 따뜻한 실천입니다.

저는 새벽 4시경에 일어나 간단히 식사하고 '성수'를 찍고 출근합니다. 5시경, 담당 구역인 방학동에 일반 우편을 배달하면서 4-5명의 독거노인들에게 작은 도움을 드리곤 합니다. 특별한 능력이 없는 제가 집배원 일을 하면서 성실과 인내를 배우게 됨에 감사드리며, 그간 겪은 에피소드 중 하나를 말씀드립니다.

제가 담당하는 구역에 […] 빌라 지하에 살고 있는 독거노인이 계십니다. 어느 날 집주인이 그 할머니에게 월세를 올려 달라며, 그렇지 않으면 방을 빼라고 다그치는 장면을 목격했습니다. 아무것도 가진 것 없는 할머니가 자식 같은 주인에게 통사정하며 빌고 울먹이는데, 그 모습을 보고 참 가슴이 아팠습니다. 집배원 일을 시작한 지 얼마 되지 않았을 때라 제가 도와줄 수 있는 일이 없었습니다. 그 주일에 고해성사를 하고, 미사 후 감실 앞에서 참 많이 울던 기억이 지금도 생생합니다.

다음 날 월요일에 할머니에게 주인집 전화번호를 얻어서 무작정 전화해서 통사정해 봐도 바쁘다고 수차 전화를 끊었습니다. 며칠 후 직접 주인집에 찾아가 통사정하니, 결국 주인집은 그 월세로 1년 더 살아도 좋다고 허락해 주었습니다. 정말 꿈같이 기뻤지만, 그 할머니는 2개월을 더 살고 그해 초겨울 하늘 나라에 가셨습니다. 월세가 없는 하늘 나라에서 편히 쉬고 계실 거라 생각합니다.

[…] 그밖에 숱한 체험들을 통하여 저는 정말 집배원이란 직업이 단순히 우편물을 전달하는 게 아니라, 우편물을 보내는 사람의 정성과 사랑, 그리고 집배원으로서의 제 소명과 사랑을 함께 전달하는 일이라는 것을 깨달았습니다. […] 그리하여 하느님께서 주신 이 소중한 일을 감사하며 더 열심히 했습니다. […] 작은 것이든, 큰 것이든 […] 우리 모두 누군가에게 […] 사랑을 나누는 선물 같은 존재가 되었으면 합니다.[23]

하루의 일과를 '성수'로 시작하고, 자신의 소박한 선행을 '받은 선물을 돌려주는 것'이라 고백하는 이 형제를 보고, 예수님께서도 진심 흐뭇해하시겠지요?

우리도 발걸음을 옮겨봅시다. 예수님께서 함박 미소를 지으실 그런 곳으로. 그런 사람에게로.

■ 사랑의 그느르심이

> "그때부터 예수님께서는 '회개하여라. 하늘 나라가 가까이 왔다.'
> 하고 선포하기 시작하셨다"(마태 4,17).

가장 낮은 곳, 카파르나움에서 예수님이 선포하신 메시지는 간결했습니다.

"회개하여라. 하늘 나라가 가까이 왔다"(마태 4,17).

이 선포는 외형상 세례자 요한의 선포와 똑같습니다(마태 3,2 참조).

그러나 두 선포 사이에는 엄연한 질적 차이가 있습니다. 세례자 요한은 하늘 나라가 가까이 왔음을 예고한 데 지나지 않지만, 예수님께서는 하늘 나라를 실제로 실현하기 시작하십니다. 또한 세례자 요한은 죄인들을 임박한 종말의 심판으로 위협하지만, 예수님께서는 곧 실현될 구원의 기쁜 소식을 선포하고 계십니다. 따라서 세례자 요한의 선포가 그림자와 같은 것이라면, 예수님의 선포는 실재인 것입니다.

어쨌든 예수님의 이 선포에서 "가까이 왔다"라는 말은 두 가지 의미를 띱니다.

첫째는 시간적인 의미로, 하늘 나라가 '다가오고 있다'는 뜻입니다. 이는 먼 미래를 가리키지 않습니다. '지금 여기'와 있지만 '아직 온전히 온 것이 아님'을 말해준다고 이해하는 것이 더 옳겠습니다. 예수님의 임재와 활동 그 자체로 하늘 나라가 이 땅에 임하기는 했지만, 그것의 완성은 종말까지 유보되어 있는 것입니다.

둘째로 공간적인 의미로, 하늘 나라가 '가까이에 있다'는 뜻입니다. 이는 '지금 여기'와 있는 하느님 나라에 대한 부연 설명입니다. 즉 하늘 나라는 문 앞에 있고, 인간 도시의 성벽 밑에, 그리고 역사의 변두리에, 작고 가난한 이들 곁에 가까이 있다는 얘기입니다. 결론적으로 굳이 먼 데서 찾지 말라는 말씀이라고 할 수 있습니다.

함께 기도하시겠습니다.

주님, 저희가 극한의 고통을 겪을 때가 바로 주님과의 내밀한 일치에 가까워지는 순간임을 깨닫습니다.

주님, 그런 고통을 저희가 몸소 겪기 전에는 주변 형제자매들의 시름이 단지 무덤덤하게 들릴 따름입니다.

주님, 저희가 '어둠'을 공감할 수 있기에, 주님으로부터 발산되는 그 은총의 '빛'을 더욱 황홀하게 맞이합니다.

우리 주 예수 그리스도를 통하여 비나이다. 아멘!

연중 제4주일: 마태 5,1-12ㄴ

참된 행복

"행복하여라, 마음이 가난한 사람들! 하늘 나라가 그들의 것이다"(마태 5,3).

1. 말씀의 숲

마태오 복음의 주요 주제 중 하나는 예수님의 가르침입니다. 그래서 마태오 복음사가는 예수님의 말씀들을 다섯 곳에 모아 편집을 하였는데, 그것들은 다음과 같습니다.

산상설교(마태 5-7장 참조)

파견설교(마태 10장 참조)

비유설교(마태 13장 참조)

공동체설교(마태 18장 참조)

심판설교(마태 23-25장: 유다인에 대한 심판설교 23장, 종말 심판설교 24-25장 참조)

이 중에서 산상설교는 다섯 가지 설교 중에서 가장 처음에 나오면서 가장 깁니다. 산상설교, 일명 산상수훈은 예수님께서 산에서 가르치셨다 하여 붙여진 이름입니다.

오늘 예수님께서 복음 말씀을 통하여 우리에게 장엄하게 선포하시는 내용은 산상설교의 서문에 해당하는 '진복팔단'입니다. 그런데 이 내용을 잘 들어보면, 행복선언이 9개가 선포되고 있습니다. 그렇다면 왜 우리는 이 선언을 진복구단이라 부르지 않고 진복팔단이라 부르는 것일까요?

예수님께서 선언하시는 행복선언 중에서 3절부터 10절까지의 내용은 "행복하여라, ~ 하는 사람들!"이라는 3인칭으로 나타남을 알 수 있습니다. 반면 11절에 나오는 마지막 선언은 "너희"라는 2인칭으로 바뀌고 있습니다. 이는 처음 여덟 개가 구조상 한 덩어리를 이루고 있음을 알려줍니다. 그래서 신앙 선조들은 이를 통상적으로 "진복팔단"이라 부른 것입니다.

이와 비슷한 내용을 우리는 루카 복음서에서 확인할 수 있습니다. 하지만 그 내용 면에서 조금 차이가 있습니다. 루카 복음은 네 가지 행복 선언 이후에 네 가지 불행 선언이 뒤따라오지만, 마태오 복음은 네 가지 행복 선언을 확장하여 여덟 가지 행복 선언을 하였습니다. 그리고 불행선언에 대해서는 언급하지 않고 있습니다. 왜 이런 차이가 나타나는 것일까요?

마태오 복음사가는 복음서를 집필하면서 예수님의 말씀을 정리해 놓은 어록집을 참조하였을 것입니다. 그 안에서 루카 복음사가와 비슷한 내용의 네 가지 행복 선언을 채택하고, 나머지는 자신이 스스로 수집한 자료에서 보충하였을 것이라는 예측이 가능합니다.

어찌되었든 오늘 예수님께서는 "행복하여라"라는 말씀을 아홉 번 사용하시며 행복에 대하여 선언하게 계십니다. 그런데 여기서 '행복'이라는 그리스어 '마카리오스_makarios'라는 말은 본래 신들에게만 유보된 단어입니다. '행복하다'고 칭송되는 여덟 가지 태도를 통해 우리는 하느님의 영광과 행복에 참여하고, 하느님의 이름은 거룩하게 됩니다.

예수님께서는 사람들이 행복을 갈구하고 있다는 것을 아셨습니다. 저마다 행복의 '파랑새'를 찾아 헤매고 있음을 보셨습니다. 행복의 파랑새를 피상적, 말초적, 세상적인 것에서 찾고 있는 것이 불행의 원인이라고 보셨습니다. 또 스스로 불행하다고 생각하고 있는 이들이 사실 뒤집어 놓고 보면 참으로 행복한 사람들이라는 것을 꿰뚫어 보시고 역설逆說하셨습니다.

간디는 예수님의 이 행복 선언을 접하고, 예수님의 가르침을 힌두교인들도 배워야 한다고 말했다고 합니다. 알아들을 귀와 보는 눈이 있는 사람은 예수님의 가르침이 말장난이 아니라는 것을 깨달을 수 있습니다. 참 행복은 자신이 처해 있는 삶의 조건에 있지 않고 마음가짐과 삶의 태도에 달려 있기 때문입니다.

그러나 처음으로 이 진복팔단에 대해서 읽으시거나, 또는 독서 때 들으시면 아마도 고개를 갸우뚱하시는 분들이 계실 것입니다. '예수님은 분명히 이것을 "참된 행복"이라고 선언을 하셨는데 지금 이 시대에도 과연 그것이 맞아 떨어지는가?'라는 의문이 드는 것입니다. 이제부터 하나씩 살펴보면서 정말 이 여덟 가지가 행복이 될 수 있을지, 이것이 정말 우리가 동의할 수 있는 행복인지 확인해 보도록 하겠습니다.

2. 말씀 공감

■ 두 가지 가난

> "행복하여라, 마음이 가난한 사람들! 하늘 나라가 그들의 것이다"(마태 5,3).

사실 가난은 낭만이 아닙니다. 가난이 괴로운 현실인 사람들에게 "가난이 복입니다"라고 말하는 것은 참 미안한 노릇입니다. 시인 용혜원은 「가난한 사람들」에서 사실적으로 가난한 사람들의 현실을 이렇게 읊고 있습니다.

마음이 가난하면
행복할 텐데
세상을 살아갈
힘이 없는 가난은

이 땅의 어두움 안에서
끌려가는 소의 울음보다
더 아픈 통곡이다

웃음도 말라버린 일터에서
부자의 상에서
떨어지는 부스러기보다
더 얇은 지폐를
하루의 생명으로 받아 쥔다

가난의 바람도
밤이면
핏기 없는
잠으로 찾아온다

가난은
죄가 아니라 했는데
가난이 죄가 되어
어두움을 부르고

피를 부르고

죽음을 부른다

가난을

뉘라서 아픔을 씻어주랴마는

형제여!

가슴 가슴이 살고

사랑만 있다면

달라질 게다 달라질 게다![24]

실제로 '가난'이 '죄'가 되어 혹은 '어둠'을 혹은 '피'를 혹은 '죽음'을 불렀다는 얘기를 뉴스에서 수없이 들으며 우리는 살고 있습니다. 하지만 시인의 희망처럼 이것도 '사랑만 있다면' 달라집니다. 김○○ 자매가 의정부교구 주보에 실은 「마음이 가난한 사람이 그립다」라는 제목의 글에서 아름다운 사연을 전합니다.

급식이 없던 시절, 도시락 밥을 남겨 가면 엄마한테 혼났기에 억지로 밥을 다 먹었던 기억이 누구에게나 있을 것이다. […]

그 시절, 유독 혼자 먹는 아이가 있었다. 학기 초라 서먹해서 그러겠지 했는데 달포가 지나도 여전하기에 어느 날 나는 도시락을 들고 그 애한테 가서 "얘, 너는 왜 맨날 맛있는 거 싸와서 혼자만 먹니?" 하고 도시락 뚜껑을 활짝 열어젖혔다. 순간, 새까만 보리밥에 반찬이 달랑 새우젓뿐인 것을 보고는 아차 싶었으나, 짐짓 "어마, 보리밥이네. 나와 바꿔먹자." 하면서 허락도 없이 내 밥과 반찬을 덜어주고, 그 애의 보리밥과 새우젓을 덜어왔다. 그 일로 1년 내내 그 애를 피해 다니다 졸업식 날 복도에서 마주쳤다. 내심 겁이 났으나 그 애가 악수를 청하며 하는 말이 의외였다.

"나, 네가 준 그 쌀밥과 생선조림 잊지 못할 거야. 졸업하고 연락할게."

악수를 하며, 나는 소중한 친구를 얻었다.

도시락에 얽힌 이야기는 겨울이면 더 즐거웠다. 찌그러진 낡은 도시락을 난로 위에 쌓아놓고 음식 섞인 냄새를 참으며 점심시간을 기다린 추억, 아! 그립다. 가난한 시절이여. 가난이 그립다. 마음이 가난한 사람들이 그립다. 가난을 해결해줄 이가 누구겠는가.

"마음이 가난한 자여, 그대는 행복하다. 하늘 나라가 그들의 것이니"

하느님, 당신밖에 없습니다. [25]

김 자매가 전하는 '가난'이 바로 '마음의 가난'이다. 김용택 시인은 이 가난을 「가난한 꽃」이라는 제목 아래 이렇게 노래합니다.

가난이 뭔지 알겠습니다
가난 안에서만 꽃은 만발하고
가난 안에서만 꽃은 향기롭습니다
가난이 뭔지 알겠습니다
가난이 뭔지 아는 것은
사랑이 뭔지 아는 것이고
사랑은 다 버리고
세상을 다 얻는 것이겠지요
이제

그대 가난한 가슴 위에 피어나는 들꽃들이
그대 가난한 가슴 속의 눈물인 줄도
알겠어요.

그렇습니다. 두 가지 가난이 있습니다. 하나는 물질적인 가난이고 하나는 영적인 가난입니다. 놀라운 것은 '물질적인 가난'을 구제해주는 것이 바로 '영적인 가난'이라는 사실입니다. 이것이 가난의 미덕이며 신비입니다.

■ 노아의 영, 모세의 영

> **"행복하여라, 온유한 사람들! 그들은 땅을 차지할 것이다"**(마태 5,5).

1871년부터 1909년까지 38년 동안 미시간대학 총장을 지낸 제임스 B. 앙겔James B. Angell이 은퇴할 즈음 기자로부터 이런 질문을 받았다고 합니다.

"오랫동안 그 어려운 총장 자리를 지킬 수 있었던 비결이 무엇입니까?"

"나팔보다 안테나를 높이는 데 있었습니다."

한마디로 입을 꾹 다물고 귀를 쫑긋 세웠다는 얘기입니다. 실제로 앙겔 총장은 늘 자신이 먼저 나서서 말하기보다 많은 사람의 의견을 듣고 난 후 말하기 시작했다고 합니다.[26]

어쩔 수 없이 말을 많이 해야 하고 주어진 역할 때문에 가르치는 것이 몸에 배다시피 한 저에게는 그야말로 따가운 일침입니다.

38년 동안 중책을 별 탈 없이 유지한다는 것은 여간 어려운 일이 아닙니다. 자신의 몸을 한없이 낮추고 경청할 줄 아는 인격을 갖췄기에 가능했던 것입니다.

앙겔 총장은 오늘 복음에서 예수님께서 가르치고 있는 여덟 가지 행복 가운데 세 번째 행복을 연상시킵니다.

"행복하여라, 온유한 사람들! 그들은 땅을 차지할 것이다"(마태 5,5).

경청은 온유한 사람들이 취하는 태도인 것입니다. 온유는 무엇입니까? 온유는 그냥 착해 빠지기만 한 것을 의미하지 않습니다. 온유는 내 뜻을 양보하고 상대방의 의지를 존중하는 태도입니다. 그러기에 온유한 사람은 다른 사람의 의견을 듣기 위해 경청하는 자세를 취합니다.

물론, 이 경청이 주님께로 향할 때 그것은 순명이 되고 순천이 되는 것입니다. 바로 이런 의미에서 예수님께서는 '나는 온유하다'고 하셨습니다(마태 11,28 참조).

'자기주장이 강한 사람, 자기 PR을 잘 하는 사람이 살아남는다'는 말들을 듣곤 합니다. 이런 문화에선 온유한 사람들이 오히려 '바보'로 손가락질 당하기 일쑤입니다. 하지만 길게 보면 최후의 생존자는 이 '바보들'이었음을 명심할 일입니다. 거듭 말합니다마는, 앞에서 언급한 제임스 앙겔이 38년간 총장직을 연임할 수 있었던 비결은 바로 그의 온유에서 나온 경청 덕이었습니다.

■ 깨끗해지기를 원하오니

"행복하여라, 마음이 깨끗한 사람들! 그들은 하느님을 볼 것이다"(마태 5,8).

누구든지 기도 응답을 받고 싶어 합니다. 그런데 똑같은 것을 청하는 기도를 했는데, 어떤 이는 곧바로 받고, 어떤 이는 뜸들여서 받고, 어떤 이는 아예 못 받습니다. 여기에는 하느님만이 아시는 기준과 이유가 있을 터입니다.

그럼에도 기도 응답을 잘 받는 비결이 있는 것도 사실입니다. 그 비결은 다름 아닌 "마음이 깨끗한 사람"이 되는 것입니다. 바로 이런 이유로 유다인은 '정결'에 엄청난 관심을 기울였습니다. 성전에 기도하러 들어가기 전에 꼭 이 정결을 점검하고 정결의 조건을 채우려고 노력했던 것입니다.

예수님께서는 정결에 대한 유다인들의 주의에 대하여 긍정적으로 바라보되, 잘못된 것을 지적하셨습니다. 육신의 정결에만 신경 쓰지 말고 "마음의 깨끗함"에 더 공을 들이라고 말입니다.

성경적인 의미에서 깨끗함은 두 가지를 뜻합니다.

첫째, 말 그대로 영적으로 깨끗한 상태를 뜻합니다. 곧 티도 없고, 욕심도 없고, 탐욕도 없고, 증오도 없고, 미움도 없는 등의 '순결한 것'을 말합니다.

둘째, 영적으로 '온전한 것'을 뜻합니다. 다시 말해 이중적이지 않은 마음, 위선적이지 않은 마음을 가리킵니다. 설사 영으로 깨끗하다 하더라도 마음이 나뉘면 안 됩니다. 하느님께 마음을 드렸다가도 세상에 나와서는 금방 재물에 마음을 준다면 이는 마음이 나뉘는 것입니다.

마음이 깨끗한 사람이 행복한 이유는 '하느님을 본다'는 사실에 있습니다. '하느님을 본다'는 것은 마음이 깨끗한 사람에게 하느님께서 기도 체험을 깊이 주신다는 것을 뜻합니다. 우리 몸은 "성령의 성전"(1코린 6,19)이란 말이 있거니와, 우리 영을 청결하게 정리했을 때 하느님께서 내주하기를 좋아하십니다. 반면에 탐욕스럽고 영이 탁한 사람 안에는 악령이 머물기를 좋아합니다.

"마음이 깨끗한 사람"을 하느님께서 특별히 사랑하시며 기도 체험을 주십니다. 그러기에 바오로 사도는 코린토 1서 2장 9절에서 이렇게 말합니다.

"어떠한 눈도 본 적이 없고 어떠한 귀도 들은 적이 없으며 사람의 마음에도 떠오른 적이 없는 것들을 하느님께서는 당신을 사랑하는 이들을 위하여 마련해 두셨다"(1코린 2,9).

함께 기도하시겠습니다.

주님, 제 마음이 깨끗해지기를 원하오니, 당신 성령의 불로 저를 정화시켜 주소서.

주님, 제 마음이 깨끗해지기를 원하오니, 성사의 은혜로 저를 정화시켜 주소서.

주님, 제 마음이 깨끗해지기를 원하오니, 복음 말씀의 빛으로 저를 정화시켜 주소서.

우리 주 예수 그리스도를 통하여 비나이다. 아멘!

빛과 소금

"너희는 세상의 소금이다"(마태 5,13).

1. 말씀의 숲

오늘 제1독서는 참된 단식의 의미와 위선의 허영을 고발하고 있는 이 사야 예언서의 말씀입니다. 이스라엘 백성들은 바빌로니아 포로 생활 중에, 또 고국으로 돌아온 시대에도 율법에 의한 단식을 행했습니다. 물론 이런 단식 행위를 부르짖고 내세우던 이들은 당시의 지도자들이었습니다. 그들은 단식을 핑계 삼아 하느님 앞에 의인인 것처럼 내세웠고, 한편으로는 민중의 고통을 외면하고, 자신의 이익을 챙기기에 혈안이 되어 있었습니다. 이런 현상의 불의를 이사야 예언자는 고발하고 있는 것입니다.

하지만 하느님께서 원하시는 것은 그런 단식이 아니라, 소외되고 고통 받는 이들에게 관심을 기울이며 그들의 아픔을 동참하고, 할 수 있다면 구체적으로 참 나눔을 실천하는 것입니다.

"굶주린 이에게 네 양식을 내어 주고 고생하는 이의 넋을 흡족하게 해 준다면 네 빛이 어둠 속에서 솟아오르고 암흑이 너에게는 대낮처럼 되리라"(이사 58,10).

오늘 복음 말씀은 지난 주 예수님의 행복선언에 이은 바로 다음 말씀인, '세상의 소금과 빛'에 관하여 가르치신 말씀의 내용입니다.

하느님 새 백성의 사명은 "빛과 소금"이 되는 것입니다.

먼저 '빛'이 되는 것입니다.

'빛이 된다'는 것은 하느님의 백성으로서 거룩하게 산다는 것을 뜻합니다. 우리가 거룩하게 살아서 그 자체로 세상에 하느님을 드러내는 것입니다.

다음으로, '소금'이 되는 것입니다.

'소금이 된다'는 것은 무엇입니까? 이 세상을 정화하고, 방부시키고, 사제적인 역할을 해서 아직 하느님을 모르는 사람들, 죄를 짓고 있는 사람들에게 하느님을 가르쳐 주는 것입니다. 그들을 중재하고 하느님에게로 다시 데려오는 것입니다.

FCA_{Fellowship of Christian Athletes}는 미국의 전국적인 조직 '크리스천 체육인 협회'를 가리킵니다. 이 협회의 회장직을 맡은 제프리스는 미국 전역에서 인정받을 정도로 대단한 능변가였는데, 그의 아들 니일은 심한 말더듬이였습니다.

그런데 이러한 니일이 한번은 미국 전역의 '크리스천 체육인 협회'에서 20분간 연설하는 연사로 선발되었습니다. 청중들은 연사로 올라온 니일이 일부러 말을 더듬는 흉내를 내는 줄 알고 크게 웃기도 하였습니다. 보통 사람이라면 7-8분 정도면 충분히 할 수 있는 말을 니일은 땀을 흘리며 20분간 열심히 했습니다.

그런데 그가 말을 다 마쳤을 때 한 가지 놀라운 일이 발생했습니다. 니일이 자신의 이야기를 다 마친 후, "누구든지 사랑하는 주님을 위하여 자신의 삶을 바치려는 사람은 앞으로 나오라"며 초청한 것이었습니다. 기적과 같은 일은 그다음에 일어났습니다. 그 말더듬이 청년의 초청에 따라서 자신의 삶을 주님께 드리겠다고 헌신하고 나온 젊은 이들이 지금까지 다른 어떤 때의 FCA 회의보다 더 많았다는 것입니다. 비록 니일은 심하게 더듬거리고 말하였지만, 그의 가슴속에 있는 예수님을 사랑하는 뜨거운 열정이 수많은 젊은이들의 영혼에 거룩한 불을 붙여놓았던 것입니다.[27]

2. 말씀 공감

■ 악을 선으로 이기라는 지혜로써

> **"너희는 세상의 소금이다"**(마태 5,13).

옛부터 인간 생명과 밀접한 관계가 있었기에, '꼭 필요한 것'의 상징으로 자주 인용되던 소금!

예수님께서는 오늘 우리들을 "세상의 소금"이라고 말씀하십니다. 이 예수님 말씀의 뜻을 곰곰이 묵상해보면, 소금의 중요 기능 가운데 하나인 '방부', '정화'의 역할이 떠오릅니다. 그렇습니다. 세상의 오염을 막고, 세상을 정화하여, 하느님과 이 세상을 중재하는 평신도 사제직에로서의 부르심, 바로 그것입니다.

우리는 이 세상 속 어느 정도의 짠맛을 내는 그리스도의 소금들인가요? 은퇴 후 특별한 제2막을 사는 한 형제의 인터뷰 기사를 통해, 우리의 모습을 되돌아보는 시간을 가졌으면 좋겠습니다. 『가톨릭신문』에 실린 모 사진관 대표 나 알베르토 형제의 사연입니다.

사진기가 흔한 요즘에도 사진관만 가면 얼굴에 경련이 일어나기 일쑤다. […] 그래서인지 사진관에서 찍은 사진은 마음에 들지 않는 경우가 많다.

하지만 나 대표가 찍은 사진 속 인물들은 모두 환하게 웃고 있다. […] 비밀은 '마음'에 있다. 그는 말한다. […]

"장애인 가족사진은 각오하고 시작해요. 어떤 가족은 200-300장을 찍은 적도 있어요. 엄마, 아빠, 아이가 동시에 좋은 표정을 짓기까지 기다리고 기다려야죠. 그분들에게는 사진관 오는 것 자체가 하나의 삶의 이벤트인걸요."

사실 […] 사진관은 당초 계획에 없던 일이다. […] 평소 관심 갖고 있던 사진을 2007년 은퇴 후 본격적으로 배운 게 다였다. […] 그런데 무료촬영 봉사 현장에서 만난 한 장애아동의 어머니 말로 인해 나 대표의 삶은 전혀 바뀌었다.

"아이를 사진관에 데리고 가면 왠지 위축된다면서 사진관을 하느냐고 물어보더라고요. 그때 알았어요. 사진은 나눔을 퍼뜨릴 좋은 도구가 될 거라고 생각했어요."

[…] 나 대표는 사실 20여 년 간 IT업계에서 잔뼈가 굵은 비즈니스 인텔리전스BI 전문가다. 외국계 회사 한국 지사장까지 맡으며 억대 연봉을 받는 직장인으로 선망 받았다. 그런 그의 은퇴선언은 충격적이지 않을 수 없었다.

"직장인 때 제 행복의 기준은 '성취'였어요. 근데 관리자가 되고 나면서 현장에 나가지 못하니, 몸은 피곤하지 않지만 일이 재미없어지더라고요."

그런데 […] 사진관은 그에게 새로운 재미를 깨닫게 했다. 바로 '나눔의 재미'다. […] "얼마 전에 한 복지관에 후원했는데, 굉장히 기뻐하는 모습을 보면서 저도 기쁨이 컸어요. 게다가 그 후에 신기하게도 오랫동안 해결 안 된 문제도 스르르 풀렸어요. […]."

[…] 사회에서 말하는 물질적인 부만이 전부가 아님도 알았다. […] 이웃에 대한 시선도 달라졌다. 이전에는 장애인에 대해 잘 알지 못했지만 이제 보기만 해도 장애유형을 파악하고 더 이해하며, 그들에게 필요한 도움을 주기 위해 노력한다. […] 그를 통해 나눔의 삶을 꿈꾸는 지인들도 늘어났다.

"회사 다닐 때는 저에게 부럽다는 분들이 많았어요. 지금은 '존경한다'는 말을 들어요. 돈을 주고 살 수 없는 것들을 많이 얻고 있어요. 특히 제가 40대에 안 사실을 아들은 20대에 실천하면서, 풍성한 삶을 살아가니 기뻐요."[28]

장애인에게 먼저 문을 연 사진관, 카메라 프레임 속 모두가 웃을 때까지 기다려주는 사진사……. 나 알베르토 형제가 인생 두 번째로 택한 직장은, 이처럼 보다 하느님께 가까운 일이었습니다. 그래서일까요. 그에 대한 주변의 평가도 자연스레 '부럽다'에서 '존경한다'는 말로 옮겨갔습니다.

여러분들의 제2막은 어떤 계획들로 채워져 있으신지요. 어떤 인생으로 만들어가고 계신지요. 이왕이면 보다 하느님 일에 가까운 삶을 펼쳐봄이 어떨까요. 우리는 그분의 귀한 양념통에서 세상에 뿌려진 일등급 소금들이니까요.

■ 풍겨졌으면

> "너희는 세상의 빛이다. 산 위에 자리 잡은 고을은
> 감추어질 수 없다"(마태 5,14).

복음을 전하는 특별한 부르심 덕에, 저는 전국에 안 가본 지역이 거의 없습니다. 각 지역을 대표하는 성당들은 대부분 다녀왔던 셈입니다. 그들 가운데도 제 기억에 뚜렷이 남는 본당들이 있습니다.

그들의 공통점은 옛적 서양에서 온 선교사 사제들이 터를 골랐다는 사실입니다. 그 동네에서 가장 잘 보이는 언덕배기에 조성된 넉넉한 마당 한켠에 우뚝하게 세워진 성당들을 볼 때마다, 저는 그들의 안목에 탄복하곤 합니다. 아파트들의 숲에서 종교부지 마련하기가 녹록치 않은 요즈음엔 더 이상 기대할 수 없는 희망 사항이지만, 이런 탁월한 식견은 초기 한국인 방인 사제들에게도 전수되어 일정 기간 유지될 수 있었습니다. 그나마 좋았던 시절의 추억입니다.

잠시 이런 기억에 잠길 수 있었던 것은, 오늘 복음의 예수님 말씀이 그들을 상기시켜 주었기 때문입니다.

"너희는 세상의 빛이다. 산 위에 자리 잡은 고을은 감추어질 수 없다"(마태 5,14).

얼마나 놀라운 공명입니까. 오늘 이 말씀에서 발산되는 메시지의 기운과 높이 치솟은 옛적 성당들의 종탑에서 울려 퍼지는 종소리의 메아리 사이의 일치 말입니다.

빛이나 소리나 고아한 자태나 모두가 그리스도의 영광, 나아가 그리스도인의 지복을 드러내 주는 그 무엇이기는 마찬가지입니다.

이런 의미에서 예수님의 저 말씀은 우리에게 설명을 요구하기보다는 공감을 요구한다고 할 수 있습니다. 누구에게나 '빛'이나 '산 위 고을'이 무엇을 가리키는지는 어렴풋이 느껴지는 것입니다.

그러기에 저는 예수님의 말씀을 뭉뚱그려 이렇게 묵상 글을 적어 봅니다.

손가락에 끼워진 묵주반지는 어차피 커밍아웃이다.
크건 작건 이왕에 그어진 성호는 공개 고백이다.
내 정체는 가톨릭 신자, 내 별칭은 '산 위의 고을'!
나는 숨길 수도, 감출 수도, 덮을 수도 없는 빛 속의 인생!

만일 내 얼굴에서 기쁨과 사랑과 선의 빛이 발산되지 않는다면,
다 가짜라는 얘기다.
묵주반지도, 성호도, 본명도, 별칭도,
다 사기라는 웅변이다.

■ 소박한 친절로 인하여

> "그들이 너희의 착한 행실을 보고
> 하늘에 계신 너희 아버지를 찬양하게 하여라"(마태 5,16).

부끄러운 추억 하나 떠올려 봅니다.

제 이름이 언론과 신문에 알려진 이후에, 한 번은 한 군대 훈련소 동기가 제게 연락을 해 왔습니다.

"나 아무갠데, 혹시 기억하고 있을지 모르겠네."

"그럼, 알다 마다. 너 바로 내 침상 이웃이었잖아."

이렇게 해서 우리는 일정을 잡아 참으로 오랜만에 만나게 되었습니다. 그리 넉넉하지 않은 시간의 대화 중에 그가 뜬금없이 의향을 밝혔습니다.

"나 차 신부한테 세례받고 싶어. 내가 천주교에 호감을 느낀 건, 차 신부 때문이거든. 훈련소에서 차 신부가 어떻게 살았는지 내가 잘 알잖아. 그래서 차 신부가 믿는 하느님을 나도 믿고 싶어진 거야. 그러니까 차 신부가 내 영세는 책임져야 해!"

이상한 논리의 부탁이었지만, 그의 말은 꼭 들어주어야만 할 것 같은 묘한 설득력으로 제게 들려왔습니다.

결과적으로 저는 제가 할 수 있는 방법을 동원하여 그의 세례 준비를 돕고, 교회법 절차를 밟아 세례까지 주었습니다.

이렇게 오늘 그를 떠올려 보자니, 예수님의 말씀 한 구절도 함께 떠오릅니다.

"하늘에 계신 너희 아버지를 찬양하게 하여라."

제가 그 친구로부터 들은 모든 이야기는 결국 이 말씀 한 마디로 요약됩니다. 그러기에 때늦은 감은 있지만, 지금 이 순간 이렇게 기도하고 싶어집니다.

"하늘에 계신 아빠 아버지, 제 친구가 저로 인하여 당신을 믿겠다고 한 것은 당신께 돌아가야 할 찬양입니다. 부디 앞으로도 그 친구가 저로 인하여 당신을 연신 찬양하게 하소서. 부끄럽기만 한 저를 통하여 당신의 자비를 줄곧 드러내소서. 아멘!"

이렇게 기도를 바쳐 올리면서 저는 베드로 사도의 편지 말씀을 상기합니다.

"사랑하는 여러분, […] 이교인들 가운데에 살면서 바르게 처신하십시오. 그래야 악을 저지르는 자들이라고 여러분을 중상하는 그들도 여러분의 착한 행실을 지켜보고, 하느님께서 찾아오시는 날에 그분을 찬양하게 될 것입니다"(1베드 2,11-12).

베드로 사도의 이 권고는 그가 오늘 복음의 주님 말씀을 얼마나 정확하게 가슴에 새겨두었는지를 느끼게 해줍니다.

거듭 확인하거니와 우리의 '착한 행실'로 인해 찬양받아야 할 분은 하느님이십니다. 왜냐하면 빛은 근원적으로 하느님께로부터 오기 때문입니다.

함께 기도하시겠습니다.

주님, 저희더러 '소금'이 되라 하셨으니, 저희는 세상이 썩지 않도록 솔선수범하여 사랑의 계명을 행함으로써 소금처럼 '방부제' 역할을 다하겠습니다.

주님, 저희를 '소금'이 되라 불러주셨으니, 세상에 이미 만연한 악에 대하여 '선으로 악을 이기라'는 지혜로써 소금처럼 '정화제' 역할을 다하겠습니다.

주님, 소금의 역할이 저희의 본분이오니, 저희가 어느 무리에 끼어 있든지 그 무리가 살 맛 나는 공동체가 되도록 양념이 되겠습니다.

우리 주 예수 그리스도를 통하여 비나이다. 아멘!

연중 제6주일: 마태 5,17-37

주님의 법

"너희의 의로움이 율법 학자들과 바리사이들의 의로움을 능가하지 않으면,
결코 하늘 나라에 들어가지 못할 것이다"(마태 5,20).

1. 말씀의 숲

오늘 제1독서는 집회서의 말씀입니다. 때는 알렉산더 대왕이 자신이
정복한 모든 땅에 그리스 문화를 강제한 헬라화(化) 정책을 펼치던 시기
였습니다. 헬레니즘 문명에 매료된 이집트와 시리아 왕조는 그들이 장
악한 작은 땅 이스라엘에도 지체 없이 헬라화를 진행했고, 유대 전통은
하루아침에 무너져 버렸습니다.

그럼에도 한쪽에는 하느님을 섬기는 그들의 전통을 지키려는 이들이
있었으니, 바로 오늘 제1독서의 집회서 저자로 알려진 벤 시라와 그의
동료들입니다. 집회서 저자는 헬레니즘 문화도 훌륭하지만, 그보다 더
훌륭한 자신들의 전통 문화를 소개하며 이를 참된 '지혜'를 찾는 길로
소개하고 있습니다.

"참으로 주님의 지혜는 위대하니 그분께서는 능력이 넘치시고 모든
것을 보신다"(집회 15,18).

오늘 복음 말씀은 율법과 그 율법을 표현하고 있는 여러 가지 계명들에 관한 예수님의 가르침입니다.

오늘 우리가 들은 복음 말씀의 시작은 예수님께서 유다인들을 향해 자신은 율법을 폐지하러 온 것이 아니라 완성하러 왔다고 선언(마태 5,17 참조)하시는 것에서 출발합니다.

이는 예수님께서 율법의 조문 하나하나에 집착하고 매달리시겠다는 것이 아닙니다. 그 속에 담긴 뜻을 올바로 이해하여 온전한 사랑의 마음으로 실천하는 것이 곧 율법의 완성임을 가르쳐 주시기 위함입니다.

크게 보아 살인, 간음, 이혼, 맹세, 복수, 원수에 대한 태도 등 여섯 가지를 예로 드셨는데, 오늘 복음 말씀은 여기서 살인, 간음, 맹세에 대한 이야기를 합니다.

2. 말씀 공감

■ 이 순간 주님의 초대에

> "너희의 의로움이 율법 학자들과 바리사이들의 의로움을 능가하지 않으면, 결코 하늘 나라에 들어가지 못할 것이다"(마태 5,20).

이 말씀은 얼핏 들으면 도저히 이룰 수 없는, 불가능한 주문이었습니다. 짐작컨대 제자들도 그렇게 생각했을 터입니다.

하지만 거시적인 관점에서 봤을 때 예수님의 요청은 가능한 것이었습니다. 그것은 이미 '새 계약'에 대한 예레미야 예언서의 예언 말씀에서 약속된 것이었습니다.

"그때에 나는 이스라엘 집안과 유다 집안과 새 계약을 맺겠다. […] 나는 그들의 가슴에 내 법을 넣어 주고, 그들의 마음에 그 법을 새겨 주겠다. […] 그때에는 더 이상 아무도 자기 이웃에게, 아무도 자기 형제에게 '주님을 알아라.' 하고 가르치지 않을 것이다. 그들이 낮은 사람부터 높은 사람까지 모두 나를 알게 될 것이기 때문이다"(예레 31,31-34).

이 예언의 요지는 이렇습니다.

새 계약의 성취자인 예수님을 믿는 이들에게는 주님의 (율)법이 마음에 새겨져 그것을 억지로가 아니라 기꺼이 자발적으로 실행하는 은혜가 주어질 것이라는 얘기입니다. 바로 그것을 가능하게 해 주시는 분이 협조자 성령이기 때문입니다(요한 14,26 참조).

반면에 새 계약의 성취자인 예수님을 거부하거나 배척하는 이들은 옛날 방식으로 돌판에 새겨진 율법, 곧 그들의 이해력 바깥에서 의무로 주어진 규정을 지켜야 하기에, 아무리 노력해도 성과가 부진할 수밖에 없습니다.

의무로가 아니라 신바람으로, 혼자 힘으로가 아니라 성령의 도움으로, 자기 공로가 아니라 은총으로! 바로 이것이 예수님 제자들이 율법 앞에서 누리는 특은이요 특권이었습니다.

또한 이 말씀은 장차 복음을 전해야 할 제자들의 사명이 얼마나 큰 것인지를 간접적으로 일러줍니다.

그리스도께서는 제자들이 예언자들보다 더 중요한 역할을 가지고 있다는 것을 보여 주십니다. 주께서는 제자들보고 오직 팔레스티나의 스승들이라고 말씀하시지 않고 온 세상의 스승들이라고 말씀하십니다.

제가 특히 좋아하는 교부 성 요한 크리소스토모는 오늘 예수님의 저 수준 높은 주문의 말씀에서 다음과 같은 메시지를 읽어냈습니다.

"내가 너희를 다른 이들과 구별하여 가르치고 너희가 그토록 위험한 일에 직면하도록 하게 한다고 놀라지 말라. 내가 복음 전파자로 너희를 파견하는 도시와 민족과 나라들이 얼마나 크고 많은지 생각해 보라. 이 때문에 나는 너희만 슬기롭게 되는 것을 원치 않고 너희가 다른 사람들을 슬기로운 이들로 만드는 것을 원한다. 그렇게 할 수 없다면 너희 자신들마저 지탱할 수 없을 것이다."

바로 이런 취지에서 예수님은 제자들뿐 아니라 오늘 우리들도 더 높은 차원의 계명에로 초대하신다 할 것입니다.

■ 거울로 삼겠습니다

> "그러나 나는 너희에게 말한다"(마태 5,22.28.34).

오늘 복음 말씀에서 예수님께서는 일련의 율법 규정들에 대한 당신의 견해를 피력하시면서, "너희는 들었다"(마태 5,21.27.33)라는 언급에 이어 "그러나 나는 너희에게 말한다"(마태 5,22.28.34)라는 말씀을 매번 덧붙이십니다.

"그러나 나는 너희에게 말한다."

예수님께서 이렇게 말씀하신 이유는 전해 내려온 율법 규정을 거부하고 새로운 규정을 선포하신다는 의미가 아닙니다. 그보다는 율법의 완성이라는 취지에서였다고 이해됩니다.

예수님의 이 말씀은 지혜문학 말씀들의 취지와 맥락을 같이하고 있습니다. 지혜문학 말씀들은 딱딱한 십계명 계율을 달콤한 지혜의 가르침으로 번역하여 전하고 있는데, 오늘 예수님의 말씀 취지가 꼭 그렇게 깨달아지는 것입니다.

"그러나 나는 너희에게 말한다."

이 말씀을 묵상하면서 예수님께서 들려주시는 지혜를 듣고자 귀를 기울이니 이런 속삭임이 나지막이 들려왔습니다. 그대로 메모 글을 전해 드립니다.

자녀들을 말로 가르치기 전에 많이 안고 보듬어주어라.

열 마디 말보다 한 번의 포옹이 더 큰 말이다.

백 번의 가르침보다 자녀의 눈높이에서 눈길을 맞추어 주는 것이 훨씬 낫다.

천 권의 책보다 네 무릎 밑에 누여 머리에 손을 대고 강복을 청하는 것이 더 큰 가르침이다.

아이가 잘못 했거든 같이 무릎을 꿇고 용서를 청하는 기도를 올려라.

아이가 아프거든 그 곁에서 낫기를 청하는 기도를 올려라.

아이가 어떤 일을 잘 해냈거든 그 자리에서 감사의 기도를 올려라.

아이가 걱정을 하거든 천사와 성모에게 전구를 청하는 기도를 올려라.

이 모든 것이 너희 자녀들의 밑천이 되게 하여라.

그래야 그 자녀가 자라서 그 자녀에게 똑같이 대물림하여 키워 낼 것이다.

모진 말로 자녀의 마음을 멍들게 하지 마라.

회초리는 몸에 남았다 없어지지만 모진 말은 가슴에 남아 평생 그를 짓누르리라.

보아라, 훌륭한 성인 뒤에 그보다 더 훌륭한 어머니가 있듯이, 예수님 뒤에 성모님이 말없이 있듯이, 너희들의 자녀 뒤에 부모가 있음을 알려 주어라.

그들보다 앞서 있지도 말고 너무 떨어져 있지도 마라.

그리고 그 뒤에 내가 있음을 항상 깨닫고 가르쳐라.

그래야 너희가 늙어서도 대접을 받으리라.

자녀가 지혜로워지기를 원하거든 성경을 읽어주어라.

그가 성장하여 글을 알거든 성경을 읽게 하여라.

그 말씀이 살과 피와 뼈 속으로 들어가 그가 살아가는데 든든한 버팀목이 되리라.

자녀 앞에서 배우자를 존경하여라.

그래야 늙어서 대접을 받는다.

자녀 앞에서 부모에게 잘하여라.

그래야 너도 늙어 그 영광을 누리리라.

너희가 지금 하는 그 모습 그대로

너희의 자녀들이 보고 듣고 깨달아 그대로 너희에게 보여줄 것이다.

네 자녀가 잘 살기를 원하거든,

가난한 이를 불쌍히 여겨 도와주고

병들어 있는 이를 위로해주며,

상처 입은 이를 보듬어 주며,

절망에 있는 이들에게 용기를 주어라.

이렇게 하면 하늘에 있는 아버지께서 보시고 너희와 그 자녀들에게 후하게 갚아주실 것이다. 아멘.

■ 명징한 식별력으로

> "너희는 말할 때에 '예.' 할 것은 '예.' 하고, '아니요.' 할 것은 '아니요.'라고만 하여라. 그 이상의 것은 악에서 나오는 것이다"(마태 5,37).

연초가 되면 천주교 신자들은 믿지 않는 이들처럼 점쟁이들을 찾아가 새해 운수도 묻고 사주팔자도 확인하고 싶은 유혹에 빠지지나 않을까 하는 것이 사목자의 마음일 것입니다. 그럴 때 '아니오'를 분명히 하는 신자는 참으로 복됩니다. 거기에 해괴한 이유나 명분을 달고서는 '예'도 아니고 '아니오'도 아닌 애매한 선택을 하는 이들을 주님께서는 안타까워하십니다.

두산그룹 박 실바노 회장이 꺼내놓은 추억 한 자락에서, 우리는 그 두 양상을 확인하게 됩니다. 2013년 12월, 『서울주보』에 실린 그의 고백입니다.

어릴 적에 할머니께서 가끔 점을 보고 오시곤 했습니다. 독실한 가톨릭 신자이셨는데도 미래에 대한 불안은 어쩔 수 없으셨나 봅니다. 그런데 할머니께서 단골로 가시는 점집은 독특하게 자신의 예견을 언제까지라고 기한을 두며 이야기한다는 것이었습니다.

할머니께서 이런 이야기를 듣고 오시면 매일 같이 "너 오늘 물가에 가지 마라", "할머니가 닭고기 튀겨 줄 테니까 네 발 달린 짐승 고기로 만든 소시지 같은 거 사 먹지 말아라"라고 말씀하시며, 점쟁이가 제시한 기한이 다 될 때까지 노심초사하셨습니다. […]

저는 허황된 소리를 하는 점쟁이를 찾아가 혼을 낼까도 생각했지만, 그것보다는 할머니의 마음을 바꾸는 방법을 찾아야 했습니다. 그래서 고민 끝에 해결책을 찾아냈습니다. 할머니께서 점쟁이에게 들은 이야기를 하면 저는 그걸 바로 실행에 옮겼습니다. […]

"앞으로 두 달 동안 절대 문지방을 밟지 말아야 다음 시험을 잘 본다"라는 말을 들은 날은 문지방에 누워서 한 시간을 버틴 적도 있습니다. 그리고 제 방식을 증명하기 위해서 그 시험을 잘 보려고 몇 날 밤을 새우며 고생을 하기도 했습니다. 처음에는 기겁을 하던 할머니께서 그 덕에 오히려 점쟁이가 말한 기간 동안 마음 편하게 지내셨지요.

[…] 아무튼 저의 그러한 행동 덕에 […] 점집 출입을 현저히 줄이셨으니 할머니 신앙에 제가 한몫을 한 것 같습니다.

그러다 제가 대학에 합격하고 난 후에 할머니께서 성당에 다녀오시더니 "하느님이 이렇게 다 돌봐주실 텐데 내가 미쳤지. 그 점쟁이한테 갖다 준 돈만도 얼마야"라고 하시더군요.

미래에 대한 불안이 전혀 없을 수는 없습니다. 개인적으로 그렇고, 회사를 경영하는 일도 요즘같이 격변하는 시대에 언제 무슨 일이 일어날지 모르는, 미래에 대한 불확실이나 우려가 늘 가슴 한구석에 있습니다. 사업가로서 가지는 당연한 스트레스의 원인이기도 하지요. 이렇게 크고 작은 불안이 마음에 생겨 앞일이 궁금할 때 저는 조용히 기도합니다.

"하느님, 제 앞날의 일을 다 알고 계시지요? 따로 여쭤보지 않고 그냥 하던 대로 열심히 살면 되는 거지요?"[29]

믿음을 가진 할머니가 빠진 유혹을 손자가 지혜롭게 물리쳤습니다. 참으로 장한 믿음입니다.

오늘 복음에서 예수님은 우리에게 말씀하십니다.

"너희는 말할 때에 '예.' 할 것은 '예.' 하고, '아니요.' 할 것은 '아니요.' 라고만 하여라. 그 이상의 것은 악에서 나오는 것이다"(마태 5,37).

'아닌 것'은 적당한 타협 없이 '아니오.'라고 말하는 믿음을 우리가 주님께 보여 드릴 때, 그에 상응하는 주님의 축복이 우리의 미래를 동행할 것입니다.

순간적으로 흔들리고 불안감이 엄습하더라도 그럴 때일수록 더욱 우리의 중심, 하느님께로 집중합시다.

함께 기도하시겠습니다.

주님, 이 순간 주님의 권유에 귀 기울입니다. "더 큰 행복을 원하느냐? 그러면 계명 준수에 더 완전을 기하라!"

주님, 이 순간 주님의 이르심에 귀 기울입니다. "더 큰 평화를 원하느냐? 그러면 박해자까지 용서하라!"

주님, 이 순간 주님의 초대에 귀 기울입니다. "더 큰 하늘의 상급을 원하느냐? 그러면 더 많이 나누어라!"

우리 주 예수 그리스도를 통하여 비나이다. 아멘!

연중 제7주일: 마태 5,38-48

완전함의 의미

"하늘의 너희 아버지께서 완전하신 것처럼
너희도 완전한 사람이 되어야 한다"(마태 5,48).

1. 말씀의 숲

오늘 제1독서는 레위기의 말씀입니다. 이집트 파라오의 억압에서 해방된 이스라엘 백성들은 하느님의 거룩함과 그분의 거룩함의 길을 따르는 규정들을 만들었습니다.

오늘 레위기 19장에서 제시하는 거룩함의 길은 오늘날에도 여전히 해당됩니다. 곧 형제에 대한 증오 금지, 동족의 잘못에 대한 충고, 동포에 대한 복수 금지 등이 그렇습니다. 그리고 이 모든 요청은 궁극적으로 이 말씀으로 귀결됩니다.

"네 이웃을 너 자신처럼 사랑해야 한다"(레위 19,18).

오늘 복음 말씀은 지난 주 복음에 이어, 여러 가지 계명들에 관한 예수님의 가르침입니다. 지난 복음에서 살인, 간음, 맹세에 대한 말씀을 들었다면, 오늘 복음에서는 복수와 원수에 대한 말씀을 듣게 됩니다. 이를 통해 주님께서는 우리에게 적극적인 용서와 사랑을 실천하도록 이끄십니다.

예수님께서는 하느님께서 완전하신 것처럼 우리도 완전한 사람이 되기를 바라십니다. 그 "완전함"은 우리가 결코 도달할 수 없는 이상적인 어떤 능력을 요하는 것이 아닙니다. 우리 안에 내재된 인간 본성인 '사랑'을 온전히 회복하라는 뜻입니다.

2차 대전 직후, 이탈리아의 시칠리아 섬에 두 개의 고아원이 있었습니다. 하나는 연합군의 지원을 받아 시설이 좋고 영양가 있는 음식도 충분한 곳이었습니다. 다른 하나는 제대로 된 건물이 없어 비바람을 그대로 맞을 뿐 아니라 아기에게 분유도 제대로 먹이지 못하는 형편이었습니다.

그런데 놀랍게도 시설 좋은 고아원의 어린이 사망률이 시설 나쁜 고아원보다 훨씬 높았습니다. 학자들은 이 사실을 신기하게 여겨 연구에 착수했고, 곧 그 이유를 발견했습니다.

그것은 전쟁 중에 세 아이를 잃고 실성한 40대의 여인 때문이었습니다. 그 여인이 어느날 시설이 좋지 않은 고아원에 들어와서는, 고아원의 아이들을 모두 자기 자식으로 착각하여 번갈아 가며 안아주고 돌보아 주었습니다. 그리고 수 년 동안 이 일을 계속한 덕분에 고아들이 튼튼하게 자랄 수 있었던 것입니다.[30]

2. 말씀 공감

■ 저희의 마음을 건드려 주소서

> "'눈은 눈으로, 이는 이로.' 하고 이르신 말씀을 너희는 들었다.
> 그러나 나는 너희에게 말한다. 악인에게 맞서지 마라"(마태 5,38-39).

세상적인 이치로 따지자면 '당한 만큼 갚아준다'는 것이 정설일지 모르겠습니다. 그래야 분이 좀 풀리는 것도 같고, 공평해지는 것 같은 느낌마저 들지요. 그런데 실상 그와 같은 대립의 결말을 해피엔딩이라 이름붙일 수 있을까요?

모파상의 단편 중에 '끈'이라는 제목의 글이 있습니다.

서른 살의 한 농부가 북적거리는 시장에서 한 가닥의 끈이 떨어져 있는 것을 발견했습니다. 그는 별다른 생각 없이 그 끈을 주워 주머니에 넣었습니다. 그런데 그날 시장에서 지갑이 없어지는 사건이 생겼고, 그날 우연히 이 농부가 주머니에 무언가를 넣는 것을 본 사람에 의해 그는 누명을 쓰고 경찰에 연행되었습니다. 그렇지만 지갑은 곧 발견되었고, 그는 집으로 돌아올 수 있었습니다.

그 뒤 농부는 자신이 불공정한 처사를 당한 것에 대한 불평과 자신에게 혐의를 씌운 사람에 대한 분노를 토로하고 다녔습니다.

"이 끈이 어떤 끈인 줄 알아요? 이것 때문에 내가 개망신당했죠. 아글쎄 말도 안 되는 도둑 누명을 썼다니깐요. 자초지종 좀 들어보실래요?"

그 농부의 마음속에는 오직 그 한 가닥의 끈이 있을 뿐이었습니다. 그는 그 끈에 옭아 매여, 농사짓는 일도 가족도 잊은 채, 자기 연민에 빠져들어 갔습니다. 결국 자기 연민의 독은 서서히 그를 파괴하였고, 그는 최후의 순간까지 분노를 삭이지 못하다가 숨을 거두고 말았습니다.

어쩌면 이 남자의 비극은 오늘 우리 모두의 슬픔일지도 모릅니다. 저마다 저런 끈 한 두 개쯤 들고 다니면서 자신의 억울함과 분노를 성토하고 있는 형국이 소란했던 지난 2013년 저물녘 우리들의 사정 아니었을까요.

그런 우리들에게 오늘 예수님께서는 말씀하십니다.

"'눈은 눈으로, 이는 이로.' 하고 이르신 말씀을 너희는 들었다. 그러나 나는 너희에게 말한다. 악인에게 맞서지 마라"(마태 5,38-39).

뒤이어 나오는 말씀들 역시 줄줄이 파격입니다. '맞서기' 대신 오히려 '더 당해(?)줘라'라는 취지이시니 말입니다. 결국 사랑으로 감싸 안는 '용서'만이 정답임을 말씀하시는 그분의 명령을, 복음 묵상 가족들은 쉬이 받아들일 수 있으신지요?

말이 쉽지 용서한다는 게 그리 녹록한 일은 아닌 것이 사실입니다.

저 역시 "당한 상처를 생각하면 용서하려고 해도 안 된다"며 용서하기를 거절하는 항변을 수없이 들어왔습니다.

하지만, 늘 제가 이야기했듯 여기서 우리는 산수를 잘해야 합니다. 한번 계산해 보세요. 만약 미움이 내 맘 속에 있어 품고 살면 누가 잠을 못 잡니까? 내가 잠을 못 잡니다. 그러면 누가 병에 걸립니까? 바로 납니다. 내가 병에 걸리면 이제 누가 일찍 죽습니까? 이것 역시 납니다. 내가 이렇게 되면 누가 좋아하겠습니까? 내가 미워했던 그 사람이 좋아합니다.

결국, 용서는 나를 위해 내리는 결단입니다. 자기를 진정으로 사랑하는 사람은 용서할 줄 압니다. 용서를 함으로써 자신에게 돌아올 미움의 해악을 피할 수 있기 때문입니다. 물론 상대에게도 잘못을 인정할, 마음을 바꿀, 더없이 좋은 기회를 주는 것임은 말할 것도 없고요.

그러므로 용서만이 우리의 유일한 살 길입니다.

■ 행동하는 자

> "누가 너에게 천 걸음을 가자고 강요하거든,
> 그와 함께 이천 걸음을 가 주어라"(마태 5,41).

누구든지 자기 자신의 삶을 살도록 불리움 받았습니다. 하느님께서는 각자 자신의 소질과 취향에 맞게 살도록 자유의지를 주셨습니다.

그런데, 이 자유의지에 대하여 스스로 지성인이라 여기는 사람들은 객기 어린 물음을 묻습니다.

"하느님께서 진짜로 자유의지를 주셨다면, 다 내 마음 아닌가. 하느님을 믿건 안 믿건, 십계명을 받아들이건 말건, 다 내 뜻대로 아닌가."

하지만 이는 하느님의 높으신 지혜와 크신 권능 앞에 참으로 유치한 질문입니다! 선택은 자유로되, 선이요 진리 자체이신 하느님 앞에 악과 거짓을 택하는 것은 논리적으로나 실질적으로나 죽음이며, 유일신이신 하느님 앞에 다신 또는 잡신 신앙을 택하는 것은 당연히 죽음이기 때문입니다.

그러므로 우리에게 주어진 자유의지를 가장 잘 사용하는 방법은, 참 하느님이신 하느님의 말씀을 어떻게 이 자유의지로 보다 적극적으로 따를 수 있을까를 궁리하며 사는 것이며, 얼마나 더 신나게 하느님께 찬양과 찬미와 감사를 드릴까를 고민하며 사는 것이며, 또한 어떻게 이 자유의지로 보다 큰 선을 행할 것인가를 숙고하며 사는 것입니다.

이 자유의지를 어떻게 사용하느냐는 결과적으로 우리의 행복과 직결됩니다.

행복의 관건이 되는 것은 행동하는 자로 사느냐 그것의 반대인 반응하는 자로 사느냐 입니다.

행동하는 자는 주변의 상황에 휘둘리지 않으면서 주체적으로 자신의 자유의지를 사용하여 자신의 가치지향을 구현하는 사람을 가리킵니다.

반응하는 자는 주변사람들의 행동에 대해 반응하면서 비주체적으로 자신의 자유의지를 사용하느라고 자신의 가치지향을 온전히 살아내지 못하는 사람을 가리킵니다.

이 둘의 차이는 엄청나게 큽니다.

행동하는 자로 사는 사람은 자신의 삶을 자신이 살고 있는 셈이지만, 반응하는 자로 사는 사람은 환경이 강요하는 삶을 사느라고 자신의 삶에서 이탈하여 살고 있는 격이기 때문입니다.

불행하게도 신앙인 가운데에도 행동하며 사는 사람은 얼마 되지 않습니다. 대부분 반응하는 자로 살고 있습니다. 이 비극을 예수님께서 꿰뚫어 보셨습니다. 그러기에 이렇게 말씀하십니다.

"'눈은 눈으로, 이는 이로.' 하고 이르신 말씀을 너희는 들었다. 그러나 나는 너희에게 말한다. 악인에게 맞서지 마라. 오히려 누가 네 오른뺨을 치거든 다른 뺨마저 돌려 대어라"(마태 5,38-39).

눈은 눈으로, 이는 이로! 이는 전형적인 반응입니다. 사실 반응은 위험에 처할 때 생존의 본능입니다. 그리고 그런 경우에 이 본능은 발휘되어야 합니다.

태고 시절 아직 사람의 의식과 문명이 덜 발달되었을 때, 잠정적으로 하느님께서는 인간관계에서 '반응하며' 생존하는 것을 허락하셨습니다.

죽는 것보다는 그것이 차선책이었기 때문입니다.

하지만 사람의 의식이 충분히 깨인 시대에는 이 생존법은 폐기되고, 보다 고차원적인 생존법이 도입될 필요가 있었습니다. 그러기에 예수님께서는 '그러나 나는 이렇게 말한다' 하시면서 반응하는 자에서 행동하는 자로 바뀔 것을 주문하십니다.

"악인에게 맞서지 마라. 오히려 누가 네 오른뺨을 치거든 다른 뺨마저 돌려 대어라."

여태까지 반응하는 자로 살아온 사람에게는 이 말씀이 얼른 이해되지 않을 것입니다. 하지만 좀 더 깊이 생각해 보면 조금씩 수긍이 갈 것입니다.

반응하며 살다 보면 증오, 욕설, 분노에서 벗어나지 못합니다. 그리고 모든 결과는 '피해 입은 것'으로 결론납니다. 그러기에 불행입니다.

하지만 마음의 중심을 지키고 행동하며 살다 보면 '모든 것은 내가 좋아서, 내가 택해서 산 것'이라는 결론에 이릅니다. 그러기에 행복입니다.

행동하는 자의 지혜는 강요 앞에서 돋보입니다. 예수님께서는 구체적으로 이렇게 가르치십니다.

"누가 너에게 천 걸음을 가자고 강요하거든, 그와 함께 이천 걸음을 가 주어라"(마태 5,41).

강요당했을 때는 어쩔 수 없이 행해야 합니다. 어차피 천 걸음을 가야 합니다. 그것으로 끝나면 그것은 '억지로', '마지못해서' 한 셈이 됩니다. 곧 반응하면서 다시 말해 자신의 마음에는 분노를 품어가면서 따른 결과가 되는 것입니다.

하지만 어차피 천 걸음을 갈 것, '기왕이면 행동하는 자로, 내가 좋아서 가 준 것으로 전환하자'라고 마음먹으면 '분노'가 일지 않습니다. 그것을 전환하는 방법은 천 걸음 더 가주는 것입니다.

"천 걸음으로 되겠소? 이천 걸음을 가 주겠소!"

얼마나 통쾌한 뒤집기입니까.

■ 우리를 닮은 눈물

> **"하늘의 너희 아버지께서 완전하신 것처럼**
> **너희도 완전한 사람이 되어야 한다"**(마태 5,48).

오늘 이 말씀은 산상수훈, 곧 산 위에서 내려진 가르침의 절정에 해당합니다. 이렇게 예수님께서 전하시는 고품격 행동 윤리는 이제 "완전"이라는 경지까지 요구합니다.

부담 백 배! 이는 결코 듣는 이의 마음을 평화롭게 해 주지 못합니다. 그만큼 자신의 현재 처지와 예수님의 요청 사이에서 격차를 느끼기 때문입니다.

그렇다면 여기서 요구되는 완전함은 어떤 것일까요?

이에 대한 힌트를 우리는 이와 비슷한 구조의 병행 구절에서 발견합니다. 성경에는 "아버지께서 ~하신 것처럼, 너희도 ~한 사람이 되어라"라는 구조의 말씀이 둘 더 있습니다.

그 하나는 오늘 독서 말씀에서 발견됩니다.

"주 너희 하느님이 거룩하니 너희도 거룩한 사람이 되어야 한다"(레위 19,2).

나머지 다른 하나는 신약에서 발견됩니다.

"너희 아버지께서 자비하신 것처럼 너희도 자비로운 사람이 되어라"(루카 6,36).

이 두 병행 구절과 관련지어 생각할 때, 오늘 복음 말씀에서 "완전한"
은 거룩함의 완전 및 자비의 완전과 상통한다고 볼 수 있습니다. 다만
문맥에 따라서 어느 쪽에 더 가까운가가 결정되는 것입니다.

그런데 오늘 복음 말씀은 '원수 사랑'을 언급하는 맥락에서 "완전한
사람"이 되라고 권고를 하고 있습니다. 이를 감안하면 오늘 예수님께서
제자들에게 요청하신 "완전"은 자비의 완전에 방점을 두고 있다고 말할
수 있습니다.

어떤 의미가 되었건, 결정적으로 중요한 것은 예수님께서 우리를 완
전에로 초대하셨다는 사실입니다. 초대하셨다는 사실은 그 목표가 어
느 정도는 접근 가능하다는 것을 시사합니다. 과연 우리는 어떻게 주님
께서 요청하시는 완전에로 근접할 수 있을까요. 이에 대하여 곰곰이 묵
상하다가 저는 뇌리를 스치는 영감을 잡아 시어로 적어보았습니다.

너희도

너희 안에 '우리를 닮은'(창세 1,26 참조) 하늘이 있다.
너희도 청명한 하늘로 살거라.

너희 안에 '우리를 닮은' 결벽이 있다.
너희도 영원한 동경으로 살거라.

너희 안에 '우리를 닮은' 눈물이 있다.
너희도 가없는 자비로 살거라.

함께 기도하시겠습니다.

주님, 가정에서, 직장에서, 사회에서 저희에게 주어진 역할을 귀찮은 의무로 여기지 않고 신나는 보람으로 여기며 이행하겠습니다. 저희를 도우소서.

주님, 신앙인이기 때문에 치러야 할 불편이나 희생을 강요된 짐으로 여기지 않고 주님을 향한 자발적인 사랑으로 여기며 즐거이 감당하겠습니다. 저희를 도우소서.

주님, 저희에게 젖과 꿀이 흐르는 가나안 땅에 이르는 길잡이로 주신 말씀들 기꺼이 청해 듣겠습니다. 저희를 도우소서.

우리 주 예수 그리스도를 통하여 비나이다. 아멘!

연중 제8주일: 마태 6,24-34

나리꽃

"들에 핀 나리꽃들이 어떻게 자라는지 지켜보아라"(마태 6,28).

1. 말씀의 숲

오늘 제1독서의 말씀은 이사야 예언서 중에서도 제2이사야의 말씀에 해당하는 부분입니다. 제2이사야의 주된 신학적 관심은 바로 "시온"의 재건인데, 이는 궁극적으로 이스라엘의 재건을 의미합니다.

그 시온이 의인화되어 마치 버림받은 여인이 된 듯 주님을 고발하는 이사야서 49장 14절의 말씀은, 유배생활이라는 이스라엘의 역사적 상황을 내포하고 있습니다. 하지만 15절에서 주님은 이렇게 응답하십니다.

"여인이 제 젖먹이를 잊을 수 있느냐? 제 몸에서 난 아기를 가엾이 여기지 않을 수 있느냐? 설령 여인들은 잊는다 하더라도 나는 너를 잊지 않는다"(이사 49,15).

시온은 주님과 자신의 관계를 결별 가능한 관계로 설정했지만, 주님은 그렇지 않으셨습니다. 그리고 이사야서 49장 14절에서 52장 10절의 전체 맥락을 통해서 우리는 결국 주님께서 시온을 잊은 것이 아니라 이스라엘이 주님을 잊었던 것임을 확인할 수 있습니다.

오늘 복음 말씀인 마태오 복음 6장 24-34절은 산상설교의 중간 부분에 해당됩니다. 예수님께서는 그리스도인들이 하늘 나라에 이르기 위해 그들의 일상에서 무엇을 추구해야 하는지를 가르치고 계십니다.

"아무도 두 주인을 섬길 수 없다"는 예수님의 말씀을 시작으로, 우리가 먼저 찾고 구해야 할 것은 '하느님 나라'와 '하느님의 의로움'이라고 말씀하십니다. 그렇게 될 때 목숨을 부지하기 위해 우리가 걱정하는 그모든 것들의 필요함을 그분께서 먼저 아시고 채워주실 것이기 때문입니다.

빈민굴에 살던 한 소녀가 있었습니다. 소녀는 아침마다 일터로 나가면서 노래를 불렀습니다. 가난했지만 항상 희망찬 얼굴로 모든 일을 성실히 해 나가는 소녀를 보고, 영국의 위대한 시인 로버트 브라우닝은 큰 감동을 받았습니다.

이에 로버트 브라우닝은 소녀를 위한 노래를 시(「피파의 노래Pippa's Song」)로 지어, 전 세계 사람들로 하여금 희망의 노래를 부르게 했습니다. 그 내용은 이렇습니다.

> The year's at the spring, (계절은 봄이고)
>
> And day's at the morn; (하루 중 아침)
>
> Morning's at seven; (아침 일곱 시)
>
> The hill-side's dew-pearled; (진주 같은 이슬 언덕 따라 맺히고)
>
> The lark's on the wing; (종달새는 창공을 난다)
>
> The snail's on the thorn; (달팽이는 가시나무 위에)
>
> God's in His heaven, (하느님께서는 하늘에)
>
> All's right with the world. (이 세상 모든 것이 평화롭다)[31]

2. 말씀 공감

■ 천하를 얻는 것보다

> "아무도 두 주인을 섬길 수 없다. 한쪽은 미워하고 다른 쪽은 사랑하며, 한쪽은 떠받들고 다른 쪽은 업신여기게 된다"(마태 6,24).

입맛 따라, 취향 따라, 개성 따라, 하나부터 열까지 모든 것이 개인의 맞춤인 이 시대에 예수님께서는 우리가 당신과 재물 사이에 빠질 수 있는 얄팍한 이중성을 보시고 다시금 오롯한 마음을 요구하십니다.

혹자는 이렇게 반문할 수도 있을 것입니다.

"상황에 따라 잘 조절하면 둘 다 지키며 살 수 있지 않겠어요?"

과연 말처럼 간단할까요? 여기 이제 막 사회에 첫발을 내딛으려 하는 한 젊은 청년의 깨달음이, 우리에게 풋풋한 성찰의 기회를 제공합니다.

월간 『참 소중한 당신』에 "캠퍼스에서 만난 예수"에 실린, 고려대학교 기계공학과 송 프란치스코 하비에르 청년의 고백입니다.

> 취업 합격을 알리는 연락을 받을 때의 기쁨과 안도감, 환희와 감격은 이루 말할 수 없었습니다. […] 그런데, 바로 '현실'이 떠올랐습니다. '내가 다닐 회사 연봉이 정확히 얼마지?', '다른 회사에 합격한 친구들은 얼마나 받을까?', '직장을 다니려면 집을 구해야 하는데 집값은 얼마지?' 등등 오로지 '돈'에 대해서만 생각하게 됐지요. […] 많은 돈을 받을 생각에 기뻤다가, 집값을 생각하고, 다른 친구 회사와 연봉을 비교하게 되었습니다. 비교하니 구차해지더군요.
>
> 그리고 그 순간, 머리를 퍽 얻어맞은 느낌이었습니다. "[…] 너 가톨

릭 학생회를 6년이나 했다는 녀석이 어떻게 돈 생각밖에 못하냐? 대학 생활 허투루 보냈구나. 쯧쯧~" […] 그러면서 '그나마 아직까지는 깨어 있을 수 있지만, 회사에 입사해서 세상 물정에 이리 채이고 저리 채이면 어느새 돈만 바라보고 살겠구나.' 하는 생각이 들었습니다. […] 동시에 참 다행이다 싶었습니다. 왜냐하면 제가 돈과 자리에 연연해 눈이 멀 때, "네가 대학 생활 때 주장했던 것을 기억해!"라고 외쳐 줄 '가톨릭 학생회'라는 공동체가 옆에 있기 때문입니다. 만약 제 주위에 출세하고 부자 되는 것이 목적인 공동체가 있었다면, 저도 헤어 나올 수 없었을 것입니다.

위와 같은 깨달음을 준 한 가지 사례를 더 적고자 합니다. 5월에서 6월로 달력을 넘기는 날에 가톨릭 학생회 지도 신부님들과 술 한 잔 기울였지요. 막 취업 준비를 시작하던 저는 처음으로 신부님께 '가톨릭 학생 활동'의 가치에 대해 반대하며 이야기했습니다. […] "토익 950에 중국어 6급에 학점까지 좋은데도 취업이 안 되는 시대입니다", "가톨릭 학생회 활동은 기업에 스펙으로 쓰지도 못해요"[…] 등등 '현실'이라는 명목으로 줄기차게 반대 의견을 피력했습니다. 그러자 쭉 듣고 계시던 신부님께서 고개를 끄덕이면서 말씀하셨습니다. "그래. 네 말이 맞아. 네 말이 다 맞는데, 그 가운데 하느님에 대한 믿음은 없네."

[…] 너무나도 창피했습니다. 그동안 […] 간부로서, 선배로서 주장해 왔던 것이 정작 제게 '현실'로 닥쳐오니 스스로 지키지 못했던 것이었습니다. […]

취업을 준비하면서 힘겨울 때, 유혹을 받을 때, 제가 얼마나 흔들릴 수 있는지 적나라하게 드러난 것 같습니다. 그러나 부끄러우면서도 든든하고 감사했습니다. 제가 하느님을 등지려고 할 때마다 계기

를 통해 다시금 당신을 바라보게 해 주시는 절대자 하느님과 가톨릭 학생회 공동체가 있기 때문이지요.[32]

하느님을 섬길 줄 알던 열정 가득한 청년 신앙인이, 막상 캠퍼스를 떠나 사회라는 무대에 진출하려니 금세 '현실'이라는 세상이 그의 주인 자리를 노렸습니다. 이는 또한 우리들 대부분이 익히 겪고 있는 오늘의 내 모습일 테지요.

그렇습니다. 마음이 한곳에 중심을 잡지 못하고 둘로 나뉘어 있다면 한쪽이 불안할 때 그쪽으로 쏠리게 마련입니다. 그러다 보면 안정을 찾게 되고, 안정되면 또 지키려 안간힘을 쓰게 됩니다. 언젠가 또 불안해질 수 있다는 것을 알기 때문이지요. 그러기에 결국 휩쓸리는 인생이 되고 맙니다.

하지만, 모든 것 우리 힘으로, 우리 손으로 바로잡고 해낼 수 있을 것 같아도 결국 우리가 기댈 곳은 하느님의 섭리와 은총뿐입니다.

그러기에 오늘 말씀은, 예수님께서 우리에게 주신 또 하나의 삶의 진리요 행복 초대장입니다.

"아무도 두 주인을 섬길 수 없다"(마태 6,24).

■ 나리꽃

> "들에 핀 나리꽃들이 어떻게 자라는지 지켜보아라"(마태 6,28).

자랑할 일이 못 되지만 저는 꽃 이름을 잘 모릅니다. 언젠가부터 꽃말을 어지간히 배워두는 것도 필요하다 싶어 작심도 해 봤지만, 진도를 많이 못 나갔습니다.

오늘 복음 말씀 중 예수님께서 언급하신 "나리꽃"만 해도 그렇습니다. 바로 몇 달 전 아침 말씀 묵상으로 아가서를 읽다가 어느 한 구절에서 눈동자가 멈췄습니다. 제 마음에서 설렘의 미동이 느껴졌기 때문입니다. 그 구절은 "나는 사론의 수선화, 골짜기의 나리꽃이랍니다"로 시작되는 아가서 2장의 16절 말씀이었습니다.

"나의 연인은 나의 것, 나는 그이의 것.

그이는 나리꽃 사이에서 양을 치고 있네"(아가 2,16).

이 멋진 사랑의 시를 읽으면서 저는 당장 나리꽃이 어떤 꽃인지 궁금했습니다. 하지만 그 꽃은 몰라도 이 말씀 속 사랑이 너무도 벅차게 느껴져 와서 저는 한참 멈추어 황홀과 전율에 잠겨봤습니다.

주님과 단둘이 속삭이는 순정의 밀어!

"님은 나의 것, 나는 님의 것."

그 님은 다름 아닌 "나리꽃 사이에서 양을 치고 있는" 목자십니다. 그분의 본업은 목자시지만 양들뿐 아니라, 들에 핀 나리꽃들도 사랑하십니다. 그 나리꽃 가운데 하나가 나입니다. 무리 중 하나이지만, 나를 향한 님의 시선은 마치 나 혼자만 바라보시듯 오롯합니다. 그러기에 내 입술은 그 사랑에 취해 중얼거립니다.

"님은 나의 것, 나는 님의 것."

이렇게 아침 묵상을 했더랬습니다. 그런데 나리꽃이 어떤 꽃인지 궁금하여 낮에 기회를 타서 친지에게 물어봤습니다.

"신부님이 자주 봤던 꽃이에요. 신부님 숙소 근처 길가 둔덕에 노랗게 핀 백합처럼 생긴 꽃 있잖아요. 그 꽃이 바로 나리꽃이에요."

이 대답에 저는 아침에 묵상했던 그 사랑의 노래를 새롭게 듣는 듯

했습니다.

은혜롭게도 오늘 복음 말씀을 읽던 중 그때의 감흥이 되살아났습니다. 주님께서 말씀하십니다.

"들에 핀 나리꽃들이 어떻게 자라는지 지켜보아라. […] 솔로몬도 그 온갖 영화 속에서 이 꽃 하나만큼 차려입지 못하였다. 오늘 서 있다가도 내일이면 아궁이에 던져질 들풀까지 하느님께서 이처럼 입히시거든, 너희야 훨씬 더 잘 입히시지 않겠느냐?"(마태 6,28-30)

이 시적 표현은 먹을 걱정, 마실 걱정, 입을 걱정에 대한 두 번의 언급 (6,25.31) 사이에 끼어 있습니다. 그 언급에서 주님은 하느님께서 우리의 생존을 책임져 주심을 믿으라고 촉구하십니다.

그 가운데 방금의 구절은 입을 걱정거리를 해소해 주시는 하느님의 돌보심을 아름답게 묘사해 줍니다.

바로 이 구절 앞에서는 먹을거리를 챙겨주시는 하느님의 돌보심에 대해 든든한 격려를 보내셨습니다.

"하늘의 새들을 눈여겨보아라. 그것들은 씨를 뿌리지도 않고 거두지도 않을 뿐만 아니라 곳간에 모아들이지도 않는다. 그러나 하늘의 너희 아버지께서는 그것들을 먹여 주신다. 너희는 그것들보다 더 귀하지 않으냐?"(마태 6,26)

이 말씀들은 깊은 묵상보다 현실적인 믿음을 더 요구합니다.

이 말씀들을 가장 잘 알아듣는 비결은, 언급하신 바를 문자 그대로 믿고서 걱정으로 속을 태우지 않는 것입니다.

■ 과연 말씀 그대로

> "너희는 먼저 하느님의 나라와 그분의 의로움을 찾아라.
> 그러면 이 모든 것도 곁들여 받게 될 것이다"(마태 6,33).

2011년 1월 중순경, 미국인의 심장에 대한민국의 자긍심을 새겨주고 있는 강영우 박사 일행과 오찬을 가졌습니다. 대한적십자사 행사 특강을 위해 한국을 방문하는 기회에 한 번 만나고 싶다는 기별을 보내와 성사된 자리였습니다.

강영우 박사는 2006년 7월, 미국 루스벨트 재단이 선정한 '127인의 공로자'에 한국인으로는 유일하게 포함된 인물입니다. 이 127인에는 록펠러, 맥아더 장군, 헨리 키신저 전 미국 국무장관과 빌 클린턴, 로널드 레이건 전 대통령, 코피 아난 유엔 사무총장 등이 포함되어 있습니다. 그는 부시 대통령 당시 미국 백악관 국가장애위원회 정책차관보를 역임하기도 했다. 놀라운 것은 그가 시각장애인이라는 사실입니다. 그는 중학교 재학 중 외상에 의한 망막 박리로 실명한 후, 온갖 시련과 사회의 편견과 차별을 굳은 신앙과 의지로 극복, 세계적인 재활의 귀감이 되고 있습니다. 그는 1972년 2월 결혼을 하고 그해 8월 한국 장애인 최초 정규 유학생으로 아내와 함께 도미, 3년 8개월 만에 피츠버그대에서 교육학 석사, 심리학 석사, 교육전공 철학박사 학위를 취득, 1976년 4월 한국 최초의 맹인 박사가 되었습니다. 그의 영문판 자서전인 『빛은 내 가슴에』(2002년)는 미국 의회 도서관 녹음 도서로 제작 보급되고 있습니다. 또한 그는 2001년 세계 저명인사 인명사전에도 수록되었습니다.

그는 현재 루스벨트 재단에서의 탄탄한 입지를 기반으로 하여 한미

우호 증진을 위해 민간외교관 역할을 톡톡히 수행하고 있습니다. 한마디로 그는 오늘 우리가 누리고 있는 대한민국 국격 상승의 일등공신입니다.

그날 대화 중 그는 시종일관 자신이 '크리스천'임을 강조하며, 모든 것이 하느님의 계획이요 부르심이요 은혜였음을 증거하였습니다. 미국에서 가톨릭계 정치인들과 폭넓은 교류를 하면서 '선의Good Will'의 증진을 위해 최선을 다하고 있음도 빠트리지 않고 강조하였습니다. 그가 불쑥 필자를 만나고 싶었던 것은 제 저술을 읽은 개신교계 인사들로부터 "강박사와 비슷한 희망 메시지를 전하는 신부가 있다"는 말을 듣고 의기투합을 하고 싶어서였다고 했습니다. 과연 우리는 2시간 동안 마치 '20년 지기'처럼 그리스도인의 기쁨과 희망과 소명에 대하여 서로 맞장구를 쳐주었습니다. 향후 미국에서 합동 강의까지 대략 언약해 두었습니다.

그는 저에게 강한 인상을 남겼습니다.

"너희는 먼저 하느님의 나라와 그분의 의로움을 찾아라. 그러면 이 모든 것도 곁들여 받게 될 것이다"(마태 6,33).

이 말씀을 묵상하자니 불현듯 강영우 박사가 떠올랐습니다. 그는 먼저 '하느님 나라와 그분의 의로움'을 찾았기에 자신은 물론, 두 아들까지 미국 사회에서 큰 영향력을 행사하는 축복을 누리고 있습니다.

그는 시각장애인입니다. 하지만 그는 비장애인인 우리보다 훨씬 더 밝은 기쁨과 희망으로 의욕에 차 살고 있습니다. 그는 평신도입니다. 하지만 그는 성직자보다 더 뜨거운 소명감으로 매일 하느님의 뜻을 묻고 있습니다. 장애인인 그가 오히려 비장애인을 환한 표정으로 위로하고 있고, 평신도인 그가 오히려 성직자를 삶으로 나무라고 있습니다. 그런 그였기에 주님께서는 그의 가문을 멋지게 일으켜 세우셨습니다.

함께 기도하시겠습니다.

주님, 저희에게 "그러므로 너희는 '무엇을 먹을까?', '무엇을 마실까?', '무엇을 차려입을까?' 하며 걱정하지 마라"(마태 6,31) 하고 말씀하셨으니, 그대로 믿습니다.

주님, 저희가 믿사오니 한 말씀만 하소서. "네 믿음대로 되어라!"

주님, 저희가 또 믿사오니 한 말씀만 더 해 주소서. "장하다, 네 믿음이 너를 구원하였다."

우리 주 예수 그리스도를 통하여 비나이다. 아멘!

슬기로운 사람

> "나의 이 말을 듣고 실행하지 않는 자는 모두 자기 집을
> 모래 위에 지은 어리석은 사람과 같다"(마태 7,26).

1. 말씀의 숲

J. 모러스의 『잠깐만요Just a moment, please』(1999년)라는 책에 실린 이야기 중에 실린 짧은 이야기 하나를 소개해 드립니다.

> 한 저명한 소설가가 큰 대학 학부 학생들 앞에서 연설해달라는 요청을 받았다. 거기에 모인 학생들은 모두 문학에 대한 야망을 갖고 있었다.
> "작가가 되고자 하는 사람이 얼마나 되지요?"
> 소설가는 이렇게 연설을 시작했다.
> 거기에 있던 학생 모두 손을 들었다. 그러자 소설가가 말했다.
> "그렇다면 여기서 여러분들의 시간을 낭비할 필요가 없군요. 집에 가서 글을 쓰기 시작하세요."[33]

위 이야기의 핵심은 자신이 생각하는 것을 이루기 위해서는 생각이나 말보다는 행동이 함께 행해져야 함을 뜻합니다. 오늘 복음에서도 예수님께서는 하늘 나라에 들어가기 위해서는 예수님을 '주님'으로 고백

하는 것과 더불어 하느님의 뜻을 실천해야 함을 강조하고 계십니다.

오늘 이야기는 크게 두 부분으로 나누어서 볼 수 있습니다.

첫째, 하느님의 뜻을 실행해야 하는 이유(마태 7,21-23 참조)

예수님께서는 입으로만 '주님'을 외친다 하여 구원을 받는 것이 아님을 강조합니다. 오히려 하늘에 계신 아버지, 곧 하느님의 뜻을 실행하는 사람들이 구원을 받게 될 것임을 말씀하고 계십니다.

둘째, 슬기로운 사람과 어리석은 사람(마태 7,24-27 참조)

주님의 말씀을 듣고 실천하는 사람은 반석 위에 집을 짓는 슬기로운 사람에 비유되지만, 그 반대로 말씀을 듣고도 실천하지 않는 사람은 모래 위에 집을 짓는 어리석은 사람으로 비유되고 있습니다.

오늘 복음 말씀은 산상수훈의 결론 부분입니다. 이미 앞에서 예수님께서는 여러 가지 가르침을 사람들에게 알려주셨습니다. 그런데 그러한 가르침은 단순히 귀로 듣고 끝나는 것이 아닙니다. 물론 예수님의 가르침이 너무도 지고지순至高至純하여 우리가 일상생활 안에서 그 모든 것을 지키기 어렵다고 하소연할 수도 있습니다. 그러나 그러한 생각은 그 옛날 바리사이들이 가지고 있던 율법에 대한 생각과 별반 다를 바가 없습니다. 우리는 예수님께서 산상수훈을 통해서 말씀하셨던 내용의 핵심이 무엇인지, 더 넓게는 복음을 통해서 우리에게 말씀하시는 예수님의 가르침의 핵심이 무엇인지 알아야 합니다.

그것은 바로 단 한마디로 요약할 수 있습니다. 바로 "내가 너희에게 새 계명을 준다. 서로 사랑하여라"(요한 13,34)라는 말씀입니다. 만일 우리들이 일상생활 안에서 예수님이 하느님께서 보내신 구세주이심을 믿고 고백하며 이웃들에게 사랑을 실천한다면, 우리는 예수님의 가르침이라는 반석 위에 우리의 영적 거처를 마련할 수 있는 것입니다.

2. 말씀 공감

■ 진정한 충신

> "나에게 '주님, 주님!' 한다고
> 모두 하늘 나라에 들어가는 것이 아니다"(마태 7,21).

오늘 예수님의 말씀을 가만히 듣고 있노라면, '참, 예수님도 박정하실 때가 있구나'라는 느낌을 받게 됩니다. '어쩌면 이렇게 무 자르듯이 잘라 말씀하실 수가 있을까' 하는 생각이 드는 것입니다.

품을 때는 확실히 품으시고, 가를 때는 냉정하게 가르시는 예수님이십니다. 이는 모순인 듯하지만, 사실 일관성 있는 행동입니다. 받아들일 때는 어떤 극악한 죄인도 받아들입니다. 하지만 받아들여진 다음에는 우유부단하고 어중간한 태도를 용인치 않으십니다. 분명한 결단을 촉구하십니다.

"하늘 나라의 문은 모두에게 열려 있다. 하지만 하늘 나라에 일단 들어오면 하늘 나라 시민의 품격을 지녀야 한다."

바로 이런 말씀인 것입니다. 참 그리스도인은 단지 예수님께서 주님이시라는 것을 입으로만 고백하는 것으로는 부족합니다. 예수님께서 말씀하신 것들을 행동으로 실천하는 사람들이야말로 참 그리스도인이라 말할 수 있는 것입니다.

313년 밀라노 칙령으로 로마의 그리스도교 박해를 종식시킨 콘스탄티누스Constantinus 황제의 아버지 콘스탄티우스Constantius는 제위에 올랐을 때, 정부 각 부처인 행정부와 법원 그리고 군 요직에 그리스도인들이 많이 있는 것을 알고 크게 놀랐습니다. 그래서 그는 그리스도인들에게 그리스도를 포기하든지 정부 요직을 사임하든지 하라고 엄명을 내렸습니다.

이에 많은 그리스도인들이 그리스도를 배신하기보다는 자신의 직책을 사임함으로써 신앙을 지켰습니다. 그러나 신앙심이 약하고 겁이 많으며, 세속적인 직책에 집착한 이들도 있었습니다. 그들은 그리스도를 배신하고 자신의 직책을 지켰습니다.

얼마 후 황제는 갑자기 그리스도를 배신한 자들을 전부 쫓아내고 대신 그리스도께 충성을 바친 사람들을 다시 복권시켰습니다. 그 이유는 한 번 배신한 사람은 다시 배신한다는 사실을 황제는 알았던 것입니다.

황제는 충성스런 신하를 고르기 위하여 일부러 이런 박해극을 연출하였던 것입니다. 이리하여 세속적 욕심 때문에 그리스도를 배신했던 사람들은 예수님을 배신함으로써 하늘 나라에 들어갈 수 있는 직위를 잃어버렸을 뿐 아니라, 자신들이 지키려 했던 세속적인 직책마저 빼앗겼던 것입니다.

오늘날 많은 사람들이 예수님을 주님으로 고백하고 있습니다. 주일 미사에 참석할 때나 기도를 할 때 우리는 언제나 입으로 "예수 그리스도님", 곧 '예수님께서는 우리의 그리스도이시다', '예수님께서는 우리의 구원자이시다'라는 신앙을 고백합니다. 물론 이러한 신앙 고백이 아무런 의미가 없다는 말은 아닙니다. 하지만 우리가 입으로 고백한 신앙은 우리의 행위로써 표현되어야 합니다.

■ 거짓 주님의 이름으로

> "그날에 많은 사람이 나에게, '주님, 주님! 저희가 주님의 이름으로
> 예언을 하고, 주님의 이름으로 마귀를 쫓아내고, 주님의 이름으로
> 많은 기적을 일으키지 않았습니까?' 하고 말할 것이다"(마태 7,22).

그동안 저는 마음 수련이나 여러 신흥 영성 운동의 폐해에 대하여 여러 가지 내용으로 알려 드림으로써, 경각심을 일깨워 드렸습니다. 그런데도 천주교 신자들 가운데 이러한 곳에 빠진 사람들이 여전히 많이 있다는 소식이 들려오고 있습니다.

얼마 전 어느 본당에 강의를 갔을 때, 한 신자분이 이런 정보를 제게 전해주었습니다. 바로 요즈음 마음 수련 홍보물이나 영상물의 선전 문구 중에 "마음 수련은 종교가 아닙니다. 천주교 신부님, 목사님, 수녀님들도 많이 오십니다"라는 말을 사용한다는 것이었습니다. 이는 마음 수련 단체에서 사람들을 끌어들이기 위하여 겉으로는 신부님, 목사님, 수녀님들을 판 것이지만, 결국에는 그분들 뒤에 계시는 하느님, 곧 주님을 팔고 있는 셈입니다.

그 신자분의 제보에 의하면, 마음 수련의 대표라는 사람은 현재 모든 것을 제자들에게 물려주고 지금은 미국에서 활동하고 있고, 그의 자리는 수녀원에 있다가 나온 어떤 여제자가 맡고 있다고 합니다. 그러면서 그분이 아는 한 신자는 마음 수련 8단계까지 수료를 하고 왔는데, 그 신자 집에는 이전에는 십자가 대신에 대표의 사진이 여기저기 붙어 있더니, 지금은 그 여제자의 사진이 곳곳에 붙어 있다고 말해 주었습니다. 게다가 정신마저 오락가락하고 이제는 재산을 모두 다 팔아서 마음 수

련원에 들어갈 생각까지 가지고 있다는 것이었습니다.

또 얼마 전에는 다른 본당에서 어떤 유명한 의사의 부인은 A○○에 가서 수련하다가 뭐에 씌어서인지 극심한 우울증에 시달리고 있다는 이야기를 전해 듣기도 하였습니다. 그 부인은 우울증 때문에 자살 시도도 여러 번 했다고 했습니다.

이뿐만이 아닙니다. 몇 달 전에는 'F○○'의 문제점을 지면으로 폭로해오던 어느 개신교 전도사가 "알고 봤더니 거기 천주교 신자가 우글우글하더라"는 제보를 저에게 해왔습니다.

차제에 우리는 올바른 정보를 알아둘 필요가 있습니다.

마음 수련이나 A○○, F○○ 등에 있는 사람들도 병을 치유하기도 하고, 귀신을 쫓기도 하는 등 여러 가지 기적을 행하기도 합니다. 이를 내세워 그들은 스스로를 도인이라고 말합니다. 하지만 이러한 이적은 성령으로부터 발생된 현상이 아닙니다. 악령에 기인한 현상입니다. 그러기에 당장은 도움이 되는 듯하여도, 결국 그들을 금전적으로 빨아먹는 수단에 지나지 않습니다. 이런 현상에 빠진 사람은 모두 재산 잃고, 정신 잃고, 마침내 영혼마저 잃게 됩니다. 내용적으로 교묘하게 '주님'을 파는 저들은 결국 하느님의 뜻에 거스르는 행동에 제일 앞장선 사람들입니다.

예수님께서는 이런 일들을 미리 내다보시고 다음과 같이 말씀하셨습니다.

"내가 진실로 진실로 너희에게 말한다. 나는 양들의 문이다. 나보다 먼저 온 자들은 모두 도둑이며 강도다"(요한 10,7-8).

예수님의 이 말씀은 당신께서 활동하시던 그 당시에 활동하던 거짓 예언자들을 겨냥하신 말씀이기도 하지만, 동시에 당신께서 재림하시기 전 우후죽순처럼 생겨날 거짓 메시아, 거짓 구원자들을 겨냥하신 말씀이기도 합니다.

우리는 지금 주변에 생겨나고 있는 수많은 신흥 영성 운동의 본질을 깨달아야 합니다. 겉으로 보기에는 그럴싸하고 좋아 보이지만 무턱대고 그들을 따라갔다가는 신앙을 잃어버리고 큰 낭패를 겪게 될 것입니다. 그것이 참 신앙인 줄 착각하고 열심히 신앙생활을 한다고 했는데, 예수님으로부터 "나는 너희를 도무지 알지 못한다. 내게서 물러들 가라, 불법을 일삼는 자들아!"(마태 7,23)라는 말씀을 듣게 된다면 얼마나 억울하겠습니까? 주님을 따르는 우리들에게는 그러한 일이 생겨서는 안 될 것입니다.

■ 어리석은 사람, 슬기로운 사람

> "나의 이 말을 듣고 실행하지 않는 자는
> 모두 자기 집을 모래 위에 지은 어리석은 사람과 같다"(마태 7,26).

예수님께서는 어리석은 사람과 슬기로운 사람에 대하여 말씀하셨습니다. 어리석은 사람은 예수님의 말씀을 듣고도 실행하지 않는 사람들이며, 지혜로운 사람은 예수님의 말씀을 듣고 실행하는 사람을 의미합니다.

우리 주변에는 자기 자신을 지혜로운 사람이라 여기지만, 실상은 그렇지 못한 사람들이 많이 있습니다. 이런 이야기가 있습니다.

영국에서 수십 년간 충성을 바친 찰스 5세의 신하 한 명이 죽어 가고 있었다. 그 신하의 오랜 충직함에 왕은 그를 무척 좋아했고, 죽기 전에 만나러 슬픈 마음으로 찾아갔다.

죽어 가는 신하에게 왕이 말했다.

"오, 내 친구. 자네가 충성스럽게 나를 받들었으니 뭔가 보답하고 싶은데. 원하는 게 있나? 말해 주면 자네가 꼭 받을 수 있게 하지."

죽어 가는 사람이 대답했다.

"네, 전하. 폐하로부터 받고 싶은 게 딱 하나 있습죠."

"무언가?"

"하루만 더 살게 해주십시오. 단 하루만."

왕은 난감한 표정을 지으며 말했다.

"어쩌나. 내가 이 지구상에서 가장 강력한 제왕 중 하나인데도 자네가 요청하는 것은 내 힘으로는 어쩔 수 없구먼. 오직 하느님만이 삶의 선물을 하사하시고 유지하실 수 있다네."

깊은 한숨을 내쉬며 죽어 가는 사람이 말했다.

"그렇다면 속세의 왕을 모시느라 시간을 허비하지 말고 하느님을 모시는데 더 많은 시간을 보냈어야 하는 건데 제가 무척 어리석었군요."[34]

좀 억지스런 느낌을 주는 이야기지만, 핵심은 간단하고 강렬합니다. 곧 우리가 진정으로 섬겨야 하는 왕이 어느 왕인가 하는 것입니다. 세상의 왕의 명령에 평생 충성을 다했던 신하는 결국 마지막에 이르러서야 자신이 왕 중의 왕이신 하느님의 명령에 충성을 다하지 못했음을 안타까워했습니다.

이 신하는 이를테면 자신이 지금까지 모래 위에 집을 지은 사람과 다르지 않았습니다. 이 신하가 다음의 예수님 말씀에 일찍이 귀를 기울였더라면 후회 없는 죽음을 맞이했을 것입니다.

"나의 이 말을 듣고 실행하는 이는 모두 자기 집을 반석 위에 지은 슬기로운 사람과 같을 것이다"(마태 7,24).

다행스럽게도 반석 위에 집을 짓는 슬기로운 사람들도 우리 주변에는 곧잘 있습니다. 미국의 초대 대통령인 조지 워싱턴George Washington의 생일 잔치 때 있었던 일입니다. 많은 사람들이 대통령의 생일을 축하하기 위해서 왔습니다. 그리고 그들은 그의 어머니에게 물었습니다.

"아니, 어떻게 아들을 그렇게 훌륭한 대통령으로 키워냈습니까?"

그러자 그의 어머니는 다음과 같이 대답했습니다.

"다른 것 없습니다. 나는 아들에게 하느님 말씀에 절대 순종할 것을 가르쳤고, 이것을 지킨 아들은 위대한 미국의 대통령이 되었습니다."

그 어머니에 그 아들입니다. 워싱턴의 어머니는 하느님의 말씀 안에 지혜가 있음을 알았던 것입니다. 그러기에 그 아들에게 하느님의 말씀에 순종할 것을 요구했고, 그 어머니의 말씀에 따라 실천한 워싱턴은 미국의 초대 대통령이 될 수 있었던 것입니다.

여러분들도 이 말씀을 듣기만 하여 어리석은 자가 되지 말고, 이 말씀을 생활 안에서 실천함으로써 슬기로운 사람이 되기를 바랍니다.

함께 기도하시겠습니다.

주님, 우선 말씀을 들어야 행할 수 있사오니, 저희로 하여금 먼저 말씀을 듣는 자가 되게 하소서.

주님, 나아가 그 말씀이 저희 안에 피가 되고 살이 되려면 반추의 과정이 필요하오니, 저희로 하여금 말씀을 묵상하는 자가 되게 하소서.

주님, 온전히 듣고 온전히 묵상하는 것, 그것이 실행의 생략될 수 없는 계기임을 저희가 알게 하시되, 또한 실행이 없는 묵상은 아직 미완성 묵상임을 함께 깨닫게 하소서.

우리 주 예수 그리스도를 통하여 비나이다. 아멘!

연중 제10주일: 마태 9,9-13

죄인을 부르는 목소리

"사실 나는 의인이 아니라 죄인을 부르러 왔다"(마태 9,13).

1. 말씀의 숲

오늘 우리는 복음 말씀을 통하여 당신의 제자를 부르시는 예수님을 만납니다. 그런데 예수님께서 선택하신 제자들은 하나같이 평범하지 않은 사람들입니다. 첫 번째로 부르신 제자들은 어부들로서 항상 생선의 비린내가 풍겼기에 다른 이들이 가까이하기를 꺼려하는 사람들이었습니다. 그런데 오늘 또 새로 뽑으신 제자는 세리로 동족으로부터 죄인이란 낙인이 찍히고 무시를 당하는 사람이었습니다. 하나같이 부족한 사람들을 부르시는 주님의 뜻이 무엇일까요? 그리고 앞으로 그러한 사람들이 무슨 일을 할 수 있을까요?

오늘 복음 말씀을 이해하기 위해서 세 부분으로 나누어서 살펴볼 수 있습니다.

첫째, 세리 마태오를 부르심(마태 9,9 참조)

예수님께서는 세관에 앉아 업무를 보고 있던 마태오를 부르십니다. 그러자 마태오는 곧바로 일어나 예수님을 따라갑니다.

둘째, 죄인들과 어울리시는 예수님 - 바리사이들의 불만(마태 9,10-11 참조)

예수님의 부르심을 받은 마태오는 예수님과 그 제자들을 식사에 초대했습니다. 그 자리에는 마태오의 동료들도 와서 자리를 함께했습니다. 그러자 그것을 본 바리사이들은 예수님의 제자들에게 예수님의 행동에 대하여 비난하기 시작합니다.

셋째, 예수님의 대답(마태 9,12-13 참조)

바리사이의 비난을 들은 예수님께서는 그들에게 유명한 속담을 들어 말씀하시면서 당신은 "의인이 아니라 죄인을 부르러 왔다"라고 분명히 말씀하십니다.

오늘 복음 말씀을 통하여 우리는 두 가지를 생각해 볼 수 있습니다. 바로 소명과 죄인과 함께하시는 주님입니다.

예수님께서는 아무 일도 하지 않는 사람을 부르지 않으십니다. 그 이유는 그 사람 안에는 어떠한 일을 하겠다는 열정이 없기 때문입니다. 오히려 자신의 직업 안에서 열심히 살아가는 사람들을 부르시고 계십니다. 우리가 생활 안에서 우리에게 맡겨진 일에 최선을 다할 때 주님께서는 우리로 하여금 당신의 계획을 이루어 나가시도록 이끌어 주십니다.

또한 주님께서는 자신이 의인이라고 생각하는 사람들보다 죄인이라 생각하는 사람들을 찾아오십니다. 예수님께서는 "나는 스스로 선하다고 확신하고 누구의 도움도 필요하지 않다고 자만하는 사람들을 부르러 온 것이 아니고, 죄의식을 가지고 구세주가 필요하다고 심각하게 생각하는 사람들을 부르러 왔다"고 말씀하신 것입니다. 더불어 또 이렇게 말씀하십니다. "이것은 나의 초대를 받아들여 나를 필요로 하는 사람들만 알 수 있는 것이다."

참고적으로 마태오 복음서에서 바리사이들이 공개적으로 예수님을 비난하는 장면은 오늘 들은 말씀에서 처음 등장합니다. 이 말씀 앞에 예수님께서 중풍 병자를 치유해주신 장면에서(마태 9,1-8 참조) 그의 죄를 사해준다고 했을 때, 유다인 지도자들은 그렇게 심각하게 생각하지 않았습니다. 다만 마음속으로 "이자가 하느님을 모독하는군"(마태 9,3)이라며 못마땅하게 생각했을 뿐입니다. 그러나 예수님께서 죄인들과 어울리는 것을 본 그들은 자신들의 불만을 드러내놓고 얘기를 했습니다. 죄를 사한다는 신성모독은 대수롭지 않게 여겼던 사람들이 율법 정신에 어긋난다고 생각했을 때는 드러내놓고 비난을 퍼부었던 것입니다.

2. 말씀 공감

■ 일터에서

> **"세관에 앉아 있는 것을 보시고 말씀하셨다"**(마태 9,9).

예수님께서 제자들을 부르시는 상황을 잘 살펴보면 흥미로운 공통점 하나가 있습니다. 바로 자신의 직업 안에서 열심히 일하는 사람들을 부르셨다는 사실입니다. 우선 첫 제자들을 부르실 때는 배에서 그물을 손질하던 어부들을 부르셨습니다. 오늘도 마찬가지입니다. 세리 마태오를 제자로 부르신 것도 세관에 앉아 있던 사람을 부르십니다. 예수님께서는 제자들을 부르실 때 아무것도 하지 않는, 시간 많은 사람을 부르지 않으셨습니다. 오히려 각자가 맡은 일에 최선을 다하는 사람들을 부르셨습니다.

1900년대 초 한평생 환자들과 간호사들의 교육을 위해서 봉사했던 나이팅게일의 경우도 그러합니다. 사회적인 지위가 높은 가정에서 태어난 그녀는 어려서부터 아버지로부터 교육을 받고 그리스어, 라틴어, 프랑스어, 독일어, 이탈리아어 등 여러 나라 말로 된 많은 책을 읽을 수 있었으며, 역사, 철학, 수학 등을 배웠습니다. 그녀에게는 사회적인 성취를 위한 기회의 문이 여기저기 열려있었습니다. 오라는 데가 많았습니다.

하지만 그녀는 마음 안에서 다른 소명을 느꼈습니다. 그녀는 자신의 도움이 필요한 사람들에게 봉사하기 위해 행복한 가정생활과 사회적인 지위를 포기하고, 1850년 독일 카이저스베르크에 있는 간호사 교육기관에 들어가서 간호사 교육을 받았습니다. 간호사가 그녀에게는 천직이 되었습니다.

그 후 1854년 3월 크림 전쟁이 반발하자, 나이팅게일은 새로운 부르심을 느끼게 됩니다. 그녀는 내면에서 용솟음치는 소명에 즉시 응답하였습니다. 간호 파견대를 이끌고 야전 병원으로 가서, 부상병들을 치료하는데 전념을 하였습니다.

그녀가 간호사로서 서약한 말들은 오늘날 우리도 한번 묵상해 볼 가치가 있습니다.

"나는 하느님과 이 자리에 함께한 모든 사람들 앞에서 나 자신에게 엄숙히 서약합니다. 나는 인생을 정결하게 살며 나의 작업을 성실히 수행하겠습니다. 환자에게 해로운 것은 무엇이든지 삼가며 어떤 해로운 약도 환자에게 사용하지 않도록 철저히 관리하겠습니다. 나는 간호사란 직업의 수준 향상을 위해 최선의 노력을 다하겠습니다. 또한 의사가 하는 일을 온 힘을 다해 도울 것입니다. 그리고 내가 돌보는 모든 환자들의 행복을 위해 최선을 다하겠습니다."

나이팅게일이 자신의 직업 안에서 하느님의 소명을 찾았던 것처럼,

진정한 그리스도인은 자신이 하는 일에서 의미와 보람을 느낄 줄 압니다. 우리는 이것을 천직이라 부를 수 있습니다. 천직天職은 하늘이 주신 직업, 곧 하느님이 주신 일이라고 말할 수 있습니다. 또한 직업을 나타내는 영어 단어는 'vocation'인데 이 말은 '부르다'를 뜻하는 라틴어 동사 vocare에서 파생되었습니다.

지금 이 시대에도 예수님은 당신의 뜻을 따르고자 하는 사람들을 부르실 때는 자신의 직장에서 최선을 다하는 사람들을 부르십니다. 우리는 그러한 부르심에 성실히 응답하는 신앙인이 되도록 언제나 우리에게 주어진 일에 최선을 다해야 할 것입니다.

■ 죄인들의 희망

> **"사실 나는 의인이 아니라 죄인을 부르러 왔다"**(마태 9,13).

「하늘(천국)의 사냥개The Hound of Heaven」라는 시를 쓴 영국 시인 프란시스 톰슨Francis Thompson, 1859-1907이라는 사람이 있습니다. 그는 자신의 시에서 하느님을 인간의 영혼을 구하기 위해 끝까지 추적하는 사냥개와 같다고 비유했습니다. 사실 이 시는 바로 그의 체험에 바탕을 둔 것이었습니다.

소년 시절 그는 사제가 되기를 원했지만, 그의 아버지는 아들이 사제로서의 자질이 부족하다고 생각하고 그를 의과 대학에 입학시켰습니다. 그러나 대학 생활을 하던 21살 때, 그는 아편에 손을 대게 되어 몸과 마음을 망가뜨리게 됩니다. 결국 그는 마약중독자가 되어 젊은 나이에 공원 벤치에서 잠을 자는 노숙자가 되었습니다. 그러면서 구두를 닦고 상점 종업원으로 물건을 배달하며 생활을 하였습니다. 그는 이미 하느님을 떠나 인생의 밑바닥까지 내려간 생활을 하였던 것입니다.

그러다가 다행히 어느 가난한 소년의 도움으로 톰슨은 큰 신문사의 편집장인 윌프리드 메네와 그의 아내 앨리스를 만나게 됩니다. 얼마 후 부부는 톰슨이 가지고 있는 선량함과 재능을 알아보게 되었습니다. 톰 슨을 불쌍히 여긴 이 부부는 그를 자신의 집으로 데리고 가서 그가 다시 하느님의 사랑을 깨닫고 새로운 신앙생활을 하도록 도와주며, 그가 죽을 때까지 같이 살았습니다.

프란시스 톰슨은 하느님의 사랑에서 벗어나려고 했지만, 하느님께서 는 결코 그를 내버려두지 않으셨습니다. 오히려 그를 추적해서 결국은 하느님의 사랑 속으로 다시 돌아가도록 하였습니다.

마약중독에 빠져 자신이 가야 할 길을 찾지 못했던 톰슨은 병자였습 니다. 그에게는 의사가 필요했습니다. 주님께서는 그에게 윌프리드 메네 부부를 보내서 그의 영혼이 치유될 수 있도록 이끌어주셨을 뿐 아니 라 신앙생활로 이끌어 주셨던 것입니다. 이처럼 주님께서는 당신을 외 면하고 떠나간 이들을 찾아가십니다.

이쯤에서 프란시스 톰슨의 시에 다시 공감해 보겠습니다.

나는 그로부터 도망쳤다.
밤과 낮과 오랜 세월을
그로부터 도망쳤다.
내 마음의 얽히고설킨 미로에서
눈물로 시야를 흐리면서 도망쳤다.
나는 웃음소리가 뒤쫓는 속에서
그를 피해 숨었다.

그리고 나는 푸른 희망을 향해

쏜살같이 날아 올라갔다가

그만 암흑의 수렁으로 떨어지고 말았다.

그리고 틈이 벌어진 공포의 거대한 어둠으로부터

힘센 두 발이 쫓아왔다.

서두르지 않고 흐트러짐 없는 걸음으로

유유한 속도, 위엄 있는 긴박감으로

그 발자국 소리는 울려왔다.

이어 그보다도 더 절박하게 들려오는 한 목소리,

나를 저버린 너는 모든 것에 저버림을 당하리라!

함께 기도하시겠습니다.

주님, 오늘 저희는 마태오에 대하여 공감하는 시간을 가졌습니다. 마태오는 예수님의 부르심에 즉각적으로 응답함으로써 물질적인 풍요를 포기하는 대신에 영적인 풍요로움을 얻었습니다.

주님, 지금도 당신께서는 저희를 부르시고 계십니다. 주님께서는 일을 하고자 하는 의욕이 있는 사람을 부르십니다. 저희의 직장 안에서, 생활 안에서 저희가 하는 일을 통하여 당신이 원하시는 것을 이루고자 부르십니다.

주님 저희에게 주어진 직업이 당신께서 주신 것임을 깨닫고 그 안에서 당신의 뜻을 발견하여 기쁜 마음으로 일하게 하소서. 아멘.

우리 주 예수 그리스도를 통하여 비나이다. 아멘!

연중 제11주일: 마태 9,36-10,8

측은한 마음

"그분은 군중을 보시고 가엾은 마음이 드셨다"(마태 9,36).

1. 말씀의 숲

어느 인터넷 게시판에서 본 "사랑의 유통기한"이라는 글이 우리의 심금을 울립니다.

> 벌써 이십 분째, 물건은 안 사고 진열된 빵들을 이리저리 뒤적거리는 청년에게 편의점 주인은 참다못해 말을 걸었습니다. 그러자 청년이 하는 말이란.
> "유통기한을 봤어요. 혹시 유통기한이 지난 빵을 진열하지 않았나 해서……."
> "몇 개는 유통기한이 오늘까지지만 안심하고 드셔도 좋을 빵만 있습니다."
> "그렇군요."
> 말도 안 되는 이유를 대고 있는 청년은 언뜻 보기에도 지저분했습니다. 오랫동안 씻지 않았는지 몸에선 이상한 냄새가 났지만, 주인은 그런 청년을 내쫓지 않았습니다.
> 자정 무렵이 되자 청년은 조심스레 빵 하나를 집어 진열대 위에 올

려놓았습니다. 그리곤 시계가 열두 시를 막 넘어서는 순간 기다렸다는 듯 그 빵을 들고 계산대로 가져가더니 갑자기 밖으로 뛰어나가는 게 아니겠습니까? 힘이 없는지 얼마 못 가 털썩 주저앉는 청년의 어깨 위로 잠시 후 누군가의 손이 다가왔지요. 돌아보니 놀랍게도 편의점 주인이었습니다. 당황한 청년은 들고 있던 빵을 서둘러 내밀었습니다.

"용서해 주십시오. 며칠째 아무것도 먹지 못해 훔쳤습니다. 이 빵은 자정이 넘었기 때문에 유통기한이 지난 거예요."

그러자 편의점 주인은 주머니에서 우유를 꺼내 건네주며 이렇게 말했습니다.

"젊은이, 사랑에는 유통기한이 없으니 이것과 함께 천천히 들게나."

편의점 주인의 마음 씀씀이가 훈훈한 이야기입니다. 아무리 유통기한이 지난 빵이라 하더라도 눈앞에서 그것을 들고 도망간 청년을 용서하기란 쉽지 않았을 텐데, 편의점 주인은 오히려 우유까지 건네주며 천천히 먹으라고 다독여주었던 것입니다. 우리는 이런 편의점 주인이 가졌던 마음을 측은지심惻隱之心이라고 말할 수 있을 것입니다.

오늘 복음 말씀은 세 부분으로 나누어 볼 수 있습니다.

첫째, 백성들을 향한 예수님의 연민憐憫(마태 9,36-38 참조)

예수님께서는 목자 없는 양들처럼 기가 꺾인 백성들에 대하여 가엾은 마음을 지니십니다. 하지만 예수님께서는 그러한 상황을 절망적으로 받아들이지 않으셨습니다. 추수할 것이 많았기 때문입니다. 그래서 제자들에게 밭의 주인님께 일꾼을 보내달라고 청하도록 기도를 요청하고 계십니다.

둘째, 열두 사도의 선발과 그 명단(마태 10,1-4 참조)

이제 예수님께서는 추수할 일꾼으로 열두 제자를 선발하시고 그들에게 당신과 같은 일을 할 수 있는 권한을 주십니다.

셋째, 열두 사도의 파견과 분부(마태 10,5-8 참조)

예수님께서는 열두 사도를 보내시면서 하늘 나라에 대한 복음을 선포하라고 명하십니다.

오늘 이 시대에도 생활고에 시달리며 기가 꺾인 이들이 많이 있습니다. 그리고 예수님께서는 여전히 이들에 대하여 연민을 가지고 계십니다. 그렇다면 예수님께서는 이들을 어떻게 도움을 주시겠습니까? 예수님께서는 당시 열두 사도를 파견하셨듯이 지금 이 시대에는 우리를 파견하십니다. 우리 주변에서 고통을 당하는 많은 이들에게 우리는 기쁜 소식을 전할 의무가 있습니다. 지금도 예수님께서는 이렇게 말씀하고 계실 것입니다.

"수확할 것은 많은데 일꾼이 적구나. 네가 가서 그 수확하는 일꾼이 되어서 일을 해주었으면 한다. 그러면서 더 많은 일꾼을 보내달라고 밭의 주인이신 아버지 하느님께 청하도록 하라."

2. 말씀 공감

■ 우리들의 가엾은 마음

> "그분은 군중을 보시고 가엾은 마음이 드셨다. 그들이 목자 없는
> 양들처럼 시달리며 기가 꺾여 있었기 때문이다"(마태 9,36).

2008년『낮은 울타리』에 실린 김 씨 아저씨 이야기가 우리의 마음을
뭉클하게 합니다. 글쓴이는 이렇게 회고합니다.

초등학교를 어렵게 졸업한 뒤 나는 농사꾼으로 남길 바라는 아버
지께 혼자 일하면서 공부하겠다는 말을 남기고 서울로 올라왔다. 그
러나 일주일이 지나도록 일자리를 구하지 못한 채 무일푼으로 이곳저
곳 골목을 헤매고 다녔다. 그때 작고 허름한 인쇄소 앞에서 만난 김
씨 아저씨가 내 사정 이야기를 듣고는 "우리 인쇄소에서 일하거라. 나
중에 돈이 모이면 야간 학교에 다닐 수 있게 해주마"라고 하셨다.

그날부터 나는 라면으로 끼니를 때우고 찬 바닥에 스티로폼을 깔
고 자면서 아저씨의 인쇄소에서 일했다. 한 달이 지나 월급을 받았을
때 나는 라면 한 상자를 사다 놓고 나머지는 몽땅 저금했다.

신이 나서 일하는 동안 또 한 달이 지났다. 그러던 어느 날 저녁, 라
면상자에 손을 넣어보니 라면이 두 개밖에 없었다. 그중에서 한 개를
꺼냈는데 다음날 신기하게도 라면 두 개가 그대로 있었다. '분명히 어
제 하나를 끓여 먹었는데……' 생각하고 고개를 갸웃거리며 또 하나
를 꺼냈다. 그러나 다음날도 여전히 라면은 두 개였다. 정말 이상한 일
이었다. 그렇게 며칠이 지나 곰곰이 생각해보니 라면 한 상자를 한 달

이 넘게 먹은 것이었다.

　다음날 나는 일부러 하루 종일 라면 상자가 있는 쪽에서 일했다. 퇴근 무렵 김 씨 아저씨가 나를 불러 가게에 갔다 오라고 심부름을 시키시기에 인쇄소 밖에 나와 유리창 너머로 슬쩍 라면 상자를 쳐다보았다. 그러자 슬금슬금 눈치를 보던 아저씨가 라면 상자 쪽으로 걸어가더니 품속에서 라면 한 개를 꺼내 상자 속에 집어넣고는 흥얼흥얼 노래를 부르며 걸어 나오셨다.

　어린 사 남매와 병든 아내와 함께 월세 단칸방에 살고 계신다는 김 씨 아저씨……. 나는 그날 아저씨의 심부름도 잊은 채 인쇄소 옆 골목에 쪼그리고 앉아 한참을 울었다.[35]

무엇이 김 씨 아저씨로 하여금 남모르게 선행을 하도록 이끌었을까요. 그것은 이웃의 아픔을 가엾이 여기는 마음이었을 것입니다.

　복음서를 읽다 보면 우리는 예수님께서 사람들에게 '가엾은 마음'을 가지셨다는 말을 많이 보게 됩니다. 예수님께서 병든 이들과 악령에 시달리는 이들, 나병 환자들을 치유해주시고, 굶주린 이들을 빵 다섯 개와 물고기 두 마리로 배불리 먹이신 기적을 행하도록 만든 것이 바로 예수님의 이러한 '가엾이 여기는 마음'에서 비롯된 것이었습니다.

　사실 지금도 예수님께서는 당신의 팔을 펴시어 어려운 가운데 있는 우리들을 보살펴주십니다. 그런데 예수님의 팔은 다름 아닌 바로 우리들이 아닐까요. 예수님께서는 우리가 또 다른 '김 씨 아저씨'가 되기를 바라시지 않으실까요. 어쩌면 김 씨 아저씨는 이 시대에 살아계신 김 씨 아저씨인지도 모릅니다. 아멘!

■ 큰 기쁨

> **"너희가 거저 받았으니 거저 주어라"**(마태 10,8).

바이처가 운영하는 아프리카의 랑바레네 병원에는 궂은 일을 도맡아 하는 미모의 간호사가 있었다고 합니다. 그녀의 이름은 마리안 프레밍거. 그녀는 본래 헝가리 귀족의 딸로 모든 악기 연주에 능했다고 합니다. 더욱이 비엔나에서는 가장 유명한 연극배우로 명성을 떨치기도 했습니다. 그녀의 삶에 있어서 무엇 하나 부족한 것이라고는 없었던 것입니다.

그러던 어느 날, 그녀는 슈바이처가 성가를 연주하는 것을 듣게 되었습니다. 그녀는 그 성가를 듣고 "지금까지 내 인생은 허상일 뿐이었다. 남을 위한 삶에 진정한 가치가 있다"라고 생각하고는 그 자리에서 아프리카행을 결심하게 됩니다.

그 후로 20여 년 동안 그녀는 슈바이처가 운영하는 병원에서 흑인 병자들을 위해 사랑을 베풀다가 눈을 감게 됩니다. 그녀는 숨을 거두기 전 다음과 같이 말했다고 합니다.

"남을 위한 삶이 이렇게 행복한 것을……." [36]

예수님께서는 열두 사도에게 선교 사명을 주시며 파견하셨습니다. 그런데 그들을 그냥 빈손으로 보내신 것이 아니라 당신께서 행하신 모든 권능을 똑같이 행할 수 있는 능력을 주셨습니다. 곧 그들에게 "더러운 영들에 대한 권한을 주시어, 그것들을 쫓아내고 병자와 허약한 이들을 모두 고쳐"(마태 10,1) 줄 수 있는 능력을 주신 것입니다. 그러기에 예수님께서는 사도들에게 다음과 같이 말씀하셨습니다.

"너희가 거저 받았으니 거저 주어라"(마태 10,8).

우리가 가진 몸, 재능, 물질적인 것, 그 모든 것은 주님께서 무상으로 우리들에게 베풀어주신 은총입니다. 그러므로 우리는 이 모든 것들을 나눌 줄 알아야 합니다. 그럴 때 우리는 플레밍거처럼 큰 기쁨과 행복을 누리게 될 것입니다. 아멘!

함께 기도하시겠습니다.

주님, 저희를 가엾이 여기시는 주님의 마음을 공감해보았습니다.

주님, 주님께서는 언제나 불쌍히 여기시는 마음으로 당신의 팔을 펴시어 어려움에 처한 저희를 보살펴 주십니다. 그리고 저희에게 '주님의 팔'이 되는 영광을 주십니다.

주님, 저희가 비록 가진 것이 넉넉하지는 않지만, 어려운 이웃을 볼 때 기쁜 마음으로 그들을 도와줄 수 있는 은총을 베풀어주소서.

주님, 또한 저희로 하여금 나눔의 기쁨을 알게 하소서. 기꺼이 나누는 것이 우리에게 얼마나 큰 행복을 가져다주는지 몸소 체험하게 하소서.

우리 주 예수 그리스도를 통하여 비나이다. 아멘!

성령의 칼

"사람은 빵만으로 살지 않고 하느님의 입에서 나오는 모든 말씀으로 산다"(마태 4,4).

1. 말씀의 숲

1999년 사순 제1주일 서울대교구 주보에 실린 최인호 작가의 묵상이 참 좋아서 소개합니다.

『파우스트』는 독일의 문호 괴테(1749-1832)가 전 생애를 바쳐서 쓴 희곡입니다.

노력하는 사람을 구제하려는 신에 대해 부정적인 악마 '메피스토 펠레스'는 파우스트를 유혹할 수 있다고 내기를 겁니다. 온갖 지식에 절망하고 있던 파우스트가 자살하기 직전 악마가 나타나 유혹합니다. 악마가 이 세상의 모든 쾌락을 체험하게 해주는 대신 파우스트가 어느 한순간에 대해서 "멈춰라, 너는 정말 아름답구나" 하고 말한다면 영혼을 영원히 악마에게 내어주기로 계약을 맺습니다.

그리하여 20대의 청년으로 젊어진 파우스트는 소녀와 사랑을 하기도 하고, 전설 속의 미녀를 만나 결혼도 합니다. 파우스트는 전공을 세우고 하사받은 불모지를 개발하여 낙원으로 만들기 위해 노력하다가 100살이 되었는데 마침내 맹인이 되고 맙니다. 그러나 파우스트의

심안은 더욱 밝아지고 이렇게 외치면서 숨을 거두게 됩니다. "멈춰서라, 너는 정말 아름답구나."

이 말을 들은 메피스토펠레스는 자신이 승리했다고 착각하지만, 천사들이 파우스트를 천상으로 데려가며 다음과 같은 합창으로 끝납니다.

모든 회개하는 연약한 자들아/ 구원의 눈초리를 우러러보라/ 거룩하신 신의 섭리를 따라서/ 감사하며 스스로를 변모시키기 위해/ 마음씨 착한 사람들이/ 누구나 받들어 모시는 동정녀요 어머니요 여왕이시여/ 길이길이 베푸소서/ 일체의 무상한 것은 한갓 비유일 뿐/ 미칠 수 없는 것 여기서는 실현되고/ 말할 수 없는 것 여기서는 이룩되었네/ 영원한 여성은 우리를 이끌어 올리리라

하느님은 "나는 곧 나다"(탈출 3,14 참조)라고 말씀하신 후 "나는 너희들의 하느님 야훼다"(탈출 3,15 참조)라고 분명히 자신을 드러내십니다. 그러나 악마는 자신의 본성인 거짓말(요한 8,44 참조)을 통해서 '나는 곧 없다'고 정의하고 있습니다.

문제는 악마가 '자신은 없는 자'라고 정의함으로써 하느님도 존재하지 않는다는 무신론의 동반부재同伴不在를 성공시키고 있는 것입니다.

20세기의 비극은 악마의 이 거짓말이 하나의 정설이 되어 가공스러운 세계대전과 공산주의, 폭력, 빈곤, 성적 타락 등 인간의 영혼을 병들게 하는 악마의 독소가 대유행을 보이는 데서 비롯된 것입니다.

그렇습니다. 악마 메피스토펠레스가 현대인에게 던지는 제4의 유혹, 그것은 바로 이것입니다.

'악마는 없다.'[37]

오늘 복음 말씀을 통해 우리는 유혹을 받으시는 예수님을 만나게 됩니다. 오늘 복음 말씀은 다섯 부분으로 나누어 볼 수 있습니다.

첫째, 도입 - 예수님을 광야로 이끄시는 성령(마태 4,1 참조)

둘째, 첫 번째 유혹(마태 4,2-4 참조)

셋째, 두 번째 유혹(마태 4,5-7 참조)

넷째, 세 번째 유혹(마태 4,8-10 참조)

다섯째, 결론(마태 4,11 참조)

여기서 우리는 예수님을 유혹받도록 광야로 이끄시는 분이 성령이심을 알아야 합니다. 앞서 예수님께서 세례를 받으실 때 내려오신 성령께서는 예수님을 순탄하고 쉬운 길로 인도하시지 않았습니다. 오히려 험난한 광야로 유혹의 한 가운데로 이끄셨습니다. 여기서 우리는 우리가 인생의 급격한 변화와 험로를 만나더라도 성령께서 나와 함께 하심을 깨달으라는 의미가 있습니다.

또한 성령께서는 예수님을 악마의 유혹으로부터 보호해주시지 않았습니다. 이처럼 하느님께서는 우리가 고난과 유혹이 없는 세상에 살도록 이끄시지 않습니다.

오히려 '성령과 말씀'의 원동력으로 살게 하시면서, 우리에게 다가오는 유혹을 이겨낼 수 있는 힘을 주십니다. 그러므로 우리가 '성령과 말씀의 원리' 안에 사는 한, 우리에게 닥쳐오는 유혹과 어려움을 두려워할 필요가 없습니다. 오히려 그러한 어려움들을 극복하고 '재충전과 도약'의 기회로 여길 수 있어야 합니다.

오늘 복음 말씀에서 예수님께서는 가장 나약해져 있던 순간에 유혹을 받으셨습니다.

악마는 부와 명예와 권력에 대한 사람들의 끝없는 욕망을 이용해서 우리를 하느님으로부터 갈라놓으려고 합니다. 사실 예수님께서 당하신 유혹은, 예수님이 선포하시는 하늘 나라의 모습에 부합하지 않고 이 세속의 기준에 따른 '지상 낙원'과 통하는 것입니다.

지금 이 순간에도 악마는 우리들을 유혹하기 위하여 호시탐탐 노리고 있습니다. 이럴 때 우리는 베드로 사도와 바오로 사도의 권고를 마음에 새겨야 할 것입니다.

"정신을 차리고 깨어 있도록 하십시오. 여러분의 적대자 악마가 으르렁거리는 사자처럼 누구를 삼킬까 하고 찾아 돌아다닙니다. 여러분은 믿음을 굳건히 하여 악마에게 대항하십시오"(1베드 5,8-9).

"악마의 간계에 맞설 수 있도록 하느님의 무기로 완전히 무장하십시오. 성령의 칼을 받아 쥐십시오. 성령의 칼은 하느님의 말씀입니다"(에페 6,11.17).

2. 말씀 공감

■ 자연의 지혜

> "그때에 예수님께서는 성령의 인도로 광야에 나가시어"(마태 4,1).

자연은 인간의 스승입니다.

동물들뿐 아니라 식물의 세계에도 동면이 있습니다.

식물들은 동면을 통해 오랫동안 건강하게 생존할 채비를 갖춥니다. 씨앗은 동면을 통해 그 생명력과 견고성, 그리고 기후적인 악조건들에 대한 면역성을 키웁니다.

동면의 초기 단계에서 식물들은 환경의 신호에 대한 반응 속도를 늦춥니다. 일례로 지나치게 춥거나 빛이 충분하지 않을 경우, 더글러스 전나무의 묘목은 휴식을 취하고 성장을 멈춥니다. 그러다 날이 따스해지면 새순을 틔워내 두 번째의 어린 가지를 자라게 합니다.

그러나 동면의 두 번째 단계에서는 바깥이 아닌 안으로부터의 조절을 시작합니다. 주변 환경이 아무리 좋아도 묘목은 성장을 계속하지 않습니다. 일월이 아무리 따뜻해도 전나무는 밖으로 자랄 생각을 않습니다. 내부의 시계에 순응하며, 휴식의 시간이 충분히 지난 후 가장 좋은 환경이 되었을 때, 비로소 나무는 몸을 일으킵니다. 이 덕분에 나무는 안전하고 건강하게 생명을 유지해나갑니다.

참으로 오묘한 자연의 지혜입니다. 우리는 식물들에게서 생의 지혜를 배울 줄 알아야 합니다.

때로 우리는 외적인 사회활동을 스스로 통제할 줄 알아야 합니다. 나설 때와 물러설 때, 전진할 때와 멈출 때를 알고 현명하게 처신할 줄 알아야 합니다.

뿐만 아니라 우리는 내적인 생명 리듬에도 순응할 줄 알아야 합니다. 활동할 때와 쉴 때, 성장할 때와 내공을 쌓을 때를 식별하며 삶을 영위할 줄도 알아야 합니다.

자연은 또 우리에게 솎아내기의 법칙을 가르쳐줍니다. 농업에서 '솎아내기'는 생산성을 높이기 위해 꼭 필요한 과정입니다. 일례로 무와 당근들이 촘촘하게 자랄 때는 솎아내 주어야 튼실하게 자랍니다. 하나의 개체가 절대적으로 필요로 하는 흙과 여백이 필요하기 때문입니다.

솎아내기의 원리는 우리 삶에도 적용됩니다. 이는 모든 것들을 필사적으로 부여잡고 살아가고 있는 우리들에게 하나의 소중한 가르침을 줍니다. 모든 것을 움켜쥐고 살아가는 우리 삶이 변화되지 않으면 결국 어떤 결과를 가져올지를 말해주는 것입니다. 곧 성장을 위한 여백, 생명을 위한 여백, 영혼을 위한 여백이 얼마나 중요한지를 깨우쳐주고 있습니다.

예수님께서 성령의 인도로 광야로 가신 것은 바로 이런 자연의 지혜와 관련이 있습니다. 예수님께서는 외적 환경의 시련을 겪으면서 마음가짐을 추스르고자 하셨던 것입니다. 그리고 많은 생각과 계획을 솎아내고 꼭 필요한 것만 붙들고 구원 활동을 시작하고자 하셨던 것입니다.

올해 무언가 중요한 시작을 꾀하고 있는 우리도 성령의 인도를 받아 각자의 '광야'로 가서 이 작업을 해둘 필요가 있습니다. 영적인 동면과 솎아내기 말입니다.

■ 출구를 찾도록 인도하시니

> "사람은 빵만으로 살지 않고 하느님의 입에서 나오는
> 모든 말씀으로 산다"(마태 4,4).

예수님께서 40일 단식 직후 극히 "시장"(마태 4,2)기를 느끼고 계심을 간파한 악마는 먹거리 문제 해결을 돕는 척하면서 이렇게 미끼 질문을 던집니다.

"당신이 하느님의 아들이라면 이 돌들에게 빵이 되라고 해 보시오"(마태 4,3).

배고픔을 마냥 참기만 할 게 아니라, 주위에 깔려있는 돌을 집어 "빵

이 되거라!" 하면 될 터이니, 그렇게 해보면 어떻겠느냐는 부추김입니다. 하지만 예수님께서는 이로써 악마가 예수님의 관심을 물질에 묶어놓으려는 저의를 간파하시고, 말씀의 힘을 빌려 유혹을 물리치십니다.

"사람은 빵만으로 살지 않고 하느님의 입에서 나오는 모든 말씀으로 산다"(마태 4,4).

이 답변으로 예수님께서는 악마의 '경제 메시아' 유혹 논리를 통쾌하게 반박하신 셈입니다. 이는 동시에 육적 삶의 차원에 매몰되어 살기 쉬운 우리들을 탐식에 절은 동물적 삶을 청산하고 영적 삶의 풍요에 관심을 돌리도록 초대하는 말씀이기도 합니다.

예수님의 명답변 속에는 다음과 같은 영적 지혜가 서려 있습니다.

"경제 메시아? No! 경제가 중요한 것은 사실이지만, '하느님 나라'는 그 이상의 것이다. 빵보다는 말씀이 먼저다. 빵은 말씀의 은혜를 대신해 주지 못한다. 하지만 말씀의 은혜를 입으면, 그 지혜로 빵을 얻을 수 있다."

끼니 걱정을 하는 이들에게는 얼른 수긍되는 말씀이 아닐 터입니다. 그러나 좀 더 깊이 숙고해 보면, 점점 이해가 깊어집니다. 현자 솔로몬은 이에 대한 깊은 통찰을 이렇게 전합니다.

"주님, 당신께서 사랑하시는 자녀들이
사람을 먹여 살리는 것은 여러 가지 곡식이 아니라
당신을 믿는 이들을 돌보는 당신의 말씀임을 배우게 하셨습니다"(지혜 16,26).

경험적으로도 이 말씀은 일리가 있습니다.

낙심하여 쓰러졌을 때, 아무리 좋은 보양식도 별 도움이 되지 못하지만 적절한 격려 한 마디가 힘이 될 수 있습니다.

생의 갈피를 못 잡고 무기력에 빠졌을 때, 어떤 보약도 듣지 않지만 지혜 어린 위로의 한 말씀이 기운을 북돋울 수 있습니다.

이런 이유로 현자 솔로몬은 "사람을 먹여 살리는 것"은 곡식이 아니라 말씀이라고 가르칩니다. 뿐만 아니라, 말씀에 충실하면 "수명"(잠언 4,10), "행복"(잠언 16,20), 나아가 "영원한 것들"(집회 24,18)을 덤으로 받는다고 현자들은 증언합니다.

이 밖에도 하느님 말씀은 적의 공격으로부터 우리를 막아주는 방패 역할도 해 줍니다.

"하느님의 말씀은 모두 순수하고 그분께서는 당신께 피신하는 이들에게 방패가 되신다"(잠언 30,5).

현자의 증언이 시사하듯이, 말씀의 권능은 무적입니다. 예수님께서는 광야에서 악마의 세 유혹들을 모두 말씀으로 물리치셨습니다. 돌로 빵을 만들라는 첫 번째 유혹에서는 말씀이 이중 역할을 합니다.

"예수님께서 대답하셨다. '성경에 기록되어 있다. 〈사람은 빵만으로 살지 않고 하느님의 입에서 나오는 모든 말씀으로 산다〉'"(마태 4,4).

예수님께서는 이렇게 "말씀으로 산다"는 말씀으로 첫 번째 유혹을 거뜬히 물리치셨던 것입니다. 결국, 말씀이 유혹을 이겨낸 것입니다.

이런 의미에서 여러분들이야말로 사탄의 유혹에 대해서는 튼튼한 방어 태세를 갖추고 있다고 말할 수 있습니다. 매주 복음 말씀을 반복해서 듣고 묵상하면서 말씀의 양식으로 강건해지는 것은 물론, 비상시에는 말씀의 분별력과 위력으로 악의 유혹도 물리칠 수 있기 때문입니다.

■ 사랑을 결행할 때

> **"사탄아, 물러가라"**(마태 4,10).

이는 세 번째 유혹을 물리치실 때, 예수님께서 먼저 악마를 향하여 외치신 호령입니다.

이 호령은 오늘 우리들에게 더욱 호되게 들려옵니다.

예수님께서 받으셨던 유혹은 하나같이 구원의 방법론에 관련한 것이었습니다. 악마는 예수님께 편의, 영광, 효율이 돋보이는 방법론으로 꾀었지만, 예수님께서는 그 반대인 불편, 겸손, 사랑의 길을 택하셨습니다.

빵의 유혹, 과시의 유혹, 권력의 유혹!

예수님께서 광야에서 겪으신 이들 세 가지 유혹은 지금 이 순간도 우리 마음을 훔치려고 호시탐탐 노리고 있습니다.

어쩌면 오늘의 우리 교회, 사목자, 그리고 신자들에게는 예수님이 가신 길보다 악마가 제시한 길이 더 매력적으로 보일지도 모를 일입니다.

그러기에 베드로 사도는 우리에게 강력하게 각성을 촉구합니다.

"정신을 차리고 깨어 있도록 하십시오. 여러분의 적대자 악마가 으르렁거리는 사자처럼 누구를 삼킬까 하고 찾아 돌아다닙니다. 여러분은 믿음을 굳건히 하여 악마에게 대항하십시오"(1베드 5,8-9).

바오로 사도는 예수님의 방어 무기였던 '말씀'을 우리 역시 악마의 간계를 물리칠 '성령의 칼'로 사용하도록 권고합니다.

"악마의 간계에 맞설 수 있도록 하느님의 무기로 완전히 무장하십시오. […] 성령의 칼을 받아 쥐십시오. 성령의 칼은 하느님의 말씀입니다"(에페 6,11.17).

그러니 말씀이 우리를 지켜주시도록, 평소 말씀을 가까이하고 우리의 기억과 입술에 담아두어야 하겠습니다. 그리고 악마의 유혹이 귓가에서 속삭이듯 느껴지면, 그때그때 예수님의 말씀을 빌려 호통쳐야 하겠습니다.

사탄아, 물러가라!
디아볼로스diabolos: 악령, 사탄satan!
네가 거짓의 아비요 살인자(요한 8,44 참조)임을 내가 아노니,
썩 물러가라.
나자렛 예수 그리스도의 이름으로 명하노니,
내 언저리에 얼씬도 하지 마라.

함께 기도하시겠습니다.
주님, 때론 말씀의 예리함으로, 아무리 간교한 악의 유혹도 그 정체를 알아채고 물리칠 수 있도록 저희를 도우시니, 찬미합니다.
주님, 때론 말씀의 위로로, 어떤 낙심에서도 저희를 벌떡 일으켜 세우시니, 찬미합니다.
주님, 때론 말씀의 지혜로, 극한의 위기에서도 저희로 하여금 출구를 찾도록 인도하시니, 찬미합니다.
우리 주 예수 그리스도를 통하여 비나이다. 아멘!

사순 제2주일: 마태 17,1-9

영광이 기다리고 있다

"이는 내가 사랑하는 아들, 내 마음에 드는 아들이니
너희는 그의 말을 들어라"(마태 17,5).

1. 말씀의 숲

지난주 복음 말씀에서 우리가 유혹을 받으시는 예수님의 모습을 만났다면, 사순 제2주일을 보내는 오늘 말씀에서는 영광을 받으시는 예수님의 모습을 만나게 됩니다.

이제 주님께서는 고난을 받으시기 전에, 영광의 모습을 드러내셨습니다. 그리고 하느님께서는 "이는 내가 사랑하는 아들, 내 마음에 드는 아들이니 너희는 그의 말을 들어라."(마태 17,5)라고 말씀하십니다. 이에 대하여 김형영 시인이 묵상을 하며 쓴 「괜찮다」라는 시를 함께 살펴보고 오늘 묵상을 시작하겠습니다.

> 괜찮다 괜찮다
> 이렇게 살아도 저렇게 살아도
> 그렇게 살아도 괜찮다고
> 주님 말씀만 따라 살아간다면 다 괜찮다고
> 하늘을 덮은 구름 속에서 들려오네

눈이 부시도록 연거푸 오늘도 들려오네[38]

오늘 복음 말씀은 베드로의 메시아 고백과 예수님의 첫 번째 수난 예고, 그리고 예수님을 따르는 방법이 나온 다음에 바로 이어지는 말씀입니다. 예수님께서 이미 제자들에게 당신의 수난과 죽음을 예고하셨지만, 제자들은 그것을 받아들이지 못했습니다. 더욱이 베드로는 그러한 예수님을 만류하다가 "사탄아, 내게서 물러가라. 너는 나에게 걸림돌이다"(마태 16,23)라고 꾸지람을 듣기도 했습니다. 이날로 엿새 후 예수님께서는 측근 제자 세 명과 함께 높은 산에 오르신 것입니다.

오늘 복음 말씀은 세 부분으로 나누어 볼 수 있습니다.

첫째, 예수님께서 세 제자와 함께 산에 오르시어 거룩한 모습으로 변하셨고, 모세와 엘리야가 나타나 그분과 이야기를 나눕니다. 이것을 본 베드로는 행복감에 빠져 그곳에 초막을 짓고 머물자는 제의를 합니다(마태 17,1-4 참조).

둘째, 베드로가 말하고 있는 도중 빛나는 구름이 그들을 덮고 천상의 목소리가 들려옵니다. 이전까지 행복감에 빠져 있던 제자들은 이제 두려움에 떨기 시작합니다(마태 17,5-6 참조).

셋째, 구름이 걷히고 모든 것이 사라졌습니다. 예수님께서는 땅에 엎드려 두려움에 떨고 있는 제자들을 일으키시며 산을 내려옵니다(마태 17,7-9 참조).

지난주 복음에 따르면, 높은 산은 예수님께서 악마의 유혹을 받았던 곳입니다. 그런데 오늘 복음에서는 예수님이 당신의 측근 제자들을 데리고 '높은 산'으로 올라가셨습니다. 하지만 지난주에 악마가 예수님을 유혹했던 것과는 전혀 다른 '천상적 비전'을 보여주셨습니다. 같은 장소라도 '누구와 함께하느냐'에 따라서 전혀 그 결과가 달라짐을 오늘 우리는 알 수 있습니다. 높은 산에서 예수님의 변화는 '위로부터 하느님께서 주시는 비전과 능력의 발산'을 의미한다 할 수 있습니다. 그 빛은 온전히 예수님 안에서 예수님을 통하여 주변으로 퍼져나가고 있습니다.

베드로는 이러한 예수님의 변화와 모세와 엘리야의 등장에 두려움을 느끼기보다는 오히려 황홀경에 빠져버렸습니다. 그 자리가 바로 낙원이라고 느낀 것입니다. 다시 산 아래에 내려가 예수님의 고난에 대하여 고민할 필요가 없다고 생각했을 것입니다. 그러하기에 "주님, 저희가 여기서 지내면 좋겠습니다"(마태 17,4)라고 감히 말할 수 있었던 것입니다.

2. 말씀 공감

■ 환희의 노래를 열창하고

"그리고 그들 앞에서 모습이 변하셨는데, 그분의 얼굴은 해처럼 빛나고 그분의 옷은 빛처럼 하얘졌다"(마태 17,2).

주님의 영광스런 변모 사건 불과 일주일 전, 예수님께서는 제자들에게 이렇게 단단히 일러두셨습니다.

"누구든지 내 뒤를 따라오려면, 자신을 버리고 날마다 제 십자가를 지고 나를 따라야 한다"(마태 16,24).

이는 미구에 있을 예루살렘 입성과 더불어 급박하게 전개될 것으로 예상되는 십자가 수난 여정을 제자들이 꿋꿋하게 감당하도록 마음가짐을 추슬러 주는 말씀입니다. 이 말씀에 제자들은 술렁거렸을 법합니다.

"이건 또 무슨 말씀이냐? 갑자기 십자가라니. 축복을 빌어주고 승리의 길을 가르쳐 주는 것이 우리네 스승들의 보람된 사명인데, 메시아이신 예수님께서는 그 반대인 십자가를 지라고 하시네!"

영문을 알 길 없어 제자들은 약 일주일간 당황과 번민에 빠졌음직합니다. 바로 그 시점에서 예수님께서는 베드로와 야고보와 그의 동생 요한만 따로 데리고 높은 산에 오르셨습니다. 산 밑에서 기다리는 제자들도, 거기까지 동행한 세 제자도 긴장을 놓을 수가 없습니다.

"뭔가 분위기가 심각한데 무슨 일이 일어나려나? 산에는 또 왜?"

이렇게 추측을 궁굴리고 있는데, 눈앞에 놀라운 장면이 펼쳐집니다. 홀연 예수님께서 영광스럽게 변모하시는 일이 벌어진 것입니다.

"그들 앞에서 모습이 변하셨는데, 그분의 얼굴은 해처럼 빛나고 그분의 옷은 빛처럼 하얘졌다"(마태 17,2).

세 제자는 어리둥절한 가운데, 황홀과 안도에 잠깁니다. 영광스럽게 변모하신 예수님은 그 자체로 제자들에게 이런 메시지였을 것입니다.

"내가 너희들에게 십자가를 지고 따르라고 요구했던 말 때문에 너희들이 심란해하고 있음을 내가 잘 안다. 하지만 안심해라. 십자가는 그것으로 끝나는 게 아니다. 그 끝자락에 영광의 때가 찾아온다. 그러니 용기를 내어 분발하라."

이 말씀은 빡빡한 세상살이로 헐떡이는 오늘의 우리들에게도 피부로 느껴지는 격려입니다.

굳이 자발적으로 짊어지려고 하지 않아도 저마다의 어깨에 지워진 삶의 무게가 사실상 우리 수준에서는 십자가를 갈음하는 것이 아닐까?

일부러 지원하지 않아도 저마다 걷고 있는 생의 행로가 우리 처지에서는 수난 여정에 진배없는 것이 아닐까?

이런 중압이 잠을 잘 때도, 맨정신일 때도 심신을 짓누르는 가위눌림으로 우리를 괴롭히고 있으니 말입니다.

■ 다시 내려가야

> "주님, 저희가 여기에서 지내면 좋겠습니다. 원하시면 제가 초막 셋을 지어 하나는 주님께, 하나는 모세께, 또 하나는 엘리야께 드리겠습니다"(마태 17,4).

앞의 묵상에서 우리 모두에게 '영광'의 시간이 필요하다는 것을 깨달았습니다. 하지만 잘못하면 이것이 되레 유혹이 될 수 있습니다. '과유불급', 지나친 것은 못 미침만 못합니다.

베드로 사도는 지금 이 유혹에 걸려들었습니다. 아예 영광에 안주하고픈 유혹에 빠졌던 것입니다. 얼떨결에 나온 그의 말은 결국 이런 뜻이었던 셈입니다.

"주님, 언제까지나 여기서 함께 지내면 얼마나 좋을까요. 제가 여기에 아예 피정 집을 지어드릴 테니 고생하면서 천하를 유주하려 하지 마시고, 오는 사람에게 피정 강의하시면서 여기서 천년만년 함께 사시지요."

하지만 베드로와 제자들은 예수님의 이해할 수 없는 결정을 따라 다시 산을 내려와야 했습니다. 당장은 영문을 알 수 없는 선택이었지만 점차 시간이 흐르면서 베드로의 명오에도 그 까닭이 깨달아졌을 것임은 틀림없습니다.

오늘 우리들도 마찬가지입니다. 우리는 신앙생활을 하면서 황홀한 신비를 체험할 수 있습니다. 그 순간은 너무도 경이롭고 감사하여 모든 것을 주님께 내어드릴 수 있는 용기를 갖게 됩니다. 기도 또한 저절로 됩니다. 그러나 우리는 그 안에 안주할 수 없습니다. 다시 각박한 삶의 현장으로 되돌아와야 합니다. 거기서 우리의 사명을 감당해야 하는 것입니다.

제자들은 하산을 함으로써 꿈에서 깨어나 현실로 되돌아와야 했습니다. 그것이 영적 체험의 감동적 유효 기간을 단축시키는 역할을 하기도 하지만, 더욱 본질적인 의미로 '증거의 사명'을 수행하기 위해서 반드시 삶의 현장으로 되돌아올 필요가 있는 것입니다.

다시 세상으로 내려왔을 때, 비록 '외적'으로는 영광의 빛이 사라졌을지 몰라도, 예수님과 제자들의 내면에서는 여전히 그 빛이 충만하여 어떤 역경도 이겨낼 수 있는 힘이 되었을 것입니다. 그리하여 가장 소외된 계층인 세리, 죄인, 창녀들에게까지 그 영광의 빛을 나눌 수 있었을 것입니다.

영광과 투신! 이는 부활과 십자가처럼 우리 모두에게 요구되는 신앙 법칙입니다. 십자가 속에 이미 부활이 있고, 부활은 십자가의 열매입니다. 마찬가지로 소외된 이들을 위한 투신 속에 영광이 있고, 영광은 투신의 열매인 것입니다.

그리스도의 영광을 묵상하며 다음과 같은 데레사 수녀의 말을 인용합니다.

"우리는 하느님과 일치함으로써 바로 이 순간에 행복할 수 있습니다. 하느님과 함께 지금 우리 모두가 행복하다는 것은 그분처럼 서로 사랑하며 그분처럼 서로 돕고 그분처럼 주며, 그분처럼 봉사하며 그분처럼 구원하며 하루의 24시간 동안 그분과 함께 있으며 끝까지 낮추는 고통의 인간 예수의 모습을 되새기면서 그분께로 도달하기 때문입니다."

타보르 산에서 내려오신 예수님께서는 소외된 자들을 위해 투신하셨습니다. 그뿐 아니라 이제는 스스로 소외된 자들 가운데 계십니다. 그리하여 마더 데레사를 통하여 우리에게 이렇게 말씀을 전하십니다.

"나는 굶주렸다. 음식이 없어서가 아니라 순수한 평화 때문에. 나는 목마르다. 물 때문이 아니라 평화의 물에 대한 갈증 때문에. 나는 헐벗었다. 옷이 없어서가 아니라 인간의 존엄성이 박탈당했으므로. 나는 집도 없다. 벽돌로 만든 집이 아니라 사랑하는 마음의 집이 없기 때문에."[39]

그러기에 저도 이렇게 묵상합니다.

주님께서 높은 산에 오르시어 그 어떤 마전장이도 그렇게 할 수 없을 만큼 새하얘지셨다는 것은 바로 그리스도의 신성을 나타내는 것입니다. 이 신성은 그 어떤 비참한 인간 안에서도 임재하십니다. 우리가 이웃을 사랑하게 될 때 현존하시는 그리스도의 신성을 알아뵙게 된다는 점을 저는 확신합니다. 아멘!

■ 벌떡 일어나고픈 의욕

> "이는 내가 사랑하는 아들, 내 마음에 드는 아들이니
> 너희는 그의 말을 들어라"(마태 17,5).

예수님께서 영광스럽게 변모하실 때 그들 앞에 '모세'와 '엘리야'가 나타납니다. 이들은 각각 '율법과 예언'(마태 5,17; 22,40 참조)의 상징으로서, 구약을 대표하는 인물들입니다. 따라서 이 두 인물이 변화된 예수님의 곁에 나타났다는 것은 예수님이야말로 구약의 율법과 예언자들이 예언

했던 메시아라는 사실을 분명히 보여 주는 증표라 할 수 있습니다.

이 장면은 베드로 사도를 어리둥절하게 합니다. 제정신이 아닌 그는 그들에게 초막 셋을 지어드리겠다는 즉흥적인 제안을 합니다.

"주님, 저희가 여기에서 지내면 좋겠습니다. 원하시면 제가 초막 셋을 지어 하나는 주님께, 하나는 모세께, 또 하나는 엘리야께 드리겠습니다"(마태 17,4).

베드로는 눈앞에 펼쳐진 장면에 흥분한 나머지 그 복된 상황을 영원히 유지하기를 원했던 것입니다.

아마도 그 순간 베드로는 지난 2년여 예수님과 함께한 고생살이를 떠올렸을 것입니다. 보람이 함께 하기 했지만, '머리 둘 곳'조차 없이 이 동네 저 마을을 떠돌았던 고된 떠돌이 생활을 이젠 청산하고 싶어졌을 성싶습니다.

하지만 베드로의 소망은 부질없는 것이었습니다. 일은 이제 그의 바람과 달리 전개됩니다.

"베드로가 말을 채 끝내기도 전에 빛나는 구름이 그들을 덮었다"(마태 17,5ㄱ).

이어 베드로 일행은 하늘로부터 음성을 듣습니다.

"이는 내가 사랑하는 아들, 내 마음에 드는 아들이니 너희는 그의 말을 들어라"(마태 17,5ㄴ).

제자들이 이 말씀에 정신을 차려보니, 모든 것은 변모 사건 이전의 상황으로 돌아왔습니다. 이 일을 그들은 기억과 침묵 속에 묻어두어야 했습니다.

하지만 그날의 사건은 베드로에게 이후에도 결코 잊혀질 수 없는 것이었습니다. 그러기에 긴 세월이 흐른 후 그는 그의 편지에서 그 기억을 생생하게 살려내고 있습니다.

"사실 우리가 여러분에게 우리 주 예수 그리스도의 권능과 재림을 알려 줄 때, 교묘하게 꾸며 낸 신화를 따라 한 것이 아닙니다. 그분의 위대함을 목격한 자로서 그리한 것입니다. 그분은 정녕 하느님 아버지에게서 영예와 영광을 받으셨습니다. 존귀한 영광의 하느님에게서, '이는 내 아들, 내가 사랑하는 이, 내 마음에 드는 이다.' 하는 소리가 그분께 들려왔을 때의 일입니다. 우리도 그 거룩한 산에 그분과 함께 있으면서, 하늘에서 들려온 그 소리를 들었습니다. 이로써 우리에게는 예언자들의 말씀이 더욱 확실해졌습니다. 여러분의 마음속에서 날이 밝아 오고 샛별이 떠오를 때까지, 어둠 속에서 비치는 불빛을 바라보듯이 그 말씀에 주의를 기울이는 것이 좋습니다"(2베드 1,16-19).

찬찬히 읽어보면, 지금 이 글을 쓰는 상황은 '어둠'입니다. 그러기에 '날이 밝아오고 샛별이 떠오를 때까지'란 희망에 더하여 '어둠 속에서 비치는 불빛을 바라보듯이'라는 소망의 표현이 거듭해서 구사되고 있는 것입니다. 이럴 때일수록 그들이 붙잡고 의지해야 할 것은 주님의 '말씀'입니다. 그러기에 베드로 사도는 이렇게 권고했습니다.

"그 말씀에 주의를 기울이는 것이 좋습니다"(2베드 1,19).

베드로의 이 말은 사실 주님께서 영광스럽게 변모하신 날 하늘에서 들은 음성의 메아리였습니다.

"너희는 그의 말을 들어라"(마태 17,5).

이 말씀은 그때 그 정황에서 들었을 때는 그저 맨송맨송한 말이 아니었습니다. 거기에는 이런 속뜻이 있었습니다.

"보았느냐? 빛보다 더 새하얀 내 아들의 영광을! 이 영광은 그저 맛보기일 따름이다. 그가 짊어질 십자가 길 저 끝에는 이에 비할 데 없는 영광이 기다리고 있다.

너희 역시 그 영광을 누리고 싶으냐? 그렇다면 너희는 그의 말을 들어야 한다. 그의 말을 듣고 그가 너희에 앞서 걸은 십자가 길을 꿋꿋이 걸어가야 한다. 알겠느냐?"

함께 기도하시겠습니다.

주님, "너희는 그의 말을 들어라"라는 뼈 있는 말씀에 저희도 정신이 번쩍 들어 나태와 타성과 무사안일의 무기력에서 벌떡 일어나고픈 의욕이 생깁니다. 저희를 도우소서.

주님, 저희도 주님께서 누리신 영광에 이르려면 주님의 말씀을 들어 고난의 길을 가야 함을 마음 깊이 새기고 살겠습니다. 저희를 도우소서.

주님, 주님께서 저희에게 일러주시고 앞서가신 길은 비록 핍박의 길이지만 영광에 이르는 가장 쉬운 길이며 단 하나뿐인 길임을 매 순간 잊지 않겠습니다. 저희를 도우소서.

우리 주 예수 그리스도를 통하여 비나이다. 아멘!

사순 제3주일: 요한 4,5-42

영원히 목마르지 않을 생명수

"내가 주는 물을 마시는 사람은 영원히 목마르지 않을 것이다"(요한 4,14).

1. 말씀의 숲

이야기의 무대는 야곱의 샘입니다. 이 이야기는 네 장면으로 된 한편의 단막극 같습니다.

1막: 5-6절, 배경 설정으로 예수님께서 유다를 떠나시며 사마리아를 거쳐 가고 계십니다.

2막: 7-26절, 야곱의 우물가에서 예수님과 사마리아 여인의 만남과 대화가 펼쳐집니다.

3막: 27-38절, 제자들과 예수님의 대화가 이어지고

4막: 39-42절, 사마리아인들과 예수님의 만남 이야기가 나옵니다.

참고로 오늘 복음에서 생략된 3막에 나오는 예수와 제자들의 대화 내용은 음식의 은유에서 시작하여 추수의 은유로 옮겨갑니다. 공관 복음서에 추수는 임박해 있지만 항상 미래의 사건으로 남는 가깝고도 큰 수확을 의미합니다. 하느님 나라는 예수의 선교 기간 중에 현존하고 있기는 하지만 오직 싹으로서 배태되어 있을 뿐입니다.

그러나 요한에게 있어서는 씨앗과 추수 때 사이의 간격이 사라집니다. 그리고 하느님 나라에 대해서는 아무 언급도 없습니다. 그러나 성령

안에서의 영적 예배를 언급함으로써 하느님 나라의 임재를 사실상 언급한 셈입니다.

이를 전제로 오늘 복음을 읽을 때, 오늘 복음 말씀은 이미 유다인들뿐 아니라 사마리아인을 대상으로 영적 추수를 하시는 주님의 모습을 부각시키고 있음을 알 수 있습니다.

오늘 복음을 묵상하면서 우리는 두 가지 주제의 발전에 주목하면 은혜가 될 것입니다.

첫째로 대화의 차원이 어떻게 발전해 나가는지를 주목하는 것입니다. 첫 부분에서 '물'과 '마시는 일'은 단지 육체적이고 물질적인 차원에서 다뤄졌습니다. 이것은 사마리아 여인에게뿐 아니라 예수에게도 마찬가지입니다. 그러나 10절부터 예수께서는 여인이 예기치 못한 차원으로 대화를 이끌어 가십니다. 가르침은 외적인 차원에서 인간의 내적인 차원으로 이동합니다. 나아가 영적인 깨우침에 당도합니다. 즉, 물질적인 차원에서 심적인 치유의 차원으로, 심적인 치유(과거 삶의 수용)에서 영적인 성장으로 발전하는 것입니다.

둘째로, 여인의 예수님에 대한 인식의 변화에 주목하는 것입니다. 변화는 일개 유다인에서 예언자로, 그리고 예언자에서 메시야로 진행됩니다. 그리고 이 인식은 증언을 통하여 동네 사람들에게로 퍼져나갑니다.

여인이 예수님을 예언자로 그리스도로 고백할 때, 또 사마리아 사람들이 세상의 구원자로 고백할 때, 예수님은 하느님을 아버지로 고백하셨습니다. 아버지의 뜻을 행하며 아버지의 일을 다 이루는 것이 당신의 사명이었기 때문입니다. 유다인들에게는 이 진리가 통하지 않았지만, 사마리아 여인과 사마리아인들에게는 당신의 말씀만으로 충분했습니다. 다른 증거가 필요 없었습니다. 당신의 증언으로 넉넉했습니다. "눈을 들어 저 밭들을 보아라. 곡식이 다 익어 수확 때가 되었다"(요한 4,35).

2. 말씀 공감

■ 하늘 나라 차 한 잔

> "길을 걷느라 지치신 예수님께서는 그 우물가에 앉으셨다.
> 때는 정오 무렵이었다"(요한 4,6).

이 말씀에서 "길을 걷느라고 지치셨다"는 표현이 애처로운 예수님의 모습을 연상시켜줍니다. 이스라엘 지역의 길은 대부분 황량한 지대를 가로지르며 지세를 따라 구불구불 나 있습니다. 길가에 가로수들이 있는 경우는 거의 드뭅니다. 우물을 중심으로 동네가 형성되어 있어, 우물은 물과 잠시 쉴 곳을 동시에 제공해 줍니다. 그러기에 나그넷길에서 우물을 만난다는 것은 여간 반가운 일이 아닙니다.

복음을 전하기 위하여 장도에 오르신 예수님과 제자 일행! 무슨 사연에선지 다른 시간도 아니고 땡볕이 작열하는 12시경에 이동합니다. 어깨가 축 늘어지고 목이 타들어 갈 즈음 우물을 만납니다. 보통 우물도 아닌 '야곱의 우물'입니다. 당장 허기도 채워야 하기에 동네로 제자들을 보내며 먹을 것을 구해 오도록 명하십니다.

예수님께서는 우물가에서 기다리십니다. 안타깝게도 우물 속 물은 찰랑이는데 두레박이 없습니다. 하는 수 없이 제자들이 돌아올 때까지 기다리셔야 합니다.

우물에 기대앉아 있자니 금세 졸음이 몰아옵니다. 그 달디 단 졸음마저도 잠시뿐, 갑작스런 인기척에 게슴츠레 눈을 뜨십니다.

자세를 고쳐 잡고 다시 보니 물을 길으러 온 여인입니다. 옷차림이며 얼굴 생김이며 사마리아인입니다.

예수님께서는 그 여인에게 마실 물을 청합니다. 그 여인은 "선생님은 어떻게 유다 사람이시면서 사마리아 여자인 저에게 마실 물을 청하십니까?"(요한 4,9)라고 말하며 의아해합니다. 그 당시 유다인들은 사마리아인들과 상종하지 않았기 때문입니다.

하지만 예수님께서는 사마리아 여자에게 먼저 말을 건네셨습니다. 물도 마시고 싶었거니와, 여인의 얼굴에 수심인 듯 회한인 듯한 그늘이 드리워져 있었기 때문입니다.

예수님께서는 당신 자신의 충전이 시급할 만큼 피로에 절어있으셨지만, 그보다 여인의 심령에 생기를 불어주는 것이 먼저이셨습니다.

연민이 통했는지, 여인은 경계를 풀고 대화 속으로 들어왔습니다. 이렇게 해서 예수님과 사마리아 여인 사이의 대화는 급진전합니다. 예수님께서는 곧바로 여자가 예상하지 못한 차원으로 대화를 이끌어 가십니다.

"네가 하느님의 선물을 알고 또 '나에게 마실 물을 좀 다오.' 하고 너에게 말하는 이가 누구인지 알았더라면, 오히려 네가 그에게 청하고 그는 너에게 생수를 주었을 것이다"(요한 4,10).

이 말씀으로 예수님께서는 영원히 목마르지 않으며 영원한 생명을 주는 물로 화제를 돌리시고, 급기야 여인으로부터 되레 청함을 받는 반전을 이루십니다.

"선생님, 그 물을 저에게 주십시오. 그러면 제가 목마르지도 않고, 또

물을 길으러 이리 나오지 않아도 되겠습니다"(요한 4,15).

'생수'를 달라는 여자!

비록 예수님의 말씀을 온전히 알아듣지는 못했지만, 여인은 점점 예수님께 마음을 열고 슬그머니 기대도 걸어봅니다.

대낮 폭염 아래 길을 걷느라 지치신 예수님께서, 휴식 욕구를 뒷전으로 미루시고, 낯선 사마리아 여인에게 연민의 시선을 보내심에 대한 첫 번째 보람이었을 터입니다.

아직도 예수님 앞에 쭈뼛거리기만 하면서 선뜻 다가서지 못하고 있는 우리들에게도 실낱같은 희망의 빛이 비춰지는 순간입니다.

■ 세상이 줄 수 없는 축복

> "내가 주는 물을 마시는 사람은 영원히 목마르지 않을 것이다"(요한 4,14).

평화방송TV 특강을 준비하며 2013년 하반기부터 프란치스코 교황님의 영성을 공부한 저는, 그 과정에서 놓칠 수 없는 대목에 이르러 잠깐 감동에 머문 적이 있습니다. 바로 교황님의 신앙 형성에 할머니의 지혜가 대물림되어 녹아 있었다는 사실이지요. 교황님은 기회 있을 때마다 할머니의 영향에 대해 언급하십니다. 그 가운데 '죽음'에 관해 할머니가 사랑하는 손자에게 각인시켜준 지혜는 가히 압권입니다.

"하느님이 너를 보고 계심을 알라. 지금도 너를 보고 계심을 알라. 언제인지 모르지만 너도 죽으리라는 것을 알라."

이 구절이 적힌 종이를 할머니는 침대 옆 탁자 유리 밑에 깔아 놓고선, 잠자리에 들 때마다 읽으셨다 합니다. 교황님은 할머니가 이탈리아의 어느 묘지에서 읽었다며 들려주었던 문장도 70년의 세월을 무색케 하며 상기하십니다.

"지나가는 이여, 멈춰서 너의 발걸음과 걷는 속도를, 너의 마지막 걸음을 생각해보라."

채 열 살이 안 된 손자는 이런 말을 들으며 무슨 생각을 했을까요. 적어도 인생의 끝을 생각하며 긴 호흡으로 사는 법을 어느새 궁리하는 습관이 들지 않았을까요.

할머니의 손자 멘토링은 여기서 그치지 않습니다. 1969년 12월 13일 그가 사제품을 받던 날, 할머니는 이후 그의 영적 이정표가 될 축복의 말을 한 장의 편지글로 남겨줍니다.

"나는 너희들이 오랫동안 행복한 삶을 살기를 기원한다. 하지만 언젠가 질병이 들거나 사랑하는 사람을 잃어 고통스런 나날들이 닥쳐 낙담케 되거든 가장 흠숭하올 순교자가 모셔진 감실 앞에서 마리아의 길고 긴 숨을 떠올려 보도록 해라. 거기 십자가 아래 마리아의 시선이 머문 곳을, 그 깊고 형언할 수 없이 쓰라린 깊은 상처 위에 한 방울의 향유(눈물)도 흘릴 수 없었던 성모를 기억하렴."[40]

이 친필 유훈을 교황님은 성무일도 안에 넣어 오늘날까지 고이 간직하고 있다고 합니다. 견딜 수 없는 고통과 생의 끝을 직면하는 슬픔에 처할 때, 감실 안 '가장 흠숭하올 순교자' 예수님 앞에 앉아, 바로 그 자리에서 먼저 그리고 지금은 그 곁에서 함께, 차마 눈물 한 방울 흘리지 못하면서 비탄을 빚어 의탁의 긴 숨을 토하는 성모의 현존을 잊지 말라!

들릴 듯 말듯 속삭이는 할머니의 육성에 젊은 사제는 매일 성무일도를 펼칠 때마다 어떤 기도에 잠겼을까요.

여러분, 할머니의 이 범상치 않은 시간론의 지혜는 어디서 비롯한 것이었을까요?

　매사 흔들림 없는 영원성에 깃든 그녀의 가르침은, 그렇습니다. 바로 성경적 지혜인 것입니다. 모든 인생사를 복음의 진리를 토대로 바라볼 줄 알았던 할머니. 그녀의 이러한 복음적 일상은 그대로 문화화된 지혜로 자손들에게까지 전수된 것이겠지요.

　오늘 복음에서 예수님은 우물가의 여인, 아니 우리들에게 말씀하십니다.

　"내가 주는 물을 마시는 사람은 영원히 목마르지 않을 것이다"(요한 4,14).

　영원히 목마르지 않을 물, 그 귀한 참 생명의 말씀을 통해 우리의 마음을 촉촉이 적셔주시는 예수님께서 이 시간 바로 우리들 가운데 와 계십니다.

■ 저는 직접

> "우리가 믿는 것은 이제 당신이 한 말 때문이 아니오. 우리가 직접 듣고 이분께서 참으로 세상의 구원자이심을 알게 되었소"(요한 4,42).

　예수님과 대화를 나누는 동안, 사마리아 여인에게는 놀라운 변화가 일어났습니다. 그 짧은 시간에 예수님을 바라보는 시각이 극적으로 바뀐 것입니다.

　처음에 여인은 예수님을 그저 지나가는 '유다인' 길손으로 보았습니다. 하지만 불과 몇십 분간의 대화를 마치고 마을로 돌아간 여인의 입술에서는 놀라운 증언이 튀어나왔습니다.

　"제가 한 일을 모두 알아맞힌 사람이 있습니다. 와서 보십시오. 그분

이 그리스도가 아니실까요?"(요한 4,29)

여기서 "제가 한 일을 모두 알아맞힌 사람"이라는 표현은 족집게 점쟁이라는 뜻이 아니라, 내 과거와 내 현재 죄를 이해해 주고 수용해 주신 분이라는 고마움의 고백입니다.

이에 예수님을 직접 만난 고을 사람들의 고백이 걸작이었습니다.

"우리가 믿는 것은 이제 당신이 한 말 때문이 아니오. 우리가 직접 듣고 이분께서 참으로 세상의 구원자이심을 알게 되었소"(요한 4,42).

이들은 신앙고백의 모범답안을 보여주고 있습니다.

그리스도 신앙은 소문만 듣고 떠밀려서 갖는 것이 아닙니다. 직접이든 간접이든, 어떤 식으로든, 그리스도의 체취를 더듬어 체험하고 식별한 결과로 고백하는 것이 정통한 신앙이라 할 수 있습니다.

그러기에 오늘 복음 말씀에서 고을 사람들이 이구동성으로 밝힌 "우리가 직접 듣고 이분께서 참으로 세상의 구원자이심을 알게 되었소"라는 말은 그대로 우리들의 고백이 되어야 하겠습니다.

함께 기도하시겠습니다.

주님, 생명력의 근원이신 당신을 찾도록 저희에게 배고픔을 알게 하시니, 감사드립니다.

주님, 영원히 목마르지 않는 생명수이신 당신을 애타게 갈망하도록 저희에게 타는 목마름을 느끼게 하시니, 감사드립니다.

주님, 세상의 죄를 말소하는 십자가의 권능을 사모하도록 저희에게 죄의식을 허락하시니, 감사드립니다.

우리 주 예수 그리스도를 통하여 비나이다. 아멘!

사순 제4주일: 요한 9,1-41

너는 이미 그를 보았다

"너는 사람의 아들을 믿느냐?"(요한 9,35)

1. 말씀의 숲

오늘 복음은 치유받은 소경과 자기네는 본다고 믿고 있으나 보지 못하는 유대인들이 주인공으로 나와 유대인들의 영적인 실명 상태를 드러내면서 참으로 '빛을 주는 사람이 누구인가!'를 보여줍니다.

오늘 복음은 크게 네 단락으로 구분할 수 있습니다.

첫째, 서곡: 태생 소경의 치유(요한 9,1-7 참조)

둘째, 치유 사실에 대한 반응(요한 8-34 참조): 이웃 사람들이 서로 묻다(9,8-12): 바리사이들이 묻다 - 그 사람에게 묻다(9,13-17) - 부모에게 묻다(9,18-23) - 두 번째로 그 사람에게 묻다(9,24-34)

셋째, 예수께서 그에게 묻고 그가 신앙고백을 하기까지 인도합니다 (요한 9,35-38 참조).

넷째, 결말: 예수와 바리사이들이 충돌하며 예수께서는 그들의 죄스런 실명을 밝힙니다(요한 9,39-41 참조).

이를 세분하여 우리는 태생 소경이 단계적으로 변화하는 일곱 장면으로 나누어 볼 수 있습니다.

첫째, 눈을 뜨게 되는 사건(1-7절)

둘째, 이웃 사람들의 확인(8-12절): **"그러면 어떻게 눈을 뜨게 되었소?"**(10절)

셋째, 바리사이파 사람들의 심문(13-17절): **"어떻게 보게 되었는지 다시 물었다"**(15절).

넷째, 유대인들이 부모에게서 확인을 받으려 함(18-23절): **"그런데 지금은 어떻게 보게 되었소?"**(19절)

다섯째, 유대인들이 소경이었던 사람을 다시 부름 - 쫓아냄(24-34절): **"그가 어떻게 해서 당신의 눈을 뜨게 하였소?"**(26절) vs **"그분이 제 눈을 뜨게 해주셨는데 여러분은 […]"**(30절)

여섯째, 또다시 예수님과 눈멀었던 사람(35-38절): **"주님, 저는 믿습니다"**(38절).

일곱째, 예수님과 바리사이(39-41절): **"보지 못하는 이들은 보고, 보는 이들은 눈먼 자가 되게 하려는 것이다"**(39절).

제일 첫 번째 장면은 전체 이야기의 근본 동기를 제공합니다. 처음에는 소경이었으나, 눈을 뜨게 되고 점차적으로 믿음의 눈을 뜨게 된 경위가 이 이야기 속에서 계속 나타나는 모티브가 되어, 이것을 기반으로 이야기가 전개되고 발전되어 나갑니다. 구조에서 볼 수 있듯이(아래) '그러면 어떻게 지금은 보게 되었소?'라는 질문이 네 번이나 나타납니다(처음에는 의문문이 아닌 서술체로 나타나 있다). 그리고 눈멀었던 소경이 대답하는 것이 세 번 나옵니다(요한 9,11.15.27절). 한 번은 부모에게 물었는데, 부모는 유대인들이 두려워서 대답하기를 꺼리며 아들에게 물어보라고 미룹니다. 결국 눈 뜨게 된 소경이 시종일관 증인의 역할을 담당합니다. 부모들은 아들이 눈멀었었으나 지금은 그렇지 않다는 것만을 증언합니다. 아들은 두 번은 순순히 대답하나 세 번째에는 질문의 의도를 묻습니다. 이것을 통해 눈을 뜨게 된 소경은 단순한 증인을 넘어선 역할을 맡기 시작합니다. 즉 예수의 신원에 대한 증인으로 나서게 되는 것입니다. 그는 예수에 대하여 두둔하고 회당에서 쫓겨나게 됩니다. 그리고는 세상의 빛이신 이를 뵙게 됩니다.

태어나면서부터 눈먼 사람에게 시력을 되찾도록 하여 준 것은 요한 복음서에서 예수께서 보여 준 또 하나의 표징입니다. 이것은 또다시 육신을 치유한 기적에 의해 상징으로 나타나는 보다 높은 차원의 세계로 눈을 돌려야 함이 필수적임을 가리킵니다. 예수께서 시력을 되찾아 주신 것은 예수를 한 인간으로 표면적으로만 알았던 이 소경으로 하여금 점차 그분을 하느님께서 보내신 분으로 마침내는 예배를 드려야 할 ‘주님’으로서 똑똑히 볼 수 있도록 해준 영적 눈뜸의 표시였습니다.

하지만 바리사이파 사람들은 소경이었다가 눈을 뜨고 보는 사람을 제 눈으로 보고 확인하고서도 그를 내쫓았습니다. 그것은 그를 보게 해준 예수 그리스도를 배척하는 행위였습니다. 그들이 예수를 배척한 이유는 예수께서 진리를 말씀하셨기 때문입니다(요한 8,45 참조). 진실을 외면하는 사람이 진리를 배척하는 것은 그들이 날 때부터 거짓의 자식들이기 때문입니다(요한 8,44 참조). 그들은 거짓과 탐욕에만 눈이 밝고 진실에는 눈이 캄캄합니다.

2. 말씀 공감

■ 응어리를 살피시고

> "예수님께서는 […] 땅에 침을 뱉고 그것으로 진흙을 개어
> 그 사람의 눈에 바르신 다음, '실로암 못으로 가서 씻어라.' 하고
> 그에게 이르셨다"(요한 9,6-7).

예수님께서는 치유에 앞서 먼저 자신이 빛이심을 선언하십니다.

"내가 이 세상에 있는 동안 나는 세상의 빛이다"(요한 9,5).

이 말씀에 이어 예수님은 침으로 진흙을 갠 다음, 그 흙을 눈먼 이의 눈에 바르고서는, 실로암 연못에 가서 씻도록 명하십니다. 그가 그대로 행하자 눈이 열려 볼 수 있게 됩니다.

이 짧은 치유 과정에 우리의 묵상거리가 있습니다. 예수님께서는 왜 그러셨을까요. 어떤 이들은 예수님께서 침과 진흙의 치료 효과를 활용했다고 유추합니다. 또한 주석서들은 침과 진흙을 바르는 행위를 세례 예식의 일환으로 볼 수 있다고 해설하기도 합니다. 이미 요한 복음사가 시대의 세례식에는 이런 요소들이 반영되어 있다는 것입니다.

물론 이런 해석이 그대로 사실일 수 있습니다. 특히 실로암 연못에 가서 씻도록 명하신 것은 나아만 장군이 요르단 강물에서 일곱 번 씻음으로 나병을 치유 받은 사실을 연상시키기도 하는 것입니다.

하지만 저는 사건 현장에 더욱 집중하여 묵상할 필요가 있다고 봅니다. 왜냐하면 치유 과정에는 "눈먼 사람"의 입장을 십분 이해하시고 그 중심으로 소통을 꾀하시는 예수님의 배려가 돋보이게 드러나기 때문입니다.

지금 태어나면서부터 눈먼 소경은 길 위에서 예수님 일행을 마주하게 됩니다. 그는 모든 것을 소리로만 판단할 수밖에 없습니다. 듣자 하니 자기 앞에 서 계신 분이 소문으로 듣던 예수님이십니다.

갑자가 그의 귀에 "나는 빛이다"라고 선언하는 음성이 도드라지게 들려옵니다.

순간적으로 그의 심장박동이 빨라집니다.

'빛? 내가 그토록 보고 싶어 했던 빛? 아, 이분이 과연 어떻게 빛이신지 눈먼 나도 보고 싶구나!'

이런 망상에 젖어 들기도 잠깐, '퉤, 퉤' 소리가 나더니 그분께서 진흙을 자신의 눈에 바르십니다.

'이건 또 뭐지? 혹시 내 눈에 무슨 심상치 않은 일이 일어나려나? 아까 이분께서 내가 앞을 보지 못하는 것에 대하여 '하느님의 일'이 드러나기 위함이라고 말씀하시던데 정녕 지금이 그때인가?'

이렇게 순간적으로 생각이 돌아가고 있는데, "실로암 연못에 가서 씻으라"는 음성이 들립니다.

명령을 듣기가 무섭게 홀린 듯이 첫걸음을 뗄 때, 이미 그의 내면에서는 기적이 일어나고 있었습니다.

"나는 배냇소경, 불치의 운명!"이라고 스스로에게 내렸던 선고에 '혹시 나에게도 천재일우의 기적이?'라는 미련이 가속도를 붙여가고 있었던 것입니다.

물론, 그는 나았습니다.

예수님께서는 권능을 지니셨기에 어떤 식으로든 "눈먼 이"의 눈을 뜨게 해 주실 수 있으셨습니다. 하지만 이번에는 뭔가 별나다 싶은 행위까지 동원하시어 "눈먼 이"를 전인적으로 치유해 주셨습니다.

그 단서가 되는 것이 이야기 초입에 눈에 띄게 언급된 "태어나면서부터 눈먼 사람"이라는 표현입니다.

"태어나면서부터"는 운명적이라는 의미와 불치라는 의미를 내포합니다. 이는 또한 눈먼 사람 중심으로 보면 '희망 금지'를 뜻하기도 합니다.

그러기에 이 사람을 치유하려면 그 사람 내면에 스스로 희망을 갖도록 하는 특별한 소통이 필요했던 것입니다.

바로 이런 이유로 예수님께서는 오늘 치유의 행위 앞뒤로 말씀을 주시고 그 중심에 침을 뱉어 흙을 이겨 바르는 절차를 밟으셨습니다. 이를테면 닫힌 희망의 문을 열어주시기 위해서 온갖 소통의 수단을 다 강구하셨던 셈입니다.

우리는 오늘 예수님에게서 상대방의 한계와 욕구에 눈높이를 맞추시면서 내밀한 소통을 꾀하시는 감동 배려를 만났습니다.

■ 순도 100%의 이유에서만

> "예수님께서 진흙을 개어 그 사람의 눈을 뜨게 해 주신 날은
> 안식일이었다"(요한 9,14).

'성체의 성인', '고해소의 성인', '본당신부들의 수호성인' 등으로 불리는 영성의 대가, 성 요한 마리아 비안네 신부.

성인은 1818년 고작 230여 명의 주민밖에 살지 않는 작은 마을 아르스의 본당신부로 부임하여 새벽 4시부터 기도와 성체조배, 미사 봉헌, 고해성사 등으로 하루 10시간 이상 성당과 고해소에서 지냈습니다.

처음에는 신앙에 무관심한 아르스 마을 사람들이었지만, 이런 성인

의 모습을 보고 감화되어 몇 년 후 아르스 본당은 성인이 부임하던 당시와는 전혀 다른 모습의 공동체가 되었습니다.

그런 비안네 성인의 신학교 시절 이야기입니다.

"자네는 신학교를 떠나는 것이 좋겠네."

사제가 되기를 진심으로 갈망했던 비안네로서는 하늘이 무너지는 소리였습니다. 신학교 신부님들은 비안네가 도저히 학업을 따라오지 못할 것이라고 확신했던 것입니다. 당시로서는 라틴어를 모르면 신학의 정수를 접할 수 없었는데, 비안네는 바로 이 라틴어 공부에 큰 어려움을 겪고 있었습니다.

'난 정말 사제가 될 수 없는 것일까……'

비안네는 고향으로 돌아와 자신의 영적 스승인 발레 신부 앞에서 엉엉 울었습니다. 발레 신부는 비안네에게 "다시 시작하자!"며 그의 개인 교수를 자처했습니다. 비안네의 눈높이에 맞춰, 라틴어가 아닌 모국어 프랑스어로 영성신학 중심으로 가르쳤습니다. 비안네도 최선을 다해 공부에 매달렸습니다.

3개월 후 비안네는 발레 신부와 함께 다시 대신학교를 찾아 졸업시험을 보았지만, 결과는 낙방이었습니다.

최후의 방법으로 발레 신부는 리옹 교구장을 찾아가 말했습니다.

"비안네에게 한 번만 더 기회를 주십시오. 하느님께서 비안네를 사랑한다고 확신하고 있습니다. 그는 꼭 사제가 되어야 할 사람입니다."

주교는 발레 신부의 계속되는 청에 못 이겨 감독관 2명을 비안네에게 보냈습니다. 과연 비안네가 사제가 될 수 있는 자질을 갖추고 있는지 아닌지를 확인하기 위해서였습니다. 감독관들의 보고서는 다음과 같았습니다.

"요한 마리아는 대부분의 시골 본당 신부만큼은 알고 있습니다. 어떤 면에서는 오히려 그들보다도 더 많이 알고 있다고도 할 수 있습니다."

감독관이 비안네에게 내어준 시험지는 라틴어가 아니라 프랑스어로 된 것이었습니다. 신학교 시험이 라틴어로 치러지는 탓에 그동안 비안네는 한 번도 자신의 실력을 드러낼 기회가 없었던 것입니다.

이러한 감독관의 보고서를 받고도 주교는 일단 판단을 유보했습니다. 그렇게 시간이 흘러간 뒤, 비안네에게 극적인 사건이 발생했습니다. 교구 사목 책임자가 쿨봉 주교로 바뀐 것입니다. 교구에서도 이미 공부 못하는 신학생으로 소문난 비안네. 발레 신부는 큰 기대 없이 주교를 찾아갔습니다. 그런데 쿨봉 주교가 의외의 질문을 했습니다.

"비안네는 신심이 깊습니까?"

발레 신부를 비롯한 교구청의 사제들은 "공부는 못하지만, 신심은 깊습니다"라고 대답했습니다. 그 말을 들은 쿨봉 주교가 한참 동안 생각에 잠긴 후, 이렇게 말했습니다.

"그러면 나는 그를 사제로 부르겠습니다. 하느님의 은총이 그의 부족함을 채워주실 것입니다."[41]

신학교 학칙 적용을 놓고 고심하던 쿨봉 주교와 관계 사제들의 고민은 '안식일을 지킬 것인가 사람을 살릴 것인가'를 저울질했던 예수님의 그것과 다르지 않았습니다.

하느님의 사랑 앞에서는 절대적인 규칙이란 있을 수 없습니다. 규칙, 학칙, 제도, 관행, 기준, 또 무엇이 있을까요? 우리를 틀 속에 집어넣고 제한하는 것들 말입니다.

물론 이런 것들이 잘못된 것은 아닙니다. 혼자가 아닌 인간 사회에서는 더불어 잘 살기 위해 공동의 약속들이 필요한 것은 사실입니다.

그러기에 더 큰 가치를 두고 틀을 깨는 것은 혁명이지만, 더 큰 가치 없이 틀을 깨는 것은 파괴라 할 수 있겠지요.

예수님의 더 큰 가치는 사랑이라는 원리였습니다. 그 사랑으로 틀을 깨셨습니다.

"예수님께서 진흙을 개어 그 사람의 눈을 뜨게 해 주신 날은 안식일이었다"(요한 9,14).

거듭 확인합니다마는 예수님은 걸핏하면 전통을 깨는 상습 전통 파괴자가 아니었습니다. 오늘 예수님께서는 '사람을 살린다'는 절대 명분이 있었기에 안식일을 깼던 것입니다.

■ 주님 한 분만을

> **"너는 사람의 아들을 믿느냐?"**(요한 9,35)

눈을 뜨게 된 이는 그 은혜로운 치유 직후 인파의 북새통에 잠시 예수님과 격리됩니다.

사태를 파악하고 정신을 차린 후 그는 자신의 눈을 뜨게 해 준 은인인 예수님을 내심 만나고 싶어 했습니다. 예수님께서는 그를 응원하실 요량으로 그에게 다가가 다시 질문으로 말을 건네십니다.

"너는 사람의 아들을 믿느냐?"(요한 9,35)

종합적으로 봤을 때, "너는 사람의 아들을 믿느냐?" 하시는 예수님의 질문에 소경이었던 이 사람은 사실상 3단계 영적 변화 과정으로 답변했습니다.

처음에, 그에게 예수님은 그저 '누군가'였습니다. 그러기에 눈뜬 이는 사람들이 "어떻게 눈을 뜨게 되었소?"(요한 9,10)라고 묻자 '누군가'가 눈을 뜨게 해 주었다고만 증언할 뿐이었습니다.

다음으로, 그는 예수님이 분명 범상치 않은 '예언자'일 것이라는 확신을 표명합니다. 그 기적을 부인하도록 겁박을 주는 바리사이들에게 담대하게 증언하며 이렇게 말합니다.

"그분이 하느님에게서 오지 않으셨으면 아무것도 하실 수 없었을 것입니다"(요한 9,33).

이는 아직 그에게 예수님이 구약적 의미의 큰 인물 정도로 보였음을 드러내 줍니다.

이윽고 마지막에는, "너는 사람의 아들을 믿느냐?"(요한 9,35)라고 직접 물으시는 예수님께 드린 답변입니다.

일단 그는 되물었습니다.

"선생님, 그분이 누구이십니까? 제가 그분을 믿을 수 있도록 말씀해 주십시오"(요한 9,36).

"너는 이미 그를 보았다. 너와 말하는 사람이 바로 그다"(요한 9,37).

"주님, 저는 믿습니다"(요한 9,38).

이 대답에서 그는 예수님을 '주님'이라고 불렀습니다. 이는 그가 예수님을 '메시아'로 믿었음을 드러내 줍니다. 그는 예수님께 경배까지 했습니다. 이렇게 그는 예수님 앞에 무릎을 꿇어 엎드리며 감사와 믿음을 드렸던 것입니다.

우리 역시 우리 삶의 한복판에서 예수님이 메시아이심을 고백하며 무릎 꿇어 경배할 줄 알아야 하겠습니다.

함께 기도하시겠습니다.

주님, 저희가 빼도 박도 못하는 궁지에 몰렸을 때, 주님 한 분만을 믿겠습니다.

주님, 저희가 스스로 빠져나올 수 없는 곤경에 처했을 때, 주님께로부터 오는 도움의 손길을 요지부동으로 믿겠습니다.

주님, 어떤 부정적인 전망 앞에서도, 오로지 주님만을 믿고, 끝까지 희망으로 견뎌내겠습니다.

우리 주 예수 그리스도를 통하여 비나이다. 아멘!

생명을 창조하신 말씀의 위력

"네가 믿으면 하느님의 영광을 보리라고 내가 말하지 않았느냐?"(요한 11,40)

1. 말씀의 숲

진晋:東晋, 317~420 나라의 환온桓溫이 촉蜀 땅을 정벌하기 위해 여러 척의 배에 군사를 나누어 싣고 양자강 중류의 협곡인 삼협三峽을 통과할 때 있었던 일이다.

환온의 부하 하나가 원숭이 새끼 한 마리를 붙잡아서 배에 실었다. 어미 원숭이가 뒤따라왔으나 물 때문에 배에는 오르지 못하고 강가에서 슬피 울부짖었다. 이윽고 배가 출발하자 어미 원숭이는 강가에 병풍처럼 펼쳐진 벼랑에도 아랑곳하지 않고 필사적으로 배를 쫓아왔다. 배는 100여 리쯤 나아간 뒤 강기슭에 닿았다. 어미 원숭이는 서슴없이 배에 뛰어올랐으나 그대로 죽고 말았다.

그 어미 원숭이의 배를 갈라 보니 너무나 애통한 나머지 창자가 토막토막 끊어져 있었다. 이 사실을 안 환온은 크게 노하여 원숭이 새끼를 붙잡아 배에 실은 그 부하를 매질한 다음 내쫓아 버렸다고 한다.[42]

자신의 새끼가 배에 붙잡혀 있는 것을 본 어미 원숭이는 끝까지 배를 따라가면서 창자가 끊어지는 아픔을 느꼈던 것입니다. 그만큼 자신의 새끼를 사랑하는 마음이 지극했던 것입니다. 우리를 사랑하는 예수님의 마음 역시 어미 원숭이와 다르지 않을 것입니다.

사순 제5주일을 지내는 우리는 오늘 유명한 라자로의 소생 이야기를 듣게 됩니다.

예수님께서 많은 표징을 행하시자 대사제들과 바리사이들은 위협을 느끼기 시작했습니다. 많은 이들이 예수님을 믿고 따르게 되었기 때문입니다. 그러자 그들은 예수님을 죽이기로 결정하게 됩니다. 그런데 그 결정이 내려진 날이 바로 라자로가 부활한 날이었습니다. 결국 라자로의 부활은 예수님께서 행하신 마지막 표징이 되었고, 동시에 예수님께서 죽임을 당하게 되는 결정적인 동기가 된 것입니다.

"나는 부활이요 생명이다. 나를 믿는 사람은 죽더라도 살고, 또 살아서 나를 믿는 모든 사람은 영원히 죽지 않을 것이다"(요한 11,25-26).

이것이 라자로의 소생 이야기가 가르치는 요점입니다.

요한 복음서는 기적을 기적이라 표현하지 않고, '표징semeion'이라 합니다. 요한 복음서 전체를 통틀어 예수님의 표징은 총 7가지가 소개됩니다. 그것을 나열하면 다음과 같습니다.

첫째, 카나 혼인 잔치에서의 기적(요한 2,1-11 참조)

둘째, 갈릴래아 고관의 아들을 살리신 기적(요한 4,43-54 참조)

셋째, 예루살렘 양의 문 곁에 있는 벳자타 연못의 38년 병자의 치유(요한 5,1-15 참조)

넷째, 갈릴래아 호수 건너편에서 5천 명을 먹이신 빵의 기적(요한 6,1-15 참조)

다섯째, 갈릴래아 호수에서 물 위를 걸으신 기적(요한 6,16-21 참조)

여섯째, 실로암 연못에서 태생 소경의 치유(요한 9,1-38 참조)

일곱째, 라자로의 소생(요한 11,1-44 참조)

예수님께서는 세상 앞에서 단지 말씀만 아니라 특별한 표징을 통하여 하느님의 영광을 드러내신 것입니다. 그리고 예수님께서는 이런 표징들을 당신의 말로 해설하시면서 당신의 신성을 계시하여 사람들을 당신께 대한 믿음으로 초대하기 위하여 행하신 것입니다.

그러나 유다인들로 대표되는 '세상'은 하느님의 아들에 대한 믿음을 거절하였습니다. 더 나아가 생명의 샘을 막고 진리의 빛을 제거하려고 하였습니다.

이러한 고도의 긴장 상태에서 대립되는 극적인 행동이 요한 11장에서 나타납니다. 예수님께서는 생명 자체임을 극적으로 선언하시며, 그분을 죽이려는 유다인 지도자들의 공적 포고가 내려지기 때문입니다.

오늘 복음 말씀에서 라자로는 한마디 말도 하지 않지만, 문제의 중심에 서 있습니다. 여기서 핵심 문제는 '라자로의 죽음'이기 때문입니다. 이 문제를 중심으로 단락을 구분하면 다음과 같습니다.

발단: 문제의 발생 - 베타니아의 라자로 질병 소식을 들음(요한 11,1-6 참조)

전개 1: 문제 발생 초기 단계 - 예수님께서 유다로 가기로 작정하심(요한 11,7-16 참조)

전개 2: 문제의 진행 단계 - 예수님께서 베타니아로 가심(요한 11,17-19 참조)

위기: 문제의 심화 - 예수님과 마르타, 마리아 자매와의 대화(요한 11,20-37 참조)

절정: 문제 해결 직전 - 예수님께서 무덤으로 가심, 마르타와의 대

화(요한 11,38-40 참조)

결말: 문제 해결 완료 - 예수님의 기도와 명령, 라자로의 부활(요한 11,41-44 참조)

2. 말씀 공감

■ 신앙의 울보

> **"예수님께서는 눈물을 흘리셨다"**(요한 11,35).

라자로와 마르타와 마리아는 주님께서 사랑하셨던 오누이들입니다(요한 11,5 참조). 라자로가 중병을 앓고 있다는 전갈을 받으신 주님께서 왕림하셨을 때는 라자로가 죽은지 이미 나흘이 지나서였습니다. 예수님을 뵙게 되자, 이미 장례식까지 치른 마르타와 마리아, 그리고 인척들은 슬피 웁니다. 우리 식으로 말해서 곡을 하였다 할까요? 이에 예수님께서는 마음이 북받치고 산란해지셔서 눈물을 흘리셨습니다.

어떤 연유에서건 나 자신이 슬픔에 잠겨있을 때 누군가가 나를 위해 흘려주는 진심 어린 눈물보다 더 큰 위로는 없는 것 같습니다.

그러기에 집회서의 현자는 이렇게 권고합니다.

"우는 이들을 버려두지 말고 슬퍼하는 이들과 함께 슬퍼하여라"(집회 7,34).

우는 이들을 눈물로써 위로하면, 우리는 그것을 사랑이라 부릅니다.

슬퍼하는 이들과 함께 슬퍼하면, 우리는 '사랑했구나'라고 여깁니다.

예수님께서 라자로의 죽음을 아파하며 눈물을 흘렸을 때, 바로 이런 사랑의 얼굴이 드러났습니다. 그러기에 유다인들은 이렇게 경탄했습니다.

"보시오, 저분이 라자로를 얼마나 사랑하셨는지!"(요한 11,36)

라자로를 향한 예수님의 사랑이 각별했던 것 이상으로, 우리를 향한 예수님의 사랑도 눈물을 수없이 흘렸을 터입니다.

저는 나이 60이 가까워 오니 예수님의 이 사랑이 점점 크게 느껴집니다.

저를 위해 눈물을 흘려주시는 사랑에는 감사의 눈물로 보답해 드리는 것이 제격이지요. 그래서인지, 남정네가 되어 가지고 혼자서 훌쩍훌쩍 눈물을 흘립니다. 미사를 드리다가도 찔끔, 기도를 하다가도 찔끔, 말씀을 묵상하다가도 찔끔, 산책을 하다가도 찔끔, 신앙의 울보가 되었습니다.

하도 그래서 "남자는 나이가 들수록 여성 호르몬이 많이 생긴다는데, 이거 혹시 그래서 그런 것이 아닐까" 하고 자문해본 적이 있습니다. 즉시, 성령께서 일러주십니다.

"그건 아니다. 네 눈물은 분명 하느님 사랑을 더 깊이 알아가기에 흐르는 눈물이다. 너희가 하느님께 정성껏 사랑을 바치면, 하느님도 감동하여 우신다. 눈물은 사랑의 샘물이다."

제가 드릴 화답은 당연히 "아멘!"이지요.

■ 인생의 결정적인 승부처에서

> "네가 믿으면 하느님의 영광을 보리라고 내가 말하지 않았느냐?"(요한 11,40)

2014년 2월, 소치 동계올림픽 3,000m 계주와 1,000m 개인전에서 각각 금메달을 딴 박승희 선수! 그에 앞서 500m 결승에서 여운을 남긴 동메달을 딴 직후 인터뷰에서 제 눈에 띈 것은 묵주반지였습니다. '뭐 눈엔 뭐만 보인다'고 사제인 제 성원은 어느새 기도 응원으로 바뀌었습니다.

그랬더니, 기도와 국민의 응원이 합하여 통했는지 마침내 큰일을 이뤄냈습니다.

"네가 믿으면 하느님의 영광을 보리라고 내가 말하지 않았느냐?"(요한 11,40)

이는 바로 박승희 리디아 선수를 위한 맞춤 말씀입니다. 아니, 그 엄마의 지극한 기도를 향한 포상 응답의 선언입니다.

고맙게도 『가톨릭신문』에서 3,000m 계주 금메달을 목에 건 직후, 그 사연을 소상히 전해주어, 그대로 전해 드립니다.

'국민 오뚝이'. 2014년 소치 동계올림픽 2관왕 박승희 선수에게는 올림픽 이후 '오뚝이'라는 별명이 따라 다닌다.

한국 시각으로 지난 2월 13일, 러시아 소치 아이스버그 스케이팅 펠리스에서 열린 동계 올림픽 쇼트트랙 여자 500m 결선에서 두 번이나 넘어지면서도 오뚝이처럼 일어나 한국 국민들에게 여자 쇼트 트랙 첫 올림픽 메달을 선사했던 모습에서다.

금메달을 놓치고 부상을 당한 상황에서 속상할 법도 한데, 그의 '쿨'한 소감은 국내외 언론에서 보도될 만큼 화제가 됐다. "머리 속에 든 생각은 단 한 가지. 나는 결승점에 빨리 도달해야 한다. 나에게 제일 소중한 메달이 될 듯하다. 모든 게 운명일 것이고, 난 괜찮다. 대한민국 파이팅!" […]

이런 박 선수의 밝고 긍정적 모습은 팬들에게 잔잔한 감동을 남겼다. […] 하지만, 두 번째 넘어지면서 입은 무릎 부상은 1,500m 경기를 포기하게 만들었다. 숱한 훈련 속에 준비했던 경기, '뛰고 안 뛰고'의 차이는 엄청난 것이었다. 특유의 긍정적 낙천적 성격을 자처하는 박 선수도 부상 때문에 경기를 단념해야하는 사실은 받아들이기 쉽지 않았다.

'평창 올림픽'이 기다리고 있기는 했지만, 나이 등을 생각할 때 '마지막'이라는 생각으로 임했던 소치 올림픽이었다. 그러나 무리할 수 없었던 상황. '남은 시합은 아예 접겠다'는 마음으로 모든 걸 내려놓았다.

올림픽 일정에 동행한 임의준 신부(서울대교구 직장사목부 겸 태릉선수촌 경당 담당)로부터 병자성사를 받았고 부상 치료와 함께 매일 미사 참례와 기도에 시간을 쏟았다.

그리고 쇼트 트랙 1,000m와 3,000m에서 금메달을 목에 걸었다. '계주할 때까지만이라도 낫게 해달라'는 기도가 이루어진 순간이었다.[43]

여기까지입니다마는, 이 이야기는 금메달 스토리가 아니라, 감동적인 신앙 증거입니다. 이에 더하여 저는 박승희 선수 엄마와 가족들이 집에서 열심히 기도하고 있다는 얘기도 전해 들었습니다.

■ 일어나라

> **"라자로야, 이리 나와라"**(요한 11,43).

이런 이야기가 있습니다.

한 악마가 사람들을 유혹하는 데 사용해왔던 도구를 팔려고 시장에 내놓았습니다. 도구의 종류는 참으로 다양했습니다. 악마가 사용하는 도구답게 흉악하고 괴상망측한 것이 대부분이었습니다. 그런데 진열된 도구들 한쪽에 값을 매기지 않은 작은 쐐기 하나가 놓여 있었습니다.

"저건 뭐죠? 왜 값을 매기지 않았어요?"

물건을 사러 온 다른 악마가 궁금증을 참다못해 물었습니다.

"응, 그건 절망이라는 도구인데, 파는 게 아니야. 난 저걸로 틈을 벌려 강하다고 하는 그 어떤 사람도 쓰러뜨려. 그래서 다른 건 다 팔아도 저것만은 팔 생각이 없어. 내가 가장 즐겨 사용하는 것이거든."[44]

누군가가 일부러 지어낸 이야기지만 정곡을 찌르는 말입니다. 절망은 아무리 강한 사람이라도 무기력한 사람으로 만들어버립니다. 절망이 무서운 것은 말 그대로 더 이상 희망을 갖지 않는다는 사실에 있습니다.

오늘 복음에 나오는 라자로의 상황이 바로 절망의 상황이었습니다. 라자로 죽어서 무덤에 묻혀 있었습니다. 죽음이라는 상황은 모든 희망이 끊긴 상태입니다. 더군다나 그는 무덤에 묻힌 지 이미 나흘이나 지났습니다. 시신은 이미 부패하기 시작하였고 더 이상 아무런 희망도 보이지 않는 상태였습니다.

그런데 예수님께서는 이러한 라자로를 부르십니다. "라자로야, 이리 나와라."

예수님의 이 부르심은 단순한 부르심이 아니었습니다. 이는 절망을 무력화시키는 호통이었습니다. 죽음을 나무라시는 호령이었습니다. 이는 생명을 창조하신 말씀의 위력이기도 했습니다. 과연 이 말씀대로 라자로는 살아났던 것입니다. 죽었던 라자로가 무덤 밖으로 걸어 나왔던 것입니다.

오늘 우리도 죽었던 라자로의 처지처럼 절망이라는 무덤에 갇혀있는 경우가 많습니다. 이럴 때 주님은 우리에게도 큰 소리로 명령하십니다. "아무개야, 이리 나오너라. 냉큼 일어서거라."

어느 평범한 직장인이 있었습니다. 그는 아주 열심히 일했지만, 어느 날 갑자기 해고를 당하고 말았습니다. 그는 새로운 직장을 구하지 못한 채 실의에 빠져 살아갈 용기를 잃었습니다. 그러고 있을 때 그의 아내가 그를 이렇게 격려 해 주었습니다.

"여보, 기억해요? 나는 당신의 편지를 정말 좋아했죠. 당신에게는 사람을 감동시키는 매혹적인 글솜씨가 있어요. 이참에 아름답고 행복한 글을 한번 써보는 건 어때요?"

그는 내키지 않았지만, 별다른 대안이 없었기에 결국 글을 쓰겠다는 결심을 굳혔습니다. 그리자 점점 그의 재능이 드러나기 시작했습니다. 훗날 그는 마침내 전 세계 문학계를 떠들썩하게 만든 대작 『주홍글씨』를 완성할 수 있었습니다. 자신에게 형벌처럼 가해진 시련과 고통을 마침내 세상에서 가장 아름답고 소중한 결실로 바꾸는 데 성공한 것입니다. 그가 바로 나다니엘 호손입니다.[45]

만일 아내의 위로와 격려가 없었다면 나다니엘 호손이라는 작가가 탄생하지 않았을 것입니다. 주님께서는 우리를 절망에서 일으켜 세우실 때, 이렇게 가장 가까운 가족이나 이웃을 통해 격려를 주시기도 하십니다. 아멘!

함께 기도하시겠습니다.

주님, 물 위에서 베드로 사도에게 주신 그 말씀, "엘데, 오너라!" 제게도 명하소서, 제가 주님께 저벅저벅 나아가리이다.

주님, 믿음의 용사들에게 주셨던 그 격려, "네 믿음대로 되어라!" 제게도 선언하소서, 제가 찬미 찬송 올리리이다.

주님, 제자들에게 물으셨던 그 질책의 물음, "아직도 모르겠느냐!" 제게도 물으소서, 제가 각성하리이다.

우리 주 예수 그리스도를 통하여 비나이다. 아멘!

구원하소서!

"주님의 이름으로 오시는 분은 복되시어라. 지극히 높은 곳에 호산나!"(마태 21,9)

1. 말씀의 숲

오늘 우리는 주님 수난 성지 주일을 맞이하며, 사순시기의 막바지에 와 있습니다.

오늘 행렬 복음 말씀은 메시아로 오신 예수님께서 드디어 예루살렘으로 입성하는 장면을 우리에게 소개하고 있습니다. 이를 통하여 예수님께서는 이제 생애 최후 단계에 들어가게 됩니다.

예루살렘 입성의 단계는 다음의 세 단계로 이루어집니다.

첫째, 입성 준비(마태 21,1-7 참조)

올리브 산 벳파게에 이르러 예수님께서는 예루살렘으로 입성하실 준비를 합니다. 제자 둘을 보내 어린 나귀를 끌고 오라고 시키시는데, 이는 구약에서 예언된 말씀을 실현하시기 위함이었습니다.

둘째, 행렬(마태 21,8-9 참조)

수많은 군중들이 예수님을 둘러싸고 행렬을 합니다. 어떤 이들은 자신들의 겉옷을, 어떤 이들은 나뭇가지를 꺾어다 길에 깝니다.

셋째, 예루살렘 입성(마태 21,10-11 참조)

예수님의 예루살렘 입성에 대한 도성 주민들의 반응은 술렁거림이었습니다.

오늘 이 사건에는 굉장히 깊은 진리들이 숨어 있습니다.

우선 예수님께서 예루살렘에 입성하심은 성공이나 축복, 유명해지는 것을 의미하지 않았습니다. 오히려 그것은 고난과 죽음을 맞이하러 가신다는 뜻입니다. 예수님께서는 이미 이 점을 분명히 밝히셨습니다.

"보다시피 우리는 예루살렘으로 올라가고 있다. 거기에서 사람의 아들은 수석 사제들과 율법 학자들에게 넘겨질 것이다. 그러면 그들은 사람의 아들에게 사형을 선고하고, 그를 다른 민족 사람들에게 넘겨 조롱하고 채찍질하고 나서 십자가에 못 박게 할 것이다"(마태 20,18-19).

그럼에도 불구하고 사람들은 예수님의 예루살렘 입성을 정치적으로 생각했습니다. 야고보와 요한, 그리고 그들의 어머니는 예수님께서 예루살렘에 도착하면 자신의 나라를 세워 승리의 왕이 될 것으로 생각했습니다(마태 20,21 참조). 그뿐 아니라 '다윗의 자손'이라는 메시아 호칭을 크게 외친 소경들의 부르짖음(마태 20,30.31 참조)은 그분의 예루살렘 입성을 지목한 것이었습니다. 그리고 메시아로서 그 소경들을 고치신 일은 승리의 입성을 향한 중대한 전기가 되었습니다(마태 20,34 참조).

사실 인간의 관점에서 보면 이 사건은 예수님의 죽음과 부활 이전에 예수님께서 이 땅의 삶에서 가장 높은 자리를 차지하셨던 때입니다. 며칠 남지 않은 파스카 축제에 참가하기 위해 예루살렘을 방문한 순례자들에 의해 고무된 무리들은, 약속된 메시아가 이끌 것으로 생각하고 있던 로마 제국의 압제자들을 몰아내기 위한 결정적 전투를 기대하고 있었습니다. 그러나 그들의 기대가 무산되었음을 알게 되었을 때, 그들 가운데 상당수는 그 왕을 처형하라고 소리 높여 외치게 될 것입니다.

2. 말씀 공감

■ 그날 그 시각

> **"주님께서 필요하시답니다"**(마태 21,3).

　오늘 당신의 마지막 사명을 다하러 예루살렘에 입성할 준비를 하시는 예수님의 모습을 묵상하며, 문득 저의 지난날을 떠올려 봅니다.

　당신께서 '필요하셨던' 어린 나귀 한 마리. 그렇게 예수님의 두 발이 되어드린 나귀처럼, 당신의 부르심에 결국 응답할 수밖에 없었던 저의 젊은 날을요.

　가끔씩 이런저런 기회에, 제 부르심에 대한 이야기를 들려드린 적이 있었습니다만, 오늘은 조금 더 세세하게 그 소중한 기억을 여러분들과 나누고 싶습니다.

　대학 진학 후, 당시는 제5공화국 독재가 서슬 퍼렇던 때로 온 나라가 곳곳에서 시위와 탄압으로 얼룩져 있었습니다.

　1980년, 5·18이 터지고 휴교령이 내려졌을 때쯤이었을 것입니다. 정릉 '영원한 도움의 수녀회'에서 서인석 신부의 예언서 강의가 있었습니다. 사회 불의와 우상숭배에 빠진 이스라엘을 향한 야훼 하느님의 애타는 마음, 예언자를 불러 토설하시는 불같은 말씀들, 호소와 협박, 회유를 반복하며 당신 백성을 희망의 미래로 이끌어 가시고자 하는 야훼의 한결같은 사랑, 불리움 받은 예언자들의 기구한 운명들……. 점점 고조

되던 신부님의 강의는 절망과 좌절에 빠진 당시 정치적 현실에서 분명 빛이었습니다.

정릉 언덕을 내려오던 저의 가슴에는 뜨거운 불덩어리가 타고 있었습니다. 이것이 무엇인가 싶어서 가슴을 만져 보기도 하였습니다. 이 뜨거움이 저의 눈을 멀게 하였습니다. 기계설계학이라는 전공에 전혀 재미를 느끼지 못하게 하였습니다. 저는 무언가 의미 있는 일을 하며 어지러운 이 나라에 도움이 되길 희망했습니다. 신부 아니면 변호사가 되고 싶었습니다.

학년이 올라가고 군에 입대하여, 해군 중위계급을 단 지 몇 달 지나지 않은 1982년 11월쯤, 저는 결국 사제가 되기로 결심하였습니다. 결정적 계기가 있었습니다.

임관된 후 얼마 안 되어 조카가 생겼는데, 확신 없이 우선 사법고시 준비를 시작할 즈음 조카에게 문제가 생겼습니다. 원인 모를 고열로 생사를 오락가락하였던 것이었습니다. 곧 소문을 듣고 온 자매들로 기도 모임이 구성되었습니다. 매일 정해진 시간에 모여서 조카를 위해 기도하였습니다. 저는 토요일 오후 퇴근하고 나서야 그들과 합류할 수 있었습니다. 바로 그날 기도 중에 그 모임의 한 분으로부터 다음과 같은 음성이 들려왔습니다. "땅을 보지 말고 하늘을 봐라!"

생전 처음 보는 분이 저에게 그런 직언을 날리니 머릿속이 아찔했습니다. 그리고 이어 저의 내면에 이러한 음성이 들렸습니다.

"나는 너의 머리카락 숫자까지 다 세고 있었단다"(마태 10,30 참조).

이 말씀은 아시다시피 복음서에 나오는 구절로 하느님께서 우리 하나하나를 다 알아주시고 사랑하신다는 뜻을 담고 있지요.

인생 진로를 놓고 기도해 왔던 지난 5년 동안의 고뇌에 응답이 내린 순간이었습니다. 사제가 되라는 암시였습니다.

하지만 여전히 혼란스러웠습니다. 그래서 승부수를 던진 것이, 성경을 임의로 펼쳤을 때 첫 번째로 눈에 띈 말씀을 하느님 말씀으로 알겠다고 기도드린 것이었습니다. 그리고 받은 말씀이 바로 루카 복음서의 다음과 같은 구절이었구요.

"오늘 너도 평화를 가져다주는 것이 무엇인지 알았더라면……! 그러나 지금 네 눈에는 그것이 감추어져 있다"(루카 19,42).

바로 예수님이 예루살렘 가까이 이르러 그 성전을 보고 통곡하는 장면이었습니다. 그 대목을 읽는 순간, 저는 남산 꼭대기에서 서울을 내려다보며 눈물을 쏟는 예수님, 오늘날 이 시대를 향해서 눈물을 흘리는 예수님의 모습을 보았습니다. 그 성경 구절이 제 마음에 들어오면서 이렇게 말하는 듯하였습니다.

"네가 지금 이런 내 심정을 알지 않니? 그렇다면 이 마음을 나의 사랑하는 이들에게 전하거라."

저는 그 자리에서 "예" 하고 응답하였고, 그러면서 평생 흘린 눈물 가운데 가장 많은 양의 눈물을 쏟아내었습니다.

그 이후 저는 뒤도 돌아보지 않고 앞으로만 달렸습니다. 사제 서품을 받은 지 스물 세 해, 저 말씀은 생생하게 제 기억에 살아있습니다.

"주님께서 필요하시답니다"(마태 21,3).

무릇 사제들이 그러할 것입니다만, 이 말씀을 들을 때마다 주님께서 불러 주신 그 운명의 날이 떠오릅니다.

■ 주춤거리게 하소서

> "제자들은 가서 예수님께서 지시하신 대로 하였다"(마태 21,6).

사실 우리의 모든 순간 속에 담겨 있는 사건들의 의미를 곰곰 묵상해 보면 그분의 크고 작은 섭리가 곳곳에 녹아 있음을 발견하게 됩니다. 마치 보물찾기를 하듯, 주님께서 우리에게 마련하신 은총들을 발견하는 기쁨을 누릴 수 있는 것이지요. 여기에, 한 걸음 더 나아가, 매 순간 먼저 그분의 뜻을 묻고 따르는 자세를 갖춘다면 더 큰 은총의 주인공이 될 것임은 두말할 나위 없겠지요.

소나기 마을 촌장, 작가 안영 선생이 들려주는 사순시기에 만난 작은 깨달음 한 토막을 묵상 가족과 함께 나눠 봅니다. 2011년 『가톨릭신문』에 실려 있는 글입니다.

저는 오래전부터 신년 달력을 받으면 맨 먼저 해온 일이 있습니다. 색연필을 들고 조상들의 기일, 가족들의 생일, 그리고 영명 축일 등을 커다랗게 표시하는 일입니다. [⋯]

칠순을 넘기면서부터는 새롭게 자신과 약속한 것이 있습니다. 대림시기와 사순시기 만이라도 매일 새벽 미사를 드리자는 것이었지요. 작년 사순시기에는 그 약속을 잘 지켜 [⋯] 덕분에 최고로 기쁜 부활을 맞이했지요. [⋯]

요즈음 저는 자신과의 약속을 지키려고 애쓰지만, 생각보다는 어렵습니다. 글을 쓰기 좋은 시간은 새벽이므로 5시 전후에 일어나 컴퓨터 앞에 앉았다 보면 깜빡 시간을 놓치게 되지요. [⋯]

지난 사순 제2주일의 일입니다. 매주 목요일은 본당 어르신대학에서 말씀 봉사를 하는데, 그날의 주제는 예수님의 탄생에 대한 이야기. 저는 다음날인 3월 25일이 바로 '주님 탄생 예고 대축일'이라고 알려 드렸지요. 그런데 하필 그날 새벽 미사를 놓쳤습니다. 특별한 축일에 자신과의 약속을 어겨 찜찜하기 짝이 없었습니다. 그러다가 문득 10시 미사도 있음을 생각해냈지요. 천만다행으로 외출 약속이 없어, 시간에 맞추어 나갔습니다. […]

그런데 미사가 끝난 뒤였습니다. 가방을 챙기고 있는데, 참석자들이 조용합니다. 고개를 들어보니 주임 신부님께서 큰 십자가를 들고 보좌 신부님들과 함께 나오십니다. 금요일 10시 미사 후엔 '십자가의 길' 기도가 있었던 것입니다. 아, 바로 이 기도를 바치려고 새벽 미사를 놓친 것이로구나. 저는 뜻밖에 횡재를 만난 듯 기뻤습니다. 사순시기 동안은 십자가의 길 기도가 있다는 것도 들었건만 나가지 않고 게으름을 부리고 있으니까, 주님께서 오묘한 방법으로 이끌어 주신 것입니다.

항상 시간표까지 짜 주시는 나의 하느님, 감사, 감사합니다.[46]

오늘 복음에서 우리는 예수님의 뜬금없는 분부에도 제자들이 그대로 이행하는 모습을 봅니다.

"제자들은 가서 예수님께서 지시하신 대로 하였다"(마태 21,6).

그랬습니다. 제자들은 언제나 예수님의 말씀을 본받고, 가슴에 새기고, 실행하려 노력했지요.

그리스도인인 우리도, 우리 인생의 시간표를 주님께 내어드리는 삶을 살 때, 그 안에서 만나는 하루하루는 매일이 행복이요 기쁨일 것입니다.

■ 호산나

"주님의 이름으로 오시는 분은 복되시어라.
지극히 높은 곳에 호산나!"(마태 21,9)

"호산나Hosanna"는 "구원하소서"라는 뜻을 지닌 부르짖음입니다. 본디 하느님께 도움을 요청하는 기도였던 이 외침이 '다윗의 후손'인 예수님께 향한 것은 정치적인 기대감에서였습니다. 곧 로마의 압제 하에서 이스라엘을 독립시킬 것은 물론이려니와 의식주 문제를 선정으로 해결해 줄 메시아 왕이 되어 달라고 청하는 환호성이었던 것입니다.

"호산나"는 사실 우리도 마음으로부터 시시각각으로 외치고 있습니다. 어떤 기도를 바치건 우리는 명료하게 "호산나"라고 발음하지 않을 뿐, 실질적으로는 수없이 호산나를 외쳐대는 셈입니다. "제 기도를 들어주세요", "저를 도와주세요", "살려 주세요", "제 손을 잡아 주세요" 등등이 모두 "저를 구원하소서"와 일맥상통하는 것입니다.

영 급할 땐, 우격다짐으로라도 외쳐대는 것이 "호산나" 곧 "구원하소서"입니다.

이와 관련하여 어느 선배 신부로부터 재미있는 일화를 들었습니다. 그대로 소개해 드립니다.

한 30-40년 된 옛적의 이야기입니다.

모 본당에 주임 신부로 있을 때 세실리아라는 사람이 있었는데 그 집을 방문해 보니 자식이 넷인데 다 여자아이들이었답니다. 그녀는 아기를 임신하고 있었는데, 이번에는 꼭 사내를 낳아야 한다고 했습니다. 그러면서 눈시울을 적셨습니다. 시어머니가 어린애를 업고 다니면서, "에

이, 고추가 달려야지 왜 안 달려 나왔냐?" 하며 구박한다는 것이었습니다. 그러니 이번에는 꼭 아들 낳게 기도해 달라며, 그 신부님께 머리를 내밀었답니다. 신부님은 참 가여운 생각이 들어서 두말 않고 기도해 주었답니다.

"예수님, 이 여인이 너무 불쌍합니다. 이번에는 꼭 아들 낳게 해 주세요."

기도하면서도 별 기도를 다 한다는 생각이 스쳐 지나갔다고 했습니다. 이미 임신된 아이라 성별을 더 이상 바꿀 수 없는 상태인 것을 모를 리 없었으니 말입니다.

몇 달이 지났는데 어느 날 새벽에 전화벨이 울렸답니다. 황급히 전화기를 들어보니, 저쪽에서 흥분한 목소리가 들려왔답니다.

"신부님, 세실리아예요. 아들 낳았어요."

그녀는 울고 있었답니다. 그 신부님도 얼떨결에 예수님께 감사하다는 기도를 드렸답니다.

이야기를 들으면서, 저는 묘한 매력에 빠졌습니다.

임신한 여인이 신부에게 아들 낳게 기도해달라고 청한 것이나, 신부가 이미 임신한 여인의 머리에 손을 얹어 "이 자매가 아들 낳게 해 주세요!"라고 기도한 것이나, 억지스럽기는 매한가지입니다.

또 기도 덕분에 아들 낳았다고 꼭두새벽에 기쁨을 전한 자매나, 같이 감격하여 감사 기도를 올린 신부나, 순박하기는 똑같습니다.

여하튼 감동입니다. 이야말로 순진무구한 "호산나"의 외침이요, 또한 그 응답에 대한 흥분이라 할 것입니다.

함께 기도하시겠습니다.

주님, 저희로 하여금 예수라는 이름이 "하느님께서 구원하신다"는 뜻을 가지고 있음을 항시 기억하게 하소서.

주님, 저희로 하여금 예수라는 이름에 실로 구원의 능력이 있음을 믿게 하소서.

주님, 저희로 하여금 주님의 도움이 필요한 매 순간, '예수님' 이름을 연신 부르게 하소서.

우리 주 예수 그리스도를 통하여 비나이다. 아멘!

지금 살아 계십니다

"그분께서는 여기에 계시지 않는다"(마태 28,6).

1. 말씀의 숲

예수님의 부활을 기념하는 밤, 우리는 마태오가 전하는 예수님의 부활 이야기를 들었습니다. 예수님께서 부활하신 장소에는 빈 무덤이 있었고, 예수님께서 부활하셨다는 기쁜 소식을 전하는 천사가 있었으며, 그 이야기를 듣는 마리아 막달레나와 다른 마리아가 있었습니다. 그리고 곧 부활하신 예수님께서 그 여인들 앞에 나타나시게 될 것입니다.

교회의 전통상 예수님의 부활을 가장 확실히 드러내는 표지는 '빈 무덤'입니다. 그런데 그 빈 무덤을 우리가 어떻게 받아들여야 할까요? 단지 사람의 생이 끝나는 장소일까요? 아니면 새로운 희망을 알리는 장소일까요? 예수님의 부활을 믿는 우리 그리스도인들은 '빈 무덤'을 통해서 희망을 간직해야 할 것입니다.

런던의 한 길모퉁이에서 구두를 닦는 소년이 있었습니다. 아버지가 빚 때문에 감옥에 갇혔기 때문에 집안 살림을 꾸려나가기 위해 구두를 닦아야 했습니다. 그런데 그 소년은 새벽부터 나와서 밤늦게까지 길거리를 지나가는 사람들의 구두를 닦으면서도 얼굴에 밝은 웃음을 잃지 않았습니다. 늘 노래를 부르는데 밝은 노래만 불렀습니다.

　사람들은 그에게 물었습니다.

　"구두 닦는 일이 뭐가 그리 좋니?"

　그때마다 소년은 이렇게 대답했습니다.

　"즐겁지요. 저는 지금 구두를 닦고 있는 게 아니라 희망을 닦고 있기 때문입니다."

　이 소년이 바로 『올리버 트위스트Oliver Twist』(1838)를 쓴 세계적인 작가 찰스 디킨스Charles Dickens입니다.[47]

　가난이라는 현실 때문에 다른 사람의 구두를 닦으며 생활비를 마련해야 했던 찰스 디킨스는 가난을 절망의 현실로 받아들이지 않고, 희망으로 받아들였습니다. 이처럼 오늘날 우리들에게 예수님의 부활을 알리는 '빈 무덤'은 희망의 표징이 되어야 합니다.

　오늘 복음 말씀은 크게 세 부분으로 나누어 볼 수 있습니다.

　첫째, 예수님의 부활과 천사의 발현(마태 28,1-4 참조)

　주간 첫날, 갑자기 지진이 일어나며 천사가 하늘에서 내려와 무덤 입구를 막았던 돌을 치웁니다. 그리고 그 장면을 보고 있던 경비병들은 두려움에 떨다가 까무러칩니다.

　둘째, 천사가 여인들에게 예수님의 부활을 알림(마태 28,5-7 참조)

　천사는 여인들에게 예수님께서 부활하신 사실을 알리며 빈 무덤을 와서 보라고 전합니다. 그리고 제자들에게 갈릴래아로 가라고 알리도록 합니다.

　셋째, 부활하신 예수님의 발현(마태 28,8-10 참조)

제자들에게 달려가던 여인들에게 예수님께서 발현하십니다. 예수님께서는 천사가 이미 알린 내용을 반복해서 여인들에게 말씀하고 계십니다.

우리가 예수님의 부활을 제일 처음 목격하고 부활하신 예수님을 만난 두 사람의 이야기를 읽을 때, 우리는 세 가지 명령을 받게 됩니다.

첫째, 믿으라는 것입니다. 이 사건은 너무나 놀라운 것이었기에 도저히 믿을 수 없었고 또한 너무나 기쁜 일이었기에 사실이 아닌 것처럼 생각되었을지도 모릅니다. 하지만 천사의 말대로 예수님께서는 무덤에 계시지 않았습니다. 여인들은 이것을 직접 보았습니다. 이는 그들로 하여금 믿도록 하기 위함이었습니다. 오늘날에도 많은 신자들이 예수님의 약속이 너무도 놀라운 것이기에 믿기 힘들어 하곤 합니다. 그러나 이러한 불신의 태도는 예수님의 말씀을 그대로 받아들일 때, 극복될 수 있습니다.

둘째, 전파하라는 것입니다. 그리스도께서 부활하셨다는 사실을 여인들이 발견했을 때, 그들에게 주어진 첫 번째 임무는 그 사실을 제자들에게 전파하는 일이었습니다. 이는 현재 주님을 따르는 우리에게도 똑같이 적용되고 있습니다. 우리의 체험을 이웃들에게 전해야 하는 것입니다.

셋째, 기뻐하라는 것입니다. 부활하신 예수님께서 여인들을 처음 만났을 때 건네신 말씀이 "평안하냐?"란 인사였습니다. 이 말씀은 인사할 때 보통 쓰는 말이지만, 이 말의 문자적 의미는 "기뻐하라"는 뜻입니다. 부활하신 주님을 만난 사람은 영원히 주님과 함께 기쁨을 가지고 살아가야 함을 의미합니다.

2. 말씀 공감

■ 이른 아침의 사랑

> "안식일이 지나고 주간 첫날이 밝아 올 무렵, 마리아 막달레나와
> 다른 마리아가 무덤을 보러 갔다"(마태 28,1).

주간 첫날 아직 해가 뜨기 전, 마리아 막달레나와 다른 마리아는 무덤을 향해 올라갔습니다. 이 여인들은 자신들이 따르고 그토록 사랑했던 예수님을 주검으로나마 다시 한 번 만나 뵙고 싶었던 것이었습니다. 여인들에게는 아무도 예상하지 못했던 일이 일어났습니다. 예수님의 부활을 알리는 최초의 증거자가 되는 영광을 얻었던 것입니다.

무엇이 이 여인들에게 인류 최대의 행운을 가져다주었을까요. 그것은 '이른 아침'에 주님을 찾아뵈려고 했던, 주님을 향한 충실한 사랑이었습니다.

이른 아침, 곧 새벽의 기다림에 주님께서는 감동하십니다. 이 시대에도 새벽부터 주님을 찾는 이들이 많이 있습니다. 주님께서는 이러한 이들의 소망을 결코 외면하지 않으십니다. 오히려 그들이 원하던 것보다 더 큰 은총을 그들에게 베풀어 주십니다.

『가톨릭신문』 2007년 5월 27일 자에 실린 「5년 동안 붓펜으로 성경을 필사한 조○○ 할아버지」란 기사 전문을 소개합니다.

성경 필사에 대한 신자들의 관심이 높아지면서 신구약 완필은 이제 뉴스거리도 되기 힘들다. 하지만 조 요한 할아버지의 경우라면 얘기가 달라진다. 마음먹고 달려들기도 힘든 일을 5년에 걸쳐 붓펜으로

이뤄냈기 때문이다. 하지만 그의 성취가 돋보이는 것은 주님에 대한 신앙으로 고통 속에 일궈낸 것이기에 더욱 그렇다.

지난 2002년 1월 시작된 조 할아버지 성경 필사는 자손들에게 올바른 믿음을 전해주고픈 마음에서 비롯됐다. 초등학교 교사로 41년간 교단을 지키다 2000년 정년퇴직한 할아버지에게 당뇨병과 함께 닥친 녹내장은 삶의 의지를 꺾어 놓을 정도로 큰 충격이었다. 전혀 뜻하지 않은 난관 앞에 주님께 매달리는 마음은 다시 한번 그에게 새로운 길을 열어주었다.

실명 상태에까지 이르러 일주일에 두세 번 병원에서 치료를 받고 오면 한동안은 눈앞에 아무것도 보이지 않는 상황에서도 할아버지는 순간순간 무엇인가에 이끌리듯 일어나 앉아 붓펜을 들었다. 의사나 가족들이 한사코 말렸지만, 그의 고집을 꺾을 순 없었다. 보통 사람이 2시간이면 될 작업도 네댓 시간이 걸려야 했지만 하루도 거르지 않았다. 그러다 언제부터인가 참기 힘들 정도로 눈이 아프다가도 펜만 들면 글씨가 또렷해지면서 새로운 의욕에 이끌리는 자신을 발견하게 됐다.

"이렇게 쓸 수 있게 해주신 것만도 감사할 따름입니다."

주위에서 모두가 기적이라고 할 정도로 건강을 회복하면서 지난 2004년부터는 새벽 5시면 일어나 부인 윤 로사 님과 하루도 거르지 않고 사제들을 위한 기도를 필두로 가정을 위한 기도, 세계 평화를 위한 기도 등 16가지 기도를 바치는 일로 하루를 열어오고 있다. 이렇게 해서 지난해 10월 신구약을 완필할 때까지 4년 10개월 동안 쌓인 노트만 23권에 그간 사용한 붓펜만 298자루에 이른다.[48]

조 요한 할아버지는 자신의 어려운 상황 중에도 낙담하지 않고 주님께 의지하였습니다. 이러한 할아버지의 열정에 주님께서는 눈이 회복되는 은총을 베풀어주셨습니다. 그리고 이제 할아버지께서는 그에 대한 감사의 의미로 매일 새벽 기도를 통하여 주님께 영광을 드리고 있습니다.

■ 자, 우리 일어나

> **"그분께서는 여기에 계시지 않는다"**(마태 28,6).

19세기 미국과 세계에서 가장 사랑받은 시인 헨리 워즈워스 롱펠로Henry W. Longfellow는 숱한 역경과 고난을 겪었던 인물입니다.

1807년 미국 메인 주 포틀랜드에서 출생한 그는 스물네 살에 포터라는 여인과 결혼했으나 4년 뒤 유럽여행 중 난산 끝에 첫 아내를 잃고 말았습니다.

그 후 서른여섯 살에 애플톤과 재혼하여 2남 4녀를 두고 18년간 화목한 생활을 영위하는 듯했으나, 네 살 난 어린 딸의 이른 주검을 보게 되고 이내 그의 두 번째 아내 또한 화재사고로 잃고 말았습니다.

이렇듯 그의 삶은 걷잡을 수 없는 역경의 연속이었음에도 불구하고, 그는 세상에 대한 원망이나 하느님에 대한 저항 없이 순종과 감사, 그리고 찬미의 시를 읊었습니다.

어느덧 임종을 앞둔 롱펠로에게 한 기자가 물었습니다.

"선생님은 그 힘든 과거를 겪으면서도 작품에는 진한 인생의 향기가 담겨 있습니다. 그 비결이 무엇입니까?"

롱펠로는 마당의 사과나무를 가리키며 말했습니다.

"저 나무가 나의 스승이었습니다. 저 나무는 매우 늙었습니다. 그러

나 해마다 단맛을 내는 사과가 주렁주렁 열리지요. 그것은 늙은 나뭇
가지에서 새순이 돋기 때문입니다."[49]

여러분, 나이 들어가는 자신을 '고목'으로 생각하는 사람과 '고목의
새순'으로 생각하는 사람의 인생 차이는 말 안 해도 느낌이 오시지요?

이렇듯 지금 내가 처한 이 모든 것이 단지 '고난과 역경'이라고 생각
하는 사람과 '절망 뒤에 곧 오게 될 부활'이라고 생각하는 사람의 인생
차이 역시 당연한 것입니다.

오늘 복음에서는 돌아가신 예수님의 무덤을 찾아온 마리아 막달레
나 일행에게 주님의 천사가 나타나 이렇게 선언합니다.

"그분께서는 여기에 계시지 않는다"(마태 28,6).

그렇습니다. 예수님은 '여기' 이 무덤 속에 계시지 않습니다. 그분께서
는 부활하신 모습으로 우리에게 오셨습니다. 그러기에 주님 부활을 맞
는 우리 모두의 자리 또한 무덤이 아닌 부활의 영광된 자리인 것입니다.

이 부활을 함께 기뻐하며, 여러분에게 롱펠로의 시 한 편을 선물하고
자 합니다. 2011년 초에 제가 KBS 1TV의 대표 프로그램 중 하나인 〈낭
독의 발견〉에 출연하여 읽었던 시이기도 합니다.

인생찬가

인생은 한낱 헛된 꿈이라고
내게 슬픈 노랠랑 부르지 말라!
잠자는 영혼은 죽은 영혼
사물은 보기와는 다른 것.

인생은 참된 것! 인생은 진지한 것!
무덤만이 그 목표는 아니어라.
그대 흙이니 흙으로 돌아가라는 것은
우리 영혼을 두고 한 말은 아니리라.

우리가 가야 할 길 그 끝닿은 곳은
즐거움도 슬픔도 아닌
다만 내일의 하루하루가
오늘보다 더 멀어지게 하는 것일 뿐.

예술은 길고 세월은 덧없어라.
우리의 가슴은 든든하고 용기로 차 있으나
감싸인 북처럼 무덤을 향해
오늘도 장송곡을 울리고 있도다.

이 세상의 넓은 싸움터에서
인생의 야영장에서
그대 말없이 쫓기는 가축의 무리가 되지 말고
싸움에 앞장서는 영웅이 되어라!

아무리 즐거움이 있을지라도 미래를 믿지 말라!
죽은 과거는 그만 묻어 버려라!
그리고 행동하라, 살아 있는 현재를 위하여 실행하라.
안으론 젊은 가슴이 있고 위로는 하느님이 계시니.

위대한 사람들의 생애가 말해 주노니
우리도 숭고한 삶을 누릴 수 있고
이 세상 떠날 때 시간의 모래위에
우리 발자국을 남길 수 있노라고.

아마도 누군가 우리 형제가
인생의 엄숙한 행로를 달리다가
난파되어 절망에 빠질 때
다시 마음 가다듬게 하는 그런 발자국을.

자, 우리 일어나 일을 하자.
어떤 운명이 닥쳐올지라도
기꺼이 이룩하고 추구하면서
수고하고 기다리는 것을 배우자.

주님, 지금 이 순간 롱펠로가 우리의 기도이며 그의 인생찬가가 우리의 신앙고백이옵니다. 아멘.

■ 벌떡 일으켜 주소서

> "두려워하지 마라. 가서 내 형제들에게 갈릴래아로 가라고 전하여라.
> 그들은 거기에서 나를 보게 될 것이다"(마태 28,10).

오스트리아 빈 유학시절 저는 빈 교구 소속 본당의 주말 보좌 신부를 겸했습니다. 저는 주로 새벽 미사를 집전했는데, 그때마다 동일한 할아버지가 복사를 서 주셨습니다. 할아버지는 미사 시간이 되기를 기다리는 5-10분 동안 독일 유머나 속담을 제게 가르쳐 주셨습니다. 그 중 제게 지금껏 빛이 되어 준 한 말씀.

"그리스도가 백 번을 부활해도 내가 부활하지 않으면 소용이 없다."

정곡을 찌르는 말입니다. 나의 부활이 없이는 그리스도의 부활도 헛된 것입니다. 그리스도의 부활이 나의 부활을 가져다주지 못한다면, 경탄할 필요도 찬미할 필요도 없습니다. 내가 부활해야 합니다. 오늘 이 세상의 삶에서 여러 형태의 죽음으로부터 소생해야 합니다. 내가 변화된 삶의 모습으로 새롭게 태어나야 합니다.

저 속담은 처음 듣는 순간, 제 영성을 확 뒤집어 놓았습니다. 그동안 예수님의 부활에 압도되어 그냥 구경꾼처럼 박수만 쳐 왔던 저! 그 찰나부터는 어떻게 해야 제가 부활의 주인공이 될 수 있을까를 골똘히 궁리하기 시작했던 것입니다.

예수님은 우리를 위해서 부활하셨습니다. 이것을 가장 잘 표현한 말이 제가 여러 번 강조하였던 'Jesus is alive'입니다. 예수님은 '과거에 살아나신 것'이 아니라 살아나셔서 "지금 살아 계십니다." 우리를 위해서 지금 살아 계십니다.

이런 예수님의 부활에 힘입어 우리가 부활할 차례입니다. 그렇다면 우리가 부활한다는 것은 무슨 의미일까요?

우선, 이 세상의 죽음, 절망 등에 너무 시달리지 말라는 뜻입니다. 예수님은 부활로 죽음, 절망 등을 무력화시키셨습니다. 살면서 실패할 수 있습니다. 그러나 예수님의 부활은 실패보다도 강한 것을 주셨습니다. 영원한 생명을 담보로 주신 것입니다. 그러니 희망이 절망을 이깁니다.

오늘 복음에서 예수님께서는 말씀하십니다.

"두려워하지 마라. 가서 내 형제들에게 갈릴래아로 가라고 전하여라. 그들은 거기에서 나를 보게 될 것이다"(마태 28,10).

이제 우리도 진정 부활한 예수님을 만나러 갈릴래아로 가야 할 때입니다. 그리하여 우리 자신이 부활의 주인공이 되는 황홀한 만남을 가져야 할 때입니다!

함께 기도하시겠습니다.

주님, '아무도 이 무덤을 열지 못하리라'라는 비석과 함께 화강암과 대리석 묘지에 시멘트로 봉한 무덤을 한 알 씨앗의 생명력이 보란 듯이 열었지만, 안 믿는 자는 여전히 그것을 우연으로 치부합니다.

그런즉 주님, 주님의 부활을 믿는 저희는 얼마나 복된 이들입니까.

하오니, 부활하신 주님께서는 영광을, 저희에게 부활 믿음을 감도하신 성령께서는 찬미 받으소서.

우리 주 예수 그리스도를 통하여 비나이다. 아멘!

부활 제2주일: 요한 20,19-31

믿는 이

"의심을 버리고 믿어라"(요한 20,27).

1. 말씀의 숲

지난주 우리는 예수님의 부활을 기쁘게 맞이했습니다. 예수님의 부활은 그 당시 제자들에게 기쁜 소식이 되었을 뿐 아니라, 지금 이 시대를 살아가는 우리에게도 기쁜 소식이 되어야 합니다. 김후란 시인은 부활의 기쁨을 「우리도 다시 살게」라는 시에서 다음과 같이 표현하고 있습니다.

우리도 다시 살고 싶습니다
꽃처럼 아름답게 눈뜨고 싶습니다

바람 한 자락 스치듯
새벽이면 말없이 눈물 닦아 주시는
그 커다란 손
그 손에 피는 어여쁜 꽃이고 싶습니다

아득 절망의 끝에서

계약의 피 흘리시며

오늘도 서로를 불신하고 매도하고

단죄하는 인간 사회 내려다보시며

얼마나 외로우실지

얼마나 그 고통 깊으실지 알겠습니다

이 세상 일으켜 세우시고

어둠을 누르고 돌무덤 나서실 때

부활의 옷자락 눈부신 하늘이 되어

죽음의 언덕 넘어오신 첫 말씀

"평화가 있기를"

이제 우리도 다시 살게 하소서

사람답게 살기 위해

무릎 꿇어 속죄하는 이 어린양들

부끄러운 가슴에

불덩이 안겨 주시는 구원의 말씀

"너희에게 평화가 있기를"

높으신 그 말씀

정녕 목이 탑니다.

요한 복음 20장은 예수님의 부활에 대하여 전해줍니다. 그리고 사실상 요한 복음의 마지막 부분입니다. 물론 21장이 더 있지만, 이는 문학적 형태로 볼 때 하나의 후기 내지는 편지의 추신처럼 이해할 수 있습니다.

그러므로 오늘 우리의 복음은 요한 복음의 마무리이며, 따라서 요한 복음의 신학적 메시지를 이해하는 열쇠의 역할을 하는 부분이므로 각별한 주의를 요구하며, 또한 앞선 요한 복음의 모든 내용을 염두에 두며 읽어야 합니다.

오늘 복음 말씀은 크게 네 부분으로 나누어 볼 수 있습니다.

첫째, 예수님께서 제자들에게 발현하심(요한 20,19-23 참조)

마리아 막달레나로부터 예수님의 부활 소식을 듣고도 믿지 않고 있던 제자들에게 예수님께서 나타나셨습니다.

둘째, 토마스의 고집(요한 20,24-25 참조)

예수님께서 발현하실 때 자리에 없던 토마스에게 다른 제자들이 주님을 뵈었음을 전합니다. 그러나 토마스는 자신의 눈으로 예수님을 보고, 손으로 그분을 만지지 않고는 믿을 수 없다고 고집을 피웁니다.

셋째, 예수님의 두 번째 발현(요한 20,26-29 참조)

토마스도 함께한 자리에 예수님께서 다시 나타나십니다. 그리고 토마스가 원하던 대로 당신을 만지도록 허락하십니다. 토마스는 여기서 예수님께 "저의 주님, 저의 하느님!"이라고 신앙을 고백합니다.

넷째, 요한 복음서의 기술 목적(요한 20,30-31 참조)

우선 요한 복음사가는 저술의 한계성을 밝힙니다. 그리고 이 책의 저술 목적은 사람들이 예수님을 메시아로 고백하고 생명을 얻도록 하기 위함이라고 분명히 밝히고 있습니다.

2. 말씀 공감

■ 어루만지심

> "제자들은 유다인들이 두려워 문을 모두 잠가 놓고 있었다"(요한 20,19).

예수님께서 십자가에 처형당하시는 것을 본 제자들은 유다인들이 자신들도 잡아갈까 두려워 방 안에 틀어박혀 문들을 꼭 걸어 잠그고 있었습니다.

무엇이 이들로 하여금 문들을 걸어 잠그게 했던 것일까요. 그것은 '상처'였습니다. 본문에는 '두려움'이라고 했습니다마는 제자들이 동족 유다인에 대하여 두려움을 가졌던 것은 지난 삼 년 동안 유다인들로부터 예수님이 공격받을 때 함께 당했던 '상처' 때문이었던 것입니다.

상처가 우리 마음의 문을 닫아걸게 합니다. 물에 빠져 익사할 뻔한 사람은 물가에 얼씬거리지 못하듯이 말입니다.

이러한 상태에 있던 제자들에게 부활하신 예수님께서 나타나셨습니다. 그리고 그들의 두려움과 상처를 어루만져주셨습니다. 예수님의 부활은 이런 의미에서도 신나는 일이었습니다.

오늘도 예수님께서는 혹은 상처 때문에, 혹은 두려움 때문에 마음의 문을 닫아걸고 움츠러들어 있는 이들을 찾아주십니다. 우리의 아픈 상처를 어루만지시며 격려해 주십니다.

정호승 시인의 산문집 『내 인생에 힘이 되어준 한마디』에 실린 「상처 없는 독수리는 이 세상에 태어나자마자 죽어버린 독수리뿐이다」라는 글을 통해 부활하신 예수님을 함께 만나보겠습니다.

날개를 크게 다친 독수리 한 마리가 벼랑 위에서 깊은 생각에 잠겼습니다.

그는 몇 번이나 하늘 높이 날아오르려고 했으나 다친 날개로는 도저히 하늘 높이 날 수가 없었습니다.

"독수리가 하늘 높이 날 수 없다는 것은 더 이상 살아갈 가치가 없다는 거야." […]

"독수리로서의 자존심을 지키는 일은 이 방법밖에 없어!"

그는 아버지를 떠올리며 벼랑 아래로 뛰어내리려고 몸을 잔뜩 웅크렸습니다.

순간, 어디선가 대장 독수리가 쏜살같이 하늘에서 내려와 "잠깐!" 하고 소리쳤습니다.

"형제여, 왜 자살을 하려고 하는가?"

대장 독수리가 그를 가로막고 다정한 목소리로 물었습니다.

"차라리 죽는 게 나을 것 같아서 그렇습니다."

"차라리 죽는 게 낫다니? 왜 그런 생각을 다 하는가?"

"저는 더 이상 높이 날 수가 없습니다. 독수리의 명예를 잃게 되었습니다."

대장 독수리는 한참 동안 그를 말없이 바라보았습니다. 그리고는 그를 향해 날개를 활짝 폈습니다. 그의 몸엔 여기저기 상처 자국이 나 있었습니다. 솔가지에 찢긴 자국, 다른 독수리에게 할퀸 자국 등 수많은 상흔으로 얼룩져 있었습니다.

"나를 봐라. 내 온몸도 이렇게 상처투성이잖니. 상처 없는 독수리가 어디 있겠니."

자살하려고 했던 독수리는 대장 독수리의 말에 고개를 푹 숙였습니다. 그러자 대장 독수리가 조용히 말을 이어 나갔습니다.

"이건 겉에 드러난 상처일 뿐이다. 내 마음의 상처는 이보다 더하다. 일어나 날아보자. 상처 없는 독수리는 이 세상에 태어나자마자 죽어버린 독수리뿐이다."[50]

누구에게나 좌절과 두려움은 찾아옵니다. 하지만 그것을 어떠한 자세로 견디어낼 것인지는 우리 각자에게 주어진 몫입니다. 만일 우리가 더 나은 삶을 살고자 한다면 그러한 좌절과 두려움들을 털어버리고 다시 내 안에 숨겨진 날개를 펼쳐야 하겠습니다.

■ 극복할 수 있겠나이다

> "예수님께서 오시어 가운데에 서시며, '평화가 너희와 함께!' 하고 그들에게 말씀하셨다"(요한 20,19).

두려움의 중압감에서 이중 삼중으로 꽁꽁 잠겨있는 문들! 하지만 그 문들은 이제 부활하신 예수님께서 통과하여 들어오실 환영의 문들일 뿐이었습니다.

문들은 단단히 잠겨있었지만, 부활하신 예수님은 아랑곳하지 않고 나타나셨습니다. 첫 인사 말씀이 "평화가 너희와 함께!"(요한 20,19)였습니다.

이는 당시 제자들이 얼마나 두려움과 공포에 떨고 있었는지를 나타내 주는 동시에, 인간이 공통으로 희망하는 가장 절박한 것이 "평화"라는 사실을 부각시켜 줍니다.

'왜 신앙생활을 하는가? 종교는 왜 필요한가?'라고 물으면, 열에 일곱은 '평화를 위하여'라고 답한다는 것이 우리 시대의 현실입니다.

근심과 불안이 얼마나 마음을 짓누르는지에 대하여는 일찍이 지혜의 최고봉 솔로몬도 이렇게 토로했습니다.

"마음속의 근심은 사람을 짓누르지만 좋은 말 한마디가 그를 기쁘게 한다"(잠언 12,25).

"즐거운 마음은 건강을 좋게 하고 기가 꺾인 정신은 뼈를 말린다"(잠언 17,22).

마음에 평화를 얻으려고, 자연을 찾는 이들이 있습니다. 산이 아름답고 계곡에서 시원스레 물이 흐르는 절경이나 아름다운 바다에 머무니, 잠시는 좋을 것입니다. 그러나 생활 속의 문젯거리와 마음속의 근심거리는 그대로 남아 있습니다.

이런 사정을 잘 아시는 예수님께서 친절히 말씀하셨습니다.

"고생하며 무거운 짐을 진 너희는 모두 나에게 오너라. 내가 너희에게 안식을 주겠다"(마태 11,28).

그러므로 오늘 제자들이 들은 "평화가 너희와 함께!"는 결코 새로운 말씀이 아니었습니다. 하지만 이번에는 새롭게 들렸습니다. 왜냐하면, 말씀과 함께 성령이 그들을 덮치면서 평화가 엄습했기 때문이었습니다.

그 평화는 죄를 십자가 희생으로 용서하시고 죽음을 부활로 평정하신 주님의 현존 자체가 발산하는 평화였던 것입니다.

부활하신 주님은 이제 평화 자체이십니다.

극단의 죄까지 이미 사하셨기에 어떤 죄의 가책도 무력화시키는 부활!

죽음을 제압하셨기에 어떤 절망과 공포도 소멸시키는 부활!

그 부활의 주님께서 우리와 함께해 주신다면, 우리는 이유 없이 평화에 잠기게 되는 것입니다.

그런데, 바로 말씀 안에 부활하신 주님께서는 이미 임하여 계십니다.

그러기에 여러분이 복음 묵상을 할 때에도, 부활하신 주님과 성령께서는 여러분과 함께 머물러주십니다.

■ 친절한 부르심으로

> **"의심을 버리고 믿어라"**(요한 20,27).

알다시피 이 말씀은 예수님께서 토마스 사도에게 주신 사적 명령입니다. 첫 번째 발현 현장에 없었던 토마스가 제자들로부터 예수님의 발현 소식을 듣고 부정적인 반응을 보였던 사실에 대한, 스승의 조언이었다 할까요.

그런데 "의심을 버리고 믿어라"라고 번역된 대목의 그리스어 원문은 좀 다르게 표현되어 있습니다. 직역하면, "'아피스토스$_{apistos}$'가 되지 말고 '피스토스$_{pistos}$'가 되어라" 곧 "'안 믿는 이'가 되지 말고 '믿는 이'가 되어라"가 됩니다. 이는 단지 의심을 버리고 믿는 것보다는 훨씬 더 근본적인 마음의 태도를 가리킵니다.

'믿는 이'의 특징은 긍정적 사고방식을 지녔다는 것입니다. 반면에, '안 믿는 이'의 특징은 부정적 사고방식을 지녔다는 것입니다.

재미있는 사실은 이 사고방식이 대체로 패턴화 또는 습관화되어 있다는 것입니다. '믿는 이'는 매사를 잘 믿습니다. 간혹 너무 잘 믿어서 속기도 잘 하지만 어쨌건 잘 믿습니다. '안 믿는 이'는 매사를 부정적으로 바라봅니다. 그러기에 어떤 일도 새로 시작할 용기를 내지 못하고 늘 그 모양 그 타령입니다.

제가 어느 본당에서 주임 신부로 사목하고 있을 때의 일입니다. 사목회 임원 가운데 한 명이 유별나게 부정적 사고방식을 가지고 있었습니다. 가령 선교를 하자고 하면, 꼭 이런 식으로 반대를 했습니다.

"이 본당은 전통적으로 선교가 잘 안 된 본당입니다. 우선, 신자들이 말을 잘 안 듣습니다. 뭘 하려고 해도 움직이질 않습니다. 다음으로, 선교 여건이 좋지 않습니다. 주민들이 많지도 않고, 각각 자기들 종교를 갖고 있기에 바꾸려고 하지 않습니다. 그리고 시기도 좋지 않습니다. 농한기 때라면 좋을지 몰라도, 지금은 농활기라 모두가 바쁠 때입니다."

이는 '안 믿는 이'의 전형적인 태도입니다. 하지만 고맙게도 '믿는 이'의 태도를 지닌 임원도 있었습니다. 저는 일부 부정적인 견해를 일축하고 '믿는 이'에 속하는 임원들과 함께 도전적인 사목을 펼쳤습니다.

은혜롭게도 주님께서는 매번 믿는 이들의 도전을 가상히 보아 주시어 기대 이상의 성과를 보게 해 주셨습니다.

하느님의 일은 항상 소수 '믿는 이'들을 통하여 이루어집니다.

예수님께서는 제자들이 모두 '믿는 이'가 되기를 원하셨습니다. 하지만 제자 교육의 말미에 이르자, 토마스가 마음에 걸렸던 듯합니다. 토마스가 그토록 예수님을 오래 따라다녔어도 지난 3년간 예수님께서 해 주신 말씀과 행하신 사랑들에 대해 여전히 '긴가민가' 하는 회의를 품었기 때문입니다.

그런 까닭에 일부러 토마스만을 위하여 따로 나타나시면서까지 토마스에게만 1대 1 나머지 교육을 시키셨습니다. 그 결론으로 이렇게 주문하셨던 것입니다.

"토마스야, 안 믿는 이가 되지 말고 믿는 이가 되거라."

이처럼 사랑 깊은 맞춤 코칭으로 인하여, 토마스에게 믿음의 눈이 활짝 열리는 기적이 일어났습니다. 그는 마침내 고백합니다.

"저의 주님, 저의 하느님!"(요한 20,28)

놀랍게도 이는 "스승님은 살아 계신 하느님의 아드님 그리스도이십니다."(마태 16,16)라는 베드로의 고백을 추월하는 고백이었습니다. 예수님을 "주님Kyrios"과 "하느님Theos"으로 고백했기 때문입니다.

눈이 열린 토마스는 이렇게 노래했을지도 모릅니다.

믿는 이가 되면 통째로 믿어지지.
안 믿는 이가 되면 전부 의심되지.

믿는 이가 되면,
기적도, 부활도, 영원한 삶도 다 믿어지지.

안 믿는 이가 되면,
기적? 부활? 영원한 삶? 하나하나가 의심거리지.

함께 기도하시겠습니다.

주님, 저희로 하여금 저희 안에 아직도 웅크린 채 숨어 있는 '안 믿는 자'의 의심을 단호히 내던지게 하소서.

주님, 저희로 하여금 믿는 자가 되어 무엇이건 저희가 주님의 이름으로 꾀하고 있는 일이 반드시 성취됨을 믿게 하소서.

주님, 저희로 하여금, '믿는 자'로서, 어떤 절망 속에서도 희망을, 어떤 실패 속에서도 재기를, 그리고 어떤 불행 속에서도 행운을 확신하게 하소서.

우리 주 예수 그리스도를 통하여 비나이다. 아멘!

부활 제3주일: 루카 24,13-35

절망에서 희망으로

"그러자 그들의 눈이 열려 예수님을 알아보았다"(루카 24,31).

1. 말씀의 숲

부활 제3주일을 보내는 지금 우리는 그 유명한 엠마오로 가는 두 제자의 이야기를 듣게 됩니다. 그들은 엠마오로 가는 도상에서 큰 변화를 체험하게 됩니다. 바로 절망에서 희망으로 넘어갔던 것입니다. 과연 그들에게 어떤 일이 일어났던 것일까요?

엠마오의 두 제자 이야기는 루카 복음사가만의 고유한 이야기입니다. 우리는 그 내용을 다음의 네 부분으로 나누어 볼 수 있습니다.

첫째, 예수님과 엠마오 제자들의 만남(루카 24,13-16 참조)

예루살렘에서 예수님의 수난과 죽음을 지켜본 두 제자가 엠마오로 가면서 그간에 있었던 일들을 이야기 나눕니다. 그때 부활하신 예수님께서 그들에게 다가가지만, 그들의 눈은 가리워져 그분을 알아보지 못합니다.

둘째, 최근의 사건에 대한 제자들과 예수님의 대화(루카 24,17-27 참조)

예수님께서는 그 제자들에게 무슨 이야기를 나누고 있는 물어보십니다. 이에 클레오파스라는 제자는 예수님께 그간 예루살렘에서 있었던 일을 말씀드립니다. 예수님께서는 그들의 어리석음을 질책하시며, 당신에 대한 구약성경의 기록들을 설명해 주십니다.

셋째, 제자들과 함께 머무시는 예수님의 계시(루카 24,28-32 참조)

엠마오에 도착한 제자들은 예수님과 함께 머물기를 청합니다. 예수님께서는 그들의 청을 들어주셨을 뿐 아니라, 식탁에서 빵을 나누어주시며 당신을 드러내 보여주십니다.

넷째, 제자들의 예루살렘 귀환과 보고(루카 24,33-35 참조)

엠마오의 제자들은 자신들이 부활하신 예수님을 체험하고, 바로 예루살렘으로 돌아가 다른 제자들을 만납니다. 그때 그들은 예수님께서 베드로에게 나타나셨다는 이야기를 듣고, 자신들이 체험한 이야기도 알려줍니다.

엠마오의 제자들에 관한 이야기는 예수님의 시신을 찾으러 갔다가 '빈 무덤'을 발견한 여인들이 예수님의 부활 소식을 접하는 이야기(루카 24,1-12)와 부활하신 예수님께서 제자들에게 사명을 주시고 승천하시는 이야기(루카 24,36-53) 사이에 위치하고 있습니다.

그리고 오늘 본문에서 우리는 제자들의 변화를 살펴볼 수 있습니다.

우선 두 제자는 눈이 가리워져서 부활하신 예수님을 알아뵙지 못했습니다. 사실 그들은 예수님의 부활에 대해서도 믿지 못했습니다. 하지만 예수님과 동행하면서 점차적으로 깨달음으로 나아갑니다. 우선 '성경에 대한 예수님의 가르침과 당신 자신에 대한 말씀'(루카 24,25-27 참조)을 통하여, '예수님과 함께 머물고 싶어 하는 제자들의 강렬한 소망'(루카 24,28-29 참조)을 통하여, 결정적으로는 저녁식사 때 예수님의 성찬 거행(루카 24,30 참조)을 통하여, 두 제자의 눈이 열려 예수님을 알아보게 된 것입니다.

이는 그들이 절망에서 희망으로 나가는 과정과도 연결되어 있습니다. 그들이 예수님을 알아뵙지 못했을 때에는 절망의 상태에 놓여있었습니다. 그러나 예수님께서 그들에게 성경 말씀을 풀어주실 때, 그들은 마음이 뜨거워짐을 느꼈고, 부활하신 예수님을 알아 뵈었을 때는 기쁨의 상태로 넘어갔던 것입니다.

이는 우리의 신앙적 자세와도 관련이 있습니다. 우리가 주님을 알아뵙지 못하면 우리는 절망의 상태에 놓여 있을 것입니다. 하지만 우리가 신앙을 통하여 주님을 알아뵈었을 때, 우리는 희망과 기쁨을 누리는 것입니다.

2. 말씀 공감

■ 사랑의 충전

> **"저희와 함께 묵으십시오"**(루카 24,29).

긴가민가한 상태에서도 본능적으로 그들은 예수님을 붙잡았습니다. 이미 그들의 마음속에서는 무언가 뜨거운 것이 타올랐던 것입니다. 바로, 엠마오로 가던 두 제자의 이야깁니다.

이처럼 진짜 사랑을 만나면 떨어지기 싫은 마음이 드는 것이 당연하겠지요. 영원히 함께 하고픈 간절함이 생기는 것도 당연하구요.

문득 2014년 3월 초 프란치스코 교황님께서 로마교구 사제들과의 만남 자리에서 준비된 원고를 덮어두고 즉흥적으로 들려주신 당신의 지난날 고백이 떠오릅니다. 그 잔잔한 감동을 여러분과 나눠 봅니다.

사제들에게 무엇보다 고해성사의 중요성을 말씀하신 교황. […]

교황은 "훌륭한 사제가 된다는 것은 목자이신 예수 그리스도를 닮아가는 것을 의미한다"며 "목자 없는 양처럼 피곤에 지쳐 영혼이 피폐해진 이들이 고해하러 오면 이들을 환영하고 이야기를 들어주고 조언과 함께 보속을 주면서 이들을 돌봐야 한다"고 간곡히 당부했습니다. […]

교황은 특히 […] 강연 도중 […] 아르헨티나 부에노스아이레스 대교구 보좌 주교 시절에 자신이 존경했던 호세 아리스티 신부의 장례식 때에 […] 있었던 일화를 들려주었다.

"아리스티 신부님은 고해 사제로 유명했을 뿐 아니라 신자들의 사랑을 한몸에 받았습니다. 그런 신부님의 관에 꽃을 헌화하다가 신부님의 손에 쥐어진 묵주를 보았지요. 그런데 나도 모르게 나쁜 마음이 들었습니다. 그래서 신부님 손에 있는 묵주를 가져왔지요. 그 순간 신부님의 얼굴을 보면서 나 자신도 모르게 고백을 했습니다. '당신의 자비를 반만이라도 나에게 주십시오' 하고 말입니다."

그날 이후로 그 묵주와 함께해왔다고 전한 교황은 이런 고백을 덧붙였다.

"교황직에 오르고 나서도 내 윗옷 가슴 쪽 주머니에 늘 그 묵주를 넣고 다닙니다. 내가 누군가에 대해 나쁜 생각이 들 때면 묵주가 있는 주머니 쪽에 손을 대곤 하는데 그럴 때면 늘 주님의 은총을 느낍니다."[51]

교황님의 행동은 그저 갖고 싶은, 좋아 보이는 것에 대한 세상적인 욕심에서 우러나온 것이 아니었음이 당연합니다. 오로지 하느님 자비에 대한 그 순수한 열망에서 비롯된 거룩한 일탈이었을 터입니다. 여전히 그 묵주를 통하여 하느님 자비의 현존과 함께 살아가고 계시기 때문이지요.

"저희와 함께 묵으십시오"(루카 24,29).

엠마오로 가던 두 제자의 이 청을 예수님께서 기꺼이 받아들이셨던 것은, 그들 마음이 진실로 당신과 함께하길 원하고 있음을 잘 아셨던 까닭입니다.

우리도 아무런 사심 없이 오직 주님만을 원할 때, 그분은 이렇듯 언제라도 어떤 계기로서라도 우리와 함께하여 주실 것입니다.

■ 시장에서 만난 주님

> **"그러자 그들의 눈이 열려 예수님을 알아보았다"**(루카 24,31).

드디어 제자들의 눈이 열렸습니다. 은근슬쩍 다가와 말을 걸고 열정적으로 성경을 풀이해 주실 때까지만 해도 긴가민가했던 그들은, 빵을 들고 찬미를 드리신 그 모습, 그리고 그것을 떼어 자기들에게 나누어 주시는 그 모습에서 스승 예수님이심을 확신합니다. 비로소 부활하신 예수님을 알아보게 된 것입니다.

그분과 함께하는 내내 점차 커져 가던 마음속의 그 떨림과 흥분, 감격의 이유를 명확히 깨닫게 된 것이었습니다.

"길에서 우리에게 말씀하실 때나 성경을 풀이해 주실 때 속에서 우리 마음이 타오르지 않았던가!"(루카 24,32)

부활하신 예수님을 알아보는 일, 이는 어쩌면 아주 어려운 것만은 아닐 터입니다. 여기 매일을 부활 신앙으로 살아가는 한 형제가 있습니다.

10여 년 전 명동성당 남대문 공소 회장을 지냈던 홍 이냐시오 형제의 이야기로, 인터넷 서울대교구 직장사목부 사이트 '빈터'에 게재된 글입니다. 그는 소소하지만 충만한 일상을 통해 매일 '눈이 열려 예수님을 알아보는' 은혜를 누리는 법을 우리에게 일깨워 주기에 그의 목소리에 귀 기울여 봅니다.

"사랑이신 주님, 새로운 하루를 주셔서 감사합니다."

시장에서의 하루는 이렇게 '일터에서의 기도'로 시작합니다. 한 평 반 정도의 작은 공간은 그야말로 주님께서 주신 은총의 자리가 아닐 수 없습니다. 맛있게 밥을 먹으면 식당이요, 잠을 자면 호텔이며, 성경을 읽고 기도하면 수입도 있는 성전이라 여겨지기 때문입니다.

언제부터인가 성경을 차분히 봉독하여도 방해되지 않을 정도로 손님의 발걸음이 끊겼습니다. 당장 경제적인 어려움이 닥쳐왔지만 그래도 이렇게 좋은 느낌으로 시장생활을 할 수 있는 것은 항상 저와 함께하시는 주님 때문일 것입니다.

"하늘에 계신 너희의 아버지께서는 이 보잘것없는 사람들 가운데 하나라도 망하는 것을 원하시지 않는다"(마태 18,14: 공동번역).

이 말씀은 제게 언제나 큰 힘을 줍니다. 지금의 어려움은 더 나은 내일을 위한 준비 단계라고 생각할 수 있기 때문입니다.

얼마 전 초등학교에 다니는 아들, 대건 안드레아가 "아빠, 나 빨리 천국에 가고 싶어"라는 말을 했습니다. 저는 깜짝 놀라 "안드레아, 천국은 우리가 하느님을 열심히 믿고 살면 이다음에 나이가 많이 들어서 가는 곳이란다"라며 말을 막았습니다.

그랬더니 안드레아가 말하길, "아빠, 엄마 말씀 잘 들으면 우리 집이 바로 천국이라고 하셨잖아요. 그러니 빨리 집에 가고 싶다 이 말이에요." 하는 것이었습니다.

"그래, 네 말이 맞다. 아빠가 깜박 잊었었구나. 우리 집이 바로 천국인 하느님 나라다."

저는 웃으며 대답해 주었습니다마는, 그동안 제가 하느님 나라에 살고 있다는 사실을 잠시 잊고 지냈나 싶어, 아들 앞에서 제 모습이 갑자기 부끄러워졌습니다.

이렇게 저희 가족이 하느님 나라에 살고 있으니 세상에 안 되는 일도 없고, 또 안 되어도 더 좋은 일이 있을 것이라는 기대가 있으니 항상 감사할 뿐입니다.

주님이 주시는 이 평화와 기쁨도 물건을 팔면서 손님에게 덤으로 가득가득 주고 싶습니다. 그리고 모든 가족이 바로 하느님 나라가 될 수 있도록 기도합니다.[52]

네, 매사에서 부활하신 주님을 만나는 그의 맑은 눈이 더욱 빛나는 듯 선하게 떠오르지 않나요.

■ 거기 그 공간

> "길에서 우리에게 말씀하실 때나 성경을 풀이해 주실 때
> 속에서 우리 마음이 타오르지 않았던가!"(루카 24,32)

부끄러운 얘기 하나 하겠습니다.

1997년 제가 강화본당 주임 신부로 있을 때, 학술세미나에 초청을 받아서 신학교 교수 신부, 목사, 수녀, 그리고 평신도 학자들 앞에서 발제한 적이 있습니다. 공동체로서 교회 관련 주제였는데, 호평을 받았고

재미도 있었습니다.

바로 그다음 일주일간 미사 강론을 하던 중 뭔가가 매우 답답하게 느껴졌습니다. 아이러니랄까 아쉬움이랄까? 학술세미나에서 신나게 나눴던 고담준론 가운데 신자들에게 전해줄 수 있는 개념이나 용어가 도무지 혀에 채이지 않았던 것입니다.

문제는 생활언어와 학술언어 사이의 괴리였습니다. 그랬기에 '학술언어'로 강론을 못 할 까닭은 없었지만, 그래 놓고서 이해와 감동을 기대하는 것은 과욕이라 여겨졌습니다. 더욱이 강화 본당 같은 준 시골 성당에서 연세 지긋한 어르신들의 눈높이를 맞추려면 생활언어 가운데서도 '뽕짝' 냄새나는 대중의 언어가 제격이 아닐까 했던 것입니다.

저는 고민했습니다.

학자의 길이냐 사목자의 길이냐?

용단을 내렸습니다.

'나는 일단 사목자의 길을 가련다. 정 아쉬우면 학자의 길은 나중에라도 갈 수 있지 않은가.'

그날 이후로 저는 쉬운 말로 강론하려고 노력해왔습니다. 도움이 된다면 시장의 언어라도 빌려서 강의하는 용기를 내어 보았습니다. 점점 발전하는 재미가 쏠쏠했습니다.

세리, 죄인, 창녀들과 격의 없이 소통하신 예수님을 사부로 모셨습니다. 흔히 보는 주변의 자연에서 소재를 찾고 비유로 풀어내시면서도, 심오한 진리를 전하시는 예수님은 비교를 불허하는 명강론가요 넘버원 스승이십니다. 그러기에 어린이들도 재미있어하며 주변에 몰려들었습니다. 저는 주님께 그런 은사를 청했습니다. 그리고 받았다고 믿었습니다.

몇 년이 지나 교구장님의 명으로 미래사목연구소 소장으로 부임한 저는 저런 지향의 연장 선상에서 누구나 쉽게 알아들을 수 있도록 쓴 예비 신자 교리서가 필요하다고 느꼈습니다. 당장 착수하여 얼마 후 『가톨릭 신자는 무엇을 믿는가』(2003년)를 첫 작품으로 내어 과분한 사랑을 받았습니다. 당시로써는 기대 이상으로 많이 읽혀졌습니다.

하지만 "내용이 너무 방대하니 조금만 줄였으면 좋겠다"는 의견들이 일선 사목 현장의 신부님들로부터 모여들었습니다. 쾌히 받아들여서 발간하게 된 교리서가 바로 『여기에 물이 있다』(2004년)입니다. 많은 본당에서 공식 예비 신자 교재로 선택되어, 오늘날까지 지속적으로 애용되고 있으니, 그저 성령의 역사하심이라고 믿을 뿐입니다.

그랬는데, 2017년 1월 지인으로부터 무척 반가운 얘기를 전해 들었습니다.

퍽 오래전, 2010년 전후의 얘기라고 했습니다. 당시에 부당한 재판에 휘말려 마음도 달래고 기도도 할 겸, 명동성당 지하성당을 즐겨 찾았답니다. 그러던 중 나이 좀 들어 보이는 어떤 형제와 자주 조우했답니다. 일면식이 없었기에 그냥 지나쳤지만, 어디서 많이 본 듯한 얼굴이었답니다.

"낯익은 얼굴인데, 누굴까?" 하고 머릿속 데이터를 돌리던 중 번쩍하고 언젠가 신문에서 본 얼굴이 떠올랐답니다. 큰 국가적 정치사건에 연루되어 혼자서 책임을 뒤집어쓰고 옥살이를 했던 고위 공직자였습니다. 반가움에 다가가서 말을 걸었답니다.

"혹시, ○○○님 아니십니까?"

"맞는데요, 어떻게 저를 아시죠?"

"신문에 난 얼굴과 기사를 본 적이 있습니다."

다른 곳도 아닌 성당에서 만난 사이라 둘 사이에는 금세 벽이 허물어졌답니다. 이야기는 계속 이어졌습니다.

"본래 신자셨습니까?"

"아닙니다. 감옥에서 세례를 받았습니다."

"여러 종교 가운데 왜 하필이면 가톨릭 신앙을 택하셨는지요?"

이 질문에 그 '별을 단 사나이'는 흥분한 듯 대답하더랍니다.

"내가 억울해 보였던지, 많은 지인들이 마음을 누그러뜨리라고 종교 서적들을 보내 주셨지요. 유명한 스님들 책, 목사님 책, 그리고 신부님 책들도 포함되어 있었습니다. 전부 꼼꼼히 읽어봤습니다. 급할 것도 없고, 종교는 꼭 필요하다고 여겨져서요."

"아, 그러셨군요. 헌데 무슨 기준으로 가톨릭 신앙을 택하셨나요?"

"다 읽고 보니, 그 가운데 차동엽 신부가 쓴 『여기에 물이 있다』가 가장 내 마음을 움직였어요. 이치에도 부합했고 감동도 주었어요. 그래서 바로 이거다 하고 택하게 된 거죠."

이 이야기를 전해 듣고 저는 "하느님께 영광, 성령께 찬미! 할렐루야!" 하며 그대로 보람을 반납했습니다. 성령을 청하는 기도를 올리고 성령의 감도를 느끼며 한 자 한 자 쓴 책이었기에 당연히 그 수확은 성령과 함께 성부 하느님과 성자 예수님의 몫인 것입니다.

성령은 부활하신 예수님께서 보내주신 파라클리토, 곧 협조자십니다. 그러기에 성령은 엠마오로 내려가던 제자 둘이 즉각적으로 회상했던 흥분을 오늘 우리들의 입으로 발설케 해 줍니다.

"길에서 우리에게 말씀하실 때나 성경을 풀이해 주실 때 속에서 우리 마음이 타오르지 않았던가!"(루카 24,32)

우리에게는 부활하신 예수님의 현존 방식인 말씀이 있습니다. 신비롭게도 말씀에는 성령의 권능도 함께 서려 있습니다. 그러기에 말씀을 통하여 우리는 예수 그리스도와 성령을 동시에 만납니다. 이 역동적인 은혜를 누릴 줄 아는 이는 복됩니다.

함께 기도하시겠습니다.

주님, 차디찬 얼음 덩어리처럼 도무지 뜨거워지지 않는 저희 영혼에, 다시 믿음의 불을 댕겨 주시어, 저희가 애오라지 주님만을 향하게 하소서.

주님, 세상 사는 재미에 홀려 실상은 죽음의 처지에 있는 저희의 마음에, 새삼 희망의 빛을 비춰주시어, 저희로 하여금 애타게 주님을 바라보며 부활을 갈망하게 하소서.

주님, 온갖 죄로 물들여진 저희 심신에, 주님 십자가로 값을 치르고 도로 산 그 영광을 덮어주시어, 저희로 하여금 세세에 주님을 찬미하게 하소서.

우리 주 예수 그리스도를 통하여 비나이다. 아멘!

부활 제4주일: 요한 10,1-10

생명의 문

"나는 문이다. 누구든지 나를 통하여 들어오면 구원을 받고,
또 드나들며 풀밭을 찾아 얻을 것이다"(요한 10,9).

1. 말씀의 숲

오늘은 부활 제4주일이면서, '착한 목자 주일' 곧 성소 주일입니다. 오늘 신학교, 수도원, 수녀원 등지에서는 성소 주일 행사의 일환으로 으레 답방한 주일학교 학생들로 북적댈 것입니다. 방문을 계기로 사제 성소나 수도 성소에 대해서 고민하는 아이가 한두 명이라도 생겨난다면 그것은 대단히 반가운 일이 될 것입니다.

오늘 우리가 들은 복음 말씀은 두 부분으로 나누어 볼 수 있습니다.
첫째, 목자와 양에 대한 비유(요한 10,1-6 참조)
둘째, 문에 관한 비유(요한 10,7-10 참조)

예수님께서 이야기를 시작할 때, 목자와 도둑의 차이에 대하여 말씀하십니다. 목자는 정식으로 문으로 들어가고, 도둑과 강도는 문으로 들어가지 않는다는 것입니다. 그런데 두 번째 비유에 와서 그 문은 바로 목자였음이 드러납니다. 그렇다면 여기서 목자와 문은 어떤 관계를 가

지고 있는 것일까요?

사실 양 떼의 유일한 목자는 예수님 자신이셨습니다. 그래서 예수님께서는 계속 당신이 양들을 알고 양들이 당신을 따른다고 강조하셨습니다. 목자가 양들을 하나씩 불러내면 양들은 목자의 목소리를 알아듣고 순종했습니다. 목자는 양들을 목초가 넘쳐나고 풍요로운 목장으로 인도하여, 그들을 살립니다. 그러나 강도와 도둑은 목자와는 달리 양들을 훔쳐서 죽이기 위해서 옵니다.

그런데 이 목자는 양들의 문이 됩니다. 만약 양들이 이 문으로 들어온다면 누구나 구원받을 것이고, 드나들면서 목초를 찾아 얻을 것입니다. 그러나 한 가지 주의해야 할 것이 있습니다. 그것은 목자보다 먼저 온 도둑과 강도입니다. 그들은 문이 아니었습니다. 그러므로 그리로 들어가는 일이 없어야 합니다. 만약 그리로 들어간다면 죽음과 파멸만 있을 뿐입니다.

2. 말씀 공감

■ 열정을 더해 주소서

> **"그는 앞장서 가고 양들은 그를 따른다"**(요한 10,4).

지난번 복음 묵상에서 들려 드린 프란치스코 교황님의 일화였죠. 아리스티 신부님의 묵주 사건, 기억하시는지요?

아리스티 신부의 장례 예절에서 그 신부가 평소 지니고 있던 묵주가 탐이 나서 슬쩍 하셨던 교황님의 그 일화를 읽노라니 저의 입가엔 어느새 미소가 번져 있었습니다. 제 부끄러운(?) 과거가 떠올랐기 때문입니다.

성소 주일인 오늘을 맞아, 특별히 여러분에게도 살짝 고백하여 봅니다.

몇 해 전 터키·그리스 성지순례에 갔을 때 이스탄불의 성 게오르기오스 성당에 들른 적이 있었습니다. 거기 한켠에 성인들의 유해가 안치되어 있었는데, 제 눈에 '성 요한 크리소스토모'라는 이름이 클로즈업 되어 보였습니다.

요한 크리소스토모 성인! 명문장, 명설교로 유명한 그. 오죽하면 요한 금구金口란 별칭으로 더 알려졌을까요. 제 가슴은 뛰기 시작했습니다.

'아! 내가 그토록 흠모하던 요한 금구 성인! 어쩌다 그가 남긴 명문을 만날 때면, 그 격한 호흡에 나는 어찌도 감동했던가.'

저는 주위를 둘러보았습니다. 다들 가이드를 따라 저쪽으로 이동 중이었습니다. 이때다 싶어 저는 사진 봉사자를 얼른 불렀습니다. 그러고는 둘러쳐진 안전줄을 밀어 유해가 안치된 함 쪽으로 다가가 '손대지 말라'는 경고문을 무시하고, 슬쩍 함 뚜껑에 손을 얹고 사진 한 방을 찍게 했습니다. 그 순간 기도했습니다.

"요한 크리소스토모 성인이시여, 저에게 당신의 열정과 영감이 함께하도록 빌어 주소서."

이 기념비적인(?) 사진은 그 기도에 대한 담보로서 연구소 방 한켠에 고이 모셔져 있습니다.

왜 프란치스코 교황은 아리스티 신부의 묵주가 탐났을까요. 왜 저는 요한 크리소스토모 성인의 유해를 몰래라도 만지고 싶었을까요. 모자람을 느꼈기 때문입니다. 땅과 하늘 사이를 잇는 가교 역할을 감당하는

데 요구되는 영적 역량이 턱없이 부족함을 매 순간 느끼며 사는 것이 모든 사제들의 가난한 현실 아닐까요.

요한 크리소스토모는 누구보다 열정의 가치를 제대로 안 성인이었습니다. 전해지는 일화 중에 이런 이야기가 있습니다.

성인이 한번은 자신의 교구 가운데 성직자가 없어 어려움을 겪고 있는 지역을 찾아갔습니다. 그리고 그곳의 농부 한 사람을 잘 교육해 성직자로 임명했지요. 그러나 이내 후회했습니다. '준비가 부족한 사람을 사제로 임명하다니. 내가 큰 잘못을 저지른 게 아닐까?'

얼마 후 크리소스토모 성인은 다시 그곳을 찾아가 농부 출신의 사제가 드리는 미사를 지켜보았습니다. 그의 눈가에는 어느새 눈물이 흐르고 있었습니다. 그는 그렇게 정성을 다해 거룩한 얼굴로 기도드리고, 열정을 다해 강론하고, 신자들의 눈을 보며 마음을 사로잡는 사제를 어디서도 본 적이 없었기 때문입니다.

미사가 끝나고 크리소스토모는 제단으로 나아가 농부였던 사제 앞에 무릎을 꿇고 말했습니다.

"나를 축복해 주시오. 나는 당신처럼 불같은 열정과 사랑으로 하느님을 섬기는 사람을 어디서도 본 적이 없소."

그렇습니다. 조금 부족해 보일지라도 그 사람 안의 열정이 누구보다 크다면, 그것으로 충분한 것입니다.

"그는 앞장서 가고 양들은 그를 따른다"(요한 10,4).

이렇게 목자가 앞장서 갈 수 있도록 충동하는 것은 바로 열정일 것입니다.

> "나는 문이다. 누구든지 나를 통하여 들어오면 구원을 받고,
> 또 드나들며 풀밭을 찾아 얻을 것이다"(요한 10,9).

예수님께서 오늘 당신의 신원에 대하여 또 다른 말씀을 하십니다. 바로 당신 자신을 가리켜 '문'이라고 하신 것입니다. 우리는 그 문을 통하여 구원을 얻을 수 있을 뿐 아니라, 풀밭을 자유롭게 드나들 수 있게 됩니다.

그런데 '문'이란 어느 건물 안으로 들어갈 때는 꼭 거쳐야 하는 것입니다. 그 문을 거치지 않고 들어가는 것은 도둑일 뿐입니다. 그리고 문을 통해서 드나들 때, 우리는 자유를 누릴 수 있습니다.

저는 제가 집필한 『행복코드: 맥으로 읽는 성경』(2008년)라는 책을 가지고 나눔을 하는 한 소그룹에 속한 한 형제님이 보내준 글을 읽으며 '자유'에 대하여 다시금 생각해 볼 기회를 가졌습니다. 그 글을 소개합니다.

『행복코드』 10과 '자유'에 대한 나눔을 통하여 우리를 자유롭게 하시는 야훼 하느님을 만났습니다. 야훼라는 뜻을 멋지게 해석하셔서 '자유자재'로 표현해 주신 것에 경탄을 금치 못했습니다. 저희 나눔 조원들은 그 글을 읽으면서 참 자유를 느낄 수 있었습니다. 나눔을 마무리하면서 『행복코드』 책 '내 인생의 무지개'에 나온 달팽이의 예화가 너무도 마음에 와 닿았습니다. 그 내용은 이렇습니다.

세상에서 제일 큰 집을 갖기로 작정한 한 달팽이가 집을 크게 만드

는 법을 알아냈다. 그 달팽이는 아름답고 큰 집을 예쁘게 색칠까지 하고 행복해했다.

세월이 지나 그 달팽이가 살던 양배추에는 먹을 것이 없어져 이사를 해야 했다. 그러나 그 달팽이는 집이 너무 크고 무거워서 움직일 수가 없었다. 이 이야기를 들은 어린 달팽이가 말했다.

"나는 작은 집을 가져야겠어. 그래서 가고 싶은 데로 어디든지 갈 거야."

크고 좋은 집을 지었던 달팽이는 소유로 인해 자유를 잃었다.

큰 집을 갖고자 했던 달팽이는 자신의 욕심으로, 자신의 소유로 인하여 자유를 박탈당했습니다. 어쩌면 이 모습이 지금의 제 모습이 아닌가 합니다. 다른 사람보다 더 많은 것을 갖고 싶어 하는 소유욕이, 다른 사람보다 잘나 보이고자 하는 명예욕이 내 자신을 얽매고 있음을 깨달았습니다. 더 많이 가지기 위하여 그만큼 나 자신을 일에 더 몰입시키고, 다른 사람에게 잘 나 보이기 위해서 다른 사람 앞에서 나 자신을 꾸며진 모습 안에 가두어야 했기 때문입니다.

그런데 이는 비단 저 자신만의 문제가 아니었던 것 같습니다. 저와 같이 모임을 하는 한 형제님도 이와 비슷한 체험을 말씀해 주셨기 때문입니다. 이전에는 사업 때문에 외국이 출장도 다니고 할 정도로 바쁜 일정을 보내다 보니 마음의 여유가 없었다는 것입니다. 그런데 그 회사를 그만두고 지금은 비록 작은 기업체에 근무하고 계시지만, 신앙생활을 마음 편하게 할 수 있어서 좋다는 것입니다. 자신의 욕심을 버리니 그만큼 자유를 누린다고 말입니다.

이전까지는 생각하지도 못했던 행복의 조건들을 『행복코드』를 읽으면서 발견하는 기쁨을 누리고 있습니다. 아직 42가지 행복코드를 다 읽어보지는 못하였지만, 이 나눔을 통해서 내 생각과 다른 사람의 생각을 나누는 기쁨도 알게 되었습니다.

말씀의 은혜를 나누고 싶은 생각에 편지글을 여과 없이 소개했습니다. 어떤 면에서 『행복코드』는 신자들에게 성경 안에 숨겨져 있는 여러 가지 '행복코드'를 드러내주는 '문'이 되어주고 있다는 생각이 듭니다. 부족하지만 많은 분들이 『행복코드』를 통해서 주님을 만나 뵙고, 그 안에서 자유를 누릴 수 있기를 기원합니다. 아멘.

■ 차고 넘치는 은혜

> "나는 양들이 생명을 얻고 또 얻어 넘치게 하려고 왔다"(요한 10,10).

예수님께서 우리 인간들에게 오신 목적은 당신을 따르는 이들이 "생명을 얻고, 또 얻어 넘치게" 하시기 위함이었습니다. 그리고 우리가 주님으로부터 생명을 얻기 위해서는 그분의 말씀에 귀를 기울여야 합니다. 왜냐하면, 주님의 말씀은 우리를 격려하며 용기를 주는 생명의 말씀이기 때문입니다.

1968년 하버드대학교 사회심리학과 교수인 로버트 로젠탈과 미국에서 20년 이상 초등학교 교장을 지낸 레노어 제이콥슨은 미국 샌프란시스코의 한 초등학교 전교생을 대상으로 지능검사를 했습니다. 그 후, 그들은 담임교사에서 몇몇 아이들의 명단을 넘겨주면서 이렇게 말했습니다.

"우리가 검사한 결과에 따르면 이 학생들은 무한한 잠재력을 가지고 있으며 잘만 교육하면 지목한 아이들이 큰 인물이 될 것입니다. 눈여겨

보십시오."

자연스럽게 그 담임 교사는 명단에 적힌 학생들을 주목하게 되었습니다. 그리고 그들의 잠재력이 드러날 때마다 칭찬과 격려를 아끼지 않았습니다.

8개월 후, 이전과 같은 지능검사를 다시 실시하였는데, 그 결과 명단에 속한 학생들은 다른 학생들보다 평균점수가 높게 나왔습니다. 뿐만 아니라 학교 성적도 눈에 띄게 향상되었고, 대인관계나 학습 태도에 있어서도 확연한 변화가 있었습니다.

그런데 흥미로운 사실은 로젠탈이 담임 교사에게 넘겨준 명단의 학생들은 처음 지능검사의 결과와 상관없이 한 반에서 무작위로 20% 정도의 학생을 뽑았다는 것입니다. 곧 그 명단에 있던 학생들은 실제로 어떠한 뛰어난 능력도 갖추지 못한 평범한 학생들이었습니다. 그럼에도 이 학생들이 남다른 성적과 태도를 보인 것은 담임 교사의 지속적인 칭찬과 격려의 말이 나타낸 효과였던 것입니다.

이 연구 결과는 교사가 학생에게 거는 기대와 격려가 실제로 학생들의 성적 향상에 효과를 미친다는 것이었고, 우리는 이 이론을 '피그말리온 효과 Pygmalion effect'라고 말합니다.

같은 상황이라 하더라도, 말 한마디의 위력은 대단합니다. 격려의 말을 하느냐, 화내는 말을 하느냐에 따라 상대방의 삶이 변할 수 있기 때문입니다. 이런 이야기가 있습니다.

시골의 작은 성당에서 한 아이가 주일미사를 돕고 있었다. 그러다 잠시 한눈을 파는 순간 성찬례에 쓸 포도주를 바닥에 쏟고 말았다. 화가 난 신부는 소년에게 "다시는 이곳에 오지 말아라!" 하고 소리를 질렀다.

또 다른 성당에서 한 아이가 주일미사 중 비슷한 실수를 저질렀다. 그러나 그곳의 신부는 그 아이를 사랑스러운 눈빛으로 바라보면서 "괜찮다. 일부러 그런 것이 아니잖니? 나도 어릴 때 실수가 많았단다. 너도 신부가 되겠구나" 하며 용기를 북돋아 주었다.

성당에서 쫓겨난 아이는 '조셉 브로즈 티토'로서 세월이 흘러 공산주의 국가인 유고슬라비아의 대통령이 되어 강력한 독재자로 알려졌다. 반면에, 위로의 말을 들었던 다른 아이는 미국의 유명한 '풀턴 J. 쉰'으로서 나중에 대주교가 되었다.

이처럼 무심코 내뱉은 한마디의 말이 한 사람의 인생을 바꿀 수도 있는 것이다.[53]

오늘 복음 말씀에서 우리는 예수님께서 말씀하시는 목자와 양의 이야기를 들었습니다. 그리고 이 이야기에서 나오는 양들은 목자의 목소리를 알아듣고, 따라간다고 했습니다. 목자들이 양 떼를 거느릴 때 과연 어떠한 음성으로 그들을 부를까 상상을 해봅니다.

우리들도 생활 안에서 그러하듯, 짜증을 내거나, 남을 욕하는 소리, 화내는 소리를 듣고 싶어 하지 않습니다. 오히려 그런 음성을 듣지 않으려고 그 자리를 피하고 말 것입니다. 하지만 격려해주고 사랑을 전달해주는 목소리에 우리는 귀를 기울이게 됩니다. 그리고 그 목소리에 힘을 얻고, 그 소리를 더 듣기 위하여 노력을 하기도 합니다.

주일복음 묵상을 읽는 이마다 생명을 풍성히 주시는 주님의 음성을 들으시기 바랍니다. 그 은혜가 차고 넘쳐서 이웃에게도 전달되기를 축원합니다. 아멘.

함께 기도하시겠습니다.

주님, 주님께서는 몸소 저희 사제들에게 맡기신 양들을 앞에서 이끌기 위하여, 저희가 먼저 아프고, 먼저 슬프고, 먼저 비바람 맞고, 먼저 깨달아 알고, 먼저 행하기를 원하십니다.

주님, 저희가 양들에 앞장서 갈 수 있도록 저희에게 열정을 더해 주소서.

주님, 양들이 저희 사제들을 따를 수 있도록 저희에게 주님의 자비를 더해 주소서.

우리 주 예수 그리스도를 통하여 비나이다. 아멘!

진리이신 주님

"나는 길이요 진리요 생명이다"(요한 14,6).

1. 말씀의 숲

오늘 우리가 들은 복음 말씀은 요한 복음 13-17장의 최후 만찬 대목 안에 위치해 있습니다. 예수님께서는 파스카 축제를 지내기 위해 예루 살렘에 입성하셔서, 최후의 만찬 상에서 유다와 베드로의 배신을 예고 하신 다음 긴 연설을 하십니다(요한 14,1-16,33 참조). 오늘의 본문은 바로 이 연설문 첫 머리에 해당합니다.

더불어 오늘 본문은 베드로의 질문, "주님, 어디로 가십니까?"(요한 13,36)에 대한 대답입니다. 이에 예수님께서는 당신의 행선지와 '아버지 뵙기'라는 주제를 들어 말씀을 이어가십니다.

오늘 말씀의 구조를 살펴보면 다음과 같습니다.

첫째, 베드로의 질문에 대한 대답(요한 14,1-4 참조)

베드로가 예수님의 행선지를 모른다는 것은 아직 '예수님의 비전'을 공유하지 못했다는 의미입니다. '비전'을 공유하지 못하면, 같은 공동 체 식구들 안에서 '열정'과 '의욕'을 상실하게 될 뿐 아니라, 그들의 마음 이 혼란에 빠져 위기 상황이 발생합니다. 예수님께서는 이러한 심적 혼란을 예방하거나 극복하기 위하여 "하느님을 믿고 또 나를 믿어라"(요한 14,1)라는 말씀으로 제자들을 격려하십니다.

둘째, 토마스의 질문과 예수님의 대답(요한 14,5-7 참조)

예수님의 대답에 토마스는 다시금 '길'에 대하여 질문을 합니다. 이러한 토마스의 질문은 오히려 예수님께서 그 유명한 말씀을 하실 수 있도록 판을 벌이는 역할을 합니다. "나는 길이요 진리요 생명이다. 나를 통하지 않고서는 아무도 아버지께 갈 수 없다"(요한 14,6).

셋째, 필립보의 요청과 예수님의 응답과 가르침(요한 14,8-12 참조)

필립보는 예수님께 "저희가 아버지를 뵙게 해 주십시오."(요한 14,8)라고 요청을 하게 됩니다. 이에 예수님께서는 하느님 부자父子의 상호 내재적 관계 '보기'와 '알기'를 촉구하시며, 그 관계를 증거하는 '일'을 보고 혹은 증거의 '말씀'을 듣고 '믿을 것'을 촉구하십니다.

제자들은 예수님 가까이 머물며, 함께 먹고 자고 일상의 가르침을 받았음에도 불구하고, 최후의 만찬에서마저도 제대로 깨우치고 있지 못합니다. 보고 듣되, 볼 줄 모르고 들어도 이해가 없었던 것입니다. 그러므로 제자들은 지속적으로 예수님의 가르침에서 다시금 깨우침을 받지 않으면 안 되었습니다.

눈에 보이지 않으시는 아버지를 지금도 계시하시는 분은 오직 예수 그리스도이십니다. 제자들은 하느님 부자父子의 상호 내재적 현존內在的現存을 믿음으로 받아들일 때만, 보고 듣고 깨달아 아는 것이 온전할 수 있습니다. 그 때 비로소 큰 능력의 성취가 가능하게 됩니다. 그리스도인은 예수님 안에서 비전과 방법론을 얻고, 완성과 성취를 이룰 것이기 때문입니다.

2. 말씀 공감

■ 나를 믿어라

> "너희 마음이 산란해지는 일이 없도록 하여라.
> 하느님을 믿고 또 나를 믿어라"(요한 14,1).

제2차 세계대전 중, 독일 경찰에 쫓기던 유다인 아버지와 아들이 있었습니다. 그들은 쫓기다가 어느 농가의 헛간으로 도망쳐 들어갔습니다. 아버지가 먼저 헛간 밑으로 뛰어내린 후에 아들보고 뛰어내리라고 말했습니다. 그러나 아들이 밑을 내려다보니 컴컴해서 아무것도 보이지 않았습니다. 다만 어서 뛰어내리라는 아버지의 목소리만 들려왔습니다.

아들은 갑자기 무서운 생각이 들어 주저하고 있었습니다. 그때 아버지가 말했습니다.

"애야, 내가 여기 있다. 나만 믿고 뛰어내려라!"

비록 아버지의 모습은 보이지 않았지만, 아들은 아버지의 말을 믿고 밑으로 뛰어내렸습니다. 아버지는 아들을 무사히 받았고, 그들은 경찰의 추적을 벗어날 수 있었습니다.

비록 어둠에 가려 아버지의 모습은 보이지 않았지만, 헛간 밑으로 뛰어내린 아들의 행동은 아버지에 대한 믿음 때문이었습니다. 이처럼 우리가 두려움에 사로잡혀 마음이 산란한 가운데에도 주님의 말씀을 신뢰하고, 하느님을 믿는다면, 우리는 이내 평안을 누릴 수 있게 됩니다.

『가이드포스트』라는 잡지, 2008년 2월호에 실린 빈센트 예오Vincent Yeo의 체험담 속에서 우리는 또 하나의 격려를 만납니다. "두려움아, 날아가라!"라는 제목의 글입니다.

나는 동기부여 연사로서, 비행기로 전국 곳곳을 다니며 연설을 한다. 그런데 수년간 나는 끔찍한 비행 공포증에 시달렸다. 승강용 통로에 다다르는 순간, 손에 진땀이 나고 맥박도 빨라지곤 했다.

'이건 바보 같은 짓이야.'

스스로 이렇게 타일러 봐도, 아무것도 달라지지 않았다. 엄청난 두려움이었다. 나는 주먹이 새하얗게 되도록 팔걸이를 꼭 붙잡곤 했는데, 이·착륙할 때가 특히 힘들었다. 남을 돕기 위한 연설을 하면서도 정작 나 자신은 이토록 심각한 두려움에 시달리고 있다는 것이 모순이라는 사실을 깨닫지 않을 수 없었다.

나는 주일마다 공포감을 없애달라고 하느님께 기도하기 시작했다. 그러나 수개월이 지나도록 두려움이 가시지 않았다. 그러던 어느 주일, 교회에서 아내 곁에 무릎을 꿇고 있다가 고개를 들었다. 그 순간, 몇 줄 앞에 앉아 있던 어떤 남자가 일어섰다. 돌아서서 나를 향해 미소 짓더니, 통로를 걸어와서 내 자리 앞에 섰다. 그리고 마치 명함처럼 생긴 무언가를 불쑥 건네더니, 통로를 계속 걸어갔다.

'참 이상하군.'

기도를 마치고 일어나 카드를 흘깃 보았다.

"Dear God"

거기에는 이렇게 쓰여 있었다.

"하느님께서 주신 일을 하기 위해 다닐 때 저를 꼭 보호해 주시며, 가족의 품으로 안전하게 돌아올 수 있도록 해주시옵소서."

나는 뒤돌아서 그 남자를 찾아보았지만, 이미 떠나버린 후였다.

"어쩌면 천사였을지도 몰라요."

아내가 이렇게 말했다. 그것을 확신할 수는 없었지만, 카드를 지갑

안에 넣어 두었다.

다음에 비행기를 탔을 때, 이륙하기를 기다리면서 카드를 꺼내어 읽었다. 맥박은 빨리 뛰고 있었지만, 담담한 기분이었다. 다음번 비행에서는 덜 불안했다. 마침내 어느 날, 나도 모르는 사이에 두려움이 사라졌다. 팔걸이를 꼭 붙들거나 손바닥에서 진땀이 나는 일은 더 이상 없었다.

이제 나달나달하니 다 해진 카드지만, 아직도 내 지갑 속에 들어 있다. 카드를 준 사람이 어떻게 되었는지는 알 길이 없다. 그 주일, 그 사람이 내 기도의 응답이었다는 것만 알 뿐이다.[54]

사실 누구나 살아가면서 수많은 두려움과 걱정에 사로잡히기 마련입니다. 그러나 주님께 대한 신앙을 가지고 있는 우리들은 주님을 믿음으로써 그 두려움을 극복할 수 있습니다. 아멘!

■ 그분의 젖줄

> "나는 길이요 진리요 생명이다. 나를 통하지 않고서는
> 아무도 아버지께 갈 수 없다"(요한 14,6).

길이요 진리요 생명!

어쩌면 21세기 첨단 교통수단을 향유하고 있는 현대인은 이 세 단어가 추상적으로 들릴지도 모르겠습니다. 또한, 서로 관련성이 없는 별개의 것으로 여겨질지도 모르겠습니다.

하지만 사막 또는 광야지대에 사는 사람들에게 이 세 단어는 매우 익숙한 생활언어였고, 지금도 그렇습니다.

사막의 광야지대에서는 끝없이 광활한 벌판이기에 이정표로 삼을 만한 지형지물이 거의 없습니다. 그러기에 '길'이 매우 중요합니다. 길을 잘못 들어서면 영 엉뚱한 곳으로 갈 수도 있습니다. 이들에 비할 때 주변 산세나 물길을 자연의 길잡이로 여겨왔던 우리 사정은 훨씬 좋은 편입니다. 그런 이유로 유다인들에게 '길'이라는 낱말은 항상 촉을 곤두세우게 하는 단어였습니다.

'진리' 역시 사막-광야 생활권에서는 탁상공론거리가 아니었습니다. 이곳에서 진리는 자연현상에서 드러난 법칙을 가리킵니다. 사계절의 흐름에 따른 자연환경의 변화, 밤낮의 기온차이, 바람, 홍수, 불 등의 순행 원리 등등이 '진리'였습니다. 그러기에 언제 생존의 위기가 닥칠지 모르는 환경에서, 자연조건을 이용하여 살아남는 법인 '진리'를 익혀두는 것은 매우 중요했습니다.

'생명'이라는 단어는 사실 오늘 우리에게 그렇게 절박함을 느끼게 하지 않습니다. 첨단 의술과 구급술에 힘입어 일정기간 생명을 연장하는 것이 매우 용이해졌기 때문입니다. 하지만 사막-광야 생활권에서 '생명'은 매일 매시간의 사안입니다. 주변의 모든 안전수단으로부터 격리되어 있기 때문입니다. 그러기에 자칫하면 '생명'을 잃을 수밖에 없는 긴급 상황을 시시때때로 맞이할 수밖에 없습니다.

이렇게 봤을 때, 길, 진리, 생명, 이들 세 단어는 내적으로 서로 연결된 것이기도 했습니다. 즉, '생명'은 무릇 인간이 끊임없이 갈망하는 목표이고, '길'은 그 생명에 이르는 방도요, '진리'는 그 과정에서 만나는 위기 국면을 극복하는 방편이라고 묶어 말할 수 있습니다.

구약의 모세는 시나이 산에서 하느님의 계시를 받아 이들 세 가지의 관계를 명료하게 밝혀주었습니다. 신명기 4장 1절과 6절의 말씀입니다.

"이스라엘아, 이제 내가 너희에게 실천하라고 가르쳐 주는 규정과 법규들을 잘 들어라. 그래야 너희가 살 수 있고, 주 너희 조상들의 하느님께서 너희에게 주시는 땅에 들어가 그곳을 차지할 것이다"(신명 4,1).

"너희는 그것들을 잘 지키고 실천하여라. 그리하면 민족들이 너희의 지혜와 슬기를 보게 될 것이다. 그들은 이 모든 규정을 듣고, '이 위대한 민족은 정말 지혜롭고 슬기로운 백성이구나.' 하고 말할 것이다"(신명 4,6).

이 말씀들을 거시적으로 읽으면 뜻이 뚜렷하게 드러납니다.

여기서 중심이 되는 것은 "규정과 법규들", 곧 십계명을 포함한 율법입니다.

이것들을 잘 듣고 지키면 "너희가 살 수 있다"고 했습니다. 이는 '생명'을 가리킵니다.

또한 이것들을 잘 지키면 하느님께서 "주시는 땅", 곧 젖과 꿀이 흐르는 가나안 땅에 이르게 된다고 했습니다. 이는 '길'을 가리킵니다.

그리고 이것들을 잘 지키면 민족들이 이스라엘을 가리켜 "이 위대한 민족은 정말 지혜롭고 슬기로운 백성이구나"라고 할 것이라고 했습니다. 온갖 역경과 시련을 이겨내고 축복을 받는 비결을 알고 있는 백성임이 드러날 것이기 때문입니다. 이는 '진리'를 가리킵니다.

보십시오. 짧은 문장에 저 세 가지가 얼마나 실감나게 설명되어 있습니까? 놀라울 따름입니다. 실로 십계명과 율법이 존재하는 이유는 저 세 가지를 위해서입니다.

"나는 길이요 진리요 생명이다. 나를 통하지 않고서는 아무도 아버지께 갈 수 없다"(요한 14,6).

바로 앞의 신명기 말씀을 배경으로 해서 들을 때, 예수님의 이 주장을 알아듣기는 그리 어렵지 않습니다.

모세를 통해 말씀으로 내려진 구약의 율법 자리를 이제 예수님의 업적과 말씀이 대신한다고 보면 모든 이해는 끝납니다. 그런데 예수님께는 사실상 말씀 안에 업적이 포함되어 있습니다. 주님 말씀은 성취력을 지니고 있어서 반드시 업적이 되기 때문입니다. 그러므로 말씀만 지칭해도 무방하겠습니다. 여기에 반대 경우를 상정하여 묵상해 보면 말씀의 뜻은 더욱 명료해집니다.

예수님의 말씀은 길입니다. 곧 성부께 이르는 길입니다. 그런데 성부의 품이 바로 천국이며 순수 생명의 보금자리입니다. 이 길을 취하지 않고 그릇된 길, 곧 우상숭배에 빠지면 성경적인 표현으로 악마의 소굴, 죽음의 지대, 마침내 지옥에 이릅니다.

예수님의 말씀은 진리입니다. 곧 성부 아버지께로 가는 길의 여정에서 온갖 위험과 유혹을 물리치게 해 주는 지혜입니다. 이 지혜가 없으면, 생의 온갖 곤경에 빠져 허우적거리다가 굴복하여 나자빠지거나, 그릇된 종교나 신앙, 잘못된 가르침에 휘둘려, 점점 목적지로부터 멀어지게 됩니다.

예수님의 말씀은 생명입니다. 곧 말씀이 영원한 생명의 창조주이며 젖줄입니다. 지상에서의 목숨은 아직 '영원한 생명'이 아닙니다. 단지 가능태일 뿐입니다. 예수님의 말씀을 받아들이고 믿는 이에게만 '영원한 생명'이 보장됩니다. 예수님의 말씀이 아닌 다른 가르침으로는 결코 '영원한 생명'을 담보 받지 못합니다. 이를 적당히 얼버무려 알아듣고, 이 가르침 저 가르침 분별없이 따르면 외려 영원한 죽음에 이를 수 있습니다. 가짜 말씀에 속아서 파국에 떨어지는 격입니다.

그러니 정신 바짝 차리고 오늘 말씀을 거듭 묵상해야 하겠습니다.

'사느냐 죽느냐'가 걸려있는 결정적인 말씀이기에 다소 면밀히 곱씹어 봤습니다.

오늘 예수님의 말씀을 액면 그대로 이해하고 결단하는 이는 복됩니다.

아무도

아무도 스스로 길이 아니다.
누구나 하늘에 오르려면
길이신 그분을 통해야 한다.

아무도 스스로 진리가 아니다.
누구나 궁극의 지혜를 얻으려면
진리이신 그분의 말씀을 들어야 한다.

아무도 스스로 생명이 아니다.
누구나 영원히 살려면
생명이신 그분의 젖줄을 물어야 한다.

■ **멈추지 않는 믿음으로**

> "나를 믿는 사람은 내가 하는 일을 할 뿐만 아니라,
> 그보다 더 큰 일도 하게 될 것이다"(요한 14,12).

믿음은 실천으로 이어집니다. 그런데 이렇게 우리가 그분을 따라 그
분의 일을 하고, 나아가 더 큰 일까지도 할 수 있는 이 능력은 어디서 비
롯된 것일까요. 그렇습니다. 그것은 우리가 가진 능력과 재능에서 비롯

된 것이 아니라 바로 예수님에게서 나오는 그 힘으로 가능한 것입니다. 그러기에 어떠한 상황에 처해 있든, 그가 믿는 이라면, 예수님의 일을 기꺼이 해낼 수 있는 것입니다.

2014년 3월 하순, 특강 차 저는 남미 몇 개국을 돌았습니다. 그중에는 교황님의 모국인 아르헨티나도 끼어있었습니다. 간 김에 교황님이 부에노스아이레스 교구 주교로 활약하던 시절 출근하다시피 했다던 빈민촌을 방문했습니다. 일반인들 접근이 허락되지 않은 우범지역이기에 현지 본당 보좌 신부를 보디가드로 앞세워야 했습니다. 도로를 따라 야트막한 지붕의 집들이 얼키설키 늘어져 있고, 20m쯤마다 사람 하나 다닐 만한 골목길이 안쪽으로 미로처럼 뻗어 있었습니다. 호기심으로 두리번거리는 우리 일행의 눈은 여기저기서 어슬렁거리는 게으른 개들의 경계 어린 눈들과 마주치기 무섭게, 역시나 호기심 어린 아낙들과 노인들의 시선과 조우하곤 했습니다.

동네 어귀에 양철 지붕의 성당이 떡하니 서 있었습니다. 들어가 보니 60평 남짓한 공간에 성스런 제단이 환하게 꾸며져 있었습니다.

"아, 여기구나! 이곳이 프란치스코 교황이 주교 시절 하루가 멀다 하고 찾아와 당신의 양 떼들을 돌보았다던 바로 그곳이로구나."

그랬습니다. 그곳은 지난 반세기 아르헨티나가 세계 경제 5위권 강국에서 급전직하 고질적 채무국으로 추락해온 과정이 낳은 어둠의 지대, 그러기에 0순위로 목자가 필요했던 후미진 '목장'이었습니다. 그곳에서 교황님은 20년 가까이 '가장 낮은 곳', '땅의 백성'을 향한 연민의 촉을 키우셨습니다. 그런 까닭에, 요 근래 보여주고 있는 교황님의 파격 행보는 결코 일회성 돌출 행동이 아니라, 습관성 일탈일지도 모릅니다.

돌아오는 길은 똑같은 사명을 살고 있는 한 사람으로서 의당 마주쳐야 하는 물음들과의 동행이었습니다. 돌이켜 보자니, 뜬금없이 '상처 입은 치유자'라는 말이 떠오릅니다. 신부수업 시절 어느 교수 신부의 추천으로 읽었던 책명. 그 책 마지막 장에 이런 대목이 있습니다. 졸저 『김수환 추기경의 친전』에서 김 추기경이 평소 즐겨 인용했던 문장으로도 소개된 내용입니다.

> 어떤 유다교 라삐가 엘리야 예언자에게 가서 물었습니다. "메시아는 언제 오십니까?"
>
> 엘리야가 답했습니다. "네가 가서 그분께 직접 물어 보아라."
>
> 라삐는 어리둥절해져서 반문했습니다. "도대체 어디 누구에게 가서 물어 보라는 것입니까?"
>
> 이 물음에 엘리야는 이렇게 말했습니다.
>
> "저 성내에 가면, 병든 거지 떼들이 모여 앉아 있다. 모두가 상처 입은 사람들이다. 그들은 모두 자기 상처를 감은 붕대를 한꺼번에 풀었다 감았다 하는 데 몰두하고 있다. 그런데 그중 거지 하나는 자신 역시 상처 입고 가난한 거지이면서도 남과는 달리 상처에 감은 붕대의 한 부분만을 풀었다 감았다 한다. 그는 늘 어느 순간이든지 '남이 나를 필요로 할 때 즉시 가서 그에게 도움을 줄 수 있어야지' 이렇게 항상 남을 생각하고 있다. 이 사람이 메시아이다."[55]

참으로 깨우쳐 주는 바가 큰 말입니다. 자신 역시 상처 입고 가난한 거지이면서도 어느 순간이든지 남을 도울 준비가 되어 있는 사람, 그가 메시아다? 여기서 메시아는 '교주'가 아니라 '사명자'를 총칭하는 메타포임을 놓치지 말 일입니다. 최근 교황님은 공개적으로 한 일반 사제에게 고해성사를 보아 또 한 번 세인을 화들짝 놀라게 하셨습니다. 이로써 자신이 '상처 입고 가난한 거지'임을 만천하에 고백하신 셈입니다.

"나를 믿는 사람은 내가 하는 일을 할 뿐만 아니라, 그보다 더 큰 일도 하게 될 것이다"(요한 14,12).

프란치스코 교황에 뒤이어 이제 우리가 이 말씀의 주인공이 되어야할 차례입니다.

함께 기도하시겠습니다.

주님, 저희가 주님을 믿사오니, 기쁜 소식을 전함에서 저희로 하여금 '더 큰' 일을 이루게 하소서.

주님, 그 흔들리지 않는 믿음으로, 밤낮으로 기도함에서 저희로 하여금 '더 큰' 일을 이루게 하소서.

주님, 그 멈추지 않는 믿음으로, 사랑을 행함에서 저희로 하여금 '더 큰' 일을 이루게 하소서.

우리 주 예수 그리스도를 통하여 비나이다. 아멘!

부활 제6주일: 요한 14,15-21

우리는 주님을 압니다

"너희가 나를 사랑하면 내 계명을 지킬 것이다"(요한 14,15).

1. 말씀의 숲

실제로 그리스도의 부활을 경험했던 사람들은 첫 세대 그리스도인들, 곧 사도들의 세대였습니다. 그 이후의 세대들은 부활을 직접 목격하지 못했습니다. 그래서 지금까지 전해져 온 믿음은 모두 부활을 직접 체험했던 사도들의 증언에 의지하고 있습니다. 그러나 사도들의 세대는 많은 고민을 안고 있었습니다. 그중에 한 가지가 부활하신 그리스도께서 어떻게 아버지 곁에 살아 계시면서 동시에 우리 가운데도 계시는가 하는 문제였습니다. 여기에 그 응답이 있습니다. 바로 예수님 곁에서 함께 살며 체험한 것을 기록한 요한 복음사가의 증언입니다.

오늘 우리가 전해 들은 복음 말씀은 예수님께서 제자들과 최후의 만찬 중에 하신 고별사 중 한 부분입니다. '스승의 떠남'에 대하여 이야기를 들은 제자들은 아마도 혼란한 상태였을 것입니다. 그러나 이 부분에서 예수님께서는 사랑이라는 주제에 제자들의 관심을 다시금 모으고 계십니다. 사실 이미 앞부분에서 예수님께서는 새로운 계명으로써 '서로 사랑하라'는 수평적 관점에서 사랑을 이미 말씀하셨습니다(요한 13,31-35 참조). 그런데 여기서 그 사랑이 제자들과 주님, 그리고 아버지께 이르는 수직적 관점에서 말해지고 있는 것입니다.

오늘 복음 말씀은 네 부분으로 나누어 볼 수 있습니다.

첫째, '사랑과 계명 준수'(요한 14,15 참조)

둘째, '성령 파견 예고'(요한 14,16-17 참조)

예수님께서는 제자들 요청의 대답으로 성령 파견을 예고하시고, 제자들이 내재적 현존의 성령을 알게 될 것임을 말씀하십니다.

셋째, '예수님의 재림 예고'(요한 14,18-20 참조)

성령의 오심 이후에 예수님 당신께서도 다시 오신다는 말씀을 주십니다. 예수님께서는 당신의 재림으로 제자들이 하느님 부자의 내재적 관계를 깨달을 것임을 예고하고 계십니다.

넷째, '계명 준수와 사랑'(요한 14,21 참조)

여기서 예수님께서는 15절에 말씀하신 주제를 반복하시면서 대구를 이룹니다.

제자들은 진리를 증언하기 위해 이 세상에 오신 예수님에 뒤이어 성령의 힘으로 일할 것이고 예수님의 계명을 실천할 것입니다. 예수님을 사랑한다는 것을 입증할 수 있는 길은 그분의 계명을 충실히 지키는 길밖에 없기 때문입니다. 그래서 요한 복음사가는 자신의 편지에서 이렇게 전하고 있습니다.

"우리가 하느님의 계명을 지키면, 그것으로 우리가 그분을 알고 있음을 알게 됩니다. '나는 그분을 안다.' 하면서 그분의 계명을 지키지 않는 자는 거짓말쟁이고, 그에게는 진리가 없습니다. 그러나 누구든지 그분의 말씀을 지키면, 그 사람 안에서는 참으로 하느님 사랑이 완성됩니다.

그것으로 우리가 그분 안에 있음을 알게 됩니다. 그분 안에 머무른다고 말하는 사람은 자기도 그리스도께서 살아가신 것처럼 그렇게 살아가야 합니다"(1요한 2,3-6).

오늘 복음 말씀을 통하여, 예수님께 대한 사랑과 믿음은 이 세상에서 예수님과 제자들과의 결속 관계에 있어서 근간이 됨을 우리는 알 수 있습니다. 또한, 보호자 성령으로 인해 그 관계는 평화와 기쁨 가운데 더욱 강화되고 성숙되어 감을 말해줍니다. 사실 예수님과 제자들의 이러한 결속 관계와 그 연대성은 예수님의 고별사 전반에 걸친 근본적인 맥인 것입니다.

2. 말씀 공감

■ 이미 버렸습니다

> **"너희가 나를 사랑하면 내 계명을 지킬 것이다"**(요한 14,15).

믿음이 좋은가 그렇지 못한가? 나는? 내 가정은?

이를 진단할 수 있는 기준과 방법은 여러 가지가 있을 것입니다.

그 중 하나가 바로 자녀의 혼인에 대한 태도입니다.

성경은 하느님을 경외하지 않는 족속과 이스라엘 자녀의 혼인을 절대로 금하고 있습니다. 구약도 그렇고 신약도 그렇습니다.

왜 그렇게 엄해야 하는가?

하느님을 경외하는 것이 인간에게는 절대적인 것이기 때문입니다.

상대적인 혼인의 축복을 누리기 위하여 절대적인 축복인 신앙을 버리는 것은 비극이기 때문입니다.

만일 자신의 자녀가 세상의 기준으로 썩 좋은, 하지만 신앙에는 굼뜬 짝과 결혼을 하고자 원한다면, 일단 그에게 먼저 신앙을 받아들일 것을 조건으로 내세울 줄 알아야 합니다. "나중에 천천히 권하면 되지"라는 속 좋아 보이는 생각은 유혹일 뿐입니다. 경험상, 믿는다고 세례를 받았다가도 나중에 가서 신앙을 버리는 일이 다반사입니다. 이렇거늘 안 믿는다고 한 사람이 나중에 믿게 될 것을 기대하는 것은 어리석음이 아닐 수 없습니다.

신앙이 먼저인가 세상의 조건이 먼저인가? 세례가 먼저인가 혼인이 먼저인가?

어느 집안에서 이런 문제로 가족 간 의견이 갈렸습니다.

이 이야기를 들은 제3의 미혼 청년이 명언을 했습니다.

"더 사랑하는 쪽에서 지는 겁니다. 더 사랑하는 사람은 상대방의 청을 무엇이건 들어주게 되어 있습니다. 만일 상대방이 세례를 계속 유보한다면, 아직 덜 사랑하기 때문이에요."

맞는 말입니다. 그러기에 유행가 중에 "나는 네가 좋아하는 것이라면, 뭐든지 할 수 있어"라는 가사도 있는 것입니다.

사랑하는 이에게 가끔은 호언도 할 줄 알아야 합니다.

"나는 네가 좋아하는 것이라면, 뭐든지 할 수 있어."

할 수 있다면, 이 말을 약속 삼아 충실히 사랑하는 것이 우리 시대에 매우 소중한 덕이라 여겨집니다.

그런데! 신앙인은 사랑하는 이에게 이 약속을 바치기에 앞서, 꼭 먼저 떠올려야 할 분이 있습니다. 두말할 것도 없이 주 하느님이십니다.

그 누구에게보다도 앞서서 우리는 먼저 주 하느님께 사랑을 고백할 줄 알아야 합니다.

"저는 주님께서 좋아하는 것이라면, 뭐든지 할 수 있습니다."

내친김에 좀 더 결연한 의지를 바쳐드리는 것도 좋을 것입니다.

"무엇을 원하십니까? 말씀만 하소서!"

"너희가 나를 사랑하면 내 계명을 지킬 것이다"(요한 14,15).

예수님께서 이 말씀으로 우리에게 깨우쳐주시고자 하신 바를 우리는 방금 위에서 더듬어 확인해 본 셈입니다.

우리는 주님을 사랑하기에, 주님께서 명하시는 것은 뭐든지 할 수 있습니다.

주님께서는 "내 계명"을 지키기를 원한다고 하셨습니다. 문맥상, 이는 예수님의 말씀 전체를 뜻하고, 궁극적으로는 '서로 사랑하는 것'을 가리킵니다. 근원적으로 보면 예수님의 계명은 십계명을 전제로 합니다. 그것을 무제한 사랑으로 확장하셨을 따름입니다.

이렇게 저렇게 헤아려보며 말씀 안에서 하느님의 뜻을 물을 줄 안다면, 주님께서는 그때그때 당신의 뜻을 밝혀주실 것입니다.

■ 진리 안에서 누리는 자유

> "그분은 진리의 영이시다"(요한 14,17).

예수님께서는 우리에게 '진리의 영'을 보내주시겠다고 약속하셨습니다. '진리의 영'은 성령의 다른 이름으로 그분의 속성을 드러내 주는 이름입니다. 진리의 영인 성령께서는 제자들에게, 그리고 현재를 살고 있는 우리를 진리로 이끌어 주십니다.

사실 요한 복음에서 진리는 예수님 자신을 말하고 있습니다. 그러기에 '진리의 영'이 우리를 진리로 이끈다는 말은, 우리로 하여금 예수님을 온전히 받아들이고 그분께 대한 믿음을 가질 수 있도록 도와주신다는 말과 같다고 볼 수 있습니다.

예수님께서는 우리 인간들과 똑같은 모습으로 오셔서 여러 가지 가르침을 주셨습니다. 진리이신 예수님께서 우리에게 주신 가르침 역시 진리입니다.

누구든지 이 진리의 영을 만나게 되면 '자유'를 얻게 됩니다. 예수님께서는 이렇게 말씀하셨습니다.

"진리가 너희를 자유롭게 할 것이다"(요한 8,32).

맞습니다. 누구든지 진리를 만나면 모든 속박과 억압으로부터 자유롭게 됩니다. 한 청년이 있었습니다. 그의 이름은 안드레이 비토프Andrei Bitov였습니다. 그는 러시아인으로서 훗날 유명한 소설가가 되었던 인물입니다. 그는 무신론적인 공산주의 정권 아래에서 성장했습니다. 하지만 어느 우울한 날 하느님은 그의 눈길을 사로잡으셨습니다. 그는 그때의 사건을 이렇게 회상했습니다.

> "스물일곱 살 되던 해, 어느 날 나는 레닌그라드(지금의 상트페테르부르크)에서 지하철을 타고 있었다. 그 당시 나는 너무나도 절망하여 그 순간 삶이 멈춰버릴 것 같았고, 나의 미래는 통째로 없어질 것 같았다. 삶의 의미는 생각조차 할 수 없었다. 그때 갑자기 한 구절이 눈에 띄었다. '하느님 없이는 삶을 이해할 수 없다.' 나는 그 구절을 계속 되새기며 그 구절을 계단 삼아 절망 속에서 빠져나와 하느님의 빛 가운데로 한 걸음씩 들어가게 되었다."[56]

그를 암울한 절망을 벗어나 자유를 얻고 빛 가운데로 들어가게 해 주었던 것은 무엇이었습니까? '하느님 없이는 삶을 이해할 수 없다'는 진리였습니다.

이 말은 맞습니다. 하느님 없이 삶을 이해한다는 것은 제한적이고 피상적일 따름입니다.

하느님 없이는, 절망이 절망일 따름입니다.

하느님 없이는, 실패가 실패일 따름입니다.

하느님 없이는, 문제가 문제일 따름입니다.

하느님 없이는, 벽은 벽이며 밑바닥은 밑바닥일 따름입니다.

하지만 일단 하느님을 인정하면, 이 모든 것들이 달리 보이게 마련입니다. 그 뒤에 숨어 있는 희망, 축복, 은총, 새로운 가능성 등이 보이게 되는 것입니다.

안드레이 비토프가 만난 진리는 수많은 예 가운데 하나일 따름입니다.

예수님께서는 다양한 가르침을 주셨습니다. 하느님은 아빠 아버지라는 말씀, 하느님의 용서와 자비에 대한 말씀, 십자가와 부활에 관한 말씀, 하느님 나라에 관한 비유의 말씀 등 이 모든 가르침들은 모두 한 진리에 속하는 것입니다. 결국 복음의 모든 말씀이 진리인 것입니다. 그러기에 복음 묵상을 하는 우리 안에는 진리의 영이 살아 움직인다고 말할 수 있는 것입니다. 이 진리의 영이 여러분 모두를 온갖 거짓의 속박에서 자유롭게 해 주고, 여러분에게 차고 넘치는 생명의 은혜를 주시기를 축원합니다. 아멘!

■ 짜릿한 감각

> "이제 조금만 있으면, 세상은 나를 보지 못하겠지만
> 너희는 나를 보게 될 것이다"(요한 14,19).

미국의 우주 비행사 에드윈 올드린Edwin Aldrin 대령이 헝가리의 한 대학을 방문하여 이런 이야기를 했습니다.

"달나라에 첫 발을 디디었을 때, 나는 나도 모르게 '할렐루야'를 외쳤습니다."

하느님이 정말로 가까이 느껴지더라고 했습니다. 강연을 듣고 있던 어느 대학생이 그에게 질문을 했습니다.

"소련의 가가린은 우주에 가서도 하느님을 못 보았다고 했는데, 당신은 어떻게 하느님을 보았다고 하십니까?"

"마음이 청결한 자만이 하느님을 볼 수 있습니다. 마음의 눈으로, 영의 시각으로 하느님을 볼 수 있는 것입니다."

같은 현상을 보았지만, 이 두 사람은 전혀 다른 반응을 보였습니다. 이런 일은 오늘 우리들 사이에도 빈번히 발생합니다.

예수님께서는 "세상은 나를 보지 못하겠지만 너희는 나를 보게 될 것이다"라고 말씀하고 계십니다. 여기서 '세상'은 믿음이 없는 사람들을 말합니다. 반면에 '너희'라는 말은 예수님을 믿고 따르는 모든 그리스도인을 말합니다. 과연 그 말대로 지금 이 시대에 신앙을 가지지 않은 사람들은 하느님을 보지도 못하고, 그분의 사랑을 느끼지 못하고 있습니다. 그러나 주님께 대한 믿음을 가지고 있는 우리는 매 순간 하느님의 창조물 안에서 하느님을 만날 수 있고, 주님의 사랑을 느낄 수 있습니다.

구약성경의 지혜서는 이런 현상을 이렇게 표현합니다.

"하느님에 대한 무지가 그 안에 들어찬 사람들은 본디 모두 아둔하여 눈에 보이는 좋은 것들을 보면서도 존재하시는 분을 보지 못하고 작품에 주의를 기울이면서도 그것을 만든 장인을 알아보지 못하였다"(지혜 13,1).

과연 같은 자연을 보면서도 신앙인들은 그 창조주이신 하느님을 바라보지만, 신앙을 갖지 않은 사람들은 그 '사물'들만 보게 됩니다.

이러한 차이는 각자의 삶에서 큰 차이를 가지게 됩니다. 신앙을 가지지 않은 이들은 잘 될 때는 자신의 능력으로 그렇게 된 것이라 생각하지만, 그들에게 어려운 상황이 닥치면 순식간에 무너지고 말 것입니다. 그러나 우리 신앙인들은 아무리 어려운 상황이 닥치더라도 이 모든 것을 창조하신 하느님을 믿고 의지하기 때문에 절대로 절망하거나 좌절하는 일이 없습니다. 오히려 그러한 상황들을 주님께서 언젠가 해결해 주실 것이라는 희망을 가지고 열심히 살아가려고 노력합니다. 바로 우리는 든든한 빽이 되어주시는 주님을 바라보며 생활하기 때문입니다.

> 어느 눈먼 소녀가 연을 날리고 있었습니다. 지나가던 사람이 소녀
> 에게 물었습니다.
> "너는 왜 연을 날리고 있니? 넌 아무것도 볼 수 없잖아."
> 그 말에 소녀는 방긋 웃으며 대답했습니다.
> "나는 볼 수 없지만 다른 사람들이 내 연을 보고 기뻐할 거에요.
> 연을 날릴 때, 연이 나를 하늘 위로 끌어당기는 듯한 느낌을 받게 돼
> 요."[57]

이 눈먼 소녀는 손끝 감각으로 하느님을 보았던 것입니다. 육안으로 보지 못하는 것을 볼 줄 아는 영안, 그것이 아니라면 손끝 감각으로라도 볼 줄 아는 형안, 이것을 달라고 주님께 청해야 할 일입니다.

함께 기도하시겠습니다.

주님, 이왕 주어진 저희의 한 생애 단 한 사람에게라도 '큰 기쁨'이 되기를 소망합니다.

주님, 누군가에게 '큰 기쁨'이 되기 위하여, 먼저 저희 안에 기쁨이 차고 넘치기를 소망합니다.

주님, 저희 안에 기쁨이 차고 넘치기 위하여, 어떤 고생과 수모도 기쁨으로 바꾸는 믿음의 비결을 누리기를 소망합니다.

우리 주 예수 그리스도를 통하여 비나이다. 아멘!

내가 항상 네 곁에 있을게

"보라, 내가 세상 끝 날까지 언제나 너희와 함께 있겠다"(마태 28,20).

1. 말씀의 숲

오늘 우리는 주님 승천 대축일을 지내고 있습니다. 부활하신 예수님께서는 40일 동안 지상에서 제자들과 지내신 다음 아버지의 곁으로 떠나가실 준비를 하십니다. 주님의 떠나가심은 우리와 영원한 이별을 의미하는 것일까요? 그렇지 않습니다. 예수님께서는 아버지께로 올라가시기 전 우리와 세상 끝날까지 함께 하실 것이라는 약속을 해주셨습니다.

프랑스인 샤르니가 나폴레옹 황제에게 밉게 보여 감옥에 갇히는 신세가 되었습니다. 오랜 세월이 흘러 그는 친구들은 물론 가족들에게도 잊혀졌습니다. 처음에는 자주 면회를 오던 가족들도 점점 멀어졌습니다.

절망감에 빠진 샤르니는 벽에 이렇게 적었습니다.

"아무도 나를 돌보지 않는다."

소망을 잃어버리는 순간이었다.

그러던 어느 날 감옥 바닥에 있던 돌 틈에서 푸른 싹 하나가 돋아났습니다. 샤르니는 간수가 매일 주는 물을 조금씩 남겨서 싹에 부어주었습니다. 그러자 그 싹이 점점 자라나 마침내 꽃봉오리를 맺더니 결국에는 아름다운 꽃을 피웠습니다.

샤르니는 먼저 썼던 글을 지우고 이렇게 썼습니다.

"하느님이 돌보신다." [58]

얼마나 아름다운 고백입니까? 샤르니는 그 누구도 자신을 돌보지 않는다고 생각했을 때에 하느님께서 그를 돌보아주심을 깨달았던 것입니다.

오늘 복음 말씀은 짧습니다. 하지만 그 안에 담고 있는 내용들은 우리로 하여금 큰 꿈을 가지게 하고, 동시에 큰 위로를 주는 말입니다.

우선 예수님께서는 제자들에게 가서 모든 민족을 제자로 삼을 것을 명령하셨습니다. 이를 통하여 우리 그리스도인들은 예수님으로부터 선교 사명을 부여받은 것입니다. 그것도 '모든 민족'을 대상으로 하는 거대한 선교 계획입니다.

하지만 그러한 일을 우리 스스로가 감당하기에는 너무도 버겁다는 생각을 떨쳐버릴 수 없습니다. 예수님께서는 그러한 점을 이미 알고 계셨던 것처럼 그와 함께 한 가지 큰 위로와 격려의 말씀을 남기셨습니다.

"내가 세상 끝 날까지 언제나 너희와 함께 있겠다"(마태 28,20).

마태오 복음서는 이 말로써 자신의 복음서를 끝마치고 있습니다. 이는 바로 마태오 복음사가의 사상입니다. 그는 복음서를 시작하면서 예수님에 대하여 '임마누엘', 곧 하느님께서 우리와 함께 계시다라는 이름으로 소개하였습니다. 이제 그 이름은 바로 오늘 복음 말씀을 통하여 완전히 이루어지는 것입니다.

"내가 너와 함께 하겠다."

이 말씀은 마태오 복음서뿐 아니라 구약성경을 관통하고 있는 하느님의 약속입니다. 그 옛날 아브라함에게 그러하셨고, 야곱에게 그러하셨으며, 모세와 여호수아, 그밖에 수많은 예언자들에게 이와 비슷한 약속을 해주셨던 것입니다. 그들은 이러한 하느님의 약속을 받고 큰 일을 이루어 낼 수 있었던 것입니다.

2. 말씀 공감

■ 제게 지금 무엇을

> "열한 제자는 갈릴래아로 떠나
> 예수님께서 분부하신 산으로 갔다"(마태 28,16).

세계적으로 가장 크고 훌륭한 양로원을 만든 "노인의 어머니"라고 불리던 엘레나의 이야기입니다.

엘레나는 중국 선교사로 소임하던 중 급작스런 폐결핵으로 선교사를 그만두어야 했습니다. 하지만 그녀는 "하느님! 어찌하여 제게 이런 병을 주십니까?" 하고 원망하지 않았습니다.

"하느님, 당신께서는 제게 지금 무엇을 원하십니까?"

오히려 이렇게 겸손한 마음으로 기도하며 고향으로 돌아왔습니다.

그녀가 돌아온 고향에는 아버지가 유산으로 물려주신 불모지가 남아 있었습니다. 그녀는 그 땅을 개간해서 농사를 짓고 수확한 것을 중국 선교사들에게 선교비로 보내 그들을 도왔습니다.

그러던 어느 날, 추수한 작물들을 탈곡하던 중, 탈곡기에 손이 끼어 그만 오른손이 부러져 잘리게 되는 사고를 입었습니다. 그럼에도 그녀는 하느님을 원망하지 않았습니다.

그녀는 "하느님, 어찌해서 이런 일이 계속 있는 겁니까?"라는 물음 대신, "하느님, 당신께서는 지금 제게 무엇을 원하십니까?" 하고 겸손하게 기도할 뿐이었습니다.

그 후, 그녀는 농사를 그만두고 그 땅에다가 양로원을 세우고 노인들을 위한 봉사를 하기 시작했습니다. 이것이 성공적으로 확산되어 세계적인 유명한 양로원이 되었고 그녀는 "노인의 어머니"라는 칭호를 받게 되었습니다.[59]

원망과 탄원 섞인 기도는 벼랑 끝에선 이라면 누구나 바칠 수 있는 일차원적인 기도일 것입니다. 하지만 엘레나 선교사는 그마저도 뛰어넘어 지금 자기에게 바라시는 주님의 뜻을 묵묵히 물었습니다. 엘레나 선교사가 세계적인 양로원을 세우는 데 성공하여 '노인의 어머니'라는 칭호까지 받게 된 것은 전적으로 매 결단의 순간마다 "지금 제게 무엇을 원하십니까?"를 물을 줄 알았던 그녀의 초지일관한 영적 자세 때문이었습니다.

"열한 제자는 갈릴래아로 떠나 예수님께서 분부하신 산으로 갔다"(마태 28,16).

오늘 열한 제자는 예수님께서 분부하신 대로 따르는 모습을 보여주고 있습니다. 그들은 타관에서 다시 갈릴래아로 떠나 예수님께서 분부하신 산으로 갔습니다. 그리하여 그들은 다시 부활하신 예수님을 만나 뵙는 영광을 누리고 마지막 분부를 듣기에 이르렀습니다. 이처럼 주님의 분부에 귀와 마음을 열고 그대로 이행하는 이에게 아무도 상상하지 못했던 놀라운 일이 일어나는 것입니다.

■ 지복의 희열

> **"나는 하늘과 땅의 모든 권한을 받았다"**(마태 28,18).

우리 시대 신앙의 맥락은 확실히 상대주의 문화요 다원주의 문화입니다. 곧 어느 것 하나 절대적인 것으로 인정받지 못한 채, "모두가 옳다!", "좋은 게 좋은 것이다"라는 생각에 지배당하는 형국입니다.

이렇게 된 데에는 그 나름으로 정당한 이유가 있습니다. 다민족, 다문화의 국제적 이동으로 다양성을 인정하지 않으면 안 되는 상황이 되어버렸다는 것이 그 가운데 하나입니다.

이 현상이 문화의 차원에 머물 때는 별반 문제의 소지가 없어 보입니다. 왜냐하면, 문화에서 관건이 되는 것은 감정이나 정서이기 때문입니다.

문제는 이 다원적인 관점이 종교로 옮겨졌을 때 발생합니다.

"종교의 다양성을 인정해야 한다!"

말은 멋있습니다.

하지만 엄격한 의미에서 이 말에는 어폐가 있습니다. 왜냐하면, 종교의 식별에서 기준이 되는 것은 진리인데, 진리는 다양성이라는 말을 허용하지 않기 때문입니다. 예컨대, 수학에서는 1+1=2라는 등식이 기본진리입니다. 흔히 궤변이나 변형의 논리로 그 답이 1이니 뭐니 하는 유희도 꾀해봅니다만, 이는 변칙일 뿐입니다.

여하튼 무당들이 믿는 다신, 잡신 또는 우상들과 유일신 하느님이 모두 옳을 수는 없다는 것이 진리의 관점에서 내려진 결론입니다. 둘 중 하나가 틀린 것입니다.

그러기에 신앙을 선택할 때는 어떤 신을 택해야 할지 신중에 신중을 기해야 합니다.

신앙에서 결정적으로 중요한 것은 올바른 대상을 믿는 것이며 참된 내용을 바르게 믿는 것입니다. 안 믿으면 '불신'으로 그치지만, 잘못 믿으면 우상을 믿는 '미신' 내지 '맹신'에 빠져서 그보다 더 불행한 사태에 떨어지게 됩니다. 즉, 믿어서 생명을 얻는 것이 아니라 파멸에 이르게 되는 것입니다.

죽은 다음에야 "아! 내가 한평생 믿어온 신이 하느님이 아니라, 하느님을 대적하는 마귀였구나!"라는 사실을 깨닫는 일이 자신에게 생긴다면, 이것이야말로 낭패 중의 낭패일 것입니다.

"나는 하늘과 땅의 모든 권한을 받았다"(마태 28,18).

예수님께서는 이렇게 주장하셨습니다. 과연 이 주장이 맞다는 것을 예수님께서는 3년간의 온갖 이적들을 통해 입증하셨습니다.

"하늘과 땅의 모든 권한"은 우주 만물의 주재권을 가리킵니다. 곧 어떤 경쟁자도 허락하지 않는 절대 하느님이시라는 얘기입니다.

저는 개인적으로 이 말씀에 무척 매력을 느낍니다.

왜냐하면 저는 성격적으로 '올인'하는 면이 있어서, 신앙의 이름으로 이 신 저 신에게 한눈팔고 싶은 생각을 전혀 갖고 있지 않기 때문입니다.

기왕에 자신의 모든 것을 걸고 믿을 분을 택해야 한다면, "하늘과 땅의 모든 권한"을 지니신 분을 택하는 것이 온당치 않겠는가! 이런 고집인 것입니다.

■ 분기탱천하여

> "보라, 내가 세상 끝 날까지 언제나 너희와 함께 있겠다"(마태 28,20).

누군가가 "한 글자 열 글자"라는 제목을 붙여 공감 가는 언어유희를 모아둔 것을 발견하여 소개합니다.

천하보다 소중한 한 글자: 나

그 어떤 것도 이길 수 있는 두 글자: 우리

세상에서 가장 아름다운 세 글자: 사랑해

평화를 가져오는 네 글자: 내 탓이오

돈 안 드는 최고 동력 다섯 글자: 정말 잘했어

더불어 사는 세상 만드는 여섯 글자: 우리 함께 해요

뜻을 이룬 사람들의 일곱 글자: 처음 그 마음으로

인간을 돋보이게 하는 여덟 글자: 그런데도 불구하고

다시 한 번 일어서게 하는 아홉 글자: 지금도 늦지 않았단다

나를 지켜주는 든든한 열 글자: 내가 항상 네 곁에 있을게[60]

열 가지 전부가 적중타입니다. 우리에게는 이런 격려와 희망이 필요합니다. 할 수 있다면 이를 외워 기억해 두는 것도 지혜입니다. 위기의 순간에 결정적인 도움이 될 수 있기 때문입니다.

이들 가운데 특히 열 번째 것을 더욱 음미해 보고 싶습니다.

"나를 지켜주는 든든한 열 글자: 내가 항상 네 곁에 있을게."

이는 분명 세상살이에서 가족 간, 친구 간, 또는 이웃 간에 유효한 말입니다. 어떤 경우든 내 편을 들어줄 누군가가 곁에 있어주는 것처럼 든든한 일은 없습니다.

더욱이 내 곁에 있어주는 누군가가 예수님이라면 그 든든함이 얼마나 더 미덥겠습니까. 마침 주님께서는 우리에게 약속해 주셨습니다.

"보라, 내가 세상 끝 날까지 언제나 너희와 함께 있겠다"(마태 28,20).

예수님의 약속은 한 술 더 뜬 격입니다. "세상 끝 날까지"가 더해져 있기 때문입니다.

마태오 복음서는 이 약속으로 기록을 마칩니다. 그는 복음서를 시작하면서 예수님에 대하여 '임마누엘', 곧 "하느님께서 우리와 함께 계시다"라는 이름으로 소개했습니다(마태 1,23). 처음과 끝에 같은 강조점을 두는 방식을 양괄식 표현이라 하지요. 그만큼 '임마누엘'로 표현되는 주님의 동행 약속이 신앙인들에게 중요하다는 얘기입니다.

이제 주님의 임마누엘 약속은 복음을 전하는 우리를 응원하는 실제적인 비호가 되고 있습니다. 그런 의미에서 복음을 전하면서 우리가 증언해야 할 가장 중요한 내용은 '임마누엘', 곧 '주님께서 우리와 함께 계시다'의 체험이라고도 할 수 있습니다. 특히 '신의 위기 시대'라 불러 무방한 오늘날에 더욱 그러합니다.

함께 기도하시겠습니다.

주님, 제 요지부동의 안전을 갈음할 믿음을 당신께 드리오니, "하늘과 땅의 모든 권한"으로 항상 제 뒤를 챙겨주소서.

주님, 제 영원한 운명을 갈음할 희망을 당신께 돌리오니, "하늘과 땅의 모든 권한"으로 제 앞길을 열어주소서.

주님, 제 지복의 희열을 갈음할 사랑을 당신께 보내오니, "하늘과 땅의 모든 권한"으로 제 현재를 포옹해 주소서.

우리 주 예수 그리스도를 통하여 비나이다. 아멘!

성령의 위로

"성령을 받아라"(요한 20,22).

1. 말씀의 숲

지난주 우리는 주님 승천 대축일을 보냈고, 오늘은 주님께서 우리에게 성령을 보내주심을 기념하는 성령 강림 대축일을 지내고 있습니다.

J. 모러스의 책 『행복 만들기』에는 "재능"이라는 제목 하에 다음과 같은 글이 실려 있습니다.

어느 날, 유명한 바이올리니스트를 형으로 둔 어떤 벽돌공이 자신이 일하고 있는 건설 회사의 사장과 대화를 나누게 되었다.

"그런 유명한 사람을 형으로 두었으니 자네는 정말 좋겠군."

사장은 자기 사원의 자존심을 건드리지 않으려고 애를 쓰면서 말을 계속했다.

"사실 그런 재능은 아무나 타고나는 것이 아니야."

벽돌공이 말했다.

"맞습니다. 그러나 제 형은 벽돌 쌓는 일은 전혀 할 줄 모릅니다. 따라서 그런 재주라도 있어서 자기 집을 지어 주는 사람에게 돈을 줄 수 있으니 정말 다행이지요."[61]

아버지 하느님 곁으로 올라가신 예수님께서는 이미 제자들에게 약속하신 대로 성령을 보내주셨습니다. 오늘 우리가 들은 요한 복음의 내용은 부활하신 예수님께서 제자들에게 숨을 불어넣으시며 성령을 부어주시는 내용입니다.

오늘 본문은 두 부분으로 나누어 고찰할 수 있습니다.

첫째, 부활하신 예수님의 발현(요한 20,19-20)

이 부분은 하나의 전통적 발현 이야기로 부활하신 예수님께서 바로 십자가에 못 박히신 그분이심을 입증하기 위해 손과 옆구리를 보여주시는 장면입니다. 제자들은 이러한 놀라운 부활 체험을 통하여 기쁨을 누리게 됩니다.

둘째, 소명 이야기(요한 20,21-23)

부활하신 예수님께서 사도들에게 평화를 주시며 성령을 보내주시는 소명 이야기입니다.

예수님께서는 우리에게 성령을 선물로 주십니다. 요한은 성령을 부활하신 분의 숨소리로 제시합니다. 요한 사도는 자신의 복음서에서 성령을 호흡의 들숨과 날숨으로 표현하였는데, 예수님의 입에서 나온 날숨이 제자들에게는 들숨이 되고 있는 것입니다.

성령의 이름도 두 가지였습니다. 숨결 또는 호흡이라는 이름과 예수님의 말씀 안에서 영이라는 이름을 가지고 있었습니다. 성령은 바로 예수님의 생명력이며 이 생명력이 사도들에게 전해진 것입니다. 이러한 뜻에서 부활하신 그리스도는 모든 그리스도인 체험의 원천입니다. 예수님은 바로 제자들 곁에서 늘 계속 함께 계십니다. 더구나 계속 예수님께서 세상에서 사도들과 함께 계셨듯이 바로 그렇게 성령께서는 영혼과 같이 사도들을 살리시고 지탱시켜주시는 내적 힘이 되십니다.

2. 말씀 공감

■ 앉아 버티기

> **"아버지께서 나를 보내신 것처럼 나도 너희를 보낸다"**(요한 20,21).

이렇게 주님께서는 부활하신 당신의 현존을 보고 기뻐하는 제자들에게 파견 사명을 주셨습니다.

파견은 사명인 동시에, 특권입니다. 누군가로부터 파견받는다는 것은 그가 부여한 사명을 감당하는 것뿐만 아니라 그가 지녔던 권위를 행사할 수 있는 특권을 보장받았다는 것을 의미합니다.

그런데 파견 사명에는 반드시 성령이 동행하십니다. 파견은 곧 성령의 동행을 뜻하고, 성령이 빠진 파견은 명목상 파견일 뿐입니다. 주님께서는 이를 뒷받침하는 말씀을 이어서 주셨습니다.

"이렇게 이르시고 나서 그들에게 숨을 불어넣으시며 말씀하셨다"(요한 20,22).

여기서 "숨을 불어넣으시며"라는 표현이 성령의 주입을 가리킵니다.

혹여 '파견'이라는 말이 부담스럽게 들릴 수도 있습니다.

'나는 아니야, 나는 자격이 안 돼' 하는 생각이 들 수도 있습니다.

이런 류의 생각은 겸손이 아니라 유혹입니다.

신앙인에게 자격 타령은 절대 금물입니다. 주님께서 싫어하시는 금기

사항입니다. 왜냐하면, 주님께서는 무자격자를 자격자로 만드시는 특기를 지니셨기 때문입니다.

'도대체 구체적으로 어떤 일에 파견되었다는 말인가?'

이렇게 꼬리를 무는 물음을 던질 수도 있습니다. 이런 이에게 한 무명의 할머니가 답을 제시해 줍니다.

특별한 습관을 지닌 할머니가 있었습니다. 그 할머니는 시장을 보러 가거나 잠깐 외출을 하더라도 꼭 금전출납부를 가지고 다니면서 자신의 지출을 꼼꼼히 기록하는 습관이 있었습니다.

어느 날, 이웃 사람이 궁금해서 할머니에게 물었습니다.

"할머니는 지출하신 비용을 빠짐없이 그 장부에 다 기록하시나요?"

그러자 할머니가 대답했습니다.

"이 장부에는 나의 편안함과 즐거움을 위해 지출된 내용만 기록되어 있어요. 이를테면 단지 버스를 타기 싫어서 편한 택시를 탔다거나 몸치장을 하기 위해서 지나친 지출을 한 경우 그 내용을 적는 거라오."

이웃 사람은 궁금해서 다시 물었습니다.

"할머니, 그런 것들을 적어서 뭐하시게요?"

그러자 할머니는 이렇게 말했습니다.

"내가 오늘 하루 나의 편안함과 즐거움을 찾는 동안에 어디에서는 고통을 받는 사람들이 있다는 걸 생각하고 나 자신의 편안함을 위해 쓴 돈 만큼 보육원이나 양로원에 보내기 위해서 이렇게 하나하나 기록한답니다."[62]

할머니의 설명에 하나 더 보탠다면 '복음을 전하기 위해서'가 포함될 수 있겠지요.

파견 사명을 굳이 거창하게 여기지 않아도 됩니다. 자신이 그리스도의 가르침 가운데 가장 잘할 수 있는 것이 무엇인지 그것만 깨달아도 파견 사명은 명료해지는 것입니다.

■ 나의 은사

> **"그들에게 숨을 불어넣으며 말씀하셨다"**(요한 20,22).

부활하신 예수님께서 제자들에게 나타나셔서 '숨을 불어넣으시며' "성령을 받아라."(요한 20,22)라고 말씀하십니다. 예수님께서는 제자들에게 성령을 부어주심으로써, 각자에게 '은사'를 주셨습니다. 그런데 주님의 성령으로 주어지는 은사는 모든 사람에게 똑같은 것이 주어지지 않습니다. 각 사람에게는 각자에게 맞는 은사가 주어지는 것입니다. 어떤 사람은 노래를 잘 하는 반면, 말을 전하는 데 있어서 어눌할 수 있습니다. 어떤 사람은 정리 정돈을 잘 하는 반면, 음식을 못할 수 있습니다. 어떻게 보면 노래를 하는 것이나, 말을 전하는 것, 정리 정돈하는 것, 음식을 하는 것 모두가 성령께서 주시는 은사라고 말할 수 있습니다. 그런데 문제는 우리가 그러한 은사를 어떻게 관리해야 하는가가 중요합니다.

J. 모러스의 책 『행복 만들기』에는 다음과 같은 글이 실려 있습니다.

어떤 천재적인 화가가 시골 길을 가다가 근처에 풀어놓은 양 떼가 풀을 뜯는 동안 평평한 바위에다 그림을 그리는 소년을 보았다. 소년은 값싼 물감과 집에서 만든 엉성한 붓을 사용하고 있었지만, 누가 보아도 그림에 재능이 뛰어나다는 것을 알 수 있었다. 그래서 그 화가는 소년을 제자로 삼아 열심히 가르쳤다. 그 덕분에 소년의 재능은 불길이 되어 타올랐고, 소년은 마침내 세계에서 손꼽히는 유명한 화가가 되었다.

우리는 가끔 사람들이 이런 이야기를 하는 것을 듣는다.

"내게 재능이 있었으면!"

"내가 피아노를 잘 친다면 얼마나 좋을까!"

"그 사람과 같은 능력이 있었으면!"

그러나 그들은 쓸모없는 바람과 부러움, 그리고 욕구불만 속에서 자신들의 인생을 허비하고 있는 것이다. 어쩌면 그들에게도 자신들이 부러워하는 사람들과 다름없는 재능이 있을지도 모르는데 말이다.

가능성이란 실행해 보지 않고는 알 수 없는 것이다. 따라서 일단 시작만 한다면 우리는 자신에게 가능성이 있음을 발견하게 될 것이다. 그리고 꾸준히 노력하다 보면 대개는 자신이 바라던 그런 능력을 갖추게 될 것이다.[63]

이와 관련하여 제가 아는 한 청년이 한 말이 생각납니다.

그 청년은 예전에는 노래 부르기를 좋아해서 중·고등학교 때 성가대에서 활동하고, 성대하게는 아니지만 노래 발표회도 할 정도로 웬만큼 가창력을 가지고 있었다고 합니다. 하지만 대학교에 들어가서 성가대를 그만두게 되었는데, 그리고 어느 정도 시간 지나 다시 노래를 하려고 하니 예전처럼 노래할 수 없게 되었다고 얘기했습니다.

그런데 그 노래하는 은사를 잃어버린 대신, 지금은 글쓰기에 취미를 두고 있다고 합니다. 처음에는 글 쓰는데 큰 재미를 두지는 않았지만, 직업상 이런저런 글을 쓰다 보니 처음보다 글이 많이 매끄러워지고 이

제 글을 쓰는데 어느 정도 자신감이 붙었다는 것입니다.

이 청년의 이야기는 자신에게 주어진 은사가 무엇인지 깨닫지 못하고 그것을 키워가지 못하면 본인에게 주어진 은사라도 잃어버릴 수 있다는 사실과 그 반대로 처음에는 아주 보잘것없는 은사라도 점점 그것을 키우기 위해 노력하면 그만큼 은사가 커진다는 사실을 잘 드러내 주고 있습니다. 이 청년의 예는 언젠가 주님께서 주셨던 말씀을 상기시켜줍니다.

"누구든지 가진 자는 더 받아 넉넉해지고, 가진 것이 없는 자는 가진 것마저 빼앗길 것이다"(마태 25,29).

가진 것을 충실히 발휘할 때 우리는 더 받아 넉넉해집니다. 저는 그 청년이 글쓰기를 좀 더 노력하여 그 은사를 통해 하느님을 찬미할 수 있기를 바랍니다.

여러분들도 주님께서 우리에게 부어주신 성령의 은사들이 무엇인지 잘 살피고, 그것들을 발휘하고 점점 키워나가, 더욱 풍성한 은총을 누리시기를 바랍니다.

■ 이 말씀을 듣고 싶습니다

> **"성령을 받아라"**(요한 20,22).

하느님을 찾는 이들에게 성령은 어떠한 방법으로든 역사하십니다. 미국 휴스턴 한인 본당 김 루치아 청년의 체험입니다.

세상에서 가장 좋은 친구인 여동생이 2006년 희귀병 진단을 받았다. […] 그 후로 3년쯤 됐을까. 어느 날 밤 난 묵주를 손에 들게 됐다.

미국에서 세례받을 때 대모님께서 주신 투박한 나무 묵주. […] 지금 생각해 보면 내 신앙이 한 단계 성숙해지는 순간이었다. 그날은 근무 후 졸린 눈을 비비고 책상에 앉아 서툰 묵주기도를 시작한 지 이틀째 되는 밤이었다.

묵주기도를 시작하며 난 우연히 작은 내 방 창문을 응시하고 있었다. 그 느낌을 어떻게 설명해야 좋을까. 눈에 보이지는 않지만, 갑자기 어떤 공기의 흐름이 느껴졌다. 창가 쪽에서부터……. 슬픈 생각을 한 것도 아니었는데 그 공기의 흐름이 방안을 돌다가 내 가슴을 관통하고 지나가는 것이 느껴졌다. 아픈 것도 아니고 슬픈 것도 아닌데 졸음을 참고 있던 내 눈에서 눈물이 흐르기 시작했다. 뜨거웠다. 내 언어의 한계를 탓할 뿐이다.

눈물은 흐르는데 내 심장은 어루만져지는 것처럼 왜 그리 기쁘던지, 기도만 외우고 있었는데 어떤 일이 일어난 것인지 아직도 모르겠다. […] 하지만 그날 밤의 형언하기 어려운, 위로받은 듯한 체험은 몇 년이 지나도 더욱 그립고 생생하기만 하다.

며칠 전 내 동생은 일생에서 네 번째 수술을 받았다. […] 나는 한국 시각에 맞추느라 동생이 수술방에 들어갈 때까지 밤을 새우며 문자를 주고받고 묵주기도를 했다. 그 다음 날 동생이 회복실에서 마취가 깬 후 이런 말을 했다.

"언니, 언니 덕이었어. 확실해. 언니 기도 덕에 수술실 들어가기 전에 너무도 좋은 주치의 선생님과 인턴 선생님을 만나 따뜻한 담요도 덮어주시고 손도 계속 잡아 주시고 […]"

나는 성사의 신비를 믿는다. 기도의 힘을 믿는다. 내 동생이 차가운 수술실에서 만난 친절한 의료진이 우연이 아님을 이제는 안다. 우연을 가장한 필연. 그 축복을 여러 번 경험하게 되니, 이렇게 부족한 기도도, 부족한 영의 기도도 내치지 않고 귀담아들어 주시는구나, 감사하고 또 감사하다.[64]

그 어떤 언어로도 표현 못 할 뜨거운 기운이 루치아 청년의 심장을 어루만지자 쏟아져 내린 눈물, 그리고 한없는 기쁨.

필경 성령의 위로였을 것입니다.

그 체험 이후, 머나먼 이국땅에서 더욱 굳건히 바쳐지는 그녀의 기도는, 한국의 동생에게 더없이 필요한 맞춤 처방이 되어주고 있습니다.

"성령을 받아라"(요한 20,22).

우리의 소박한 기도들에 주님께서 흔쾌히 내려 주시는 응답입니다.

함께 기도하시겠습니다.

"성령을 받아라", 주님, 저희가 가눌 수 없는 슬픔에 빠져 있을 때 이 말씀을 듣고 싶습니다.

"성령을 받아라", 주님, 저희가 의욕 상실로 하릴없이 나자빠져 있을 때 이 말씀을 듣고 싶습니다.

"성령을 받아라", 주님, 자격지심의 덫에 걸려 망설이고 있을 때 이 말씀을 듣고 싶습니다.

우리 주 예수 그리스도를 통하여 비나이다. 아멘!

지극히 거룩하신 삼위일체 대축일: 요한 3,16-18

믿음 위에 내리신 주님의 은총

"그를 믿는 사람은 누구나 멸망하지 않고 영원한 생명을 얻게 하셨다"(요한 3,16).

1. 말씀의 숲

성령 강림 대축일로 부활시기를 보낸 후 처음 맞는 주일, 우리는 삼위일체이신 하느님을 묵상하는, 삼위일체 대축일을 맞이했습니다. 삼위일체 대축일은 4세기 초 삼위일체 교리를 부정하는 아리우스 이단에 대한 반박에서 비롯된 것으로, 14세기 요한 22세 교황 때부터 성령 강림 대축일 다음 주일에 지내고 있습니다.

삼위일체 교리는 가톨릭 교회의 4대 교리 중 하나이면서, 동시에 교회 안에서 가장 이해하기 어려운 신비입니다. 초대 교부인 아우구스티노 성인도 이를 이해하려고 많은 노력을 했으나 명쾌하게 설명하지는 못했습니다. 지금도 이 신비를 교회에서는 교회 안의 많은 교리 중에서 가장 이해하기 어려운 신비로 인정하고 있습니다.

오늘 우리가 들은 복음 내용은 니코데모와 예수님께서 나눈 대화의 한 부분입니다. 니코데모는 이스라엘의 스승이었음에도 불구하고 예수님께서 하신 말씀을 이해하지 못했습니다. '위로부터 태어남'(요한 3,3 참조), '물과 성령으로 태어남'(요한 3,5 참조), '영에서 태어남'(요한 3,6.8 참조)이라는 하느님 나라의 원리를 못 알아들었던 것입니다.

그러자 예수님께서는 니코데모에게 '사랑의 설교'를 하십니다. 사랑은 하느님 나라의 본질적인 상황입니다. 여기서 예수님은 하느님께서 당신의 외아들을 세상에 보내신 이유에 대하여 설명을 합니다.

"하느님께서는 세상을 너무나 사랑하신 나머지 외아들을 내 주시어, 그를 믿는 사람은 누구나 멸망하지 않고 영원한 생명을 얻게 하셨다"(요한 3,16).

그리스인들은 지혜를 인간의 최고품으로 발견하였고 동양 사람들은 효도를 최고 덕성으로 삼았지만, 이제 예수님께서는 처음으로 사랑을 영원한 생명력으로 역설하십니다. 생명의 원동력은 사랑이고, 사랑으로 얻는 생명은 영원합니다. 그러니 예수 그리스도께서 하느님의 아들로서 이 세상을 살리는 사명을 띠고 온 사람의 아들임을 믿는 것은 우리에게 있어서 죽느냐 사느냐하는 중요하고도 결정적인 문제입니다. 이것을 믿지 않는 사람은 사랑을 받아들이지 않는 것이며, 사랑을 받아들이지 않는 것은 미워하기 때문입니다. 미워하면서 사는 사람은 암흑을 걷는 사람이며 빛을 외면하고 헛디디는 발걸음을 옮겨 결국은 죽음에 이릅니다.

이러한 뜻에서 요한 복음서는 '빛이 이 세상에 왔지만, 사람들은 빛보다 어둠을 더 사랑하였다. 그들이 하는 일이 악하였기 때문이다. 이 사실이 바로 그들 자신이 스스로 죄인 판결을 내린 것이나 다름없다. 믿지 않았기 때문이다.'(요한 3,18-19 참조)라고 가르치고 있습니다. 이것은 요한 복음사가가 복음서 초두에 내세웠던 요한 복음서의 주제였습니다.

"그분께서 세상에 계셨고 세상이 그분을 통하여 생겨났지만 세상은 그분을 알아보지 못하였다. 그분께서 당신 땅에 오셨지만 그분의 백성은 그분을 맞아들이지 않았다. 그분께서는 당신을 받아들이는 이들, 당신의 이름을 믿는 모든 이에게 하느님의 자녀가 되는 권한을 주셨다. 이들은 혈통이나 육욕이나 남자의 욕망에서 난 것이 아니라 하느님에게서 난 사람들이다"(요한 1,10-13).

2. 말씀 공감

■ 경탄할 비상함

> "하느님께서는 세상을 너무나 사랑하신 나머지
> 외아들을 내 주시어, 그를 믿는 사람은 누구나 멸망하지 않고
> 영원한 생명을 얻게 하셨다"(요한 3,16).

이 말씀은 유다인들의 최고 의회 의원이자 바리사이였던 니코데모와 예수님께서 나눈 대화의 일부분입니다. 이 말씀이 있기 직전, 예수님께서는 니코데모에게 이렇게 말씀하셨습니다.

"누구든지 물과 성령으로 태어나지 않으면, 하느님 나라에 들어갈 수 없다"(요한 3,5).

니코데모는 "이스라엘의 스승"(요한 3,10)이었음에도 이 말씀이 영 아리송하여 솔직히 묻습니다.

"그런 일이 어떻게 이루어지겠습니까?"(요한 3,9 참조)

이 물음에 대한 답변이 오늘 복음 말씀의 내용입니다. 예수님의 답변은 자신의 신원을 밝히는 말씀으로 시작합니다.

"하느님께서는 세상을 너무나 사랑하신 나머지 외아들을 내 주시어, 그를 믿는 사람은 누구나 멸망하지 않고 영원한 생명을 얻게 하셨다"(요

한 3,16).

이 유명한 말씀은 그 자체로 독립된 일종의 '기쁜 소식'입니다.

단 한 문장으로 심오한 하느님의 사랑과 구원 섭리를 간명하게 요약해 주고 있기에, 많은 그리스도인들이 이 성구를 암송할 줄 압니다. 어느 영성가는 이 말씀의 한 단어 한 단어를 깊이 음미하여 그것들로만 책 한 권을 쓰기도 하였을 정도입니다.

오늘은 이 말씀이 삼위일체 신비의 관점에서 우리에게 주어졌습니다. 이 말씀이 성부 하느님과 성자 예수님의 관계와 역할을 간접적으로 밝혀주고 있기 때문입니다.

즉 예수님은 하느님의 외아들, 곧 성자로서 이 세상 사람들을 죄와 죽음으로부터 구원하는 사명을 띠고 이 땅에 강생하셨다는 것입니다.

성부 하느님께서는 세상 곧 인류를 극진히 사랑하십니다. 본문은 "너무나" 사랑하신다고 표현하고 있습니다. 어느 정도로 사랑하시는가 하면, 우리에게 영원한 생명을 주시기 위하여 "외아들"을 기꺼이 내어주실 정도로 사랑하십니다. 우리 어린 시절에는 "외아들"이라는 단어가 특별하게 들렸습니다. "쟤가 외아들이래!"라는 말은 "그 아이는 너무도 귀하고 참으로 소중하니 건드리면 안 돼!"라는 말로 통했으니까요. 그 외아들의 신변이 위험해지면 부모는 재산이라도 몽땅 팔아서 해결해주고자 했던 것이 전통적인 부모의 심정이었습니다. 그런데 그런 외아들을 하느님께서는 우리의 구원을 위해 내어주시고 급기야 십자가 죽음에로 내모셨습니다. 사랑 때문입니다. 그만큼 우리 인간을 사랑하시기 때문입니다.

이토록 크신 사랑으로 우리에게 베풀어진 구원! 이 공짜 구원도 누구나 아무렇게나 누리질 못합니다. 단 하나의 조건이 있습니다. 곧 믿는 이가 되어야 누립니다.

외아들 예수님을 믿는 이는 구원을 받아 영원한 생명을 누립니다. 예수님을 믿는다는 것은 예수님의 정체와 언행과 약속을 믿는다는 것을 뜻합니다. 곧 예수님이 하느님의 신적 외아들이시며, 당신의 언행은 죄의 용서라는 기쁜 소식으로 요약되며, 이를 믿는 자는 영원한 생명을 얻을 것이라는 약속을 믿는 것을 가리킵니다.

'아들'을 믿는다는 것은 또한 오늘 복음 말씀의 전후 맥락상 아들을 통한 세례의 특권을 믿는다는 사실도 포함합니다.

"누구든지 물과 성령으로 태어나지 않으면, 하느님 나라에 들어갈 수 없다"(요한 3,5).

이 말씀에서 언급된 물과 성령으로 태어나는 예식이 바로 오늘 우리가 잘 알고 있는 세례성사입니다. 그리고 이 세례성사의 창설자는 예수님이십니다. 그러기에 성자 예수님의 역할 안에 성령이 이미 내주하고 있다고 말할 수 있겠습니다.

그러기에 예수님에 대한 믿음은 성부 하느님께 대한 믿음과 성령께 대한 믿음까지 요청합니다. 아버지와 예수님의 신비로운 부자 관계를 부인하는 사람은 아직 아들을 믿는 사람이 아닙니다. 아들의 구원활동 안에 성령의 동행하심을 믿지 않는 사람은 아직 아들을 믿는 사람이 아닙니다. 아버지와 아들과 성령의 내적 일치를 믿지 않는 사람은 아직 아들을 믿는 사람이 아닙니다.

■ 저희가 이미 누립니다

> "그를 믿는 사람은 누구나 멸망하지 않고
> 영원한 생명을 얻게 하셨다"(요한 3,16).

죽음마저도 우리를 굴복시킬 수 없는 까닭, 바로 예수님께서 그리스도인인 우리와 함께 계시기 때문이지요. 전주교구 A 본당 윤 스테파노님의 생생한 체험입니다.

"삐- 하는 소리와 함께, 의사의 '운명하셨습니다'라는 말이 들렸어요. 아내의 흐느끼는 소리와 절친한 친구가 저에게 잘 가라며 하는 이야기도 들었죠."

20여 년 전 퇴근길에 쓰러져 응급실로 실려 갔던 스테파노 씨는 의사의 사망 선고를 받고 영안실로 이송됐다. 그런데 얼마 뒤 자신의 두 발로 영안실에서 걸어 나왔다. […] 이후 스테파노 씨는 일반 병동으로 옮겨졌다. 기적이었다.

"제 시신이 영안실로 옮겨질 당시 제 영혼은 길을 걷고 있었어요. 그 길 끝에 세 사람을 만났는데 그분들이 아직 저에게 할 일이 남아있으니 돌아가라고 말씀하시더군요. 신비한 체험이었죠. 그 뒤 눈을 떠보니 영안실이었어요. 퇴원 후 제가 할 일이 무엇인가 생각하다가 직장을 그만두고 봉사를 하기로 결심했어요."

죽음을 경험해 본 탓인지 스테파노 씨는 호스피스 봉사에 마음이 끌렸다. 아내와 함께 직장을 그만두고 관련 자격증을 취득하며 본격적으로 봉사를 시작했다.

주변에서는 젊은 사람이 직장을 그만두고 봉사를 하는 것에 대해 좋지 않은 말들을 많이 했지만, 돈 버는 것보다 소중한 것을 찾자고 확신하게 된 스테파노 씨의 결심을 흔들지는 못했다.

"이렇게 봉사를 할 수 있다는 것이 정말 감사해요. 특히 어머니의 임종을 지켜 드리면서 마음 편히 떠나가실 수 있도록 해드린 것이 가장 기억에 남아요."

호스피스 봉사 외에도 여러 사회복지 시설에서 봉사하던 스테파노 씨는 교리를 배워서 세례를 시키는 것도 큰 봉사라는 이야기를 듣고 신학원에 입학했다. 신학원 졸업 후 십여 년 동안 […] 다양한 곳에서 선교사로 활동하며 매년 이삼백 명이 세례를 받도록 인도했다. 이 일이야말로 하늘에 보화를 쌓는 일이라 생각하는 스테파노 씨는 매일 이 기쁘기만 하다. 남들이 못한 신비한 체험을 해본 덕분일까 하는 질문에 스테파노 씨는 단호하게 말한다.

"종종 제가 한 신비한 체험에 대해 글을 써보면 어떻겠냐는 제안을 받곤 해요. 그러나 그럴 필요가 과연 있을까요. 저는 없다고 봐요. 제 체험보다 더 신비하고 놀라운 일들이 바로 성경에 있습니다. 그보다 더 확실한 말이 어디에 있겠습니까. 그걸 믿어야죠."[65]

스테파노 형제는 단지 지상에서 '다시 살아났다'는 데에 그치고 만 것이 아니었습니다. 언젠가 저 세상에서, 하느님 곁에서 부활하기 위하여 오늘의 삶을 새로이 영위해 나가는 실천을 택했습니다.

하느님께서 우리에게 마련하신 '영원한 생명'은 이렇듯 모든 것을 초월합니다.

■ 이미 구원받아

> **"믿지 않는 자는 이미 심판을 받았다"**(요한 3,18).

한 사나이가 광야로 나가 한참 무소식이더니, 어느 날 불쑥 나타나 자신이 '기름부음 받은 자'라고 주장합니다. 자신으로 인하여 죄인들도 죄를 용서받고 하늘 나라에 들어갈 자격을 얻게 되었다고 복음을 선포하며 추종자들을 모으기 시작합니다. 이 복음 곧 기쁜 소식을 통쾌한 말씀과 괄목할 이적으로 두루 전합니다.

그는 처음 젖과 꿀이 흐르는 삶을 위해 내려졌던 율법과 십계명이 기득 권력에 눈이 먼 종교지도자들에 의하여 완전히 딴 판으로 왜곡되어 오히려 무거운 짐으로 전락한 사실을 개탄하며, 십계명의 지혜를 근간으로 길, 진리, 생명에 대하여 계시합니다.

나아가 고금동서에서 가장 쉬우며, 실효적이며, 영속적인 여덟 가지 행복의 길을 설파합니다. 또한 수고하고 짐 진 이들이 하느님의 은혜로 돌보심과 화평을 누릴 수 있게 해 주는 기도 비법을 전수합니다.

이 수수께끼 같은 사나이!

그의 주장과 가르침을 변방의 촌사람들, 밑바닥 인생들, 특히 세리, 죄인, 창녀들은 곧이곧대로 받아들이고 믿었습니다. 그리하여 실로 기쁨과 희망 충만한 은총의 새 삶을 누리게 되었습니다.

반면에, 기득권과 편견에 사로잡혀 이 사나이의 반대편에 서서 그를 배척하고 거부하여 결과적으로 믿지 않은 자들도 많았습니다. 그리하여 그들은 권력 다툼과 증오와 불평불만의 적폐에서 헤어 나오지 못하였습니다.

"믿지 않는 자는 이미 심판을 받았다"(요한 3,18).

이 말씀은 저 두 부류의 사람들이 자신들의 선택으로 처하게 된 천국적 처지와 지옥적 처지의 운명적 격차를 간명하게 설명해 줍니다. 요컨대, 선택이 이미 심판인 셈입니다. 소름 끼치는 사실입니다. '믿느냐 안 믿느냐'라는 단순한 선택의 향방이 지복과 파국을 결정짓는 변수가 된다니 말입니다.

그러므로 신앙의 선택에 있어서는 신중에 신중을 기하는 지혜를 발휘해야 할 것입니다. 나아가 오늘 우리 시대에는 선택의 상황이 더욱 복잡해 졌음에 각성을 기해야 할 것입니다.

다원주의가 시대적 가치관이 되어버린 오늘날 '믿느냐 안 믿느냐'만 선택의 변수일 뿐 아니라, '예수냐, 부처냐, 마호메트냐, 무속의 영귀냐, 알파고냐, 나 자신이냐' 등이 대등한 변수로 여겨지는 것이 오늘의 현실입니다. 이런 형국에서는 진즉부터 예수님을 믿어온 사람들도 타 종교의 홍보에 현혹될 수 있으니 이것이 문제인 것입니다.

증오는 그 불면으로 인하여, 이미 심판이다.
용서는 그 자유로 인하여, 이미 구원이다.

거짓은 그 불안으로 인하여, 이미 심판이다.
정직은 그 평화로 인하여, 이미 구원이다.

불신앙은 그 결핍으로 인하여, 이미 심판이다.
신앙은 그 축복으로 인하여, 이미 구원이다.

함께 기도하시겠습니다.

주님, 저희가 저희의 공로가 아니라 저희의 믿음 위에 내리신 주님의 은총으로 이미 '영원한 생명'을 누리고 있음에 감사드립니다.

주님, 영원한 생명이 저희 안에 용약하기에 저희는 어떤 궁지에서도 '멸망'하지 않을 것임을 저희가 압니다.

주님, 저희로 하여금 '영원한' 생명의 특은을 머리로만이 아니라 저희의 온몸으로 느끼고 누리게 하소서. 아멘!

우리 주 예수 그리스도를 통하여 비나이다. 아멘!

생명의 양식

"누구든지 이 빵을 먹으면 영원히 살 것이다.
내가 줄 빵은 세상에 생명을 주는 나의 살이다"(요한 6,51).

1. 말씀의 숲

그리스도의 성체 성혈 대축일은 예수님께서 성 목요일 최후 만찬에서 세우신 성체성사를 특별히 기념하고 묵상하는 날입니다. 이 대축일은 1264년 우르바노 4세 교황 때부터 지내왔습니다. 처음에는 성체 축일과 성혈 축일이 따로 있었으나 1970년부터 함께 기념해오고 있습니다. 이날은 삼위일체 대축일 다음 첫 목요일이나 주일에 지내게 되어 있는데 우리나라에서는 주일에 지내고 있습니다.

요한 복음서 6장은 빵 다섯 개와 물고기 두 마리로 오천 명을 먹인 기적 이야기(요한 6,1-21)와 그다음에 펼쳐진 성체 강론(요한 6,22-71 참조)으로 이루어져 있습니다. 그 가운데 오늘 우리가 들은 복음 말씀은 성체 강론 부분에 속한 예수님과 유다인들과의 대화 내용입니다.

예수님께서는 오늘 말씀을 통해 당신의 살과 피를 마시는 잔치에 사람들을 초대하십니다.

"나는 하늘에서 내려온 살아 있는 빵이다. 누구든지 이 빵을 먹으면 영원히 살 것이다"(요한 6,51).

여기서 예수님의 관심사는 영원한 생명에 집중되어 있습니다. 이것을 얻기 위해서는 예수님 자신과 동일시되는 '빵', 즉 당신의 '살'을 먹고 당신의 '피'도 마셔야 합니다. 그러나 이러한 예수님의 말씀을 유다인들은 받아들일 수 없었습니다. 오히려 그 말씀으로 인해 사람들은 예수님을 '미친 사람' 취급을 합니다. 사실 '사람의 살을 씹어 먹는 것'이나 '피를 마시는 것'은 모두 구약에서 있을 수 없는 일이었던 것입니다.

예수님께서는 그러한 유다인들의 반응에는 아랑곳하지 않습니다. 오히려 더 강력하게 말씀하십니다. 예수님께서 주시는 음식인 그분의 살과 피는 단순히 지상적인 이익을 위한 것이 아니라 영원한 생명을 위한 것입니다. 그러므로 이 음식을 거부하는 사람은 마지막 날에 영원한 생명을 얻을 수 없습니다.

또한, 그 음식을 먹는 사람은 예수님과 일치를 이루게 됩니다.

"내 살을 먹고 내 피를 마시는 사람은 내 안에 머무르고, 나도 그 사람 안에 머무른다"(요한 6,56).

사실 '내 안에 머무른다'라는 말씀은 '영원한 생명을 얻는다'와 대등한 개념입니다. 우리는 그분을 먹고 마심으로써 그리스도이신 예수님 안에 머무를 수 있습니다. 우리는 미사성제를 통하여 그분의 말씀을 듣고, 그분의 살과 피를 받아 모시는 '성사적 참여'로 그리스도와 일치를 이루며 동시에 하느님의 영원한 생명을 얻어 누리고 있습니다. 곧 성사 생활은 이미 하느님의 영원한 생명을 '지금 여기서' 얻어 누리는 최고의 방법입니다.

오늘날 성사 안의 '성체와 성혈'은 죽으시고 부활하신 예수 그리스도께서 주시는 영광스럽고 영적인 '몸과 피'입니다. 그러하기에 영성체를 통하여 우리는 부활하신 그리스도의 변화된 몸에 동화되고 그 몸에 일치하게 되는 것입니다.

성체 성혈 대축일을 지내는 오늘, 우리는 다시금 당신 자신을 아낌없이 내어주신 예수님의 사랑에 감사를 드리며, 성체성사를 통하여 그리스도와 일치를 우리는 삶에 대하여 묵상하는 시간을 가져야겠습니다.

2. 말씀 공감

■ 그 은혜가 이토록 큰 줄을

> **"누구든지 이 빵을 먹으면 영원히 살 것이다.**
> **내가 줄 빵은 세상에 생명을 주는 나의 살이다"**(요한 6,51).

먹을 빵을 달라는 유다인들에게 예수님께서는 당신 자신이 세상에 영원한 생명을 주는 빵이라고 응답하셨습니다. 당시 유다인 입장에서 이 말씀을 알아들은 사람은 거의 없었습니다. 하지만 그 앞뒤 정황과 사건에 대하여 더욱 소상히 설명들은 우리 신앙인들은 그 빵이 바로 성체임을 압니다.

"누구든지 이 빵을 먹으면 영원히 살 것이다. 내가 줄 빵은 세상에 생명을 주는 나의 살이다"(요한 6,51).

이 말씀이, 오늘 저에게는 유독, 그 어떤 말보다도 강력한 희망의 선언이 되어 가슴에 박힙니다.

2014년 친구가 상을 당했습니다. 오스트리아 빈으로 유학 갔다가 청안青眼의 색시와 국제결혼을 하고 그곳에 눌러 살던 중, 어머니께서 위중

하다는 소식에 급거 귀국하여 임종까지 병 수발을 하였던 그. 마지막 가시던 날 아침 제게 급히 연락이 왔습니다. 가보니 심장이 멈췄던 상태에서 심폐소생술로 박동을 살리고 인공호흡을 하는 중이었습니다. 어머니의 모습은 끔찍했습니다. 전신화상을 입은 사람처럼 온 피부가 검붉게 타서 갈라져 있었습니다. 약물 부작용으로 인한 희귀병증 '나헬증후군'이라 했습니다. 겉만이 아니라 속 내장까지 타들어가는 고통이라 했습니다.

건드렸다하면 비명이고 움직였다 하면 피부가 더 갈라지는 그런 고통을 하루 24시간씩 꼬박 두 주 이상 견뎌야 했다고 들었습니다. 저는 잠깐 지켜보는 것도 괴로워 차마 눈을 뜰 수가 없었습니다. 세례를 청하기에 마리아라는 이름으로 간소하게 세례를 주고서 저는 일단 볼일 때문에 연구소로 복귀하였습니다. 돌아오는 차에서 문득 회의에 빠졌습니다.

"내가 고통을 알아? 나는 고통을 모른다."

돌이켜보니 그것은 회의가 아니라 깨달음이었습니다. 정말입니다. 우리는 아직 고통을 모릅니다! 이 은혜로운 깨달음으로 인해 그나마 늦은 점심도 먹는 둥 마는 둥이었습니다. 식사 후 처리할 일은 저를 기다리고 있는데 저는 계속 서성였습니다. 말 그대로 안절부절못하였습니다. 그러다 홀연 미사를 바쳐 드리고 싶은 충동이 일었습니다. 때는 정확히 3시였습니다. 마쳤을 때는 3시 27분이었습니다. 그러고서 몇 분 후 아들로부터 연락이 왔습니다.

"방금 돌아가셨어요! 3시 34분에."

이건 부인할 수 없는 시간의 기적이었습니다. 하느님께서는 마리아를 위한 미사 1대가 온전히 봉헌될 때까지 시간을 주셨다가 그 미사의 공로를 마리아에게 돌려주시고 하늘 나라로 데려가셨던 것입니다.

그날은 마침 금요일이었습니다. 예수님께서 돌아가신 날 금요일, 그것도 정확히 3시. 그 시간에 봉헌된 미사를 노자 삼아 어머니는 하늘 나라로 가셨습니다.

영원한 생명을 주는 미사의 은혜! 단 한 번의 봉헌으로도 부족함이 없다는 놀라운 은총에 눈물로써 감사드리는 순간이었습니다.

■ 황홀한 감동

> "내 살을 먹고 내 피를 마시는 사람은 내 안에 머무르고,
> 나도 그 사람 안에 머무른다"(요한 6,56).

자기희생적 사랑은 국경과 민족을 초월하여 감동적입니다. 실제로 있었던 진한 사랑의 감동의 이야기에로 초대합니다.

월남전이 한창일 때, 조그만 월남인 부락의 고아원에 박격포 탄이 떨어졌다. 몇 사람이 죽고 몇 명의 어린이가 부상을 당했다. 의사들이 급하게 도착했으며 그들은 부상자들 중 여덟 살가량의 소녀를 먼저 치료하기로 결정했다. 부상이 심했던 것이다.

당장 수혈이 필요했다. 서둘러 검사를 해본 결과, 미국인 의사와 간호사들 중에는 맞는 혈액형이 없었고 부상당하지 않은 고아들 중 몇 아이가 같은 혈액형이었다.

의사는 월남어를 몰랐다. 그렇지만 그는 필사적으로 손짓 발짓을 뒤섞어 가면서, 박격포 탄에 놀란 아이들에게 그 소녀가 흘린 피를 지금 보충해 주지 않으면 틀림없이 죽게 될 것이라는 사실을 설명해 주

려고 애썼다. 누군가가 피를 나누어주어야 한다고 말이다.

한참 후, 조그만 손 하나가 머뭇거리며 올라갔다가 도로 내려가더니 다시 올라갔다. 그 손의 주인공은 '헹'이라는 이름표를 달고 있었다.

"오, 고맙구나. 헹." 간호사는 즉시 헹의 팔을 걷었다.

잠시 후, 헹은 자유로운 한 손으로 얼굴을 가리더니 몸을 떨었다.

"왜 그러니?" 헹은 아무 일도 아니라는 듯이 고개를 저었다가 조금씩 흐느꼈다. 흐느끼는 소리가 새어 나오자 헹은 작은 손으로 자기 입을 틀어막았다. 그러다 두 눈을 꽉 감더니 흐느끼는 소리를 죽이기 위해 주먹을 입에 갖다 댄다. 당황한 의사와 간호사들이 어쩔 줄을 모르고 있을 때 때마침 월남인 간호사가 도착했다. 사정을 들은 월남인 간호사는 헹과 몇 마디 말을 나누더니 싱긋이 웃었다.

"헹은 당신들의 말을 잘못 알아들었습니다. 당신들이 이 어린 소녀를 살리기 위해 자기 피를 전부 뽑아 주겠느냐고 물은 줄 알았던 거예요. 자기는 죽는 거고요."

"그렇다면 왜 이 아이는 자진해서 피를 뽑아주려고 했을까요?"

월남인 간호사가 헹에게 똑같은 질문을 했다.

이제는 울음을 그친 헹, 너무나 맑은 얼굴로 이렇게 말했다.

"걘 내 친구니까요."[66]

눈물이 날 만큼 감동적입니다. 친구를 위하여 자신의 생명까지 내어주며 수혈을 하겠다고 나선 헹이라는 이 어린이 앞에 우리는 말을 잃습니다. 그저 '황홀한 감동'에 젖을 따름입니다. 이 가녀린 소녀 안에서 우리는 이 시대의 예수님을 봅니다.

우리는 살과 피를 나누시는 예수님의 사랑을 성체성사에 참여할 때마다 다시 만납니다.

성체성사뿐 아니라 성체조배를 통해서도 우리는 주님의 사랑을 체험할 수 있습니다. 좀 무리가 있을지 모르겠으나 저는 성체조배의 은총을 원적외선 효과에 비유하기를 좋아합니다. 많은 신자들이 성체조배의 요령을 몰라서 별별 수를 다 쓰면서 30분이고 한 시간이고를 뒤척이거나 부스럭거리는 것을 보고 좋은 대안을 찾고 있을 때 얼른 떠올랐던 영감이었습니다. 이후 저는 신자들에게 이렇게 설명해왔습니다.

"여러분, 찜질방에 가보신 적 있으시죠? 거기서 원적외선을 쬐며 땀을 뺄 때, 무슨 요령 같은 것이 필요합니까? 아니죠. 그냥 쬐기만 하면 되는 것이죠. 성체조배도 마찬가지입니다. '성체조배를 어떻게 하면 잘할 수 있을까?' 이런 것 고민하지 마세요. 그냥 성체 앞에 앉아 있는 겁니다. 졸음이 오면 졸면서 그냥 시간을 보내는 겁니다. 다만 딴전을 부리면 안 됩니다. 예수님이 바로 눈앞에, 코앞에 계시는데 성경 같은 거 펴 들고 읽는 것은 효과적이지 못합니다. 집중이 잘 안 되어도 좋고, 아무것도 안 해도 좋으니까 그냥 예수님과 함께 앉아 있다가 나온다는 심정으로 시간을 버텨보세요. 그러면 어느새 자신의 육신, 마음, 영혼에 예수님의 현존이 삼투하게 되는 것입니다. 그러다 보면 예수 성심과 나의 마음이 하나가 되기도 하고, 상상하지 못했던 좋은 일들이 여러 가지 형태로 발생하게 될 것입니다."

그랬더니 어느 교우가 강의 끝에 남아서 필자에게 증언을 해 주었습니다. 그의 요지는 이랬습니다.

여러 해 전 그는 사업 실패로 위기를 맞이하였습니다. 기도를 하기 위해 성당을 찾았습니다. 하지만 기도가 되지를 않았습니다. 무엇을 어떻게 말해야 할지 한마디도 할 수가 없었습니다. 그래서 그냥 1시간가량 앉았다가 집으로 왔습니다. 다음날도 또 기도를 해볼 요량으로 성당을 찾았습니다. 그날도 무슨 힘에 압도당한 듯 입을 열지 못했습니다. 오기가 생겼습니다. 그래서 뭔가 감이 올 때까지 매일 1시간씩 성당을 찾기로 작정하였습니다. 이렇게 하기를 여러 해, 용케도 잘 버텨서 오늘에 이르렀다는 것입니다. 그런데 강의를 들으면서 돌이켜 보니, 자신이 해왔던 것이 바로 '성체조배'라는 것을 알았다고 했습니다. 놀랍게도 기도하고 싶었던 지향이 오늘에 와서 생각하니 그대로 현실로 이루어진 것입니다. 자신의 청원기도는 실패했지만, 어느새 그보다 더 깊은 기도인 성체조배를 몸에 익혔다는 것이 더없이 은혜로운 일이었습니다.

그의 말은 사실입니다. 단지 1시간씩 성체가 모셔져 있는 감실 앞에 앉아 있는 것만으로도 우리의 신앙과 삶에 엄청난 변화가 생깁니다. 성체를 통하여 우리가 예수님 "안에 머무르면", 오늘의 복음의 약속인 "나도 그 사람 안에 머무른다"(요한 6,56)라는 말씀이 이루어지는 것입니다. 그리하여 바오로 사도가 코린토 1서에서 언급한 축복이 체험되는 것입니다.

"어떠한 눈도 본 적이 없고 어떠한 귀도 들은 적이 없으며 사람의 마음에도 떠오른 적이 없는 것들을 하느님께서는 당신을 사랑하는 이들을 위하여 마련해 두셨다"(1코린 2,9).

성체조배란 성체 안에 계신 예수님을 찾아뵙고, 그분과 함께 머무는 것을 말합니다. 그러하기에 어떠한 방법이나 요령이 필요 없습니다. 단순히 성체 앞에 나와 예수님과 함께하는 것만으로도 우리에게 큰 은총이 주어지는 것입니다. 여러분도 성체 앞에서 고요히 주님과 함께하여 많은 은총을 누리시길 기원합니다. 아멘!

■ 우리를 부끄럽게 하는 이야기

> "너희 조상들이 먹고도 죽은 것과는 달리,
> 이 빵을 먹는 사람은 영원히 살 것이다"(요한 6,58).

이제 박해 시대를 벗어나 편하게 신앙생활을 하고 있는 우리에게 박해 시대 이야기는 어쩌면 와 닿지 않을 수 있습니다. 어쩌면 듣기를 회피하고 싶은 이야기일 수도 있습니다. 부담스럽기 때문입니다.

그들은 성체성사를 거행하고 성체를 모시는 것이 목숨을 빼앗기는 위험한 모험인 줄 알면서도 그대로 과감히 행했습니다. 이에 비할 때 우리는 아무 위험 없이 성체를 모실 수 있음에도 바쁘다는 핑계로 거르기 일쑤입니다.

지금 이 시대에는 '웰빙'이라 하여 잘 사는 것을 중요시하고 있습니다. 그래서 조금 돈을 더 많이 주고서라도 옷이나 가구, 집 등을 자연 친화적인 것을 구입하려고 하고 있습니다. 이는 먹거리에서도 마찬가지입니다. 단적인 예로 대형 마트 같은 곳에 가면 같은 계란이라도 여러 가지 수식어가 붙어 있습니다. '상황버섯 먹인 계란', '방사 유정란', '마늘 먹인 계란' 등등 종류도 다양합니다. 계란 하나라도 몸에 좋은 것을 찾는 사람들의 요구가 반영된 것이라 할 수 있겠습니다.

그리스도인인 우리들 역시 웰빙을 추구하며 살아갈 수 있습니다. 그러나 그 이전에 우리는 우리의 영적인 웰빙을 먼저 생각해야 합니다. 아무리 육체적으로 웰빙을 살아간다 하더라도 영혼이 생명을 잃어버린다면 아무런 의미가 없기 때문입니다. 그렇다고 물질적이고 육적인 것이 아무런 의미가 없다는 것은 아닙니다. 현세를 살아가면서 우리는 육적인 것을 무시할 수 없기 때문입니다. 하지만 너무 육적인 것에 치중한 나머지 우리 영혼을 양육하는데 소홀히 하는 것은 결코 옳은 일이라 할 수 없습니다. 그렇다면 영적 웰빙을 살아가기 위해서 어떻게 해야 하겠습니까?

우리는 이미 그 답을 알고 있습니다. 바로 우리 영혼의 양식이 되어오신 예수님의 성체를 자주 받아 모셔야 합니다. 사실 초대 교회 그리스도인들이 자신들의 목숨까지도 내놓으면서 미사성제를 거행했던 이유가 바로 여기 있는 것입니다. 그리스도인은 우리의 참 길이요, 진리요, 생명이신(요한 14,6 참조) 예수 그리스도의 성체를 영함으로써 생명을 얻을 수 있기 때문입니다.

함께 기도하시겠습니다.

주님, 저희가 세상 그 어떤 것보다 미사성제에 참여하여 성체를 모심을 낙으로 삼아 주님 안에 머무르며 믿음의 충실로 살고자 하오니, 주님께서는 저희 안에 머무르시며 어떤 고난도 헤쳐나갈 생존의 능력을 주시옵소서.

주님, 저희가 성체와 합일하여 주님 안에 머무르면서 경청의 몰입에 잠기고자 하오니, 주님께서는 저희 안에 머무르시며 저희가 세상 모든 가치의 옥석을 가려 버릴 것은 버리고 취할 것은 취하는 형통의 지혜를 내리옵소서.

주님, 저희가 성체와 한 몸 되어 주님 안에 머무르면서 사랑의 치성을 드리고자 하오니, 주님께서는 저희 안에 머무르시며 가없는 자비를 베푸소서.

우리 주 예수 그리스도를 통하여 비나이다. 아멘!

예수님의 멍에

"고생하며 무거운 짐을 진 너희는 모두 나에게 오너라.
내가 너희에게 안식을 주겠다"(마태 11,28).

1. 말씀의 숲

오늘 복음 말씀은 크게 두 부분으로 나누어 볼 수 있습니다.

첫째, 예수님의 찬미 기도(마태 11,25-26 참조)

예수님께서는 하늘과 땅의 주인이신 아버지 하느님께 당신 말씀과 행적을 통해 구원의 뜻을 계시하신 것을 찬양하셨습니다. 하느님께서는 그것을 지혜롭고 영리한 자들에게는 숨기시고 어린이와 같은 사람들에게 계시하셨습니다.

둘째, 수고하는 사람들을 향한 부르심(마태 11,28-30 참조)

예수님께서는 율법 자체 때문이 아니라 바리사이들이 해석한 율법, 바리사이들의 전통에서 규정한 사항들(마태 23,4 참조)을 지켜야 하는 무거운 짐에 허덕이는 사람들에게 휴식을 주실 것을 약속하셨습니다. 예수님께서는 율법의 핵심을 하느님과 이웃을 향한 사랑이라는 가르침으로 요약하셨는데, 사랑을 실천하는 사람은 이 가르침을 짐스럽게 여기지 않고 기꺼이 지킬 수 있는 감미로운 멍에로 받아들입니다. 그러므로 예수님의 가르침을 이해하는 것으로 만족하지 않고 그분을 본받는 사람만 영원한 행복이라는 휴식을 체험할 수 있습니다.

하느님을 지극히 사랑한다고 큰소리치는 농부가 있었습니다. 주님을 위해서라면 그 어떠한 것이라도, 심지어는 자신의 목숨까지라도 다 바치겠다고 큰소리를 치곤 했습니다. 하루는 이웃 마을의 친구가 찾아와서 그에게 넌지시 물었습니다.

"만일 자네에게 소 열 마리가 있다면, 그 가운데 한 마리를 하느님께 바칠 수 있겠는가?"

농부는 자신 있게 대답했습니다.

"그럼! 바치고말고! 그러나 내게는 소가 없다네."

친구가 또 물었습니다.

"그럼 이번에는 말 열 필이 있다면, 그 가운데 한 필을 십일조로 바칠 수 있겠는가?"

농부는 이번에도 큰소리를 쳤습니다.

"아무렴 바치고말고! 한 필뿐인가? 열 필이라도 다 바쳐야지. 그러나 내게는 말이 없다네."

친구가 세 번째로 또 물었습니다.

"자네에게 돼지가 열 마리 있다면 그 가운데 한 마리를 하느님께 드릴 수 있겠는가?"

그 소리를 들은 농부가 갑자기 역정을 냈습니다.

"아니. 자네, 나한테 돼지 열 마리가 있다는 걸 도대체 어떻게 알았나?"[67]

2. 말씀 공감

■ 감탄사를 연발하여도

> "아버지, 하늘과 땅의 주님, 지혜롭다는 자들과
> 슬기롭다는 자들에게는 이것을 감추시고 철부지들에게는
> 드러내 보이시니, 아버지께 감사드립니다"(마태 11,25).

이 말씀에서 지혜와 슬기는 사실상 비슷한 말입니다. 다만 지혜가 진리의 인식에서 빛을 발한다고 한다면, 슬기는 위기 국면에서 최선의 처신을 하는 데에서 빛을 발한다고 할까요.

예수님께서는 지혜와 슬기를 탓하지 않으십니다. 스스로 그것들을 내세우며 거들먹거리는 이들을 에둘러 지적하고 있는 것입니다.

왜 그러셨을까요?

지혜롭다고 자처하는 이들은 그 지혜 때문에 예수님의 귀한 가르침을 허투루 여길 수 있습니다. 자신의 지혜로 판단하고 재단하기를 일삼다가 마침내 구원의 진리를 배척할 수도 있습니다.

슬기롭다고 자처하는 이들도 마찬가지입니다. 이들은 어려움이 닥칠 때 주님께 조언을 청하지 않고 자력으로 해결하려 하는 성향이 있습니다.

하지만 철부지 또는 스스로 그렇게 여기는 사람들은 다릅니다. 이런 사람들은 주님의 가르침을 삐딱한 마음으로 듣지 않고 들려주시는 대로 믿습니다. 이런 성향의 사람들은 상대를 잘못 만나면 크게 속아 넘어갈 수 있는 위험을 지니고 있지만, 참 구세주, 참 진리를 만나면 보통 사람들보다 누리는 축복이 큽니다.

저는 신학교에서 신학생들을 양성하는 교수지만, 믿음에 있어서는

"철부지"임을 자처합니다. 그래서 시쳇말로 제 믿음을 '단순무식한 믿음'이라고 이름 붙이기를 좋아합니다. 저는 믿음은 이래야 한다고 굳게 믿고 있습니다.

한 달쯤 전 연구소 인근 성당에서 사목하시는 신부들 사이에 퍼진 것이라며, 한 형제가 제게 들려준 이야기입니다.

어느 본당에서 어린이 미사 때 한 아이가 "저희 본당 신부님, 제발 담배 끊게 해 주세요" 하고 기도드렸답니다. 화들짝 놀란 본당 신부가 미사 후 그 아이에게 이렇게 말해 줬답니다. "야, 너 그런 기도하지 마! 신부님은 네가 아무리 기도해도 담배 못 끊어. 내 맘대로 잘 안 돼!" 그런데 그다음 주에 다른 아이가 또 똑같이 "저희 본당 신부님, 제발 담배 끊게 해 주세요"라고 기도하더랍니다. 이번에도 전처럼 그 아이에게 지적해 주었는데, 웬걸, 매주 아이들의 기도는 그칠 줄 몰랐습니다. 그래, 아이들에게 너무 큰 죄를 짓는 것 같아서 그만 금연을 결심하고, 더 이상 담배를 피우지 않고 있답니다.

대신에 본당 신부가 요즈음 열심히 기도한다고 전해 들었습니다.

"주님, 제발 이 본당 좀 빨리 떠나게 해 주세요!"

주일학교 어린이들을 위해 담배를 끊은 본당 신부님의 사랑도 훌륭하지만, 이런 것이 바로 "철부지" 아이들의 힘입니다.

"아버지, 하늘과 땅의 주님, 지혜롭다는 자들과 슬기롭다는 자들에게는 이것을 감추시고 철부지들에게는 드러내 보이시니, 아버지께 감사드립니다"(마태 11,25).

백발이 되어도 우리는 주님 앞에 "철부지" 아이일 따름입니다.

인정하지 않아도 철부지일 뿐입니다.

인정하지 않으면 어리석음으로 머물겠지만, 인정하면 공로요 상급이 될 것입니다.

■ 문을 활짝 열어놓으시고

> "고생하며 무거운 짐을 진 너희는 모두 나에게 오너라.
> 내가 너희에게 안식을 주겠다"(마태 11,28).

언제나 그 순간에 빠져 있을 때는 잘 모릅니다. 이게 최선인지, 이게 맞는지, 이게 옳은 건지를 말이지요. 지나고 나서야 그때 내가 왜 그리도 아등바등했었는지, 왜 그리도 미련스레 놓지 못했었는지를 알게 됩니다.

여러분께도 지금, 나를 붙잡고 내 마음의 평화를 깨뜨리며 괴롭히는 그 무엇이 있는지요? 한 자매의 이야기를 소개합니다.

대학가 주변에서 홀로 빵집을 운영한 지 3년 차. 저는 일주일에 6일씩 아침마다 빵, 쿠키 등을 구워내며 새벽 5시부터 열네 시간을 꼬박 쉬지 않고 일했습니다. 꿈꾸던 일이었지만 이 정도일 줄은 상상도 못했습니다. 하지만 저는 모든 것을 혼자 해내고 싶은 '욕심'이 있었습니다. 종업원을 둔 적도 있었지만, 그들에게 제가 원하는 일 처리 방식을 보여주려 애쓰느니, 차라리 저 혼자 전부 해 버리는 편이 더 간단했습니다. 그러다 보니, 어떤 날 아침은 빵을 만들다가 기진맥진해 쓰러져 버린 적도 있었습니다. 눈을 떠 보니 손님들이 저를 굽어보며 서 있었습니다. 희망도, 기력도 모두 잃어버린 심경이었습니다. 도움을 청할 사람도 마땅찮았습니다. 부모와 형제들은 그들대로 일하고 있었고, 그렇다고 제가 교회에 다니거나 기도를 하는 사람도 아니었습니다. 애를 쓰면 쓸수록 행복이 커질 줄 알았는데, 오히려 갈수록 행복을 찾기가 더 힘들어졌습니다.

내면 깊숙이 밀려오는 두려움에 저는 더 이상 가게에 있기 힘들었습니다. 도망치듯 거리에 나와 대학 캠퍼스를 느릿느릿 거닐었습니다. 문득 고개를 들었을 때, 눈앞에 아름다운 석조 예배당이 서 있는 걸 보았습니다. 육중한 나무문을 열고 들어가니, 교회 안은 고요하고 평온했습니다. 의자에 앉자, 감정과 피로, 중압감이 마음속에 차올랐습니다. 주저앉듯 무릎을 꿇었습니다.

'계속 이렇게 해 나갈 수는 없어요. 다 그만둘래요.'

그저 이렇게 완전히 무릎 꿇는 것 외에는 다른 출구가 보이지 않았습니다.

그때 제단 위 창문에 석양이 비쳐 들어와, 부드럽고 따스한 빛이 제가 무릎 꿇은 자리에 드리웠습니다. 그 빛이 주는 기운이랄까, 제게 힘을 채워 주는 듯한 느낌이 전해졌습니다. 이게 하느님의 빛이었을까요? 제 삶에서 잃어버린 것이 바로 이것이었을까요?

여러 해 동안 저는 그분의 권능보다 제 꿈에 더 믿음을 실었습니다. 그런데 이 느낌, 이건 제가 한 번도 경험하지 못했던 위안이었습니다. 모든 일을 혼자 감당하려고 애쓰던 부담감이 제 어깨에서 덜어져 내려와 사라졌습니다.

다음 날 아침 저는 종일제 종업원을 구하는 광고를 내걸었고, 곧 활달하고 책임감 있는 직원을 고용할 수 있었습니다.

그 후로 빵집에서 일하는 나날들이 점차 진정한 기쁨으로 채워졌습니다.

몇 해가 지난 어느 날, 저는 지금의 남편과 다시 그 예배당을 찾았습니다. 그런데 문은 굳게 잠겨있었고, 문 오른편 오래된 안내문에 이렇게 쓰여 있는 것을 볼 수 있었습니다.

'오후 6시부터 야간에는 문을 닫습니다.'

등줄기를 타고 전율이 흘러내렸습니다. 그날, 제가 위로받았던 그 저녁, 주님께서는 저를 들이시기 위해 이 안에서 잠긴 문을 열어두고 인내하며 기다리셨다는 것을 깨달았던 것입니다. 이제 저는 제 삶 모든 면에서 그분의 축복을 봅니다.[68]

평소에는 때에 맞춰 굳게 닫혀 있던 문! 그 문이 열려있었습니다. 그날 주님께서는 자매를 만나주시기 위하여 잠긴 문을 열어두셨던 것입니다. 그리고 자매가 자신을 내려놓고 무릎을 꿇은 순간, 당신의 빛으로 그녀를 채워주셨습니다. 그리하여 그 넘치는 생명의 힘으로 자매는 다시 일어섰습니다.

여러분, 주님께서는 이처럼 우리 모든 마음의 짐, 육신의 짐을 없애주시기 위해서 몸소 닫힌 문을 열고 우리를 기다리시는 분이십니다.

■ 흠씬 누리게 하소서

> "나는 마음이 온유하고 겸손하니 내 멍에를 메고 나에게 배워라.
> 그러면 너희가 안식을 얻을 것이다.
> 정녕 내 멍에는 편하고 내 짐은 가볍다"(마태 11,29-30).

강퍅하다!
완악하다!
동일한 의미를 지니는 이 두 단어는 구약성경에서 이스라엘 백성이 하느님의 뜻을 거역하고 제 고집대로 살려고 했을 때의 행태를 꼬집는 표현입니다.

이 두 단어는 신앙 또는 영성생활에서 결정적으로 중요한 개념입니다. 왜냐하면, 강퍅함과 완악함은 비非구원, 비非은혜, 비非생명을 초래하는 고질적인 죄악이기 때문입니다.

최초의 인류 아담과 이브는 하느님과 같아지려는 교만으로 하느님의 금령을 어겼습니다. 카인은 교만에 질투가 더해져서 형제인 아벨을 살해했습니다. 이처럼 죄에 다른 죄가 더해지고 사사건건 하느님 속만 썩일 때 '강퍅하다' 또는 '완악하다'고 성경에는 기록되어 있습니다.

삶의 조건이 척박해졌을 때 이스라엘 백성은 강퍅함에 빠졌습니다.

모세의 영도 아래 이집트를 탈출하던 여정에서 이스라엘 백성은 고달픈 사막지대에 이르자 마음이 완악해졌습니다. 그래서 모세를 통한 하느님의 분부에 이의를 제기하고 원망, 불평불만, 집단 항의를 일삼았습니다. 이스라엘 백성은 그 대가를 혹독히 치러야 했습니다.

하느님께서는 이스라엘 백성의 그 비뚤어진 쇠고집을 길들이기 위하여 단 몇 달이면 종료되었을 광야 여정을 도합 40년으로 늘리셨습니다. 그리하여 말씀에 철저히 순명하는 백성이 되도록 훈련시키셨습니다.

광야 40년의 생활은 우리 각자 인생의 축소판입니다. 우리도 살아가면서 말씀을 등한시하고, 신앙을 헌신짝처럼 버릴 때가 있습니다. 특히 생업이 위태롭고 생계가 어려울 때, 그러합니다. 이때 생존을 핑계로 하느님의 뜻을 거역하고 자기 뜻과 꿈과 계획만을 내세우기 십상입니다. 이는 끝내 일을 꼬이게 만들어 불순명, 고생, 불평불만이라는 악순환을 벗어나지 못하게 합니다.

이는 인생살이의 이치입니다. 그러기에 예외는 거의 없습니다. 자신의 삶에서 하느님을 삭제하고 맘껏 자기 인생을 살아서 일시적으로는 소기의 꿈을 달성할 수 있을지는 몰라도, 결국에는 허무와 시달림, 그리고 회한으로 마감합니다. 하지만 하느님과 더불어 살면서 하느님의 가호를 받으면, 어떤 식으로든 축복, 감사, 찬미의 선순환을 누리게 됩니다.

예수님께서는 이 비밀을 알고 계십니다. 그러기에 우리를 당신 곁으로 부르십니다.

"고생하며 무거운 짐을 진 너희는 모두 나에게 오너라. 내가 너희에게 안식을 주겠다"(마태 11,28).

이 말씀에 이어 안식의 은총을 누리는 비밀을 밝히십니다.

"나는 마음이 온유하고 겸손하니 내 멍에를 메고 나에게 배워라. 그러면 너희가 안식을 얻을 것이다. 정녕 내 멍에는 편하고 내 짐은 가볍다"(마태 11,29-30).

이는 명 처방입니다. 고생과 짐 대신에 '멍에'를 메라고 하셨습니다. 여기에 비밀이 있습니다. '고생'과 '무거운 짐', 여기에 대비가 되는 것이 '멍에'입니다. 그 사이에 끼어 있는 것이 '온유와 겸손'입니다. 그러니까 '고생'과 '무거운 짐'은 온유하지 않은 사람, 곧 '내 뜻'을 중심으로 사는 사람에게서 이루어지고 있는 현상입니다. 반면에, '멍에'는 스스로 지지 못합니다. 누군가가 올려놓습니다. 지워줍니다. 그렇기 때문에 '멍에'는 상징적인 표현으로서 '아버지 뜻'을 가리킵니다. 그런데 이 멍에를 지는 것은 바로 '온유'한 사람만이 할 수 있습니다. 그렇지 않으면 난리법석을 떨고 내팽개칩니다. 온유가 바로 열쇠인 것입니다.

사람들이 평안하지 못한 이유는 무엇입니까? 내 뜻대로 살기 때문입니다. 사업을 한다고 칩시다. '내 뜻'에 집착하는 사람은 스케줄이 안 맞고 계획대로 일이 안 되면 잠도 안 오고 성질도 나기 다반사입니다. 내가 내 뜻만을 내세우며 스스로 짐을 지고 살아가자면 아등바등 너무 힘듭니다. 마음가짐이 안절부절못하고 조바심이 나고 잠이 안 옵니다.

결과에 대해서 불안한 것입니다. '잘 되어야 하는데, 잘 되어야 하는데' 하고 말입니다.

하지만 그럴 때 '내 뜻' 대신에 '멍에' 곧 '하느님의 뜻'을 지고 살면 삶의 차원이 확 달라집니다. 아버지가 지워주는 멍에를 메고 살면 마음이 편합니다. 말아 잡쉈도 좋고 삶아 잡쉈도 좋고 망해도 좋고 흥해도 좋고……. 아버지가 지워주신 것이니까 아버지가 결과를 책임지지 않겠는가 하는 신뢰가 생기기 때문입니다. 결과적으로 자신의 어깨에 올라가 있는 것이 짐이 아니라 멍에로 전환되는 순간 위대한 반전이 일어납니다. 짐은 사라지고 순식간에 평화가 임하는 것입니다.

함께 기도하시겠습니다.

주님, '나에게 오너라'시는 초대에 못 이기는 척 한 발 내디디오니, 저희를 당신 '안식'의 품으로 반겨주소서.

주님, '내 온유와 겸손을 배우라'시는 권고에 큰 맘 먹고 복음 말씀 경청에 더욱 공을 들이려 하오니, 배움의 낙을 주룩주룩 내려주소서.

주님, '내 멍에는 편하다'라시는 선언에 용단으로 당신 멍에인 십자가를 짊어질 요량이니, 저희로 하여금 그 순명의 평화를 흠씬 누리게 하소서.

우리 주 예수 그리스도를 통하여 비나이다. 아멘!

연중 제15주일: 마태 13,1-23

백 배의 열매를 맺는 법

"그러나 어떤 것들은 좋은 땅에 떨어져 열매를 맺었는데,
어떤 것은 백 배, 어떤 것은 예순 배, 어떤 것은 서른 배가 되었다"(마태 13,8).

1. 말씀의 숲

도미노 피자Domino Pizza를 모르는 사람은 거의 없을 것입니다. 이는 세계적인 브랜드로 이 피자점을 만든 사람은 '타미'라는 불쌍한 고아입니다. 그는 미시간 주 잭슨에 있는 성 요셉 고아원에서 자랐습니다.

그의 증언에 의하면 고아들은 울지 않는다고 합니다. 왜냐하면 울어도 관심을 가져 주는 사람이 없다는 것을 이미 알았기 때문입니다. 다행히 타미는 고아원에서 양부모를 만나 중학교에 갔습니다. 그러나 문제아로 찍혀 퇴학을 당했습니다.

그가 퇴학을 당하여 쫓겨날 때 베레타 수녀가 일러 준 "하느님은 너를 버리지 않는다"라는 한 마디를 그의 좌우명으로 삼았습니다. 그는 열심히 노력했고, 결국에는 사업가로서 성공하였다고 말합니다.[69]

마태오 복음서 13장은 이 복음서 중에서 가장 중요한 장입니다.

우선 여기서 우리는 예수님의 복음 선포 생활에서 결정적인 전환점을 발견할 수 있습니다. 이전까지 예수님께서는 회당에서 가르치셨습니다. 그런데 지금은 호숫가에서 가르치고 계심을 볼 수 있습니다. 이 변화는 대단히 의미심장한 것입니다. 지금까지는 예수님께 회당의 문이 결정적으로 닫힌 것이 아니었으나 닫히고 있는 중입니다.

예수님께서 그 당시 회당에서 쫓겨났다는 것은 비극 중 하나입니다. 그러나 이런 것들이 예수님의 복음 선포 사명을 막을 수는 없습니다. 예수님을 반대하여 회당 문이 닫히면 예수님은 넓게 트인 세상을 성전으로 삼아 마을 어귀에서나, 노상에서나, 호숫가에서나 사람들을 가르치셨던 것입니다. 복음을 전파해야 할 참된 사명과 열의를 가진 사람은 언제나 사람들에게 이것을 나누어 줄 방법을 찾아낼 수 있습니다.

이 장에서 커다란 흥미는 비유 방법을 전면적으로 활용하는 예수님의 독특한 가르침을 만나는 것입니다. 물론 앞에서도 예수님께서는 비유다운 것을 사용하신 바가 있습니다. 빛과 소금의 비유, 새와 나리꽃의 이야기, 지혜로운 건축가와 어리석은 건축가의 이야기 등 이 모두는 초보적인 비유들입니다. 그런데 이 장에서 예수님께서는 충분히 발전되고 완전한 비유를 사용하고 계심을 알 수 있습니다.

마태오 복음서 13장은 예수님께서 말씀하시는 7가지 비유 내용을 전해 주고 있습니다. 그 중의 둘만(씨 뿌리는 자, 겨자씨) 마르코의 것과 유사합니다. 즉 가라지의 비유, 보물의 비유, 진주의 비유, 그리고 그물의 비유는 마태오 자신의 것이며, 누룩의 비유는 루카 복음에서도 발견되는 것입니다.

오늘 우리가 읽은 복음은 짧은 복음으로, 씨 뿌리는 이의 비유를 들었습니다. 이 이야기는 두 부분으로 나누어 볼 수 있습니다.

첫째, 상황 설명(마태 13,1-2 참조)

예수님께서 비유로 가르침을 전하시기 전의 상황을 알려주고 있습니다. 예수님께서 집에서 나와 호숫가에 나가시자 많은 사람들이 모여들었습니다. 많은 이들이 예수님의 가르침을 듣고자 열망했던 것입니다. 이제 예수님께서는 배에 올라 자리 잡으시고 가르침을 전하기 위해 준비를 하십니다.

둘째, 씨 뿌리는 이의 비유(마태 13,3-9 참조)

예수님께서는 호숫가에 앉아 있는 많은 군중들에게 비유로 많은 가르침을 주십니다. 그 첫 번째 비유 말씀은 씨 뿌리는 사람의 비유입니다.

이 비유의 핵심은 씨 뿌리는 사람이나, 씨가 아니라 씨가 어디에 떨어져서 어떤 결실을 맺는가에 있습니다. 씨 뿌리는 사람의 비유에서 네 종류의 파종이 있는데 그 중 세 가지는 실패작이고 나중 한 가지만 성공작입니다. 비록 앞에서 세 가지 실패를 전했다 하더라도, 결국에는 성공한다는 것을 복음서 저자는 전하고 있습니다. 결실은 자연의 섭리, 즉 하느님의 활동에 기인하기 때문입니다. 결국 이 비유는 하늘 나라의 복음 선포에 수반되는 여러 가지 장애물과 실패와 성공을 강조하고 있는 것입니다.

2. 말씀 공감

■ 추수의 기쁨에로

> **"자, 씨 뿌리는 사람이 씨를 뿌리러 나갔다"**(마태 13,3).

씨 뿌리는 사람의 비유를 들려주시는 오늘 예수님의 말씀에 귀 기울이며, 과연 우리들 마음 밭에 어떠한 씨를 뿌려야 할지 생각해 봅니다.

특별히 주님 말씀을 먹고 사는 우리가 가장 쉽게, 실질적으로 행할 수 있는 실천이 바로 '하느님 말씨'를 나와 내 이웃에 퍼뜨리는 것 아닐까요?

졸저 『천금말씨』(2014년)에서 저는 '추임말'이라는 개념을 소개해 드린 적이 있습니다. 판소리에서 흥을 돋우는 추임새처럼, 우리 대화 안에서 사기와 흥을 돋우는 말을 지칭하는 것으로 제가 만든 용어입니다. 이 추임말이 바로 '하느님 말씨 퍼뜨리기'의 한 방편이 될 수 있습니다.

『천금말씨』에서 저는 이 요지를 이렇게 글로 옮겨보았습니다.

추임말 '이름 붙이기'는 가정에서도 효과 만점이다. 아내가 남편을 향해 생각 없이 "아이구~ 웬수 덩어리" 하면 정말 남편이 '웬수'가 되고 만다. 그러니 대신 '복덩어리'라고 이름 붙여 주자. 계속 그렇게 불러 대면 실제로 '복덩어리 남편'이 된다. 처음 한 달 불러 줄 땐 장난이라 생각할 수도 있다. 하지만 1년, 2년 고집스럽게 불러 주면, 남편이 슬슬 부담을 느끼기 시작한다. '아내는 내가 복덩어리라고 하는데, 내가 이 집에 뭔 복을 가지고 왔나⋯⋯.' 그러면서 이제는 이름값을 하려고 하는 것이다. 무의식에서라도 이름값을 하려 한다면, 이미 그것만으로도 엄청나게 큰 변화다. 똑같은 이치로 자녀에게 "너는 대기만성형이야"라고 불러 준다면, 평범한 아이도 큰 자신감으로 긍정적인 미래를 설계해 나갈 수 있을 것이다.

기업에서도 마찬가지다. 잘 돌아가는 기업들을 방문해 보면 그 기업마다 쓰는 독특한 호칭들을 보게 된다. '나는 이 회사의 기둥이다', '나는 이 회사의 보물이다', '나는 이 회사의 주인이다' 등등. 그 가운데 어느 기회에 건물 앞에 우뚝 서 있는 아비만ABIMAN이라는 낯선 표지가 내 눈에 들어왔다. 안내자는 그것이 아트 비즈니스 맨Art Business Man의 약

자라고 설명해 주었다. 우리말로 '예술 파는 장사꾼' 내지 '예술적 장사꾼'이라는 뜻이겠다. 순간 탄성을 올렸다.

"야~ 이름 참 멋지네요!"

"이게 바로 회장님의 기업 정신입니다. 직장에서 경제에만 골몰할 것이 아니라 예술적 소명에도 충실해야 한다는 신념이죠."

그러고 보니 직원들 옷차림이 작업장에 어울리지 않게 기름 하나 묻지 않은 말쑥한 차림이었다. 먼지와 쇳가루가 날려야 하는 공간에는 고성능 청소기가 정기적으로 쾌적한 창조의 분위기를 닦는 중이었다. 단일 품목으로 세계 1위를 점하는 강소기업이 된 비밀을 엿보는 순간이었다.

이렇듯이 추임말이 구체적인 환경 조성과 어우러질 때 이루지 못할 목표는 없어질 것이다.[70]

결코 어렵지 않은 하느님 말씨 뿌리기! 우리 모두가 동참하였으면 좋겠습니다.

"자, 씨 뿌리는 사람이 씨를 뿌리러 나갔다"(마태 13,3).

■ 벌초하고자 하오니

> "또 어떤 것들은 가시덤불 속에 떨어졌는데,
> 가시덤불이 자라면서 숨을 막아 버렸다"(마태 13,7).

저희 연구소가 지금의 터에 자리 잡은 지 십 년이 넘었습니다. 땅을 매입한 직후 그린벨트 지역이라 법이 허용하는 범위에서 조그맣게 건물 두 채를 짓고 그 둘레는 수벽을 둘러쳤습니다. 처음 나무들을 심을 때는 자그마했던 것들이 10년을 넘긴 지금은 제법 덩치들이 커져서 그것들을 볼 때마다 연구소의 연륜을 확인하게 됩니다.

그런데 이따금 연구소 경계를 둘러보다가 놀라운 장면을 목격하곤 합니다. 언제 어디서부터 자라났는지 칡넝쿨과 환삼덩굴이 멀쩡했던 나무를 칭칭 휘감아 질식시켜, 고사 직전으로 몰고 있는 것입니다. 개중에는 그대로 방치되어 이미 죽어버린 나무들도 있습니다. 나무들을 살리려면 해마다 초여름과 가을에 대대적으로 넝쿨 제거작업을 벌여야 합니다.

오늘 복음에서 예수님께서는 "가시덤불이 자라면서 숨을 막아 버렸다"(마태 13,7)라고 말씀하십니다. 시골에서 농사를 지어본 경험이 있는 이들은 이 말이 무슨 뜻인지 대번에 압니다. 하지만 도시생활만 한 이들은 "숨을 막아 버렸다"는 표현이 느낌으로까지 이해되지는 못하기 십상입니다.

저는 넝쿨 식물들에 의해 고사하는 나무들을 보면서 비로소 예수님의 오늘 말씀을 실감했습니다.

"또 어떤 것들은 가시덤불 속에 떨어졌는데, 가시덤불이 자라면서 숨을 막아 버렸다"(마태 13,7).

숨을 막아 버리는 가시덤불의 힘! 그에 휘감겨 꼼짝달싹 못하는 곡식들! 저토록 뿌리를 깊이 내렸던 나무들이 무기력하게 당해야 했다면, 이제 씨앗에서 막 발아한 알곡이야 얼마나 더 큰 피해를 입겠습니까?

주님께서는 우리에게 꼭 그 가시덤불 같이 폐해를 주는 것이 세상 근심 걱정이라고 풀이해 주셨습니다. 절로 고개가 끄덕여지는 가르침입니다.

눈뜨면 세상 걱정으로 하루가 시작됩니다. 유치원 다니는 아이들은 유치원에 가서 배울 일이 걱정입니다. 학년이 올라갈수록 방과 후 별도로 배워야 할 과목들이 점점 무게를 더해 갑니다. 청소년들은 진로가 걱정입니다. 대학생들은 취업이 걱정입니다. 회사원들은 실적과 진급이 걱정입니다. 자영업자들은 생존이 걱정입니다. 그러다가 나이가 들면 은퇴 후 생활이 걱정입니다.

그밖에도 누구나 건강 걱정을 합니다. 나랏일도 걱정이고 지구촌 돌아가는 것도 심상치 않아 걱정됩니다. 미세먼지를 위시하여 환경도 큰 걱정거리입니다.

이런 걱정 저런 근심이 우리의 의식은 물론 무의식까지 지배하여 잠도 설치고 악몽까지 꿀 지경입니다.

그럴수록 하느님을 찾고, 말씀에서 위로와 격려를 받고, 기도하면 좋으련만, 그런 근심걱정이 신앙의 계기가 되는 것이 아니라 오히려 신앙 회피의 빌미가 됩니다.

"먹고 살기가 바빠서 신앙에 신경 쓸 겨를 없어요."

"이잣돈 내기에 급급해서 성당 다니는 것 당분간 쉬려고요."

"우리 아이에게 대학 들어갈 때까지는 내가 기도 대신해 줄 테니, 공부에만 전념하라고 했어요."

"나중에 시간과 경제적 여건이 허락하면, 곱빼기로 열심히 믿음생활 하고 싶어요. 그게 꿈이에요."

이런 이유들은 그나마 순진한 편에 속할 것입니다. 거짓의 아비, 악령은 이런 '근심걱정' 배후에서 별별 해괴한 논리로 우리를 신앙으로부터 멀어지게 유혹합니다. 정신을 바짝 차리지 않으면, 어느새 우리는 "가시덤불"에 휘감겨 질식당하는 밀 싹 또는 보리 싹 꼴이 되어 버릴 것입니다.

그러니 우리 마음속 믿음의 밭에서 부지런히 가시덤불을 뽑아 솎아내야 할 것입니다. 근심과 걱정을 솎아내는 것은 희망과 평화입니다. 희망과 평화는 오직 말씀과 기도에서 옵니다.

이열치열이라고 했던가요.

우리 안에서 희망과 평화를 옥죄어 죽이는 것이 세상 근심걱정이라고 한다면, 이 세상 근심걱정을 몰아내는 것은 더 큰 희망과 평화인 것입니다. 그러므로 신앙을 흔들어대는 유혹이 거세질수록 우리는 더욱 말씀을 경청하면서 기도에 의지해야 할 것입니다.

■ 100배의 생명을

> "그러나 어떤 것들은 좋은 땅에 떨어져 열매를 맺었는데,
> 어떤 것은 백 배, 어떤 것은 예순 배, 어떤 것은 서른 배가 되었다"(마태 13,8).

주님께 영광을 드리기 위하여, 제 얘기 좀 하겠습니다.

기회 있을 때마다 증언했기 때문에, 아시는 분들은 다 아는 얘기입니다.

저는 청소년기에 책을 많이 읽었습니다.

고등학교 시절에는 손에 잡히는 대로 읽었습니다. 이를테면 잡독이었습니다. 없어서 못 읽기는 했어도, 눈에 띄는 것을 방치해 두는 일은 없었습니다.

이공대를 다녔던 대학 시절에는 주로 교양, 철학, 그리고 종교에 대한 책들을 읽었습니다. 문고판으로 고전들도 섭렵했습니다.

군복무 기간 그리고 제대 후 신학교 편입 전에는 주로 동양 사상과 천주교 영성 서적에 심취했습니다.

독서를 통한 인생 공부보다 더 즐거운 일은 없었기에, 당시 친구들이 좋아하던 당구, 탁구, 테니스 등에는 일절 관심을 빼앗기지 않았습니다.

신학생이 된 이후에도 학교에서 배우는 것 외에, 저는 광범위하게 책을 읽었습니다. 박사학위 공부를 할 때도 저는 남들이 읽는 책의 분량보다 두세 배는 더 읽었습니다.

이렇게 해서 비축된 지식들은 어떤 것은 가물가물하게, 어떤 것은 또렷하게 지금 제 머릿속 창고에 저장되어 있습니다.

제가 이렇게 소상히 제 독서 이력을 밝히는 이유는 자랑을 하기 위해서가 아닙니다. 그게 아니라 그 지식들과 성경 말씀의 관계를 증언하기 위해서입니다.

신부가 되기 이전에 성경 말씀은 독서를 통해 얻은 다채로운 지식들 가운데 일부였습니다. 무엇이 더 가치로운지 아직 분별이 안 된 채로 때로는 서로 경합도 하고 때로는 상호 보완도 해주는 관계였습니다.

이런 관계는 신부가 된 이후에도 비슷했습니다.

그러다가 나이 50을 넘기면서 추려지기 시작했습니다. 옥석이 가려지고 상위 진리와 하위 진리가 구별되기 시작했습니다.

근 10년간의 거름 과정을 통해서 끝까지 생존한 진리들은 결국 성경 말씀이었습니다. 구약의 예언자를 통해 고백된 하느님의 메시지는 제게도 그대로 사실이 되었습니다.

"풀은 마르고 꽃은 시들지만 우리 하느님의 말씀은 영원히 서 있으리라"(이사 40,8).

예수님께서는 이 영원한 말씀들의 위계를 밝히시면서 복음을 선포하셨습니다. 그러기에 예수님의 복음 말씀은 말씀들 가운데 말씀입니다.

말씀이 이토록 귀하다면, 오늘 뿌려진 씨앗의 비유에서 길바닥, 돌밭, 가시덤불의 처지에 있는 사람은 불행하기 짝이 없다고 할 것입니다.

지난날 "길바닥"처럼 굳어져 당신 말씀을 외면하였던 무관심을 청산하고 옥토가 되어야 하겠습니다.

이제나 저제나 "돌밭"처럼 고정관념의 잔돌들로 빼곡한 저의 아집을 청산하고 옥토가 되어야 하겠습니다.

입때껏 "가시덤불"처럼 주변 나무를 질식시키는 마음의 근심걱정을 뿌리 뽑고 옥토가 되어야 하겠습니다.

그러면 주 예수님의 선언이 바로 우리를 위한 것이 될 것입니다.

"그러나 어떤 것들은 좋은 땅에 떨어져 열매를 맺었는데, 어떤 것은 백 배, 어떤 것은 예순 배, 어떤 것은 서른 배가 되었다"(마태 13,8).

함께 기도하시겠습니다.

주님, 저희 마음 안에서 염려의 가시덤불을 뽑아내고자 하오니, 의탁의 믿음을 저희에게 북돋아 주소서.

주님, 저희 입술에서 근심의 가시덤불을 제거하고자 하오니, 희망의 말씨를 저희 입술에 담아주소서.

주님, 저희 삶에서 불안의 가시덤불을 벌초하고자 하오니, 평화의 뱃심을 저희에게 키워주소서.

우리 주 예수 그리스도를 통하여 비나이다. 아멘!

선과 악의 판별

"수확 때에 내가 일꾼들에게, 먼저 가라지를 거두어서 단으로 묶어 태워 버리고 밀은 내 곳간으로 모아들이라고 하겠다"(마태 13,30).

1. 말씀의 숲

오늘 복음에서는 하늘 나라에 대한 예수님의 세 가지 비유를 들려줍니다. 첫째는 가라지의 비유이고, 둘째는 겨자씨의 비유이며, 셋째는 누룩의 비유입니다. 하지만 오늘 우리는 그 가운데 짧은 복음에 해당하는 '가라지의 비유'에 대해서 살펴보겠습니다.

가라지의 비유는 두 부분으로 나누어 볼 수 있습니다.

첫째, 집주인의 좋은 씨 파종과 원수의 가라지 파종(마태 13,24-25 참조)

어떤 집주인이 좋은 씨를 뿌린 밀을 자기 밭에 뿌렸습니다. 그런데 사람들이 밤에 잠자고 있는 사이 원수들이 밀 가운데 가라지 씨를 뿌려놓고 갑니다.

둘째, 드러난 가라지와 집주인의 결단(마태 13,26-30 참조)

시간이 흘러 열매가 맺히자 느닷없이 가라지가 나타났습니다. 종들은 당황스러워하며 즉시 그 가라지를 뽑으려 했습니다. 하지만 주인은 종들의 성급한 판단을 말리고, 수확할 때까지 기다렸다가 밀과 가라지를 가려내겠다고 말합니다.

이 가라지의 비유는 마태오 복음서에만 나오는 비유입니다. 우리는 이 비유를 통해 '하느님 나라의 성장을 가로막고 지연시키는 장애물들을 제거할 수 없을까?'라는 질문에 대한 답을 얻을 수 있습니다. 사실 교회 안에는 '선인들과 악인들이 왜 섞여 살아야 하는가. 악인들을 어떻게 대우해야 하는가'라는 질문들이 언제나 있어 왔습니다. 이 비유에서 성급하게 가라지를 뽑아내려고 했던 종들은 현 세상에서 당장 선인과 악인을 가리는 심판을 요구하는, 즉 성급하게 정화 작업을 요구하는 부류의 사람들입니다. 그러나 하느님께서는 그러한 심판을 원하시지 않으셨습니다. 집주인이 가라지를 뽑다가 밀이 다칠 것을 염려하는 것처럼 성급한 심판으로 교회 안의 선량한 구성원들이 상처 입는 것을 하느님께서는 원하시지 않은 것입니다.

어떻게 보면 하느님의 결정은 좀 이상한 결정입니다. 그러나 그 결정은 주인이 직접 하신 것입니다. 그리고 밀과 가라지의 심판은 수확 때 이루어질 것입니다. 이는 성경에 씌어 있는 그대로입니다.

"주님께서 오실 때까지 미리 심판하지 마십시오. 그분께서 어둠 속에 숨겨진 것을 밝히시고 마음속 생각을 드러내실 것입니다"(1코린 4,5).

그러하기에 밀과 가라지가 얼마 동안은 섞여 있겠지만, 종들이 실망할 이유는 없습니다. 그것에 관한 판단은 종말에 사람의 아들이 내리실 것이기 때문입니다.

2. 말씀 공감

■ 채근하소서

> "하늘 나라는 자기 밭에 좋은 씨를 뿌리는 사람에 비길 수 있다.
> 사람들이 자는 동안에 그의 원수가 와서 밀 가운데에
> 가라지를 덧뿌리고 갔다"(마태 13,24-25).

오스트리아 빈에서 박사학위 공부를 할 때 저는 한때 빈 교구에서 운영하고 있는 국제신학원에서 생활한 적이 있습니다. 종교일치를 지향하여 정교회 사제들과 아시아 지역 가톨릭 사제들을 소수로 수용하여 운영하는 자취기숙사 형태의 기관이었습니다. 돌이켜 보면 다양한 그리스도교 신앙을 접하게 된 은혜로운 체험이었습니다.

한번은 저녁 식사를 하던 중 인도 국적의 가톨릭 신부와 열띤 토론을 벌였습니다. 신학적인 대화를 하던 계제에 그가 불쑥 "악마는 없다. 악이 있을 뿐이다"라고 주장했기 때문입니다. 그의 주장은 당황스러운 것이 아니었습니다. 왜냐하면, 그의 전공은 철학이었는데, 철학적으로는 악마가 꼭 존재할 이유가 없고, 우리가 악마라고 부르는 존재는 사실상 선의 결핍인 악에 지나지 않는다고 설명되기 때문입니다. 신학교에서 교과서로 삼는 철학 서적에도 '악은 선의 결핍'이라고 설명되어 있는 까닭에, 적지 않은 신부들이 이 영향으로 악마의 존재에 대해 혼란스러워하고 있습니다.

몇 년 전 한 원로 사제가 제게 대뜸 이렇게 물어왔던 일이 기억납니다.

"차 신부, 악마라는 게 정말 있는 거야?"

원로 사제가 이 정도니 신자들이야 오죽 헷갈리겠습니까. 신자들 사이에도 저런 류의 설명을 마치 첨단 지식의 결론인 양 받아들이는 이들

이 제법 있습니다.

본격적인 묵상을 위해 일단 봉합을 시도해 봅니다만, 한마디로 말해서 '악마는 있다'고 가톨릭 공식 교리서는 분명히 가르칩니다. 그런데 이 악마는 필연적인 존재가 아니라 우연적인 존재입니다. 하느님께서 창조하신 존재가 아니라 마치 정상 세포가 이상 변이를 일으켜 생겨난 암세포처럼 본래 천사였던 존재가 하느님을 배반하여 생겨난 암적 존재인 것입니다. 그러기에 "마귀와 악신들은 하느님으로부터 선한 본질로 창조되었지만, 자기들의 탓으로 악하게 되었다"라는 제4차 라테란 공의회의 교의적 선언문은 여전히 유효한 교회의 공식 입장입니다.

예수님께서도 여러 차례 악마의 존재에 대하여 언급하시면서 악령을 쫓아내시는 권위를 보여주셨습니다.

지난주에 이어 비유를 말씀해 주시면서 주님께서는 골치 아픈 상황을 설정하십니다.

"하늘 나라는 자기 밭에 좋은 씨를 뿌리는 사람에 비길 수 있다. 사람들이 자는 동안에 그의 원수가 와서 밀 가운데에 가라지를 덧뿌리고 갔다"(마태 13,24-25).

오늘 복음의 다음 대목에서 예수님께서는 "좋은 씨를 뿌리는 사람"은 "사람의 아들" 곧 예수 그리스도 자신을 가리키고, "밭"은 "세상"이며, "좋은 씨"는 "하늘 나라의 자녀들"을 가리킨다고 말씀하셨습니다. 반면, "가라지를 뿌린 원수"는 "악마"를 가리키며, "가라지들"은 "악한 자의 자녀들"을 가리킨다고 하셨습니다(마태 13,37-39 참조).

여기서 주목할 것은 가라지를 뿌린 원수, 곧 '악마'의 존재입니다. 악마는 속성상 우리가 하느님으로부터 멀어지도록 유인합니다. 이를 위하여 교만, 시기, 중상, 거짓, 증오 등등 가능한 모든 악을 동원합니다.

악마는 죄인들에게 접근하지 않습니다. 내버려 둬도 알아서 별별 죄를 다 자행하기 때문입니다.

악마가 가장 선호하는 유혹 대상은 열심한 신자이며 가장 머물기 좋아하는 장소는 성당입니다. 왜냐하면, 그곳에는 할 일도 유혹거리도 많기 때문입니다. 악마가 가장 좋아하는 것은 분열과 다툼입니다. 그러기에 예수님께서는 "사람들이 자는 동안에 그의 원수가 와서 밀 가운데에 가라지를 덧뿌리고 갔다"고 말씀하셨던 것입니다.

밀 가운데 가라지를 덧뿌린 이유는 밀의 성장을 방해하고 밀들이 연합하여 소출을 내지 못하도록 훼방하기 위해서입니다.

일찍이 교부 오리게네스는 교회 안에 활동하는 악령의 활약상에 대해 이렇게 말한 바 있습니다.

"죄가 있는 곳에는 다수가 있고, 이교가 있고, 이단이 있고, 갈등이 있습니다. 덕이 있는 곳에 합일이 있고 모든 믿는 이가 한몸, 한마음을 이루는 일치가 있습니다"(오리게네스 『에제키엘서 강론』, 9, 1; 『가톨릭 교회 교리서』 817항).

갈등보다 큰 죄는 없고 일치보다 큰 덕은 없다는 취지의 통찰입니다. 이 말에서 "죄"는 악령의 업적이며 "덕"은 성령의 업적이라고 볼 수 있습니다.

이와 사실상 같은 맥락에서 바오로 사도는 이렇게 말합니다.

"우리의 전투 상대는 인간이 아니라, 권세와 권력들과 이 어두운 세계의 지배자들과 하늘에 있는 악령들입니다"(에페 6,12).

겉으로 나타나기는 사람들끼리의 불목이요 지역 간 민족 간 갈등이지만, 그 배후에는 악신과 악령이 암약하고 있다는 얘기입니다.

이는 특히 교회 내에서 두드러지게 확인되고 있습니다.

정신 바짝 차릴 일입니다.

교회 내에서 파벌이 형성될 때 차라리 침묵하고 가만히 있으면 죄라

도 짓지 않을 것을, 명분상 정의의 이름으로 분열을 조장하다가 결과적
으로 악령의 하수인이 되는 꼴을 결코 허락해서는 안 될 일입니다.

■ 가라지처럼 보이는 밀

> "'그러면 저희가 가서 그것들을 거두어 낼까요?' […]
> 아니다. 너희가 가라지들을 거두어 내다가
> 밀까지 함께 뽑을지도 모른다"(마태 13,28-29).

한 수도사가 젊은 과붓집에 자주 드나들자 이를 본 마을 사람들은
좋지 않은 소문을 퍼뜨리며 수도사를 비난했습니다. 그런데 얼마 후,
그 과부가 세상을 떠났습니다. 그제서야 마을 사람들은 수도사가 암
에 걸린 젊은 과부를 위로하고 돌보았다는 사실을 알게 되었습니다.

그 동안 가장 혹독하게 비난했던 두 여인이 어느 날 수도사를 찾아
가 사과하며 용서를 빌었습니다. 그러자 수도사는 그들에게 닭털을
한 봉지씩 나눠주며 들판에 가서 그것을 바람에 날리고 오라고 하였
습니다. 그리고 얼마 후 닭털을 날리고 돌아온 여인들에게 다시 그 닭
털을 주워오라고 하였습니다. 여인들은 바람에 날려가 버린 닭털을
무슨 수로 줍겠느냐며 울상을 지었습니다. 수도사는 여인들의 얼굴을
뚫어지게 쳐다보며 말했습니다.

"잘못을 용서해주는 것은 문제가 없으나 한번 내뱉은 말은 다시 담
지 못합니다."[71]

맞는 말입니다. 용서는 할 수 있습니다. 하지만 잘못된 비방으로 인해

입은 피해는 다시 복구하기 어려운 것입니다.

잘못된 비방은 살인입니다. 『탈무드』에는 이런 말이 있습니다.

"남을 비방하는 것은 살인보다도 위험한 일이다. 살인은 한 사람밖에 죽이지 않지만 비방은 세 사람을 죽인다. 비방하는 사람 자신, 그것을 듣고 있는 사람, 그리고 화제가 되는 사람."

우리들은 어떠한 경우에서라도 다른 사람에 대하여 함부로 비방하는 일이 있어서는 안 됩니다.

그런데 가라지를 본 일꾼들은 집주인에게 "저희가 가서 그것들을 거두어 낼까요?"라고 요청했습니다. 일꾼들의 모습 속에서 다른 사람들의 잘못을 찾아내고 비판하고자 하는 우리들의 모습을 볼 수 있습니다.

그렇다면 우리는 남의 잘못을 볼 때 어떻게 해야 할까요? 이와 관련하여 재미있는 이야기가 있습니다.

어느 마을에 두 청년이 있었는데, 그들은 비슷한 시기에 결혼했습니다.

한 사람은 결혼하자마자 매일 한 가지씩 아내의 단점을 지적했습니다. 그러나 절대로 아내의 장점은 이야기하지 않았습니다. 몇 가지 단점만 고치면 완벽한 아내가 되리라고 기대했기 때문입니다. 그러나 그의 생각은 보기 좋게 빗나갔습니다. 그의 아내는 완벽해지기는커녕 점점 더 성격이 나빠져만 갔습니다. 그 가정에는 하루도 싸움이 끊일 날이 없었습니다.

그런데 다른 한 사람은 아내의 장점을 찾아내어 하루에 한 가지씩 칭찬했습니다. 물론 아내에게는 많은 단점이 있었습니다. 그러나 그 단점은 남편인 자신이 채워주어야 할 부분이라고 생각하며 늘 장점만 보려고 노력했습니다. 이 가정에는 늘 웃음꽃이 피었고 부부는 더없이 행복했습니다.[72]

물론, 이 복음 말씀에서 가라지는 가라집니다. 가라지가 밀이 될 수는 없습니다. 무서운 얘깁니다. 하지만 방금 청년 이야기에서 이렇게 좋게 변한 사람은 가라지처럼 보였던 밀입니다. 우리에게는 가라지와 밀을 식별해낼 능력이 없습니다. 다만 결정적인 단점이 보이는 그 사람도 '밀'이려니 하고 격려를 해야 할 따름입니다. 아멘!

■ 꼬인 시기심으로 인하여

> "수확 때에 내가 일꾼들에게, 먼저 가라지를 거두어서 단으로 묶어 태워 버리고 밀은 내 곳간으로 모아들이라고 하겠다"(마태 13,30).

사제 서품을 받기 전에 그 주인공은 자신이 그리는 사제 생활의 길잡이가 되어줄 성구를 하나씩 골라, 사제품 상본을 만듭니다. 충분한 양을 만들어서 주변의 교우들에게 한 장씩 나눠주면서 그 지향대로 살도록 기도해 주기를 청하는 것이 전통입니다.

저는 1991년 여름에 서품을 받았습니다. 서품 성구를 골라야 할 시점에서 누구나 그랬겠지만, 저 역시 쉽게 골라지질 않았습니다. 특별히 마음에 와 닿는 성구가 많았기 때문입니다.

꽤 오랜 기간의 선별 끝에 저는 요한 복음 16장의 아주 짧은 한 구절을 택했습니다.

"내가 세상을 이겼다"(요한 16,33).

고른 이유는 딱히 없습니다. 그냥 마음에 와 닿았고 좋았습니다. 물론, 이 말씀이 정녕 의미하는 바는 고르는 순간 통합적으로 직관되었습니다.

지금에 와서 돌이켜 보면, 이 말씀을 고른 데에는 신학적인 이유 외에 크게 시대적인 격변과 저 자신이 살아온 삶의 고된 역정이 배후로 작동했던 것 같습니다.

　저는 드라마로 치자면 〈모래시계〉 세대이며, 〈응답하라 1988〉의 시대 정황에서 늦깎이로 서품을 받게 된 세대입니다. 태어날 즈음엔 6·25 동족상잔의 상흔이 역력했고, 학창시절에 신물 나도록 접했던 것이 혹독한 이념 다툼이었으니, "내가 세상을 이겼다"는 주 예수님의 선언이 얼마나 반가웠는지 모릅니다.

　게다가 제 앞길에는 초등학교 시절부터 나름 극복해야 할 환경적 장애가 끊이질 않았습니다. 그랬으니, "내가 세상을 이겼다"는 궁극적 선언이 제게 얼마나 희망적이었는지 모릅니다.

　실로 예수님께서는 세상을 이기셨습니다. 요한 복음에서 "세상"이라는 낱말은 악의 세력을 상징합니다. 예수님께서는 악의 세력을 이미 제압하셨습니다.

　최강의 무력으로 그리하신 것이 아니라, 십자가의 용서와 자비로 그리하셨습니다. 그 무기력하고 어리석어 보이는 십자가로 악의 세력이 초래한 죄와 죽음을 물리쳐 이기셨습니다.

　예수님의 부활과 승천으로 싸움은 이미 끝났습니다. 지금 성자 예수님은 성부 오른편에 앉으시어 산 이와 죽은 이를 심판하실 권한을 쥐고 계십니다.

　"내가 세상을 이겼다"(요한 16,33).

　이 선언을 하셨을 때 이미 싸움은 끝났습니다. 다만 뒷수습이 남아 있을 따름입니다. 요한 묵시록 20장 10절은 승리의 뒤처리에 대하여 이렇게 전합니다.

"그들을 속이던 악마는 불과 유황 못에 던져졌는데, 그 짐승과 거짓 예언자가 이미 들어가 있는 그곳입니다. 그들은 영원무궁토록 밤낮으로 고통을 받을 것입니다"(묵시 20,10).

예수님께서는 오늘 복음 말씀에서 실질적으로 이와 똑같은 취지의 말씀을 하십니다.

"수확 때에 내가 일꾼들에게, 먼저 가라지를 거두어서 단으로 묶어 태워 버리고 밀은 내 곳간으로 모아들이라고 하겠다"(마태 13,30).

"수확"은 성경에서 종말의 심판을 상징하는 전통적 표상입니다(이사 17,5; 예레 13,24; 묵시 14,14-20 참조). 여기서 우리는 마지막 때 심판이 있음을 알게 됩니다. 이때 우리는 어떤 한 가지 행위나 생활의 한 기간만이 아닌, 전 생애에 대한 심판을 받게 될 것입니다. 그리고 이때에는 선과 악의 판별이 반드시 나타날 것입니다. 선한 이들의 고통은 끝나고 악한 자들은 그들을 위해 마련되어 있는 운명을 당하게 될 것입니다. 이 심판을 하실 수 있는 유일한 분은 주님뿐입니다.

함께 기도하시겠습니다.

주님, 저희로 하여금 판단하고 단죄하는 일에 보다 '선한 씨앗'으로서 충실히 열매 맺는 일에 더 관심을 기울이게 하소서.

주님, 성찰의 시간에는 남을 대신 성찰해 주는 것이 아니라 오로지 자신을 성찰하는 데 집중하게 하소서.

주님, 살아가면서 한 영혼 한 영혼 섬세하게 품고 포용하고 인내하는 덕이 저희 안에 충만하게 하소서.

우리 주 예수 그리스도를 통하여 비나이다. 아멘!

연중 제17주일: 마태 13,44-52

밭에 숨겨진 보물

"하늘 나라는 밭에 숨겨진 보물과 같다"(마태 13,44).

1. 말씀의 숲

오늘 복음 말씀은 지난주에 이어서 계속 하늘 나라에 대한 비유 말씀이 전해지고 있습니다. 그동안 예수님께서는 하늘 나라는 처음에는 보잘것없고 작은 것처럼 보이지만, 결국에는 굉장한 성장력을 가지고 임한다는 사실을 농사(씨 뿌리는 이의 비유, 겨자씨의 비유)와 가정생활(누룩의 비유)에서 예를 들어 설명하고 청중들에게 확신을 주셨습니다. 그 후 예수님은 군중을 떠나 집으로 들어가 제자들에게 하늘 나라는 그 진가를 안 사람들에게는 더할 나위 없이 귀중하다는 것을 다시 비유로 말씀하십니다. 그것이 바로 오늘 우리가 들은 밭에 묻힌 보물과 값진 진주의 비유입니다.

오늘 이야기는 두 부분으로 나누어 볼 수 있습니다.

첫째, 밭에 묻힌 보물의 비유(마태 13,44 참조)

한 농사꾼이 다른 이의 밭을 갈기 위해 고용되었습니다. 그는 쟁기에 부딪힌 땅속의 보물을 발견하게 되었습니다. 이 사람은 자기가 발견한 것을 다시 숨기고 그것을 합법적으로 갖기 위해 모든 재산을 팔아서 그 땅을 삽니다. 이것이 바로 놀라운 발견에서 저절로 이루어지는 결정입니다.

둘째, 값진 진주의 비유(마태 13,45-46 참조)

예수님께서 값진 진주를 찾은 장사꾼을 비유로 들어 하늘 나라를 설명하셨습니다. 그도 밭에 숨은 보물을 발견한 사람처럼 가진 것을 다 팔아 진주를 삽니다.

밭에 숨겨진 보물과 값진 진주를 찾는 장사꾼의 이야기는 매우 흡사합니다. 비슷한 이야기가 잇달아 나오는 것은 그 의미를 강조하기 위함일 것입니다. 하지만 이 두 이야기는 결정적인 차이를 보이고 있습니다. 밭에 묻힌 보물의 비유에서 일꾼이 보물을 찾은 것은 지극히 우연적인 사건이었습니다. 그럼에도 그는 그것을 소유하기 위하여 자신이 가진 모든 것을 팔아 그 밭을 산 것입니다. 반면에 값진 진주의 비유에 나오는 상인은 좋은 진주를 찾아 여기저기 여행을 다녔습니다. 그가 값진 진주를 발견한 것은 상인이 그것을 찾아내고자 했던 노력의 결과입니다. 하지만 이 상인이 값진 진주를 발견한 후 취한 행동은 밭에 묻힌 보물을 얻으려고 취한 일꾼의 경우와 다르지 않습니다.

사람들은 무엇이든 손에 넣으려는 목표물이 있으면 자기 소유의 모든 것을 동원하여 그것을 가지려고 합니다. 그 목표물은 그 사람의 인생 목표에 따라 돈, 명예, 건강, 사업, 학술연구 등 여러 가지일 수 있습니다. 돈에서 학술 연구에 이르는 생활 목표 일람표를 보면 저속에서 고상한 목표로 상승 등급으로 짜여 있음을 한눈에 알 수 있습니다. 그런데 인간이 마음을 쏟아 붓는 자산과 정력은 그 목표의 우열에 따라 덜하고 더한 것이 없이 가능한 모든 것을 쏟아 붓습니다. 그 목표 달성이 그 사람의 인생이기 때문입니다.

예수님께서는 오늘 이러한 사실을 염두에 두면서 짤막한 비유 두 개를 들어 하늘 나라에 대한 제자들의 의욕을 북돋아 주셨습니다. 하늘 나라에 대한 진리를 깨달은 사람은 돈의 가치를 깨달은 사람처럼, 학문의 중요성을 깨달은 사람처럼 자기의 모든 것을 총동원하여 그것을 얻으려고 온갖 노력을 기울이게 된다는 이치를 설명하신 것입니다. 돈과 명예를 추구하는 사람에서 학문 진리를 추구하는 사람, 하늘 나라를 추구하는 사람에 이르기까지 하부에서 상층으로 층계를 이룹니다. 하부의 것을 추구하는 사람은 모든 것을 희생한 댓가도 없이 모든 것을 잃어버리고 위로 올라갈수록 정도의 차이를 두고 소기의 목적을 달성하고 만족스럽지는 못하지만 어느 정도의 것을 소유한다는 사실입니다. 하늘 나라는 그것을 추구하는 사람에게 보람이 있어 결국은 온전하게 소기의 목표를 달성한다는 예수님의 가르침입니다.

2. 말씀 공감

■ 영적 반려

> **"하늘 나라는 밭에 숨겨진 보물과 같다"**(마태 13,44).

몇 주간에 걸쳐 '하늘 나라 특강'을 진행하시는 예수님의 특급 강의에 귀를 기울이다 보면, 우리의 본향인 그곳이 결코 가기 힘든 곳이 아님을 깨닫습니다.

특히 오늘 저 말씀을 곰곰 묵상해보면 이렇게도 바꿔볼 수 있지 않을까요?

'하늘 나라는 우리 일상 곳곳에서 빛나고 있다.'

"밭에 숨겨진 보물"이란 표현이야말로 우리 삶 가운데서 건질 수 있는 것임을 시사하기 때문이지요. 그러기에 프란치스코 교황님은 늘 우리에게 말씀하십니다. 그리스도인이라면 모름지기 '기쁨의 영성'을 살아야 한다고 말입니다. 교황님의 깊은 의중을, 저는 졸저 『교황의 10가지』(2014년)에서 이렇게 풀어보았습니다.

교황은 도대체 왜 우리가 기뻐해야 한다고 강조하는 것일까. 그 힌트를 우리는 한 강론에서 발견한다. 바로 '값 없이 받은 은총' 때문이라는 것이다. 교황의 목소리다.

"그런데 혹시 이 은총이 얼마인지 아는 분 있나요? 어디에서 은총을 파는지? 어디에서 살 수 있는지? […]

혹시 본당 사무실에 가면 은총을 살 수 있던가요? 거기서 팔던 가요? 아니면 본당 신부가 은총을 팔던가요?

여러분, 잘 들어두세요! 그 누구도 은총을 팔거나 살 수 없습니다. 은총은 예수 그리스도께서 우리에게 선물로 주시는 겁니다. 선물로! 그러니 우리는 받아들이기만 하면 됩니다. 참 아름답지 않나요?!"

우리는 '은총'이라는 말에 너무 익숙하기에 그 가치를 잘 모른다. 은총은 주님께서 우리에게 공짜로 주신 선물이다. 이것은 그리스도교 특징이다. 이 세상 거의 모든 종교는 상선벌악의 체계다. 내가 잘해야만 상을 받는다. 하지만 그리스도교 신앙인은 잘하든 못하든 이미 은총이라는 선물 보따리를 공짜로 받았다.

그러니까 성당에 나와서 "나는 면목이 없어서……", "나는 한 게 없어서……", "나는 자격이 없어서……"라고 얘기하는 이들은 아직 일반상식으로 말하는 것이다. 자격 없는 사람도 성당에 와서 공짜로 국수 먹을 수 있다. 용서도, 사랑도 공짜로 받아갈 수 있다. 이것이 은총이고 축복이다. 그러니 기쁠 수밖에! […]

이는 사실 예수님께서 첫 번째로 선포하신 기쁜 소식의 요체였다. 그리고 이 기쁜 소식은 예수님의 십자가 죽음과 부활을 통해 담보된 영원한 생명으로 온전히 구현되었다. […]

이 기쁨은 능동적인 기쁨이기 이전에 수동적인 기쁨, 곧 억지로 자아내는 기쁨이 아니라 저절로 흐르는 기쁨이다. […]

프란치스코 교황은 이러한 복음이 특히 젊은 세대에게 전해지길 희망한다. 2013년 성 프란치스코 축일, 청년들과의 대화에서 그는 이렇게 말문을 연다.

"오늘 성 프란치스코의 이름으로 여러분에게 말합니다.

나는 금도 은도 없습니다.

하지만 여러분에게 아주 귀중한 것을 드리겠습니다.

그것은 바로 예수님의 복음입니다.

마음속에 복음과 함께 용기를 가지고 앞으로 나아가세요."[73]

당신의 자녀가 되기만 한다면 주어지는 공짜 은총과 구원의 기쁜 소식! 지상에서 찾은 하늘 나라 보물 아니고서 무엇이겠습니까.

"하늘 나라는 밭에 숨겨진 보물과 같다"(마태 13,44).

■ 진주 중의 진주

> **"하늘 나라는 좋은 진주를 찾는 상인과 같다"**(마태 13,45).

예수님의 하늘 나라에 대한 4번째 비유는 좋은 진주를 찾아 헤매는 상인에 대한 이야기입니다. 여기서 좋은 진주가 "하늘 나라"라고 한다면, 좋은 진주를 찾아 헤매는 '상인'은 하늘 나라의 진리를 깨우치기 위하여 노력하는 신앙인이라 말할 수 있을 것입니다.

우리 주변에는 이러한 진주를 찾기 위하여 노력하는 신앙인들이 많이 있습니다. 그 가운데 시인 구상具常, 1919-2004 세례자 요한을 소개하고자 합니다.

구상 선생님은 어려서부터 가톨릭 집안에서 성장했습니다. 외가가 조선 교회 최초의 영세자 이승훈 선생의 가문이었기 때문에 그 자부심도 대단했을 터였습니다. 시인은 한때 사제직을 꿈꾸며 신학도가 되었으나 건강상의 이유로 길을 바꾸고 일본대학에서 '종교학'을 전공하였습니다. 시인은 그때의 상황을 다음과 같이 회상합니다.

"그래서 저는 동경으로 유학 가서도 종교학을 전공하게 되었습니다. 당시 일본은 불교의 나라이기 때문에 종교학 커리큘럼 중 절반 이상이 불교 경전에 대한 주석이었습니다. 그때 저의 고민은 신의 실재에 대한 것이었으며, 이와 아울러 신의 섭리라든가, 교리 자체 등에 대한 많은 회의를 했던 것으로 기억됩니다. 아까도 말씀드렸지만, 저는 그리스도교 신자였기 때문에 평안보다는 고뇌에 싸여 있었습니다. 오늘날까지도 어떤 의미에서는 그렇다고 할 수 있습니다. 어떤 때는 '난 저주받은 영혼이 아닌가'하며 극단적인 생각으로까지 치닫곤 했습니다."

구상 시인은 종교학을 전공하면서 불교의 가르침과 그리스도교의 가르침 사이에서 고민에 빠졌던 것입니다. 시인은 좌정하여 미소를 짓고 있는 부처의 '평안'과 십자가에 매달려 괴로워하고 있는 예수의 '고뇌' 사이를 오가며 자신을 '저주받은 영혼'으로 생각할 정도로 치열하게 갈등하였던 것입니다.

　그러던 중 시인은 '폴 클로델Paul Claudel, 1868-1955' 시인을 만나면서 그리스도교의 정수精髓에 맛들이게 되었습니다. 시인은 말합니다.

　"그런데 유학 중이던 당시 제가 크게 위로와 위안을 받은 적이 있었는데, 20세기 노벨상 수상자 중 한 분인 폴 클로델이라는 시인의 글을 통해서입니다. 그분은 제가 일본에 가기 직전까지 프랑스 주일대사를 지낸 인물로서, 열아홉 살엔가 파리의 노트르담 성당에서 신비 체험을 했는데 어느 정도 강렬한 체험인가 하면 자기는 성서에 쓰인 것보다도 더 명백히 하느님을 체험했다고 증언할 정도였습니다. 그런데도 그분은 '만일 그대들이 신을 참되게 알았을 때, 신은 그대들에게 동요와 불안을 줄 것이다'라고 했습니다."[74]

　'평안'이 아니라 '동요'와 '불안'을 주는 신神, 그분이 시인께서 폴 클로델을 통하여 알게 된 그리스도교의 하느님이자 가톨릭의 하느님이었습니다. 시인은 점점 눈이 열려 동양의 유수 종교지도자들의 가르침과 예수님의 가르침이 어떻게 다른지, 그 본질적 차이가 무엇인지를 알아갔습니다. 시인은 이를 '해탈'이나 '도통'과 '십자가'의 차이로 압축합니다. 곧 동양종교에서는 이 세상의 고통을 피하여 '해탈'하거나 '도통'하려는 온갖 노력을 과정으로 삼지만, 그리스도인은 그 고통 자체를 짊어지고 가는 '십자가의 길'을 간다는 것이었습니다. 동양종교에서 말하는 해탈, 도통, 초탈은 고통을 피하고 평안에 이르는 길을 제시하여 사뭇 솔

깃하게 들리지만 그게 어디 범상한 '그릇'들에게는 가능한 길이겠습니까? 그것을 꿈꾸기에는 인간 현실 처지가 갈등과 불안과 고뇌투성이라는 것을 시인은 깨달았던 것입니다. 그래서 시인은 예수님처럼 그런 고통의 현실 한복판으로 들어가 자신의 몫은 물론 남의 몫까지 대신 짊어지고 가는 '십자가'의 길을 택하는 것이 차라리 '인간적'이고 현실적인 선택이라고 고백했습니다.

시인이 이런 결론에 이르게 된 것은 한 마디로 '유한성有限性에 대한 자각'이 있었기 때문입니다. 곧 동양종교에서는 '무한성無限性'을 꿈꾸고 스스로 무한한 존재가 되려고 하지만 시인은 '그리스도인'으로서 오히려 '유한성'을 인정하고 거기서 구원을 희망하는 길이 옳다고 보셨습니다. 이를 시인은 「나는 알고 또한 믿고 있다」라는 시에서 다음과 같이 표현하였습니다.

이 밑도 끝도 없는
욕망과 갈증의 수렁에서
빠져나올 수 없음을
나는 알고 있다.

이 밑도 끝도 없는
고뇌와 고통의 멍에에서
벗어날 수 없음을
나는 알고 있다.

이 밑도 끝도 없는

불안과 허망의 잔을
피할 수 없음을
나는 알고 있다.

그러나 나는 또한 믿고 있다.

이 욕망과 고통과 허망 속에
인간 구원의 신령한 손길이
감추어져 있음을,
그리고 내가 그 어느 날
그 꿈의 동산 속에 들어
영원한 안식을 누릴 것을

나는 또한 믿고 있다.

　이것이 구상 시인의 생각입니다. 시인은 욕망, 갈증, 고뇌, 고통, 불안, 허망 등을 '유한한' 자신의 현실로서 정직하게 받아들입니다. 이 피할 수 없는 한계가 바로 '원죄原罪'의 소산이라는 것입니다. 이 점을 시인은 분명히 '알고' 있습니다. 그리고 시인은 이들을 송두리째 짊어지시고 '십자가'의 길을 가셨던 예수님을 뒤따르는 삶에 필경 '인간 구원의 신령한 손길이 감추어져 있음을' 굳이 믿었습니다. 시인은 인간은 유한하기에 스스로 '구원'에 이를 수 없음을 줄곧 자각했습니다. 그리고 시인은 인간을 구원에로 이끌어주는 것은 '신령한 구원의 손길'밖에 없음을 통감하고 '믿고' 있습니다. 하느님의 자비와 용서, 은총 그것이 시인이 궁극적으로 소망했던 그 '손길'이었을 터입니다.

이 짧은 시 안에 가톨릭 신앙의 핵이 장전되어 있음을 복음 묵상 회
원분들은 알아야 합니다. 들을 귀가 있는 이라면 온몸으로 토로하는 신
앙고백에 공명할 줄 알아야 합니다. 인간의 현주소에 대한 명철한 '앎'
과 거기에 숨어 있는 구원 도리를 통찰하는 '믿음'을 배울 줄 알아야 합
니다. 시인 구상 세례자 요한은 예수님 안에서 진주 중의 진주를 발견했
던 것입니다. 아멘!

■ 올인

> "그는 값진 진주를 하나 발견하자,
> 가서 가진 것을 모두 처분하여 그것을 샀다"(마태 13,46).

평생 동안 생명 없는 그림만 그려 왔습니다. 그림으로 돈과 명예
만 좇았습니다. 신앙인이 신앙을 그리지 않는 것은 일종의 외도입니
다. 신앙을 그리지 않는 화가는 신앙에 푹 빠져 있지 않다는 증거입니
다.[75]

몇 해 전 『가톨릭신문』에서 인터뷰한 어느 원로 화백의 말입니다. 우
연히 그 기사를 접한 저는 그의 신앙 이면이 궁금하던 차, 연구소 연구
원과의 전화 인터뷰를 통해 좀 더 깊은 이야기를 들을 수 있었습니다.
수원 모 본당의 서소언 스테파노 화백의 고백입니다.

15년 전쯤, 모 대학교 교수생활을 하고 있던 참에 경제적으로 어떤 사

람한테 타격을 입었습니다. 쉽게 얘기해서 사기를 당했던 거죠. 삶의 희망을 잃었던 전, 극단의 선택을 하기로 마음먹고 지리산에 갔습니다. 그런데 거기서 알게 된 지리산 피정의 집 덕분에, 이후 사는 곳인 부천으로 다시 와서 교리를 받았는데 영세받기 일주일 전 사건이 터졌습니다.

그래서 용인으로 옮겨 앉게 되었는데, 이리로 와선 그림 그리는 것도 싫고 사람도 싫고 다 싫었습니다. 하릴없이 앉아서 풀만 뽑고, 냉담도 했습니다. 이때 대수술을 하게 됐는데, 하느님께서 우리가 보통 하는 말인, 구사일생으로 저를 살려 놓으셨습니다. 의사들도 못 산다고 했는데 6년이 지난 지금도 아주 건강합니다. 그렇게 하느님의 응답을 받고 그분께서 저를 사랑하시는 걸 느끼게 되면서 냉담을 풀었습니다. 바로 그때부터 '십자가의 길'을 그리게 되었습니다.

'십자가의 길'을 그리는 행위라든가 그 과정은 정말 그분의 신비였음을 느낍니다. 제가 대학 시절 양을 그려서 국전에 특선을 했고, 그림 그리는 사람들 사이에선 별명도 '서양'이었습니다. 당시엔 양을 그리는 계기가 없는 상탠데 제가 왜 양을 그렸는지……. 지금 와서 생각하면 늘 하느님께서 저를 감싸주고 계셨는데 제가 몰랐었구나 싶습니다.

그러고 나서부터는 모든 걸 다 버렸습니다. 그렇게 털어내기 시작하면서 다음 작업으로 '십자가의 성 요한'을 그리게 되었습니다. 나중에 그 작품들로 한 전시를 본 가르멜 원장님은 제게 이런 얘길 하셨습니다.

'화백이 어떻게 이 어렵고 무거운 글을 어린이도 볼 수 있게 그렸냐. 이 50편의 그림은 2,3분이면 볼 수 있게 만들었다. 너무 쉽게 십자가의 성 요한을 풀어놨다.'

칭찬을 받은 것이었습니다.

이후 전 '참 신앙인의 믿음'을 고민하다가 '복음'을 그려야겠다고 마음먹고 지금 작업 중에 있습니다.

제 나이가 일흔 셋입니다만, 이 그림을 일단은 남겨놓고 가야 되겠다 싶어서 집중하고 있습니다. 보통은 새벽 두 시에 일어나서 새벽 여섯 시까지 기도하고 묵상합니다. 저녁 열 시면 자니까 하루 4시간만 자고, 먹는 시간 빼놓고는 기도하고, 그림만 그립니다.

그런 생활을 알게 되신 교구 마태오 주교님께서는 제게 다음의 세가지를 야단치기도 하셨습니다. '이제는 밥 세 끼 꼭 먹고, 여섯 시간 정도 자고, 삼십 분 운동하세요.'

그 말씀을 지키며 저는 지금 기쁘고 행복하게 작업하고 있습니다.

화백의 하루는 말 그대로 주님께 올인하는 삶이었습니다. 자신의 모든 것을 내려놓고 선택한 그의 희생과 헌신과 봉헌은, 다른 이유에서가 아닙니다. 오로지 주님께 받은 구원과 깨달음과 기쁨 때문이었습니다.

마치 오늘 복음에서 '가장 최고'를 발견하곤 자신의 모든 것을 바쳐이 한 알의 진주를 얻은 상인처럼 말입니다.

"그는 값진 진주를 하나 발견하자, 가서 가진 것을 모두 처분하여 그것을 샀다"(마태 13,46).

세상의 모든 것들을 참으로 기쁘게 버릴 수 있는 이 결단 앞에, 여러분 모두를 초대합니다.

함께 기도하시겠습니다.

주님, 보물은 그것을 알아보는 눈이 있는 사람에게는 보물이지만 식별하는 눈이 없는 이에게는 한낱 돌멩이에 지나지 않음을 저희가 압니다.

주님, 보물을 보는 눈을 열어주소서.

주님, 보물을 발견하는 행운을 제게 베푸소서.

주님, 그 보물을 위해 모든 것을 올인하는 결단력을 제게 내려주소서.

우리 주 예수 그리스도를 통하여 비나이다. 아멘!

연중 제18주일: 마태 14,13-21

채워주심

"빵 다섯 개와 물고기 두 마리를 손에 들고
하늘을 우러러 찬미를 드리신 다음"(마태 14,19)

1. 말씀의 숲

오늘 우리는 복음서에서 가장 유명한 이야기 중의 하나인 오병이어
의 기적에 관한 이야기를 들었습니다. 그런데 예수님께서는 그 기적을
그냥 일으키신 것이 아닙니다. 빵 다섯 개와 물고기 두 마리, 한 사람의
식사 분량을 가지고도 예수님께서는 하늘에 계신 아버지께 감사와 찬
미의 기도를 드렸던 것입니다. 어찌 보면 예수님의 기적은 하느님께 감
사드림으로 실현된 것이라 할 수 있습니다.

우리가 살아가면서 알게 모르게 다른 사람들로부터 많은 도움을 받
고, 또 도움을 주곤 합니다. 물론 그 모든 것이 하느님께서 우리에게 베
풀어주신 은총이라 말할 수 있습니다. 그러하기에 우리는 사소한 일에
서도 항상 감사하는 마음을 간직해야 합니다.

『그리스토퍼의 하루에 3분 묵상 4』라는 책에서 감사에 대한 아름다
운 이야기를 읽은 적이 있습니다.

빈민들을 위하여 아파트를 관리하는 뉴욕 시 당국이 오랫동안 아

연중 제18주일: 마태 14,13-21 채워주심 **401**

파트에서 살다가 떠난 사람으로부터 4,000불짜리 수표를 받았다는 소식에 많은 사람들이 놀랐다.

수표의 뒷면에는 다음과 같은 글이 쓰여 있었다. "뉴욕시에 사는 빈민들을 위해 아파트를 제공해 준 시 당국에 감사하는 마음으로 이 수표를 보냅니다."

시청에 근무하는 직원들은 이제까지 빈민 아파트에서 살다가 나간 사람들이 감사하는 뜻으로 보내온 돈 중에서 가장 많은 액수라고 말했다. 시 당국의 조사보고서에 의하면 돈을 기증한 사람은 25년 전에 남편이 그녀와 자녀들을 버리고 달아나자 이 아파트에 들어왔다고 한다.

처음에는 어린 자녀들 때문에 아무 일도 하지 못했으나 자녀들이 점점 자라자 시간제 일자리를 구해서 조금씩 돈을 저축할 수 있었다. 돈이 조금 모이자 자신보다 더 어려운 사람들이 시의 혜택을 받게 하기 위해서 그녀는 빈민 구제 아파트를 떠났다.

우리 주위에는 우리보다 더 어려운 사람들이 많이 있다. 그들을 돕기 위해 실질적인 방법을 찾음으로써 우리는 하느님이 우리에게 주신 축복에 감사를 표현할 수 있다.[76]

우리는 작은 일에 감사할 때 나중에 더욱 큰 것을 받을 수 있습니다. 물론 감사하는 것은 무엇을 받기 위한 것은 아니지만, 감사할 줄 아는 것은 좋은 덕목입니다.

오늘 복음 말씀을 세 부분으로 나누어 살펴보도록 하겠습니다.

첫째, 예수님의 측은지심(마태 14,13-14 참조)

세례자 요한이 죽었다는 소식을 들은 예수님은 제자들과 함께 휴식을 취하기 위하여 외딴 곳으로 물러가셨습니다. 그러나 수많은 군중이 예수님을 따라나섰고, 예수님께서는 그들을 보시고 가엾은 마음이 드시어 그들을 받아들이셨습니다.

둘째, 제자들과 예수님의 대화(마태 14,15-17 참조)

저녁 때가 되자, 제자들은 사람들을 돌려보내자고 예수님께 청하지만, 예수님께서는 군중이 먹을 것을 제자들이 마련하라고 지시하십니다. 그러나 제자들에게 있는 것은 빵 다섯 개와 물고기 두 마리뿐입니다.

셋째, 오병이어의 기적(마태 14,18-21 참조)

예수님께서는 한 사람의 한 끼 식사 분량인 빵 다섯 개와 물고기 두 마리를 손에 드시고 하느님께 감사의 기도를 드리시고, 그것을 제자들을 통하여 군중에게 나누어주도록 하셨습니다. 그러자 그 빵과 물고기가 화수분처럼 늘어나 장정만도 오천 명이 넘는 군중 모두가 배불리 먹었고, 그 부스러기를 모아보니 열두 광주리에 꽉 찼습니다.

이 오병이어의 사건을 우리는 교회의 표상 안에서 이해해야만 합니다. 예수님께서는 모든 은혜를 베풀어 주시는 분으로서 가운데 서시어 말씀하시고 빵을 나눠주십니다. 그러자 제자들이 가까이 서서 예수님의 선물을 전해 줍니다. 그들은 예수님의 손의 연장延長입니다. 사람들은 예수님의 주위에 둘러앉아 그분의 현존을 향유할 수 있습니다. 예수님께서는 축복하실 때에 하늘을 우러러보십니다. 그분은 '아버지께서 그분에게 맡겨 주신 일'을 하십니다(요한 5,36 참조). 그분은 더 이상 모세와 같은 중개자가 아니라 실제적인 생명의 원천이요 수여자이십니다. 이것이 바로 교회가 성찬례를 거행하기 위해 모였을 때 체험하는 것입니다. 이처럼 하늘 나라의 성대한 결혼 잔치에 뽑힌 사람들은 하느님과 하나

되어 살 것이며 아무것도 부족한 것이 없을 것입니다. 하느님께는 모든 것이 풍부하며, 그분께는 자비가 풍성합니다. 오직 하느님 안에서만 모든 인간의 굶주림이 해결될 것이며 모든 소망이 이루어질 것입니다.

2. 말씀 공감

■ 맡겨라

> "여러 고을에서 그 소문을 듣고
> 군중이 육로로 그분을 따라나섰다"(마태 14,13).

2008년 6월 21일 저는 부천체육관에서 인천교구 성령 쇄신 봉사회 특강을 하였습니다. 그 당시 성령 대회에 참석한 신자분들은 족히 따져 봐도 3, 4천 명 정도는 됐습니다. 인천교구 자체 행사임을 감안할 때, 그 규모는 굉장히 큰 것이었습니다.

그날 제가 한 강의는 주로 말씀을 선포하는 내용이었습니다. 말씀을 통하여 위로와 치유를 얻고, 말씀을 통하여 꿈을 성취하라는 내용이었습니다. 그날 제 강의를 듣고 많은 분들이 위로를 받고, 내적 치유를 얻고 간다는 감사의 말씀을 전해주셨습니다. 이 모두가 주님 말씀의 능력이 그 자리에서 실현된 것이라 저는 믿습니다.

그런데 그날 저는 안타까움을 느꼈습니다. 그날 오신 분들의 눈빛을 가만히 보고 있노라면, 많은 분들이 영적으로 굶주리고 목말라한다는 느낌을 받았던 것입니다. 그러하기에 제 강의를 통하여 많은 분들이 위로를 얻은 것이라 생각됩니다.

많은 사람들이 영적 굶주림을 느끼는 것은 예수님 때나 지금이나 마찬가지인 것 같습니다. 그 당시 많은 사람들이 예수님을 따라나섰던 것도 바로 그러한 이유 때문이었습니다. 그리고 당시 예수님을 따라나선 사람들은 예수님의 말씀을 통하여 그 갈증을 해소했습니다.

오늘날 이러한 영적 굶주림과 목마름은 점점 더 심해지고 있습니다. 급격히 변해가는 사회 안에서 많은 사람들이 영적으로 자신을 돌아볼 시간을 갖기란 쉽지 않습니다. 자신이 다른 사람보다 좀 더 나은 생활을 하기 위해서는 일분일초라도 더 많은 것을 배우고, 더 많은 자료를 수집하고, 더 많은 일을 해야 하기 때문입니다. 육적으로는 풍요를 누리기 위하여 온갖 노력을 기울이면서, 영적으로는 점점 메말라 있는 사람들을 볼 때, 저는 안타까움을 느낍니다.

이러한 영적 목마름을 우리는 어떻게 채워야 할까요. 우리는 미국의 유명한 설교가 찰스 스윈돌이 그의 저서 『지혜』에서 읊고 있는 「하느님께 맡겨라」라는 시에서 그 답을 만납니다.

> 당신은 너무 많이 달렸습니다.
> 당신은 너무 오래 서 있었습니다.
> 당신은 너무 오랫동안 싸웠고, 밀어붙였으며,
> 당신의 길을 헤쳐 나왔습니다.
> 하느님은 마침내 당신을 주목하셨습니다.
> 그분은 말씀하고 계십니다.
> "됐다! 이제 그만! 내게 맡겨라!
> 거기 네가 걸어온 뜨거운 모래에 앉아라.
> 네 옆에 무엇이 있는지 보아라.

시원한 물이 넘쳐나는 샘이다."
곧 하느님은 기뻐하시면서 두레박으로 물을 퍼서
당신의 영혼을 시원케 하실 것입니다.
가만히 앉아 있으십시오.
거기 가만히 계십시오.

이 시에 나오는 것처럼 우리가 성공을 위해, 물질적 풍요를 위해 '뜨거운 모래' 위를 쉬지 않고 달려왔다면, 이제는 그 모든 것을 주님께 맡기고 샘물가에 앉아 쉴 수 있는 지혜가 필요합니다. 그렇게 영혼의 안식을 취한 후에 우리는 주님께서 주시는 힘을 받고 더 힘차게 걸어갈 수 있게 될 것입니다. 아멘!

■ 첫발을 뗄 수 있도록

> "저희는 여기 빵 다섯 개와 물고기 두 마리밖에
> 가진 것이 없습니다"(마태 14,17).

요즘 저는 고즈넉한 곳 하나를 빌려 그야말로 두문불출하고 있습니다. 영적 충전을 위하여 안식년의 의미를 충실히 새기고 있는 셈이지요.

그런 와중에 2011년 7월 초, 저는 뜻밖에 한 자매님을 일면하게 되었습니다. 연구소에 여러모로 도움을 주고 있는 작가 안 선생님을 부득불 만날 일이 있었는데 바로 그 자리에 함께 나온 분이었던 것입니다. 모니카 자매님은 저희 연구소에 조금이나마 도움이 되었으면 좋겠다 하시면서 선뜻 후원금을 전달하셨습니다. 그런데 그 자매의 일상생활이 '고물 줍기'라는 것입니다. 그렇다고 경제적으로 어려운 형편도 아닌데 말입니다. 제가 받은 후원금 역시 적지 않은 액수였구요.

저는 이 특별한 사연이 조금 놀랍기도 하고, 의아하기도 해서 그 잠깐의 만남을 뒤로 하고 연구소 연구원을 통해 좀 더 깊은 이야기를 들을 수 있었습니다. 여러분과도 함께 나눠 봅니다.

고물은 거의 매일 줍는다 해도 과언이 아니에요. 제가 몸이 아픈 날이나 비 오는 날, 또 눈 오는 날 빼고는 거의 나가지요. 그냥 눈에 띄면 다 주워요. 논두렁 지나다 보면 음료수 캔이 버려진 게 보일 때가 있는데 그러면 논에 빠져가면서 주워요. 억지로는 절대 못할 그 일이 이제 몸에 뱄습니다.

시작은 우리 성당 한 단체에서 봉헌금을 마련한다기에 도움이 되고 싶어 하게 되었습니다. 원래 여러 군데 후원하고 있는 터라, 선뜻 돈으로 하기가 힘들어 '고물 줍는 걸로 도와주자' 해서 시작한 게 올해까지 계속 이어지고 있습니다.

성당에서 매주 남아도는 주보들, 자판기에서 뽑아 먹고 버려진 음료수 캔들, 잔치 한번 하고 나면 쏟아지는 일회용품들 등등 그걸 제가 다 챙겨다가 탑니다. 그렇게 한 달에 한 번, 두 달에 한 번 해서 다 모으면 10만 원 될 때도 있고, 평균 7-8만 원은 되거든요.

며칠 전에도 성모회에서 설악산 관광을 다녀왔는데, 깡통이고 박스고 제가 다 갖고 왔습니다.

처음에는 고물 줍는다고 남편이며 아들에게 혼도 많이 났지만 이젠 오히려 협조해주며 본인들이 주워오곤 합니다.

그렇게 고물 줍는 건 다 단체에 주고, 후원은 따로 합니다. 특히 사제들을 위해 많이 하고 있고, 또 저희 집이 특용작물을 하다 보니까 먹는 걸로도 아이들 여름 신앙학교나, 어르신들 관광 갈 때 내놓곤 합니다. 첫 수확하는 건 항상 제일 먼저 감사헌금으로 바치구요, 십일조도 꼬박꼬박 하고 있습니다.

그러다 보니 '하느님 사업엔 공짜가 없다'는 진리를 매번 깨닫게 됩니다. 무슨 소리냐면, 제가 하느님께 10원을 드리면 하느님께서는 제게 100원으로 돌려주신다는 것입니다. 저 쓸 거 못 써가면서 드리면 반드시 다른 데서 돈이 생깁니다.

그리고 기도응답 역시 100%입니다.

4천 만 원을 꿔가서 갚지 않던 사람을 위해 4년간 꼬박 축복기도를 했더니 글쎄 그 사람이 극적으로 전화해 와서 일부를 먼저 갚고, 올 연말까지 나머지를 더 갚기로 약속을 해왔던 것입니다. 얼마나 놀라운 일입니까.

저는 스스로 하느님의 딸이기에 언제나 어떤 일이 생겨도 걱정 없는 '진짜 부자'라 생각합니다. 제 작은 바람이 있다면, 제가 받은 열매의 축복으로 더 큰 나눔의 부자가 되어, 제가 가지고 있는 이 모든 후원이 한평생 끊이지 않았으면 하는 것입니다.

물질적이든 수고로움이든 자신이 할 수 있는 걸 다해서 바친 이 자매의 마음 씀씀이는 바로 오늘 복음 말씀의 이 구절을 연상케 합니다.

"저희는 여기 빵 다섯 개와 물고기 두 마리밖에 가진 것이 없습니다"(마태 14,17).

이 아주 작은 양식도 주님께 바친 양식이라면 얘기가 달라집니다. 주님께서는 자매의 십일조에 열 배로 되돌려주셨고, 자매의 기도에 기꺼이 응답해주셨으니 말입니다.

■ 100%를 의탁하면

> **"빵 다섯 개와 물고기 두 마리를 손에 들고**
> **하늘을 우러러 찬미를 드리신 다음"**(마태 14,19)

　오늘 복음 말씀은 유명한 오병이어의 기적입니다. 오병이어의 기적은 오늘 이 시대에도 일어납니다. 하지만 누구에게나 일어나지는 않습니다. 이를 위해 요구되는 전적인 의탁이 있어야 하는 것입니다. 『채워주심』이라는 책에서 이상혁 님은 그 비결을 이렇게 말합니다.

> "내가 하느님을 10% 의지했을 때
> 하느님은 10%만 책임져주셨습니다.
> 내가 하느님을 50% 의지했을 때
> 하느님은 50%만 책임져주셨습니다.
> 그러나 내가 하느님을 100% 의지했을 때
> 하느님은 3,000%, 6,000%, 10,000%로 채워주셨습니다!"
> 성경은 이를 두고 30배, 60배, 100배라 합니다.
> 혼자 거두기 힘든 하느님의 채워주심을 경험하고 싶으십니까?
> 예수님의 말씀에 의지하여 있는 모습 그대로 나아가기를 바랍니다.
> 이성이 아우성치고, 축적된 경험이 순종에 브레이크를 걸더라도
> 믿음의 엔진에 힘찬 시동을 걸면서 말입니다.[77]

예수님께서 '빵 다섯 개'와 '물고기 두 마리'를 손에 들고 하늘을 우러러 찬미를 드리신 것은 바로 100퍼센트를 의탁하는 믿음이 있었기 때문이었습니다. 이런 믿음을 가진 교우들이 우리 주변에도 있습니다.

저는 한 자매로부터 가슴이 따뜻해지는 이야기를 전해 들었습니다.

IMF 당시 많은 가장들이 실직했던 것을 기억하실 것입니다. 그 자매의 친구 역시 남편이 하루아침에 실직하게 되었습니다. 지금도 그 날짜가 잊혀지지 않는 것은 남편이 실직한 날이 바로 그 친구의 생일이었기 때문이었습니다. 그래도 남편은 아내 생일이라고 장미 한 송이를 사 가지고 와서 축하해주면서, 다른 한편으로는 미안해했다고 합니다.

한 동안은 퇴직금과 실업수당으로 위안 삼았지만, 시간이 지날수록 점점 힘들어졌습니다. 그때 그 친구는 고등학교 동창에게 전화를 받았는데, 그 동창 역시도 경제 상황이 어렵다고 하소연을 하더랍니다. 더욱이 가스비를 못 내서 가스가 중단되는 바람에 집이 너무 춥다고 했습니다.

이 자매는 그 동창이 아이들과 추위에 떨면서 지낼 것을 생각하니 마음이 아팠습니다. 그래서 자신도 어려운 상황이었지만 도움을 주고 싶어 통장 잔고를 확인해보니 40만 원 정도 있었습니다. 그래서 그 동창에게 그 돈을 보내주었다고 합니다. 그때 그 자매는 당장에 빈털터리가 되었지만, 마음만큼은 따뜻한 느낌을 받았고 기쁨에 넘쳤다고 합니다.

그런데 그 다음 날 우연찮게도 예전에 돈을 빌려 간 다른 친구가 돈을 갚겠다고 연락이 왔습니다. 생각하지도 못하고 있었을 뿐더러, 당장 상황이 어려웠기 때문에 그 돈을 갚은 친구에게 오히려 고맙다고 말을 건넸다고 합니다.

자신이 어려운 중에도 다른 이의 어려움을 도와주었더니, 주님께서 그 자매의 상황을 살펴주셔서 다른 방법으로 도와주심을 느꼈습니다. 그 자매는 이 모든 일을 풀어주신 주님께 감사의 기도를 드렸을 것입니다.

만일 이 자매가 돌보시는 하느님을 온전히 믿지 못하였다면 도움을 청하는 친구의 요청에 결코 응할 수 없었을 것입니다. '에이, 어떻게 되겠지'하는 믿음이 있었기에 마지막 남은 40만 원을 몽땅 빌려줄 수 있었던 것입니다. 그리고 주님께서는 이 믿음을 보시고 더 크게 불려서 은혜를 베풀어 주셨던 것입니다.

함께 기도하시겠습니다.

주님, 아침에 일어날 때 첫 입술로 우러러 찬미 드리오니, 저희 하루를 축복하소서.

주님, 하루 업무를 시작할 때 첫 마음으로 영광 올리오니, 저희 일과를 축복하소서.

주님, 일의 건건마다 첫 수순으로 감사 기도 바치오니, 저희 매사에 강복하소서.

우리 주 예수 그리스도를 통하여 비나이다. 아멘!

연중 제19주일: 마태 14,22-33

나다

"용기를 내어라. 나다. 두려워하지 마라"(마태 14,27).

1. 말씀의 숲

오늘 복음 말씀 안에서 우리는 두 가지 사건을 보게 됩니다. 하나는 고독 가운데 기도하시는 예수님을 만나게 됩니다. 예수님께서는 어떤 기도를 하셨을까요? 비록 그 내용은 알 수 없지만, 예수님의 기도를 들으신 하느님의 마음이 어떠할지는 상상해볼 수 있습니다. 저는 그 마음을 「기도하는 그대여」(작자 미상)라는 짧막한 시 안에서 발견했습니다.

> 깊은 밤 홀로 우는 그대여
> 그대 눈물을 내가 아노라.
> 그대 눈물은 가슴을 적시고
> 발을 적시고 땅 위에 내린다.
> 그대 아픔을 내가 같이하노라.
> 그대 슬픔에 내가 기쁨을 주리라.
> 그대 눈물을 내가 다 마시노라.
> 깊은 밤 홀로 기도하는 그대여
> 그대 기도를 내가 듣노라.

또 하나의 사건은 베드로 사도의 도전입니다. 사실 그의 도전은 실패로 끝났지만 우리는 그의 도전 정신을 본받아야 합니다. 사실 도전 없는 성공이란 있을 수 없습니다. 도전했다가 실패하면 50% 실패한 것이지만 도전조차 하지 않는다면 100% 실패한 것입니다. 무슨 일을 하든지 위험은 따르게 마련입니다. 위험이 있다고 도전하지 않는다면 아무것도 할 수 없습니다. 사망사고 원인의 20%는 자동차 사고이기 때문에 자동차를 탈 수 없습니다. 비행기, 열차, 배로 여행할 수도 없습니다. 모든 사고 중 16%가 이런 것으로 인해 발생하기 때문입니다. 거리에 걸어 다닐 수도 없고 집에 있을 수도 없습니다. 모든 사고의 15%가 거리에서 일어나고 모든 사고의 17%가 집에서 발생하기 때문입니다.

오늘 복음 말씀은 네 부분으로 나누어 살펴볼 수 있습니다.

첫째, 예수님이 그의 제자들과 분리되는 첫 상황(마태 14,22-24 참조)

이미 얘기한대로 예수님께서는 군중이 소요를 일으킬 것을 걱정하여 제자들을 먼저 호수 건너편으로 보내십니다. 그리고 당신 친히 군중을 돌려보내신 후, 홀로 산에 올라가 기도를 하십니다.

둘째, 예수님의 출현(마태 14,25-27 참조)

예수님과 헤어진 제자들은 밤 호수 위에서 역풍을 만나 고생을 합니다. 이것을 보신 예수님께서는 산에서 내려와 물 위를 걸어 제자들에게 다가가십니다.

셋째, 베드로의 모험(마태 14,28-31 참조)

예수님을 알아본 베드로는 주님께 청하여 물 위를 걷게 해달라고 합니다. 하지만 그가 거센 바람에 한눈을 판 사이 그는 물에 빠져들고, 예수님께서 그를 건져주십니다.

넷째, 예수님을 하느님의 아드님으로 알아봄(마태 14,32-33 참조)

예수님께서 배 위에 오르시자 바람이 그쳤습니다. 배 안에 있던 사람들은 모두 예수님 앞에 엎드려 절하며 "스승님은 참으로 하느님의 아드님이십니다"(마태 14,33)라고 고백하게 됩니다.

2. 말씀 공감

■ 그 어느 먹장구름이

> "예수님께서는 새벽에 호수 위를 걸으시어
> 그들 쪽으로 가셨다"(마태 14,25).

새벽!

주님께서 특별히 좋아하시는 시간입니다.

새벽은 시간의 으뜸이고 생기의 밀도가 가장 짙은 때입니다. 그러기에 예로부터 현인들은 새벽 미명의 시간에 목욕재계하며 인격도야를 꾀했습니다.

수도자들은 이 시간을 놓치지 않으려고 이른 저녁에 잠에 들어, 꼭두새벽에 눈을 떴습니다.

새들의 지저귐이 가장 낭랑한 때도 새벽입니다.

그야말로 만물이 기지개를 켜는 시간. 바로 그 시간에 주님께서는 제자들을 향하여 움직이십니다. 주님께서 밤샘기도를 하신 직후의 일이었습니다.

그때 제자들은 배 위에서 파도에 시달리고 있었습니다. '시달리다'를 뜻하는 그리스어 원어 '바사니조메논basanizomenon'이 본래 '고문하다', '괴롭히다', '고난을 당하다'라는 의미를 지니고 있음을 감안할 때, 제자들이 겪어야 했던 괴로움은 극도로 혹독했음을 짐작할 수 있습니다. 더구나 예수님 없이 이 고통을 겪어야 했던 것이 그들에게는 가히 공황적인 공포였을 것입니다.

동고서저의 지세로 인해 갈릴래아 호수에는 예고 없는 돌풍이 불곤 했습니다. 게다가 모든 기운들이 교류하며 새로운 질서를 잡는 새벽이라, 마침 육지에서 약 5km 떨어져 호수를 가로지르던 제자들에게 불어온 맞바람은 경험 많은 그들에게도 당황스러운 것이었을 터입니다.

이런 정황을 멀찍이서 알아채신 주님께서는 제자들에게로 다가가십니다.

"예수님께서는 새벽에 호수 위를 걸으시어 그들 쪽으로 가셨다"(마태 14,25).

여기서 '걷다'로 번역된 그리스 말 '페리파테인peripatein'은 '거닐다' 혹은 '산책하다'라는 의미를 지니고 있습니다. 그러니까 예수님께서는 여유 있게 유유히 걸어가셨다는 얘기인 것입니다. 예수님께서 물 위를 걸으신 동작은 예로부터 하느님이 구원의 길을 걸으신 동작과 맥을 같이 합니다. 욥기 9장 8절 말씀을 따르면, 하느님은 "바다의 등을 밟으시는 분"(욥 9,8)이십니다. 이는 창조주 하느님의 권능 어린 자유로움이라 할 수 있습니다. 이 권능을 하느님께서는 당신 백성을 구원하시기 위해 발휘하십니다. 시편 77장 20절 말씀에 의하면, 모세와 아론을 내세워 이집트 종살이에서 당신 백성을 구출해 내실 때 대해를 건너질러 달리셨으며, 이사야서 43장 16절 말씀을 따르면 바빌론에서 당신 백성을 구출해 내실 때 바다에 큰길을 내시고 거센 물길을 뚫고 한길을 내셨습니다.

예수님 역시 곤경에 처한 제자들을 구원하시기 위해 하느님과 똑같은 권능으로 자유로이 행차하십니다.

제자들에게 인간적인 안목에서 불가능한 접근을 꾀하셨던 예수님!

그 예수님께서 우리에게 다가오시는데 무엇이 장애가 되겠습니까.

■ 나다

> **"용기를 내어라. 나다. 두려워하지 마라"**(마태 14,27).

우리들은 살아가면서 수많은 시련과 어려움을 당하게 됩니다. 그런데 어떤 이들은 그 시련을 이겨내지 못하고 좌절과 절망의 나락으로 빠져들게 됩니다. 반면에 다른 이들은 그것들에 굴하지 않고, 주님께 믿음을 두며 살아가는 이들을 우리는 만날 수 있습니다.

영화 〈지상 최대의 작전The Longest Day〉의 원작 소설을 쓴 미국 작가 코넬리어스 라이언은 5년 동안 암 투병을 하다가 죽었습니다. 그런데 그가 암 투병을 하던 모습은 부활의 주님을 믿는 진정한 신앙인의 모습이었습니다.

라이언은 심한 고통을 겪으면서도 아침마다 일어나면 "하느님, 또 하루 좋은 날을 주심을 감사합니다!"라는 내용으로 한결같이 기도를 바쳤습니다. 그는 처음부터 자신이 암이라는 것을 알고 있었기 때문에 남은 날이 많지 않음을 자각하고 있었습니다. 그런데도 그런 기도를 할 수 있다는 것이 믿어지지 않았기 때문에, 그의 아내는 라이언에게 무엇이 그토록 좋은 날이냐고 물었습니다.

라이언은 평소에 생각해 두었던 것처럼 새날을 맞이하는 기쁨을 다음과 같이 다섯 가지로 대답했습니다.

"새날을 맞는 다섯 가지 기쁨이 있어요. 첫째, 사랑하는 당신을 다시 볼 수 있기 때문입니다. 둘째, 가족들의 음성을 들을 수 있기 때문이지요. 셋째, 병들어 눕기 전에 작품을 탈고한 것이 감사하지요. 넷째, 병마와 싸울 힘을 주신 하느님께 감사드립니다. 그러나 무엇보다 감사한 것은 주님이 지금 저와 가까운 곳에 계신다는 사실입니다."[78]

아무리 어렵고 힘든 상황이 닥치더라도 우리는 예수님의 말씀을 붙들고 그것들을 이겨낼 수 있는 것입니다.

"용기를 내어라. 나다. 두려워하지 마라"(마태 14,27).

예수님은 이 말씀을 역풍을 만나 파도와 힘겨운 사투를 벌이던 제자들에게 해주셨습니다. 제자들이 만난 '역풍과 파도'는 바로 시련입니다. 예수님께서는 산 위에서 기도하시면서 제자들이 풍랑을 만나 고생하는 모습을 처음부터 보고 계셨습니다. 그리고 그들에게 도움이 필요하다는 것을 아시고는 물 위를 걸어 그들에게 다가가셨던 것입니다.

이처럼 예수님께서는 그 당시 제자들의 어려움을 도와주시기 위하여 다가가셨던 것처럼, 지금 우리에게도 다가오십니다. 암과 투병하던 라이언이 항상 하루를 감사하게 시작할 수 있었던 것은 바로 자기와 가까운 곳에 계시는 예수님을 알아뵈었기 때문입니다.

사실 예수님께서 우리 곁에 함께 해주시는 것은 우리를 도와주시기 위함입니다. 언제나 우리가 도움의 손을 내밀면 그 손을 잡아주시기 위하여 주님께서는 우리와 가까운 곳에 계신 것입니다. 그러니 우리가 두려워할 것이 무엇이 있겠습니까? 이는 히브리서의 저자가 우리에게 일깨워주는 내용과 같습니다.

"주님께서 나를 도와주는 분이시니 나는 두려워하지 않으리라"(히브 13,6).

■ 주님이시거든

> **"오너라"**(마태 14,29).

흔히 베드로 사도의 성격으로 우직, 성급, 의리 등을 꼽지만, 저는 이 것들에 앞서 명민함 또는 슬기를 꼽습니다.

혹여 여러분 중에도 이에 대하여 반문하고픈 생각이 드는 분이 있을 지 모르겠습니다.

"뭐, 베드로가 명민했다구? 그가 슬기를 지녔다고?"

네, 확실히 그렇습니다.

베드로 사도는 처음 예수님의 말씀을 따라 깊은 곳에 그물을 쳤다가 풍어의 기적을 체험한 직후, 즉시 "주님, 저에게서 떠나 주십시오. 저는 죄인입니다"(루카 5,8)라는 말을 했습니다. 영적 명민함이 아니고는 예수님 의 정체에 대하여 이렇게 빨리 직관할 수가 없는 것입니다.

또한 그는 "너희는 나를 누구라고 하느냐?"(마태 16,15) 하시는 물음에 첫 번째로 "스승님은 살아 계신 하느님의 아드님 그리스도이십니다."(마 태 16,16)라고 고백했습니다. 이에 예수님께서는 하느님 아버지의 일러주 심이 없이는 불가능한 답변이라고 극찬하십니다. 그에게는 슬기의 영이 함께 했던 것입니다.

오늘 예수님께서 물 위를 걸어오시는 장면을 보고, 아직 다른 제자들 은 혹시 유령이 아닌가 하는 의아함을 떨쳐 버리지 못하고 있을 때, 베 드로 사도는 그 명민함으로 예수님께 엉뚱한 청원을 합니다.

"주님, 주님이시거든 저더러 물 위를 걸어오라고 명령하십시오"(마태 14,28).

"주님이시거든"은 의심하는 말이 아니라, 예수님께서 자신의 질문에 적극적으로 반응하도록 깔아놓은 일종의 언어적 미끼입니다. "저더러 물 위를 걸어오라고 명령하십시오"는 그동안 예수님을 따르면서 그가 골수에 깊이 새겨놓은 말씀신앙입니다.

"주님께서 한 말씀 하시면, 그것은 반드시 성취된다. 불가능해 보이는 것도, 꼭 현실이 된다."

다른 제자들이 똑같이 주님의 가르침을 들으며 소화하기에 급급하고 있을 때에, 베드로 사도는 이 말씀의 공식을 뇌리와 가슴 그리고 골수에 박아 놓았던 것입니다. 이것은 슬기입니다.

이 슬기 덕에 베드로 사도는 "오너라" 하시는 주님의 명령을 들었습니다. 그리고 그는 물 위를 걷는 기적을 체험했습니다. 물론, 한눈팔다가 물에 빠져 허우적대는 웃음거리가 되기도 했지만, 이것은 또 다른 얘기입니다. 다른 제자들은 잠깐이지만 언감생심 물 위를 걷는다는 포부조차 갖지 못했으니까요.

우리는 베드로를 실패의 본보기가 아니라 슬기와 도전의 본보기로 기억할 줄 알아야 합니다. 우리 역시 말씀을 들을 때 베드로가 가졌던 무모한 용기를 낼 수 있어야 할 것입니다. "오너라"가 아니라도 우리가 주님으로부터 듣고 싶은 레마의 명령은 자신만이 알고 있는 바람일 테니까요.

함께 기도하시겠습니다.

주님, 제가 절망의 심연에서 미동도 할 수 없었을 때, '나다, 두려워하지 마라' 하시며 내미신 주님의 손길 덕택에 제가 지금 넘치는 희망으로 살고 있습니다.

주님, 지금 제게 필요한 것은 딱 한 말씀입니다. '나다, 두려워하지 마라', 이 한 말씀이면 저의 이 고독한 발걸음이 더 이상 외롭지 않을 것입니다.

주님, 아니 주님, 그것도 아닙니다. 그냥 '나다' 한 마디면 녹아나던 제 뼈가 다시 생기를 얻을 것입니다.

우리 주 예수 그리스도를 통하여 비나이다. 아멘!

연중 제20주일: 마태 15,21-28

❦

큰 믿음

"아, 여인아! 네 믿음이 참으로 크구나"(마태 15,28).

1. 말씀의 숲

오늘 우리는 예수님께 끈질긴 간청으로 자신이 원하는 것을 얻어낸 한 가나안 여인을 만났습니다. 우리가 원하는 무엇을 얻기 위해서는 인내심을 가지고 그것을 구해야 합니다. 다음 이야기에 나오는 한 젊은이도 인내심을 지니고 자신이 원하는 것을 얻어냈습니다.

그는 겨우 열여덟 살이었는데 일자리를 애타게 구하고 있었습니다. 그러던 차에 보스턴 신문에 실린 다음과 같은 광고를 읽게 되었습니다.

'주식 중개를 배울 젊은이 구함. 주소 – 매사추세츠 주 보스턴 시 사서함 1720호'

그는 자신이 그 직업에 관심이 많음을 강조하며 세심하게 작성한 이력서를 위의 주소로 보냈습니다. 하지만 답장이 오질 않았습니다. 편지를 다시 보냈지만, 마찬가지로 묵묵부답이었습니다. 세 번째 편지에도 여전히 소식은 없었습니다.

그의 다음 실행 계획은 위의 주소지가 있는 보스턴의 중앙 우체국을 찾아가는 것이었습니다. 그는 사서함 1720호의 주인 이름을 알려

달라고 했지만, 우체국 직원은 알려 줄 수 없다고 했습니다. 그러자 그는 우체국장과 면담하게 해 달라고 요청했습니다. 그러나 직원은 매우 사무적인 말투로 우체국장을 만날 수도 없으며 우편함 주인의 이름도 알려줄 수 없다는 것이었습니다. 그들은 개인 정보를 알려 주는 일을 금지하고 있었기 때문이지요.

'그러면 이제 어떻게 할까?' 하고 생각하고 있을 때 한 가지 묘안이 떠올랐습니다. 그는 자명종을 새벽 4시에 맞추고 아침 일찍 일어나 도시락을 챙겨 보스턴으로 가는 새벽 기차에 몸을 실었습니다. 그는 그 우체국에 오전 6시 15분에 도착했고 1720호 우편함 근처에 자리를 잡고 지켜보았습니다. 그렇게 조금 지나자 어떤 남자가 와서 우편함의 문을 열고 안에 있는 내용물들을 수거해 갔습니다. 젊은이는 그가 눈치 채지 못하게 뒤를 따라갔습니다. 도착한 곳은 그 주식 중개 회사였습니다. 젊은이는 안으로 들어가서 관리인을 만나게 해 달라고 요청했습니다.

이 젊은이는 관리인을 만나 자신이 세 번이나 우편으로 구직 신청을 했지만, 답을 받지 못했고, 그래서 우체국까지 와서 끝까지 사서함 주인의 이름을 알아내려 했다고 말했습니다. 그가 말을 다 마치기도 전에 관리인이 얘기를 가로막으며 "그렇다면 광고만 가지고 어떻게 여기가 그 회사라는 것을 알게 되었지요?"라고 물었습니다. 이 끈기 있는 젊은이는 이렇게 대답했습니다.

"저는 우체국 로비의 사서함 1720호 근처에서 여러 시간 동안 서 있다가 귀사의 직원이 우편물을 수거하러 왔을 때, 그 사람을 뒤쫓아서 여기까지 오게 된 것입니다."

관리인은 웃으면서 말했습니다. "당신이야말로 바로 우리가 찾고 있던 인내력을 갖춘 사람입니다. 게다가 혁신적이기까지 하군요. 우리 회사에 잘 오셨어요. 지금부터 당신은 우리 회사 직원입니다!"[79]

오늘 복음의 가나안 여인도 몹쓸 병에 시달리고 있는 딸을 위해서라면 무엇이든 할 수 있다는 모습을 보여줍니다. 창피고 체면이고 가릴 것 없다는 숭고한 사랑을 보여줍니다. 그래서 딸을 구할 욕심으로 예수님께 매달립니다. 그 애절함에 예수님도 감동되어 어머니의 소망을 들어줍니다.

"아, 여인아! 네 믿음이 참으로 크구나. 네가 바라는 대로 될 것이다."(마태 15,28).

바로 그 순간에 그 여자의 딸이 나았던 것입니다.

이 아름다운 이야기는 예수님의 갈릴래아 선교가 막바지(마태 14,1-16,12)에 이르렀을 때 발생했습니다. 이 앞 대목에서는 예수님께서 갈릴래아 호수 주변에서 활동하실 때 바리사이들과 율법 학자들이 예루살렘에서 내려와 예수님과 논쟁을 벌입니다(마태 15,1-20 참조). 예수님의 제자들이 선조들의 전통을 따르지 않는다는 것이 저들이 걸어온 논쟁의 빌미였습니다. 이제 예수님께서는 바리사이들을 비롯한 적대자들과의 대립이 점점 깊어져 가고 있었습니다. 그래서 예수님은 이방인들의 땅으로 '물러가십니다.'

이 이야기는 세 가지 차원의 가르침으로 구성되어 있습니다.

첫째, '빵'에 대한 교리교육의 틀에서 바리사이 사람들과의 논쟁은 정결례의 장애들을 제거했고, 성찬 식탁에 이르기 위한 조건으로 윤리적인 정결을 강조했습니다. 그리고 지금 이 가나안 여인의 일화로써, '그리스도에 대한 신앙'은 이제 이방인들도 교회의 식탁에 앉아 '자녀들의 빵'을 함께 받을 수 있도록 '이방인'들에게 하신 유일한 요구처럼 보입니다.

둘째, 초기 교회 공동체를 위해서, 특히 개종자들에게 적게 마음을 연

그리스도인들을 위해서, 마태오는 이 이야기를 선교적 가르침으로 만듭니다. 확실히 예수님께서는 이스라엘 메시아의 사명을 매우 충실히 이행했습니다. 그럼에도 불구하고 그분은 한 이방인의 본보기적인 신앙을 응해 주었습니다. 그와 같은 경우, 만일 어떤 율사들이 이미 배타성들을 극복했다면, 또 '가나안 사람'들이 메시아를 향해 그토록 큰 신앙을 표현한다고 해도 교회는 여전히 그들에게 문을 닫을 것인가? 그러면서 교회는 그것을 그리스도 전파의 한계성 때문이라고 떠넘기며 우기겠는가?

셋째, 이 단원의 범위(마태 12,22-16,20)에서 가나안 여인은 제자들에게 신앙의 한 본보기이며, 그들이 따르는 분의 명성이 이스라엘의 국경을 넘어서고 있음을 발견케 하는 사례입니다. 두 번째 빵을 많게 하신 기적 이야기는 '자녀들의 빵'이 언젠가 지상의 모든 사람들의 양식이 되리라고 알리는 것입니다.

2. 말씀 공감

■ 가볍게 해 주소서

> **"제자들이 다가와 말하였다"**(마태 15,23).

저는 군복무 중에 사제가 되기로 결심했습니다. 제대하고 신학교 입학까지 약 8개월의 공백기를 저는 동양철학, 독서, 그리고 수지침 공부로 보냈습니다.

수지침을 배울 때, 그 창시자 유태우 박사로부터 들은 말 가운데 지금도 기억나는 것이 있습니다.

"아이들은 열처리 기능이 아직 원활치 않아서, 곧잘 경기를 합니다. 이 때 검지손가락에 사혈을 해 주면 금세 진정됩니다. 하지만 꼭 명심할 것이 있습니다. 아이가 경기를 할 때는 아이보다도 먼저 엄마를 진정시켜야 합니다. 아이보다도 엄마가 더 놀라 숨넘어갈 노릇이니까요."

모르긴 몰라도 오늘 복음에서 예수님께 애걸복걸한 가나안 여인의 심정이 꼭 그랬을 겁니다. 그녀의 말에서 애간장 녹는 모정이 묻어납니다.

"다윗의 자손이신 주님, 저에게 자비를 베풀어 주십시오. 제 딸이 호되게 마귀가 들렸습니다"(마태 15,22).

하지만 예수님께서는 그 부인의 애절한 외침에 의외의 반응을 보이십니다. 묵묵부답, 곧 그 여인의 간청을 들은 체도 하지 않으신 것입니다. 이러한 예수님의 반응에 다급해진 것은 제자들이었습니다.

이에 제자들은 예수님께 진언합니다.

"저 여자를 돌려보내십시오. 우리 뒤에서 소리 지르고 있습니다"(마태 15,23).

막무가내로 소리 지르는 여인을 돌려보내려면, 그녀의 청을 들어주어야 합니다. "시끄러우니, 그만 소란을 피우고 돌아가세요!"라고 정중히 말한다고 들을 여자가 아닌 것입니다.

그러기에 제자들이 예수님께 개진한 "저 여자를 돌려보내십시오"라는 의견은 필경 이런 뜻이었을 것입니다.

"주님, 웬만하면 저 여자의 청을 들어주시면 어떨까요. 그 딸이 호되게 마귀 들렸다는데 딱하지 않습니까. 안 그러시면 저희 머물 곳까지 따라올 기세입니다."

이런 제자들의 성화에 예수님께서는 냉정하게 입장을 천명하십니다.

"나는 오직 이스라엘 집안의 길 잃은 양들에게 파견되었을 뿐이다"(마태 15,24).

이 말씀은 형식적으로는 제자들을 겨냥한 선 긋기였지만, 내용적으로는 여인을 향하고 있었습니다. 이 말씀이 계기가 되어 여인이 예수님께 다가와 개인적인 청원을 하였음에서 그것이 분명히 드러납니다.

이렇듯이 예수님의 말씀은 이중삼중의 의미를 지닙니다. 예수님의 말씀은 모든 시대 모든 부류의 사람을 겨냥하고 있는 것이기도 합니다.

이 말씀을 우리는 제자의 입장에서도 들을 수 있고, 여인의 입장에서도 들을 수 있고, 또 2천 년 후 오늘을 사는 한 사람의 입장에서도 들을 수 있습니다.

어쨌든, 다시 원점으로 돌아가서 "제자들이 다가와 말하였다"는 말씀이 우리에게 시사하는 바를 새롭게 깨달을 줄 알아야 하겠습니다.

우리 역시 제자들처럼 우리 주변의 딱한 처지의 사람을 눈여겨보다가, 그를 교회로 데려온다든가, 그를 위해 대신 기도를 해줄 줄 알아야 하겠습니다. 우리가 직접 도움을 줄 수는 없더라도 오늘 제자들의 역할처럼 그리 한다면, 그것으로 인해 한 영혼이 심각한 불행에서 구원받을 수도 있기 때문입니다.

■ 부끄러운 사랑이라도

> "주님, 그렇습니다. 그러나 강아지들도
> 주인의 상에서 떨어지는 부스러기는 먹습니다"(마태 15,27).

가나안 여인에게 예수님은 박정하게 대하셨습니다. 물론, 여인을 시험하기 위하여 그리하신 것이었습니다.

하지만, 당하는 쪽 입장에서는 그것이 시험인지 진정인지 알 길이 없습니다. 그러기에 일단 상처가 됩니다. 서럽고, 서운하고 야속하기만 한 것이 인지상정입니다.

이제는 정말 실망하면서 무거운 발걸음을 돌려야 할 때인지도 모릅니다. 그러나 여인은 물러서지 않습니다.

딸에 대한 사랑 때문에 그렇습니다. 그 사랑이 여인으로 하여금 막무가내 기도꾼으로 만들었습니다. 여인은 집요하게 예수님의 말꼬리를 잡고 청원합니다.

"주님, 그렇습니다. 그러나 강아지들도 주인의 상에서 떨어지는 부스러기는 먹습니다"(마태 15,27).

사람들 사이의 줄다리기에 강아지들까지 동원한 이 청원에는 여인의 절박함이 묻어납니다. 호되게 마귀 들린 딸에 대한 안타까움에서 생겨난 절박함 말입니다. 이쯤 되면 예수님께서도 더 이상 원칙을 고수하실 수 없는 지경입니다. 이 애타는 모성애를 누가 거절할 수 있겠습니까.

마침내 예수님의 입술에서 저 유명한 찬사와 선언이 발설됩니다.

"'아, 여인아! 네 믿음이 참으로 크구나. 네가 바라는 대로 될 것이다.' 바로 그 시간에 그 여자의 딸이 나았다"(마태 15,28).

그리고 그 순간 여인의 딸은 치유를 받았습니다.

네 믿음이 참으로 크구나!

예수님의 이 탄복은 그대로 사실입니다. 여인의 믿음은 과연 컸습니다.

여기서 우리는 한 걸음 더 나아갈 필요가 있습니다.

만일 딸에 대한 사랑이 없었다면 이 여인이 그만큼 큰 믿음을 드러낼 수 있었을까?

아마도 아니었을 것입니다. 그러기에 여인은 믿음이 크기 이전에 사랑이 컸다고 말해도 무방하겠습니다.

이렇게 본다면, 우리가 기도를 절박하게 하지 못하는 것은 믿음이 적어서가 아니라 사랑이 모자라서라고 말할 수 있겠습니다.

우리가 나 자신을 위해 간절히 기도하지 못하는 것은, 아직 자신을 덜 사랑하기 때문입니다.

우리가 우리 가족들, 피붙이들을 위해 애타게 기도하지 못하는 것은, 그들을 향한 사랑이 많이 부족하기 때문입니다.

우리가 우리 민족의 통일을 위해 한마음으로 기도하지 못하는 것은, 북녘 동포를 위해 눈물을 흘릴 만큼 사랑이 없기 때문입니다.

우리가 땅끝까지 복음이 전해지도록 열렬하게 기도하지 못하는 것은, 구원받지 못한 이들을 향한 연민이 지극하지 못하기 때문입니다.

우리가 아버지의 뜻이 하늘에서와 같이 땅에서도 이루어지기를 통절히 청하지 못하는 것은, 천주 성삼에 대한 사랑이 일천하기 때문입니다.

■ 장하구나

> **"아, 여인아! 네 믿음이 참으로 크구나"**(마태 15,28).

저는 몇 달 전 색다른 인연과 조우했습니다. 생면부지 인연에게 선뜻 간 이식을 해 준 사람, 어떤 바람이나 목적이 있어서가 아니라 그저 같은 민족, 절박한 이웃이었기에 모른 척할 수 없었다는 사람. 바로 2007년 월남한 새터민 배○○ 형제입니다.

언론에서도 크게 주목했던 그의 사연이, 월간 『참 소중한 당신』 2011년 8월 호에도 실리게 되었습니다. 저와의 인연은 또 어찌 된 연유인지,

인터뷰 한 대목을 복음 묵상 가족들과도 나눠봅니다.

"'새터민들의 쉼터'라는 사이트에 홍 모 누나가 쓴 '지푸라기라도 잡는 심정으로 글을 올립니다'라는 글을 보고 마음이 아팠어요. 위로해 주려고 전화를 했지요. 그때만 해도 수혈을 해 주면 낫는 것으로 알았어요. 누나가 입원해 있는 순천향대학교 부천 병원에 찾아갔다가, 간 이식을 받아야만 살 수 있다는 말을 들었어요. 그래서 그 자리에서 제가 해 주겠다고 했죠. 그런데 믿지 않는 거예요."

그는 얼른 간 이식을 해 주기 위해 순천향대학교 병원에 서류를 넣었지만 부결되었다. 장기 이식 관리 센터가 장기 매매의 개연성이 있다며 서류 보완을 요구했기 때문이다. 그는 장기 매매라는 게 있다는 것을 그때 처음 알았다. 사람을 살리고 보자는 좋은 의도였는데 의심을 받으니 얼떨떨했다고. 그와 홍○○ 자매가 가족이나 가까운 사이임을 증명할 수 있는 사진이나 자료가 있어야 했지만, 생면부지인데 있을 턱이 없었다. '북한 이탈 주민 지원 재단'에 도와달라고 서류를 보냈으나, 그가 한국에서의 보호 기간인 5년이 안 된 상태라 거절당했다. 하지만 하느님은 결코 그들을 버리지 않으셨다. 그들의 아름다운 이야기가 차동엽 신부 귀에 들어갔고, 차 신부는 그들을 위해 기꺼이 보증을 서 주었다. 또한 새터민 70명과 그가 다니는 회사 사장과 부장도 보증을 서 줘 수술할 수 있게 되었다.

"차동엽 신부님도 건강이 안 좋다는 말을 들었습니다. 그런데도 그렇게 열심히 사시고, 저희까지 걱정해 주시니 얼마나 감사한지 모르겠습니다. 참으로 대단한 분이라고 생각합니다. 회사에서도 저를 배려해 3개월 동안 병가를 줬어요. 신부님과 주위 분들 덕분에 6월 13

일에 무사히 수술을 했습니다. 수술 후 걸어 다니는 누나를 보니 제 마음도 가볍고 기쁩니다. […] 누나가 고맙다며 꼭 보답하겠다고 하지만, 저는 그런 거 필요 없어요. 그냥 누나가 잘 살면 좋겠어요."

이렇듯 쉽지 않은 결정과 행동으로 우리에게 훈훈한 감동을 안겨준 배 형제. 그렇다면 그의 이런 위대한 사랑의 발로는 무엇이었을까요? 그것이 궁금하여 물었더니 그는 이렇게 말했습니다.

사실, 하느님에 대해서 잘은 모르지만, 하느님이 있다는 건 믿어요. 북한에서는 하느님은 나쁜 거였어요. '세상에 하느님이란 존재는 없다' 그랬거든요. 그래서 생각조차 못했었는데, 신기하게 힘들 때마다 뜻하지 않게 제가 하느님을 찾고 있는 거예요.

'하느님, 저 좀 도와주세요'라고요.

제가 북한에서 탈출하고 다시 붙잡혔다 나올 때도, 태국에서 숨어 다닐 때도, 항상 하느님을 찾게 됐어요. 이건 우연이 아닌 것 같아요.

그러다 본격적으로 하느님을 알게 된 건 태국에서였어요. 그때 태국 정부에 반란이 일어나서 저희 기수부터 한국에 들어가는 걸 막았어요. 일주일 정도 단체로 단식하며 함께 기도를 계속했지요. 한국에 꼭 보내 달라고 말이에요.

결국 일이 잘 해결되어 한국에 왔지만, 와서도 여러 가지로 굉장히 힘들었어요. 남한 사회에 대해서 잘 모르고, 생활 자체도 다르고, 직장 구할 때도 그렇고 모든 게 다 힘들었어요. 그럴 때마다 기도를 많이 했어요.

지금은 인간관계도 조금씩 좋아지고 있고, 이 역시 제 기도가 통했

다고 생각해요. 기회가 되면 신학 공부를 해서 하느님과 천주교에 대해 더 잘 알고 싶어요.[80]

아직은 여건이 허락되지 않아 주일을 꼬박꼬박 지키기 어렵다는 그이지만, 그를 직접 만나보기도 한 저는 확신할 수 있었습니다. 그 형제의 믿음이 어떤 신앙인에도 뒤지지 않을 만큼 크고, 깊고, 순수하다는 것을.

"아, 여인아! 네 믿음이 참으로 크구나"(마태 15,28).

오늘 복음에서 예수님의 저 말씀이 배 형제에게는 물론, 여러분에게도 그대로 해당되는 칭찬이기를 바라봅니다.

함께 기도하시겠습니다.

주님, 그때 그 제자들처럼, 딸 아이 때문에 노심초사하는 여인의 눈물을 대신 아뢰오니, 그녀의 딱한 사정을 헤아려 주소서.

주님, 그때 그 제자들처럼, 한 가정의 생계를 짊어지고 비틀거리는 이 시대 아버지들의 고충을 대변하오니, 그 가장의 짐을 가볍게 해 주소서.

주님, 그때 그 제자들처럼, 거리에서 창피도 모르고 울부짖는 이 시대 실패자들의 통고를 안타까워하오니, 그들의 절망을 치유해 주소서.

우리 주 예수 그리스도를 통하여 비나이다. 아멘!

연중 제21주일: 마태 16,13-20

주님을 향한 고백

"스승님은 살아 계신 하느님의 아드님 그리스도이십니다"(마태 16,16).

1. 말씀의 숲

오늘 복음 말씀은 지난 성 베드로와 성 바오로 사도 대축일에 들었던 말씀입니다. 여기서 우리는 예수님께 대한 베드로의 신앙고백과 그로 인하여 베드로가 예수님께 하늘 나라의 열쇠를 받는 내용을 듣습니다.

마산교구에서 병원 사목을 하시던 최경식 야고보 신부님 글에 이런 내용이 있습니다.

> "몸이 건강할 땐 하느님 모르고 살다가 이렇게 몸이 아파 하느님 찾으니 정말 죄송합니다. 하느님이 벌주신 것 같아요." 이런 고백을 자주 듣습니다. "하느님은 자매님이 성당 안 다닌다고 벌주시는 그런 쫀쫀한 분이 결코 아닙니다. 하느님은 자매님을 무척 기다렸을 겁니다. 자매님의 아픈 몸이 하느님을 다시 찾도록 도와준 겁니다. 기쁘게 신앙생활 다시 하도록 합시다." 하고 다독거립니다.
>
> 병원에서 처음으로 제게 세례를 받은 분이 계십니다. 그분은 전직 의사셨는데, 부인, 아들, 며느리 가족 모두가 신자였고 그분만 신자가 아니었습니다. "나만 정직하게 살면 되지 믿음이 무슨 필요 있어. 내

병 내가 고치면 되지, 하느님 믿어서 뭐해." 이렇게 '내가 난데'라는 분이셨지요. 그런데 덜컥 생각지도 않은 암에 걸려 투병생활을 시작했습니다. 몸은 점점 야위어져 가고 신경질은 늘어가고 고함치는 횟수도 많아졌습니다. 고통스런 나날들이 계속되는 어느 날 그분이 제게 고백했습니다. "신부님, 이렇게 고통스러울 줄 몰랐습니다. 평생 의사로 살아왔는데, 아픈 사람 진단하며 살았는데, 이렇게 아픈 것인지 몰랐습니다. 그동안 너무 교만하게 하느님 외면하며 살았습니다. 이제 하느님 믿고 하느님 품 안에 살고 있습니다." 그분은 성실하게 세례 준비를 하셨고 하느님 자녀로 다시 태어났습니다. 그리고 얼마 후 하느님 품 안으로 돌아가셨습니다.[81]

많은 이가 예수님을 우리 삶의 구세주로 받아들이는데 오랜 시간이 걸리곤 합니다. 하지만 그들이 예수님을 우리 삶의 주님으로 받아들이게 되면, 주님 안에서 안식과 평화를 누리게 됩니다. 그러하기에 우리는 조금이라도 젊을 때에 예수님을 구세주로 받아 모시는 것이 이득입니다.

그런데 종종 우리는 자기 자녀의 신앙에 대하여 다음과 같이 말하는 신앙인들을 만나게 됩니다. "우리 아이들은 나중에 자라서 스스로 결정할 수 있도록 해줄 거예요." 그런데 사실 이런 분들은 신앙생활을 하지만 아직 예수님을 인격적으로 만나지 못한 분들입니다. 만일 우리가 확실하게 예수님을 만나게 된다면, 우리 아이들이 나중에 선택하도록 내버려두지 못할 것입니다.

부모님들이 그리스도 신앙에 대하여 확실히 좋은 것임을 알았다면 "네가 나중에 알아서 선택해라"라고 말할 수 있겠습니까? 한 가지 예로 아이가 감기에 걸렸다면 부모가 자식에게 "감기약은 네가 먹고 싶으면 먹고, 먹기 싫으면 먹지 말아라"라고 말할 수 있겠습니까? 분명히 부모 입장에서는 아이 입을 벌려서 강제로라도 먹일 것입니다. 이처럼 신앙이 좋다는 것을 아는 부모들은 아이들에게 강제로라도 신앙을 전해줄 수 있는 것입니다.

오늘 우리가 들은 대목은 예수님의 공생활 중반기에 이루어진 내용입니다. 오늘 우리가 들은 복음 말씀, 곧 베드로의 카이사리아 고백은 두 부분으로 나눕니다.

첫째, 예수님과 제자들의 나눔, 그리고 베드로의 고백(마태 16,13-16 참조)

둘째, 예수님의 베드로에 관계된 응답(마태 16,17-19 참조)

2. 말씀 공감

■ 아직도 예수님을 믿습니까?

> **"사람의 아들을 누구라고들 하느냐?"**(마태 16,13)

미국의 어느 무신론자가 이웃집에 사는 가톨릭 신자를 방문했습니다. 이웃집 신자는 제2차 세계대전에서 중상을 입었고 그로 인해 날마다 심한 고통을 겪고 있었습니다. 무신론자는 그 모습을 비아냥거리며 말했습니다. "당신은 왜 아직까지도 하느님을 믿고 있습니까? 보십시오. 당신은 여전히 고통과 시름에서 벗어나지 못하고 있습니다. 그것은 당신이 그토록 열렬히 믿고 있는 하느님의 무력함을 말해주는 것이 아닙니까?"

그러자 신자가 대답했습니다.

"제가 육체적으로 고통받고 있는 것은 분명합니다. 하지만 저는 이 고통을 통해서 비로소 하느님과 가까워질 수 있었습니다. 그분은 저의 육체적 고통을 극복할 힘과 용기가 되어주십니다."

그리고는 잠시 숨을 돌리더니 말을 이었습니다.

"만일 하느님이 계시지 않았다면 전 이미 절망 속에서 신음하고 있었을 것입니다. 그러나 보시는 바대로 제가 이렇게 살아갈 수 있는 힘을 얻고, 또 내세에 대한 희망을 가질 수 있는 것은 오직 하느님 때문에 가능한 일입니다."

세상의 이치로 보면, 지극히 고통스러운 상황에 처하게 될 때 그 고통을 내게 허락하신 하느님을 믿는 것은 어리석은 일일 수 있습니다. 하지만 참 신앙은 그럴 때 더 빛을 발합니다. 신앙은 그 고통을 이겨낼 힘을 주기 때문입니다.

이런 역설은 예수님에 관해서도 유효합니다. 요즈음과 같이 혼란스러운 정보가 난무하는 세상에서 들을법한 질문은 "아직도 예수님을 믿습니까?"일 것입니다.

2007년 6월 29일부터 7월 13일까지 SBS에서 총 4부작으로 〈신의 길 인간의 길〉이라는 다큐멘터리가 방영되었습니다. 그 방송에 대하여 한국기독교총연합(이하 한기총)은 헌법에 보장된 '종교의 자유'를 침해한다는 이유로 방송을 중지할 것을 요구하였습니다. 사실 〈신의 길 인간의 길〉 제1부 '예수는 신의 아들인가?'에서는 이미 다 빈치 코드에서 제기되었던 '예수는 한낱 인간일 따름이다'라는 내용을 방영했습니다. 비교종교학의 이론을 가져와 그리스도교가 다른 다신교의 상징들을 따왔다고 보도했던 것입니다. 아마 이 때문에 한기총에서는 그토록 강하게 반발을 하고 나섰을 것입니다.

그런데 이 프로를 보면서 예수님께서 질문하신 "너희는 나를 누구라고 하느냐?"에 대한 여러 대답이 나왔음을 알았습니다. 많은 사람들이 예수님을 각자 다르게 받아들인다는 것을 소개했기 때문입니다. 어떤 이들은 예수님을 역사적 인물이 아닌 허구의 인물로 받아들이기도 했습니다. 또 어떤 이들은 예수님이 역사적 인물임을 인정하지만, 단지 '지혜로운 사람'이었다고 말하기도 했습니다. 무슬림들은 예수님을 '뛰어난 선지자, 곧 예언자'로 받아들였습니다. 물론 그리스도인들은 예수님을 하느님의 아들로 받아들인다는 내용도 있었습니다.

그렇다면 지금 우리는 "너희는 나를 누구라고 하느냐?"라는 예수님의 물음에 어떤 대답을 드려야 하겠습니까?

당연히 "당신은 그리스도이십니다"라고 대답을 할 것입니다. 그러나 이 말은 단순히 우리가 들은 교리 지식이나 성경 말씀을 따라 하는 수준이 되어서는 안 됩니다. 그 대답은 우리의 신앙체험에서 우러나오는 대답이 되어야 하는 것입니다. "당신은 하느님의 아들이시며, 저의 주님, 구세주, 그리스도이십니다"라는 대답이 신앙체험에서 우러난 대답이라면 그 누가 옆에서 다른 주장을 편다 해도 우리는 그 주장에 흔들리지 않게 될 것입니다.

오늘 제자들은 예수님과 함께한 여정의 중간쯤에서 '중간고사'를 치렀습니다. 우리도 매일매일 주님의 '중간고사'에 충실히 준비해야 합니다. 그리고 주님께서 원하시는 대답을 드리기 위해서는 끊임없이 주님께 기도드리며 성경을 꾸준히 읽어야 합니다. 그렇게 될 때 우리는 주님의 사랑 안에 머무를 수 있고, 그 사랑을 우리 삶 안에서 체험하게 될 것입니다.

여러분도 언제나 주님께서 "너희는 나를 누구라고 하느냐?"라고 물으실 때 신앙에서 우러난 대답을 드릴 수 있기를 기원합니다. 아멘.

■ 빈손이지만 왕자처럼

> "스승님은 살아 계신 하느님의 아드님 그리스도이십니다"(마태 16,16).

영국의 정치가이자 군인으로, 청교도 혁명에서 크게 활약한 인물로 알려진 올리버 크롬웰Oliver Cromwell, 1599-1658 장군. 제가 쓴 신앙 입문서 『여기에 물이 있다』에 소개된 적이 있습니다마는 그는 작은 성경책을 늘 왼쪽 가슴에 품고 다녔습니다.[82] 그러다가 그는 어느 전쟁터에서 가슴에 총탄을 맞았는데 이 성경책이 방탄 역할을 하여 구사일생으로 살아나는 특은을 입기도 했습니다.

그랬던 그였지만 크롬웰 장군 역시도 나랏일이 하도 어렵고 답답해서, 한때 잠을 이루지 못하고 밤마다 기도하곤 했습니다.

이를 본 장군의 부관이 하루는 걱정되어 이렇게 말했다고 합니다.

"장군님! 기도하시는 것도 좋지만, 잠도 좀 주무시고 쉬셔야 하지 않겠습니까?"

그러자 크롬웰 장군은 크게 소리를 지르며 이렇게 말했습니다.

"이런 상황에서 어떻게 잠을 잘 수가 있단 말인가?"

그러자 부관은 뜻밖에도 빙그레 웃으면서 대답했습니다.

"장군님, 죄송합니다만, 한 말씀만 드리지요. 장군님은 하느님께서 온 세상을 다스리신다는 성경의 말씀을 믿으시는지요?"

크롬웰이 "믿는다"라고 대답하자, 부관이 이렇게 말했습니다.

"그렇다면, 그 하느님께 맡기시고 장군님은 편히 주무시지요."

이 한마디가 크롬웰 장군의 마음에 꽂혔습니다. 그리고 그 이후부터 비록 상황이 어렵고 힘들어도 두려워하지 않고 믿음으로 헤쳐나가 결국 승리의 주역이 되었습니다.

하지만, 크롬웰은 자신이 가장 사랑하던 맏아들을 그만 먼저 세상에서 떠나보내야 했습니다. 크롬웰은 크게 낙심했습니다. 그러던 중 크롬웰은 성경을 읽다가 필리피서 4장을 읽으면서 "나는 어떠한 처지에서도 만족하는 법을 배웠습니다. 나는 비천하게 살 줄도 알고 풍족하게 살 줄도 압니다"(필리 4,11-12)라는 말씀에 이르자, 속으로 이렇게 생각했습니다.

'나도 이런 비결을 배웠으면 얼마나 좋을까.'

그러면서 그는 계속 말씀을 읽어 내려갔습니다. 그런데 13절에 와서 "나에게 힘을 주시는 분 안에서 나는 모든 것을 할 수 있습니다"(필리 4,13)라는 말씀을 읽게 되자, 크롬웰은 갑자기 일어나서 기쁨에 넘쳐 이렇게 소리쳤습니다.

"바오로 사도의 그리스도는 바로 오늘날, 나의 그리스도가 아닌가!"

물론, 크롬웰은 이 깨달음과 함께 다시 절망을 딛고 의연한 믿음의 생활을 할 수 있었습니다. 그가 믿었던 예수님은 이제 바오로 사도가 체험한 예수 그리스도처럼 어떤 역경에서도 '힘주시는 분'이 되었던 것입니다.

"스승님은 살아 계신 하느님의 아드님 그리스도이십니다"(마태 16,16).

이 고백이 아직 나의 운명을 바꾸지 않았다면, 이는 아직 온전한 고백이 아닙니다.

이 고백이 여태 불가능을 모르는 능력으로 체험되지 않는다면, 이는 입술만의 고백일 뿐입니다.

이 고백을 했음에도 신앙이 여전히 부담스럽고 흥이 나지 않는다면, 이는 그리스도를 모르는 것과 진배없습니다.

■ 듣고 싶습니다

> ### "시몬 바르요나야, 너는 행복하다!" (마태 16,17)

그냥 평범하게 시몬이라 불렸던 사나이. 그의 아버지 이름은 요나, 그래서 그의 공식 이름은 '시몬 바르요나'입니다!

주님께서는 오늘 베드로 사도에게 이 이름을 일부러 불러주십니다. 이 이름을 부르는 순간, 주님으로부터 케파, 곧 베드로라는 이름을 받기 이전, 자신의 본래 출신 성분을 확인합니다.

'시몬 바르요나! 얼마나 반가운 이름이냐. 맞아, 우리 아버지 이름은 요나! 하느님의 사랑을 받은 자라는 뜻이라 했지. 비록 갈릴래아 토박이 어부이기는 했으나, 아버지는 심성이 선하셨어. 나는 그의 맏아들 시몬, 내게는 충실한 남동생 안드레아까지 있으니, 참 복 많은 놈이야. 우리는 타고난 어부, 입에 풀칠은 하고 살았으니 그만하면 남부러울 게 없었지.'

이렇게 문득 상념에 잠기려는 찰나, 주님의 권위로운 선언이 들려옵니다.

"너는 행복하다!" (마태16,17)

시몬 바르요나는 이 말씀의 의미를 순간적으로 알아차립니다.

'옳다구나! 방금 주님의 물음에 내가 '살아계신 하느님의 아드님 그리스도'라고 돌발 답변을 했던 것이 적중한 모양이로구나! 대-박. 그냥 떠오르는 단어들이 있어서 그렇게 말해봤는데, 맞았다구? 이건 은총의 횡재야.'

베드로에게 이런 직관이 떠오르는 동시에 주님의 설명이 들려옵니다.

"살과 피가 아니라 하늘에 계신 내 아버지께서 그것을 너에게 알려

주셨기 때문이다"(마태16,17).

아마도 베드로가 자신의 천재적인 머리를 과신하고 있었다면 이런 유혹에 빠졌을지도 모릅니다.

'어, 그거 내가 생각해 낸 건데. 그동안 주님의 언행을 면밀히 분석해서 내가 내린 결론인데.'

하지만 베드로에게는 주님의 부연 말씀이 외려 더 반가웠습니다.

'하늘에 계신 주님의 아버지께서 내게 알려주셨다구! 주 예수님만 나를 총애하시는 줄 알았더니, 하늘에 계신 성부께서도 나를 특별히 사랑해 주시다니, 이게 무슨 복이야.'

그리고 보니 시몬 바르요나라는 이름이 그 축복을 더 크게 느끼도록 이전의 자신과 지금의 자신을 대비시켜 주기에 충분했습니다.

'그래, 이전의 내 이름은 시몬 바르요나였지만, 지금은 케파 베드로야. 이전에는 물고기를 잡는 어부였지만, 지금은 사람을 낚는 어부가 되라는 부르심에 발탁되어 한창 수업 중이지. 그리고 주님께서 12제자 가운데에서도, 4인방, 3인방에 나를 줄곧 포함시켜 주시는 것을 보면, 참 갈릴래아 촌놈 개천에서 용 난 격이지. 예수님 제자로 따라 나선 이후 계속 놀라운 일의 연속이니 말이야.'

은혜를 알아보고 감사드릴 줄 아는 사람에게 더 큰 은혜가 내리는 줄 베드로 사도인들 알았을까요. 알다시피 주 예수님께서는 이 축복으로 성에 안 차셨던지 이어서 하늘 나라의 열쇠를 그에게 맡기는 장엄한 선언까지 해 주십니다.

추억의 이름 "시몬 바르요나"에게서 우리는 우리의 지난날을 떠올릴 줄 알아야 하겠습니다. 자신의 과거, 누추하고 부끄러웠던 자연인 아무개의 모습을 여전히 기억하는 사람은 복된 사람입니다.

"너는 행복하다!" 시몬 바르요나가 들었던 이 선언 위로 우리가 현재 누리고 있는 은혜가 선명하게 떠오르는 것을 볼 줄 알아야 하겠습니다. 숨 쉬는 것, 먹고 사는 것, 기도할 수 있는 것, 복음을 듣고 전할 수 있는 것, 이런 것들이 얼마나 큰 은혜인지 실감하는 것은 복된 신앙입니다.

함께 기도하시겠습니다.

주님, 하늘에 계신 아버지께서 알려주시니, 본디 배운 것 없던 베드로가 돌연 슬기를 뽐내게 되었습니다.

주님, 하늘에 계신 아버지께서 알려주시니, 물질적 풍요에 탐닉하던 한 자매가 그 허무함을 깨닫고 점점 말씀에 의지한 신앙생활의 감사로움에 눈뜨게 되었습니다.

주님, 하늘에 계신 아버지께서 알려주시니, 지금 듣는 이 복음 말씀이 최상의 행복이요 축복임을 이 순간 깨닫습니다.

우리 주 예수 그리스도를 통하여 비나이다. 아멘!

연중 제22주일: 마태 16,21-27

주님을 따르는 길

"누구든지 내 뒤를 따라오려면, 자신을 버리고
제 십자가를 지고 나를 따라야 한다"(마태 16,24).

1. 말씀의 숲

프랭크 미할릭의 『느낌이 있는 이야기』라는 책에 "십자가가 큰 이유"
라는 이야기가 있습니다.

이렇게 생각해 보라. 그대가 누군가에게 부탁하되, 그 부탁이 사소
한 것이 아니라 상대방의 시간이나 에너지, 돈지갑이나 인내심을 요
구하는 어려운 부탁이라고 가정해 보라. 그대라면 길에서 우연히 만
난 사람에게 그 부탁을 하겠는가, 아니면 친한 친구들을 떠올리며 곰
곰이 생각해 보겠는가? 한 가지 분명한 사실은 그대가 마지막으로 누
군가를 떠올렸을 때 그 사람은 언제든지 그대가 가장 절친한 친구라
고 굳게 믿는 사람이라는 것이다. 그 이유는 무엇인가? 다른 사람들은
그대를 위해 기꺼이 그런 희생을 감수하리라고 그대가 생각하지 않기
때문이다. 그들은 그대를 그만큼 사랑하지 않는다는 것이다.

그렇다면 그대가 그 친구를 선택함으로써 그에게 해주는 것이 무
엇인가? 그대가 부탁함으로써 그 친구를 예우해 주는 것이다.

우리에게 특별한 십자가를 내리시는, 또는 내리시는 것처럼 보이는 하느님의 경우도 이와 같다.[83]

가끔 우리는 각자에게 주어진 십자가가 너무도 무겁다고 하소연할 때가 있습니다. 그럴 때마다 이 이야기에 나오는 것처럼 그 십자가의 무게만큼 하느님께서도 우리를 사랑하신다는 것을 느낄 수 있기를 바랍니다.

이제 오늘 복음 말씀에서는 예수님께서 하늘 나라의 복음 선포 때문에 유다의 최고 의회(산헤드린)와 로마 총독으로부터 박해를 받게 될 것을 드러나게 예고하고 계십니다(마태 16,21 참조). 예수님께서는 당신도 구약 성서에 묘사된 의인이나 예언자들, 그리고 이사야 예언자가 말했던 야훼의 종이 받을 멸시와 침 뱉음과 구타를 당하고 살해될 것이라고 예견하셨습니다(마태 23,34; 이사 50,6-7 참조).

이때 베드로가 고난받으시는 메시아의 모습을 거절한 탓에 예수님의 호된 꾸중을 듣게 됩니다. 이는 바로 직전에 하느님의 계시를 받아 예수님을 하느님의 아들 그리스도로 고백하고 칭찬을 들은 것과는 극에서 극을 달리는 대조였습니다. 예수님께서는 당신 교회의 토대로 세운 베드로가 하느님의 뜻을 받들기는커녕 사탄의 도구로 전락했다고 질책하셨던 것입니다.

이처럼 수난과 부활의 첫째 예고에 베드로와 예수님 사이의 대화는 예수님의 예고와 그 누구도 막을 수 없는 그분의 길, 그분의 결연한 의지를 드러냅니다.

이어 예수님께서는 제자직의 본질이 무엇인지 밝히십니다. 제자들은 십자가의 죽음을 당하려 예루살렘으로 올라가시는 예수님과 함께 죽을 각오를 함으로써 자기를 버려야 합니다(마태 16,24 참조). 이러한 제자직의 목적은 영원한 생명을 얻는 것입니다. 그것은 제 목숨을 찾으려는 사람은 잃을 것이고, 예수님 때문에 제 목숨을 잃는 사람은 얻게 될 것이라는 역설적인 원칙에 근거를 두고 있습니다. 제자들, 곧 그리스도를 믿는 이들은 결국 그분처럼 걸어가야 합니다. 그분처럼 살아가야 하는 것입니다.

2. 말씀 공감

■ 더 달콤한 기도로

> **"그러자 베드로가 예수님을 꼭 붙들고 반박하기 시작하였다"**(마태 16,22).

"스승님은 살아계신 하느님의 아드님 그리스도이십니다"(마태 16,16).

베드로의 용한 대답에 예수님께서 어떻게 칭찬하셨는지 지난 복음 묵상에서 짚어봤습니다.

대화는 이것으로 끝날 수가 없습니다. 예수님은 제자들을 둘러보시며 눈빛으로 물으십니다.

"그런데 말야, 그리스도의 직분은 어떤 것일까? 그리스도의 직분은 실제적으로 어떻게 완수되는 것일까? 세상 사람들을 진정으로 구원한다는 것은 어떤 것이며, 그것이 이루어지려면 어떤 일들이 이루어져야 하는 것일까?"

제자들에게는 각기 자신의 의견들이 없지 않았지만, 말할 용기를 내지 못합니다. 지혜의 짧음이 절감되어서입니다. 베드로라고 예외가 아닙니다. 이에 예수님께서는 뭉뚱그려 메시아의 그림을 그려주십니다.

"그동안 내가 무슨 말을 해 왔고 무엇을 행해 왔는지는 너희가 다 잘 알고 있다. 그것이 답이야. 가난한 이들에게 기쁜 소식이 들려지고, 죄인들이 용서받고, 절름발이가 걷고, 소경이 눈을 뜨고, 묶인 이들이 해방되고, 사람을 살리기 위해서라면 온갖 기적들이 행해졌지.

하지만 이 일들은 서곡에 지나지 않아. 아직 정작 중요한 일은 일어나지 않았어. 그것이 무슨 일이냐! 내가 예루살렘에 가게 되면, 그동안의 이 일들로 인해 내가 배척을 받게 돼. 원로들과 수석 사제들과 율법 학자들에게 많은 고난을 받고 죽임을 당하게 될 거야. 하지만 그게 끝이 아니야. 하늘에 계신 아버지께서 내가 당신의 뜻을 완수한 것을 확인하시고 사흗날에 되살려 주실 거야. 그런 일들이 마저 이루어져야 하는 거지."

이는 제자들에게는 얼른 이해가 가지 않는 말씀입니다. 아무리 수긍해 보려 해도 도저히 납득할 수 없는 대목에서 제자들 모두는 고개를 갸우뚱거릴 수밖에 없었을 성싶습니다.

'그렇게 훌륭한 일을 하셨으면, 그토록 선하게 마음을 쓰시고, 그토록 시원하게 우리네 존재의 원을 풀어주시고, 그토록 지혜로운 말씀으로 우리네 가려운 곳을 속속들이 긁어주셨으면, 상을 받아야 마땅하지 않은가. 그런데 되레 박해와 죽음이라니. 이건 모순이야. 이건 하느님의 지혜가 아니지. 그야말로 어리석음의 극치지.'

순간적으로 베드로의 불뚝 성질이 작동했습니다. 이번에는 베드로의 이름으로 나선 것이 아닙니다. 12사도의 대표, 수장으로서 책임감이 베드로로 하여금 앞장서게 했습니다.

"그러자 베드로가 예수님을 꼭 붙들고 반박하기 시작하였다"(마태 16,22).

반박은 논리적으로 따지고 드는 정도를 가리키지 않습니다. 예수님 손을 붙들고 가로막으며 다른 길을 고려해 주실 것을 종용했음을 가리킵니다.

"맙소사, 주님! 그런 일은 주님께 결코 일어나지 않을 것입니다"(마태 16,22).

이 말에는 자신들이 결사항전 의지가 표명되어 있습니다.

"설사 주님께서 용인하시더라도, 우리가 막습니다. 우리 열두 명이 목숨을 걸고 저항하여 그런 일이 일어나지 않도록 항거할 것입니다. 염려 마십시오. 우리 뒤에는 수천 수만의 군중이 있습니다. 그동안 주님께서는 가시는 곳마다 은혜를 베푸시어, 우리 편이 되어줄 선량한 군중을 구름 떼처럼 모으시지 않으셨습니까."

이렇게 베드로는 자신, 제자단, 그리고 대규모 추종세력을 믿었던 것입니다.

아마도 구원이 궁극적으로 권력으로 이루어질 것이라면 베드로가 옳았을지도 모릅니다. 구원이 힘의 사안이었다면, 베드로의 예측은 승산이 있었을지도 모릅니다.

그러나, 천만의 말씀. 예수님께 구원의 완성은 곧 사랑의 완성을 의미했습니다. 구원은 권세로 이루는 것이 아니라, 사랑의 완벽한 구현으로 이루어지는 것이라는 얘기죠.

완벽한 사랑의 구현, 그것은 끝내 자신의 살과 피까지 내어줌으로써 가능하다는 사실을 제자들이 이해하기에는 아직 턱없이 시기상조였습니다.

그러기에 예수님께서는 미리 언급해 두실뿐입니다. 반복해서 말씀하시다 보면, 제자들도 조금씩 깊이 숙고하기 시작할 터이고, 언젠가는 "아하, 그런 뜻이었구나!" 하고 알아들을 날이 오겠거니, 이런 희망으로요.

오늘 베드로처럼 노골적으로 반발하고 나서는 데에는, "사탄아, 내게서 물러가라. 너는 나에게 걸림돌이다."(마태 16,23)라고 말씀하시는 호된 꾸중이 제격이었을 테지요.

■ 십자가와 문제

> **"누구든지 내 뒤를 따라오려면, 자신을 버리고
> 제 십자가를 지고 나를 따라야 한다"(마태 16,24).**

"어유, 니가 내 십자가다."

"여보, 당신은 내가 평생 지고 가야 할 십자가여."

우리는 흔히 속 썩이는 자식이나 배우자에게 이렇게 말합니다. 그만큼 많은 이들이 가족문제를 십자가로 여긴다는 얘기입니다. 하지만 이는 십자가가 아니라 '문제'라는 것을 우리는 알아야 합니다.

우리는 또 어떤 어려움이나 난관을 만나게 될 때, "그게 내 십자가야"라고 말하곤 합니다. 하지만 이것 역시 '문제'일 뿐입니다.

그렇다면 무엇이 오늘 복음에서 예수님께서 언급하신 십자가일까요?

"누구든지 내 뒤를 따라오려면, 자신을 버리고 제 십자가를 지고 나를 따라야 한다"(마태 16,24).

여기서 말하는 십자가는 무엇을 의미하겠습니까? 문맥대로라면 십자가는 예수님 때문에 복음 때문에 신앙인이 겪어야 하는 불이익, 박해, 고통 등을 의미합니다. 예컨대, 직장에서 상관이 믿는 종교와 다르다는 이유로 그리스도인이 차별대우를 당하게 될 때, 그것이 바로 십자가라

할 수 있습니다. 또는 가족 안에서 종교의 차이로 다른 가족들로부터 박해를 받을 경우, 그런 것을 십자가라 할 수 있습니다.

어느 본당에 주임 신부로 있을 때의 일입니다. 가정 방문을 다니다가 냉담하고 있는 한 자매를 만났습니다. "이제 다시 성당 좀 나오시지 그래요" 했더니 자매가 태연자약하게 대답하는 것이었습니다.

"먼젓번 본당 신부님하고 합의 봤는데요."

"예? 무슨 합의를 봤나요?"

"시어머니 돌아가시면 나가기로요."

"그게 무슨 말씀이신지?"

"아, 예, 제가 먼젓번 본당 신부님께 여쭤봤거든요. 시어머니께서 불교를 열심히 다시셔서 제가 성당 다니는 것을 반대하시는데 어떻게 해야 하느냐구요. 그랬더니 '일단은 가정의 평화가 중요하니, 시어머님 돌아가시면 나오라'시는 거예요. 그래서 그러기로 했죠."

가정의 평화를 위해서 본인의 신앙을 접는 것, 이것이 과연 예수님의 뜻일까요? 아닙니다. 예수님께서는 이러한 상황을 염두에 두시고 자신이 "평화가 아니라 칼을 주러 왔다."(마태 10,34)고 하셨습니다. 이는 신앙과 평화가 상충할 경우 신앙을 택해야 한다는 논지였던 것입니다.

단지 시어머니와 종교적으로 분란을 만들고 싶지 않다는 생각 때문에 성당에 나오지 않는 것은 결국 자신의 십자가를 내려놓고 있는 셈이 됩니다. 진정 그 자매가 예수님의 말씀에 따라 십자가를 지기를 원했다면 종교 때문에 겪게 되는 어려움까지도 감수하고 신앙을 지켜야 했던 것입니다.

십자가는 우리가 피하려고 해도 피할 수 없는 것입니다. 또 십자가는 다른 누군가가 대신 져줄 수 있는 것도 아닙니다.

십자가는 우리가 일상에서 겪는 문제와는 다른 것입니다. 문제는 단순한 골칫거리이며, 피할 수도 있고, 극복해야만 하고, 해결해야 하는 사항들인 것입니다.

그러므로, 십자가는 기꺼이 받아들이고 짊어지되, 문제는 기도로써 해결 받고 은총 가운데 기쁘고 행복하게 살아가는 것이 우리 신앙인의 지혜입니다.

■ 육신이 누리는 영광은

> "사람이 온 세상을 얻고도 제 목숨을 잃으면 무슨 소용이 있겠느냐? 사람이 제 목숨을 무엇과 바꿀 수 있겠느냐?"(마태 16,26)

여름 휴가철이 되면, 신문 매체들은 여러 분야 전문가들이 꼽는 휴가철 권장 도서 목록을 실어 전합니다. 저는 평생 지혜의 사냥꾼으로서 부르심을 귀하게 여기기에 그런 목록들에 의도적으로 관심을 기울이는 편입니다. 독서의 추세와 신지식의 동향을 미리 알아두는 것은 미래사목연구소 소장직을 맡고 있는 저에게는 당연한 의무이기도 한 것입니다.

그러고 보니, 그간 저도 신문사들로부터 권장도서를 선정해 달라는 요청을 자주 받아왔습니다. 그때마다 저는 지금 거의 절판되다시피 한, 김홍섭 판사 저 『무상을 넘어서』(2000년)와 대만인 석학 오경웅 박사 저 『동서의 피안』(1961년)을 권하곤 했습니다.

신자들로부터는 '성경 가운데 어느 대목을 먼저 읽으면 좋겠느냐'는 질문을 곧잘 받습니다. 각자에게 맞는 것을 골라 주어야 하기에 똑같은 답변을 주지는 않습니다.

요즈음에는 대체로 '집회서'를 먼저 읽어보라고 권하는 편입니다.

제가 보기에 이 시대 신앙인들은 젊은이나, 어른이나, 노인이나, 특히 삶의 지혜에 목말라 있습니다. 개인적으로는 생존과 행복이, 가정적으로는 화목이, 사회적으로는 현명한 대인관계가 더욱 절실히 요구되기 때문입니다.

놀랍게도 구약의 집회서에는 이것들 모두를 만족시켜 주는 구체적인 슬기가 집결되어 있습니다.

오늘 예수님의 말씀 가운데 절정에 해당하는 "사람이 온 세상을 얻고도 제 목숨을 잃으면 무슨 소용이 있겠느냐? 사람이 제 목숨을 무엇과 바꿀 수 있겠느냐?"(마태 16,26)라는 물음에 대해서도 집회서는 참으로 공감 가는 통찰을 전합니다. 집회서 40장 1-5절이 전하는 깨달음은 이렇습니다.

> 어머니 배 속에서 나오는 날부터
> 만물의 어머니에게 돌아가는 날까지
> 모든 사람에게 몹시 힘든 일이 맡겨졌고
> 무거운 멍에가 아담의 아들들에게 지워졌다.
> 그들의 고민과 마음의 두려움
> 다가올 일에 대한 걱정, 그것은 바로 죽음의 날이다.
> 영광의 왕좌에 앉은 자부터
> 먼지와 재를 뒤집어쓴 비천한 자에 이르기까지,
> 자주색 옷을 입고 왕관을 쓴 자부터
> 누더기를 걸친 자에 이르기까지,
> [···] 죽음에 대한 두려움과 격노와 분쟁에 쌓여 있다(집회 40,1-5).

이렇듯이, 죽음에 대한 집착과 번뇌에서 빗겨갈 사람은 아무도 없습니다.

이 말씀 가운데 "영광의 왕좌에 앉은 자부터"와 "자주색 옷을 입고 왕관을 쓴 자부터"라는 표현이 오늘 예수님께서 깨우쳐주시고자 하는 바를 밝히 드러내 줍니다.

그러니 죽음이 허무해지지 않기 위한 방도를 궁리해야 할 것입니다.

죽음이 보람을 영글 수 있는 길은 없는지 그것을 집요하게 고뇌할 줄 알아야 합니다.

바로 그 궁리와 고뇌의 지평선에서 십자가의 의미가 드러날 것입니다.

함께 기도하시겠습니다.

주님, 지상의 권세는 거품임을 깨닫고, 소중한 목숨을 그것과 바꾸는 비극을 피하도록, 저희에게 지혜를 내리소서.

주님, 땅에서의 재물은 좀이 슬어 사라짐을 깨닫고, 그것을 팔아 영원한 생명을 사도록, 저희에게 슬기를 내리소서.

주님, 육신이 누리는 영광은 헛것임을 깨닫고, 천상적 영광을 기약해 주는 십자가의 길을 애써 걷도록, 저희의 명오를 열어주소서.

우리 주 예수 그리스도를 통하여 비나이다. 아멘!

연중 제23주일: 마태 18,15-20

내 이름으로 모인 곳에

"너희 가운데 두 사람이 이 땅에서 마음을 모아 무엇이든 청하면,
하늘에 계신 내 아버지께서 이루어 주실 것이다"(마태 18,19).

1. 말씀의 숲

아메리카 인디언들 사이에는 "어떤 말을 만 번 이상 되풀이하면 반드시 미래에 그 일이 이루어진다."는 속담이 있습니다.

그런데, 미국의 심리학자인 셰드 헴스테더 박사는 우리 인간은 하루에 5-6만 가지의 생각을 하고 그 많은 생각 중에 75%는 부정적인 생각이고 25%는 긍정적인 생각이라고 주장합니다.

인간의 생각은 관리하지 않고 가만히 놓아두면 누구나 부정적인 방향으로 기울 수밖에 없고 부정적인 말을 할 수밖에 없다는 것입니다.

사람들은 부정적인 말을 오래 할 수 있지만, 긍정적인 말은 오래 하지 못합니다. 긍정적인 말을 하는 것은 곧 지루해하고 힘들어합니다. 그래서 긍정적인 말을 하려면 부단히 노력해야 합니다.[84]

습관적으로 하는 말이 자신의 운명을 결정합니다. 늘 못한다고 말하면 그 말의 그물에 걸려 결국 실패하게 됩니다. 왜냐하면, 죽고 사는 권세가 혀에 있기 때문입니다.

오늘 예수님께서는 제자들에게 말씀하셨습니다.

"내가 진실로 너희에게 말한다. 너희가 무엇이든 땅에서 매면 하늘에서도 매일 것이고, 너희가 무엇이든지 땅에서 풀면 하늘에서도 풀릴 것이다"(마태 18,18).

오늘 복음 말씀은 공동체의 일원이 죄를 짓게 되면 공동체가 이를 어떻게 지혜롭게 대처해야 할지를 가르쳐 주고 있습니다.

오늘 복음은 두 부분으로 되어 있습니다. 첫째 부분(마태 18,15-18 참조)에서는 공동체 안에서 누가 죄를 지을 경우에 어떻게 해야 하느냐는 문제를 다루고 있습니다. 둘째 부분(마태 18,19-20 참조)에서는 공동체의 기도에 관한 예수님의 약속이 나옵니다.

첫째 단락에서 예수님께서는 누가 교회 공동체 안에서 걸려 넘어지게 하는 죄를 지으면 그가 회개하도록 네 단계의 조치를 취하라고 지시하셨습니다.

첫째 단계로 개인적으로 찾아가 그에게 잘못을 지적하여 고쳐주라는 것입니다(마태 18,15 참조). 둘째 단계로 두세 사람이 그에게 잘못을 고치도록 권고하라는 것입니다(마태 18,16 참조). 셋째 단계로 잘못을 저지르는 형제나 자매가 두세 사람의 말도 듣지 않으면 지역 교회에 알리라는 것입니다(마태 18,17 참조). 그리고 이 마지막 조치인 교회의 말도 듣지 않으면 그를 이방인이나 세리, 즉 죄인으로 간주하라(마태 18,17 참조)는 것입니다.

다음으로 둘째 단락에서 예수님께서는 둘이나 셋이 모여 기도할 것을 권하십니다. 이는 좁게 보면 죄를 지은 형제의 회개를 위해서이지만 넓게 볼 때는 '무엇이든지' 청하기 위해 기도하라는 권고로 알아들을 수 있습니다. 기억할 것은 이런 기도를 주님께서 반드시 들어주신다는 사실입니다.

2. 말씀 공감

■ 합당한 보속을

> "네 형제가 너에게 죄를 짓거든, 가서 단 둘이 만나 그를 타일러라.
> 그가 네 말을 들으면 네가 그 형제를 얻은 것이다"(마태 18,15).

저는 개인적으로 한국인임을 매우 자랑스럽게 여기고 있습니다.

특히 종교인의 관점에서 한민족 고유의 신선사상, 하느님 공경, 백의민족으로서 정체성, 동방예의지국의 가치 지향 등에 미련스런 자긍심을 견지하고 있습니다. 특히 옛적의 얘기지만 공자도 칭송을 아끼지 않았다던 동이족의 영적 기상을 대물림하면서 삼강오륜에 관한 한 중국과 일본을 능가하던 지난날 우리의 정신유산을 매우 귀하게 여기고 있습니다.

이를 기반으로 한민족을 가히 동방의 이스라엘이라 불러 무방하다고 주장하며 훗날 이 주장이 반드시 성취될 것을 믿는 입장입니다.

하지만, 호사다마라는 말이 있듯이, 위대한 부르심이 있는 곳에는 사탄의 유혹도 만만치 않습니다. 이 한반도의 정신적 영적 상서로움을 역행하는 현상들이 도처에서 난무하고 있는 것입니다.

그 가운데 하나가 인터넷 SNS를 심각하게 오염시키고 있는 저열한 신상털기 문화라고 여겨집니다.

정치, 사회, 문화, 연예, 스포츠 등 분야를 가리지 않고 자신의 기호 내지 호불호에 따라 그에 반하는 개인에 대하여 집단적인 악플을 달아대는 야만스런 행태!

이로 인해 너무도 많은 선량한 희생자들이 속수무책으로 치명상을 입거나 인격살해 당하기 일쑤입니다.

이는 귀하고 귀한 인격의 권리를 짓밟는 이기적이고 동물적이며 잔인한 마녀사냥입니다.

가해자는 '익명'의 방패막이 뒤에 숨어버리고 피해자는 백주 여론의 광장에 발가벗겨버려지고, 그리고 사실과 거리가 먼, 조작, 과장, 왜곡, 심지어 가공까지 더해져서, 소명이나 변론의 기회마저 박탈당한 채 일방적으로 당해야 하는 불의!

이런 불의가 공공연히 정의의 이름으로 자행되는 것이 오늘의 실태입니다.

이런 인민재판놀음은 아무리 정의로운 절차를 밟았어도, 비성경적이고 비복음적인 처사입니다.

주님께서는 단 한 사람의 생명과 인격이라도 귀하게 여기십니다. 그러기에 남을 판단하고 재판하는 일에는 신중에 신중을 기할 것을 권하십니다. 아예 금하시기까지 하십니다.

"남을 심판하지 마라. […] 남을 단죄하지 마라"(루카 6,37).

이렇게 엄하게 금지하시는 데는 다 까닭이 있습니다.

아무리 겉으로 잘못한 것처럼 보여도, 그 사람의 속사정을 환히 아시는 분은 오직 주님뿐이시기 때문입니다.

그러므로 소송 건에 대해서도 합법적으로 그것을 취급할 권리를 획득한 직업군은 직무상 할 수 없다 하더라도, 직무권자가 아니면 한 발 뒤로 물러설 줄 알아야 합니다.

이런 일에는 연루되지도, 동의하지도 말아야 할 것이며, 휘둘리지도, 영향 받지도 말아야 합니다.

오늘 복음 말씀에서 주님께서는 준엄하게 이르십니다.

"네 형제가 너에게 죄를 짓거든, 가서 단 둘이 만나 그를 타일러라. 그가 네 말을 들으면 네가 그 형제를 얻은 것이다"(마태 18,15).

남의 허물을 감싸주고, 남의 프라이버시를 존중하는 배려의 마음!

이것이 오죽 중요했으면 주님께서는 이렇게 말씀하고 계실까요.

어떤 형제가 명명백백하게 나에게 죄를 지은 경우. 이런 때는 비난의 명분도 뚜렷합니다. 하지만 주님께서는 "단 둘이 만나 그를 타일러라"라고 권하십니다. 죄지은 당사자에게 회개의 기회를 주라는 것입니다. 그래서 그가 말을 들으면 그 형제를 구한 셈이 됩니다.

그래도 그가 말을 듣지 않으면, 한두 사람 더 데리고 가서 조용히 설득하라는 것입니다. 최악의 경우에 공동체 제명의 절차를 밟으라는 얘기! 이는 말 그대로 마지막 수단입니다.

이렇게 섬세하게 접근해야 하는 것이 사람의 일입니다.

너무도 거칠고, 추측과 음해를 일삼는 오늘 우리에게 근본적인 반성을 촉구하는 예지의 말씀이라 하겠습니다.

■ 특별히 사랑하시는

> "너희 가운데 두 사람이 이 땅에서 마음을 모아 무엇이든 청하면, 하늘에 계신 내 아버지께서 이루어 주실 것이다"(마태 18,19).

전후 문맥상 이 말씀은 죄인의 회개 내지 공동체 내 화해를 지향하며 두세 사람이 합심하여 바치는 기도를 독려하는 권고입니다. 물론 기도에 동참하는 인원의 숫자가 많을수록 더 좋을 것입니다. 그럼에도 하필 "두 사람"이라고 명시하신 까닭은 기도에서 중요한 것은 양보다는 질임을 강조하시기 위함이라고 보입니다.

놓치지 말아야 할 것은 주님께서 문맥에 매이지 않으시고 "무엇이든 청하면" 들어주신다고 강조하시고 계시다는 사실입니다.

요지는 너무도 간명합니다.

"무엇이 되었든 하느님의 도움이 필요할 시에는 두세 사람이라도 마음을 합하여 청하라! 반드시 이루어진다."

저는 이 말씀을 곧이곧대로 믿으며 살아왔습니다. 아무리 작은 사안이라도 주변의 신자들과 합심하여 청하는 것을 잊지 않았습니다. 그리고 신자들에게 그렇게 권해왔습니다.

물론, 주님께서는 매번 응답을 주셨습니다. 매번 주셨기 때문에 그 가운데 하나를 꼽는 것도 무의미합니다.

다만, 그 응답이 어느 경우는 곧바로, 다른 경우는 뜸을 들이면서 오더라는 것이 식별을 요하는 대목입니다.

돌이켜 보면, 제가 본격적으로 둘이 합심하여 기도하기 시작했던 것은 비엔나 교구 신학교에서 유학할 때부터였던 것으로 기억됩니다.

그 시절 저는 같은 생활조 그룹에 속해 있던 한 학년 위 프란츠 샬이라는 신학생과 여차저차해서 영적으로 의기투합했습니다. 우리 둘은 시험이 있을 때마다 서로 기도로써 응원해주는 사이가 되었습니다. 서로 꼭 기도를 청하고, 합심하여 기도한 후, 기도 후에는 서로 강복을 해 주곤 했습니다.

이런 형태의 기도는 신학교 문화에서 특이한 것이었습니다. 신학생들은 주로 성무일도라는 형식적인 기도에도 충분히 시간과 공을 들여야 했기 때문에, 따로 이런 발상을 못하고 있었던 것이죠.

하지만, 무슨 은혜 덕이었는지 우리 둘이는 별도의 합심기도에 재미를 많이 붙였습니다. 당연히 시험 결과는 좋았습니다. 그냥 좋은 정도가 아니라 썩 좋았습니다. 시험 준비의 부족함에 비해 결과가 뚜렷하게 후했다는 얘기입니다.

그 친구는 지금 비엔나 교구 보좌 주교로 훌륭히 임무를 수행하고 있다고 전해 들었습니다.

그러므로 여러분께도 어떤 사안이 생기든 가족이나 신앙의 이웃을 모아 합심기도를 바쳐볼 것을 적극 권합니다. 아이들의 기도를 더 잘 들어 주시니, 어린아이의 고사리 손까지 동원하는 것도 기도의 지혜일 것입니다.

■ 실질적인 믿음

> **"두 사람이나 세 사람이라도 내 이름으로 모인 곳에는 나도 함께 있기 때문이다"**(마태 18,20).

예수님의 이 말씀은 공동체가 주님의 이름으로 모일 때 주님께서 우리와 함께 계시고, 공동체의 기도를 들어주시겠다는 약속입니다. 사실 예수님의 이 약속은 지금 이 시대에도 계속되고 있습니다. 제 주변에서 많은 분들이 공동체 기도의 효과를 알려주고 계시는데, 그 가운데 A 성당의 이 모니카 자매의 이야기를 소개합니다.

모니카 자매가 A동에 있는 아파트에 입주할 당시, 한참 재개발이 진행 중이라 어수선한 분위기였습니다. 그때 전업 주부였던 자매는 레지오에 입단해서 활동하였습니다. 그 당시 레지오 단장을 맡았던 분도 세례명이 똑같이 '모니카'였는데, 참으로 열심히 활동하는 분이었습니다.

모니카 자매가 속해 있던 지역에 외짝 교우가 열 가구 정도 있었습니다. 그런데 어느 날 레지오 단장이 그들을 위해서 기도를 해야겠다고 건의를 하였습니다. 다른 단원들은 고개를 절레절레 흔들며 그것은 소용없는 일이라고 한결같이 말했습니다. 그럼에도 레지오 단장은 저녁마다 그 가정들을 방문하고 기도를 하고, 심지어 일부러 음식을 만들어 외짝 교우 가정을 초대하여 이야기를 나누는 등 여러 방면으로 친목을 도모했습니다. 그와 동시에 낮에는 외짝 교우 자매들을 레지오에 입단시키고 남편들이 신앙을 갖게 해달라는 지향으로 9일기도를 시작하였습니다.

처음에는 남편들의 반응이 미지근했습니다. 그래도 단장은 포기하지 않고 그들을 설득시켰습니다. 부부가 함께 신앙생활을 하면 좋은 점, 그리고 주님께서 얼마나 좋으신 분인지를 열성을 가지고 설명해 준 것입니다. 그리고 남편들에게 미리 세례명까지 지어주기를 서슴지 않았습니다.

레지오 단체의 끊임없는 9일기도와 단장의 열성 때문인지, 외짝 교우 남편들의 마음이 서서히 열리기 시작했습니다. 그리고 결국에는 모든 외짝 교우 남편들이 세례를 받고 함께 신앙생활을 하게 되었다고 합니다.

모니카 자매가 속한 레지오 단체의 간구를 들어주신 주님께 찬양을 드립시다. 이처럼 주님께서는 당신의 이름으로 공동체가 청하는 것을 들어주십니다. 비록 그것이 불가능하고 어려워 보이는 일일지라도 주님께 의탁할 때 해결방법이 보입니다. 그와 더불어 공동체가 함께 모여 기도하게 되면, 서로 간의 결속력이 강해지는 보너스도 얻을 수 있습니다.

사실 저희 미래사목연구소도 아침에 출근하여 업무를 시작하기 전, 모든 직원들이 주님의 복음이 널리 퍼지기를 지향하며 9일기도로 하루 일과를 시작합니다. 그 결과 지금까지 많은 이들이 주일 복음 묵상을 통하여 은혜받았음을 알려주고, 무지개 원리를 통해 변화된 삶을 살아간다는 기쁜 소식을 전해주고 있습니다.

이 모든 일은 공동체가 주님의 이름으로 청하였기 때문에 이루어진 일입니다. 주님께서는 언제나 당신의 이름으로 모인 이들 안에 함께 하십니다. 우리는 그러한 주님을 믿고 어려운 일들을 그분께 내어 맡기는 실질적인 믿음을 지녀야 하겠습니다.

함께 기도하시겠습니다.

주님, 제가 혼자서 벅차할 때 제게 함께 기도할 형제자매를 주시니 감사드립니다.

주님, 저희가 합심하여 기도할 때 불가능도 가능으로 바꿔주시니 감사드립니다.

주님, 저희가 위기 때마다 합심하여 기도했을 때 반드시 응답해 주셨음을 다시 기억하며 찬미와 영광 올립니다.

우리 주 예수 그리스도를 통하여 비나이다. 아멘!

연중 제24주일: 마태 18,21-35

용서해 주어야 하는 빛

"일곱 번이 아니라 일흔일곱 번까지라도 용서해야 한다"(마태 18,22).

1. 말씀의 숲

믿음의 행하는 용서가 얼마나 위대한 것인지 폴란드의 신앙인들이 증거하였습니다.

1983년 교황 바오로 2세는 아직 철의 장막이 건재하고 계엄령 기간 중이었던 폴란드를 방문해서 거대한 옥외 미사를 집전했습니다. 교구별로 질서 있게 늘어선 구름 떼 같은 인파가 포니아토프스키 다리로 행진해 운동장 쪽으로 세차게 나아갔습니다. 다리 바로 앞에서 길은 공산당 중앙당사 앞을 정면으로 통과하게 돼 있었습니다. 건물을 지나는 동안 행진하는 무리는 몇 시간이고 계속 한 목소리로 "우리는 당신들을 용서한다. 우리는 당신들을 용서한다"고 제창했습니다.

몇 년 후, 설교를 통해 폴란드에 경종을 울려왔던 35세의 신부 제르지 포페일루스코가 두 눈이 뽑히고 손톱이 뜯긴 채 비스톨라 강에 떠 있는 것이 발견되었습니다. 이번에도 천주교 신도들은 거리로 나가 '우리는 용서한다. 우리는 용서한다'고 쓴 현수막을 들고 행진했습니다. 포페일루스코는 성당 앞 광장에 가득 모인 무리를 향해 주일마다 똑같은 메시지를 전하곤 했었습니다. "진리를 수호하시오. 선으로 악을 이기시오."

그가 죽은 후에도 신도들은 그의 말에 끝까지 순종했습니다. 결국 공산당 정부의 몰락을 가져온 것도 바로 이 무조건적인 용서의 정신이 었습니다. [85]

오늘 복음 말씀은 지난주 복음에 이어 '죄의 용서'에 관한 문제, 특별히 '나에게 잘못한 형제의 죄를 어떻게 처리해야 할지'에 관한 말씀이었습니다.

예수님은 오늘 이러한 문제에서 믿는 이들은 종래의 생각을 바꾸어야 한다는 것을 극명하게 가르쳐 주십니다. 생각을 바꿀 뿐만 아니라 발상 자체를 완전히 뒤집어야 한다는 것입니다. 즉, 누가 나에게 잘못했을 때 그가 나에게 빚을 진 사람으로서 나에게 용서를 청해야 하는 것이 아니라, 내가 그에게 용서해 주어야 하는 빚을 졌다는 것입니다. 그리고 내가 진 그 빚이 그야말로 무한하다는 것입니다.

예수님의 이러한 가르침을 듣는 이는 누구나 어안이 벙벙할 수밖에 없을 것입니다. 그래서 예수님께서는 당신을 믿는 이들이 왜 그렇게 용서의 빚을 진 사람인지를 '매정한 종의 비유'를 들어 밝혀주십니다.

어떤 종의 주인이 만 탈렌트라는 거액의 빚을 진 종을, 오직 그의 애원을 듣고서 전액 탕감해 주는 자비를 베풉니다. 그런데 그 종은 동료에게 백 데나리온이라는 소액의 빚을 받을 일에서 무자비하게 처신합니다. 보다 못한 다른 동료들이 이를 주인에게 일러바쳤고 주인은 노여움을 터뜨려 그 종을 붙잡아 형리에게 넘깁니다. 그리고 '마음으로부터 용서해야 한다'는 예수님 말씀으로 비유의 끝을 맺습니다.

2. 말씀 공감

■ 즐거이

"일곱 번까지 해야 합니까?"(마태 18,21)

소극적 사고와 적극적 사고!

부정적 태도와 긍정적 태도!

이 가운데 어느 것을 택하여 사느냐가 우리의 행복과 불행을 결정짓습니다. 이는 저의 지론 『무지개 원리』(2006년)의 핵심이기도 합니다.

흔하게 들어서 진부하게 느껴질 수도 있겠지만, 술꾼에게 들려진 반병의 술은 보는 관점에 따라서 정반대의 기분을 가져다줍니다.

"어, 반병이나 남았네. 히히!"

"어라, 반병밖에 안 남았네, 젠장!"

똑같은 사실에 정반대로 반응하는 일은 매일이고 주변에서 목격됩니다.

폭염이 기승을 부리던 날 45번 국도 휴게소에 물을 사러 들렀습니다. 에어컨을 켰지만 그 안도 더웠습니다. 인사차 "아저씨, 덥지 않으세요?" 하고 물었더니, 예상치 못했던 답변이 들려왔습니다.

"살 만하니까 더운 줄도 알고 추운 줄도 아는 거예요. 우리 어렸을 적에는 하도 사는 게 힘들어서 더운 줄도 추운 줄도 모르고 지냈지요."

나이 50쯤 되어 보이는 그 아저씨가 불쑥 던진 그 말은 제게 지혜의 여운을 남겼습니다. 곱씹을수록 슬기의 진액이 우러나옵니다.

"맞아, 지금 우리가 음식이 맛있네, 맛없네 하는 것도 다 살 만하다는 반증이지. 요즘 뉴스에 나오는 도처의 아우성들도 짚어보면 다 살만하다는 방증이지. 살만하면 감사해야 마땅한데 무슨 심사로 불평불만만

느는 것인고? 아이고 하늘 부끄러워 못 올려볼 노릇이네."

깊이 헤아려 보면 이 모든 마음 씀씀이의 부조리들이 소극적 사고와 부정적 태도의 소산이라고 볼 수 있습니다.

우리가 조금씩 적극적 사고와 긍정적 태도를 배워간다면, 어떤 악조건에서도 감사와 찬미가 불평불만을 몰아낼 것입니다.

오늘 베드로가 예수님께 던진 물음에는 일말의 소극적 사고가 웅크리고 있습니다.

"일곱 번까지 해야 합니까?"(마태 18,21)

베드로는 형제가 자신에게 죄를 지으면 몇 번이나 용서해 주어야 하는가를 물으면서 '일곱 번'이라는 숫자를 제시했습니다.

베드로는 통 큰 마음으로 물었습니다. 하지만 그의 통 큰 마음은 아직도 '소극적 사고'와 '부정적 태도'를 온전히 극복하지 못했습니다. 일곱이라는 숫자 역시 의무, 부담감, 억지로 등의 제한을 넘어서지 못하기 때문입니다.

이를 극복하기 위해서는 더 큰 파격이 필요합니다. 그러기에 주님께서는 이렇게 대답하셨습니다.

"내가 너에게 말한다. 일곱 번이 아니라 일흔일곱 번까지라도 용서해야 한다"(마태 18,22).

이는 사실상 '무한정으로 용서해야 한다'는 것을 나타냅니다.

일흔일곱 번까지라도!

이것이야말로 소극적 사고를 떨쳐버린 적극적 사고의 전형입니다.

이는 또한 부정적 태도를 청산한 긍정적 태도의 궁극입니다.

우리는 '용서하다'를 뜻하는 영어단어 'forgive'의 속뜻을 항상 상기할 줄 알아야 합니다. 'for'는 '위해서', 'give'는 '주다'를 뜻하니, 직역하면 '상대방을 위해서 그냥 주다', 시쳇말로 의역하면 '인심 쓰는 셈 치고 까짓 거 주어 버려!'가 됩니다.

■ 죄송합니다

> **"일곱 번이 아니라 일흔일곱 번까지라도 용서해야 한다"**(마태 18,22).

예수님께서 베드로에게 대답해 주신 저 말씀의 저의는, 단순히 "일흔일곱 번"이라는 용서의 '횟수'가 아닙니다. 그만큼의 무한정 용서, 곧 용서의 양이 아닌 용서의 질을 말씀하고 계신 것입니다.

사실 제아무리 인색한 사람이라도 그리스도인이라면 상대방의 잘못에 대해 '사람이니까 그럴 수 있지 뭐~' 하고 쿨~하게 넘어가 줄 수도 있겠지요. 하지만 그 잘못이 자꾸 반복된다면, 또는 감당하기에 아주 큰 것이라면 얘기가 달라집니다. 왠지 그냥 넘어가기에는 억울하기도 하고, 분하기도 하고, 속상하기도 할 테니 말입니다.

하지만 그렇게 '나만 바보 된 것' 같은 그때에도 주님은 우리에게 나직이 말씀하십니다.

"일곱 번이 아니라 일흔일곱 번까지라도 용서해야 한다"(마태 18,22).

'일흔일곱' 번이라는 숫자가 상징하는 용서의 양과 질은 사실상 '무제한'입니다. 결코 쉽지도 만만하지도 않은 일입니다. 하지만 우리 주변에는 자신의 위대한 용서로써 "용서, 그것은 가능합니다!"라며 우리를 격려해주는 사람들이 있습니다. 그 한 예를 들려드리자면 이렇습니다.

1882년 두 명의 남자를 죽음으로 몰고 간 '브라디'라는 사형수가 있었습니다. 그는 공공연하게 자신을 고발한 사람을 용서하지 않겠다고 말했습니다. 물론 자신도 죽어 마땅한 잘못을 저지르기는 했지만, 자신을 고발한 그 사람만큼은 용서할 수 없다는 것이었습니다.

그런데 사형 집행 전날, 한 수녀님이 그에게 면회 신청을 했습니다. 수녀님은 그를 만나 이렇게 이야기를 했습니다.

"브라디 씨, 나는 지금 어떤 사람을 몹시 미워하고 있습니다. 아무리 해도 용서할 마음이 생기지 않고, 신앙으로도 도무지 그를 이해할 자신이 없습니다."

"수녀에게도 그런 일이 있습니까?"

브라디는 수녀님 말에 관심을 보였고 이에 수녀님은 계속 말을 이어 나갔습니다.

"아무리 그를 용서해야겠다고 다짐해 봐도 도저히 안 됩니다. 아니 기회만 있다면 그를 불행하게 만들고픈 마음만 더해갑니다. 정말 어쩌면 좋겠습니까?"

수녀님의 절절한 물음에 브라디는 대견히도 이렇게 대답했습니다.

"안되지요. 용서하는 데는 까닭이 없지요. 그냥 마음을 풀어 버리면 되는 게 아닙니까?"

"그게 안 되니까 하는 말입니다. 그래서 신앙생활도 그만두어야 하지 않을까 하고 나는 심각하게 고민하고 있습니다."

"천만에, 그러지 마시오. 용서할 수 있도록 좀 더 힘쓰셔야죠!"

바로 그때 수녀님은 브라디의 손을 잡으면서, 떨리는 음성으로 이렇게 말했습니다.

"좋습니다. 나는 그날 뵈닉스 공원에서 한 남자를 죽인 당신을 용서하겠습니다. 그 죽은 남자는 바로 나의 오빠입니다."

그러자 순간 브라디는 큰 충격을 받았습니다. 한참 동안 눈을 감고 있던 그가 입을 열었습니다.

"수녀님, 정말 죄송합니다. 그리고 저를 용서해 주셔서 감사합니다. 저도 저를 고발한 사람을 지금 용서합니다. 이제는 마음이 후련합니다."

이렇게 신앙의 힘으로 용서를 배우고, 용서를 실천한 그는 평화 속에 자신의 남은 나날을 마칠 수 있었습니다.[86]

수녀님이 보여준 위대한 용서는 또 다른 용서를 낳았습니다. 한 영혼의 마음을 치유하였으며 결국 그를 구원하기까지 했습니다.

여러분, 지금 내게 잘못한 누군가를 미워할 시간보다, 몇 번째 용서인지를 따질 시간보다, 그를 이해하려는 마음을 가질 시간, 그를 위해 몇 번이고 기도할 시간을 가져봄이 어떨까요. 바로 그러한 작은 노력이 주님께서 우리에게 바라시는 것일 테니 말입니다.

■ 어렵지 않다

> "내가 너에게 자비를 베푼 것처럼 너도 네 동료에게
> 자비를 베풀었어야 하지 않느냐?"(마태 18,33)

예수님의 첫 번째 공식 이름은 '그리스도'이십니다.

두 번째 공식 이름은 아무래도 '스승'이 제격일 듯싶습니다. 가르치시는 일에도 많은 공을 들이셨기 때문입니다.

그런데 우리는 이 용어를 매우 조심스럽게 사용해야 합니다.

왜냐하면, 세상의 많은 종교 창시자들이 스스로를 '그리스도'라고 이름 붙이기는 머쓱하니까 '스승' 행세를 하기 때문입니다. 그러면서 술수를 씁니다. 은근슬쩍 예수님을 스승으로만 호칭하면서 마치 자신들이

예수님과 동격인 것처럼 그 옆에 빌붙는 것입니다.

"예수도 스승, 나도 스승, 스승이기는 그나 나나 매한가지지!"

정말 그럴까?

네, 이런 것이 사이비 종교 교주들의 실상입니다. 한때 저는 많은 비교종교 관련 자료를 종합하는 연구를 했었습니다. 그때 이런 교묘한 접근이 횡행하는 것을 보고서 개탄한 적이 있습니다. 이 연구결과를 저는 신학생들 교육에서도, 신자 재교육에서도 누차 강조하여 알려왔습니다.

이런 의미에서 저는 예수님께 '스승의 지존'이란 칭호를 붙이고 싶습니다. 스승으로서 예수님의 독보성은 언행의 일치에 있습니다. 예수님께서는 당신께서 가르치신 것을 액면 그대로 실행하셨고, 당신께서 실행하신 바를 명쾌하게 교훈하셨습니다.

무엇보다도 예수님은 사랑과 용서의 스승이셨습니다.

사랑과 용서에 관한 한 십자가 희생을 능가하는 가르침은 역사 이래 존재하지 않습니다.

가난하고 소외된 떠돌이 군중을 향한 무한 사랑과 용서! 이에 대한 반대자들의 응징이 곧 십자가 죽음이었습니다.

십자가에 달리신 자신을 능멸하면서 창으로 찌르는 적대자들! 그들을 위해 바치신 기도는 사랑과 용서의 극치였습니다.

미구에 펼쳐질 이런 위대한 자비의 현현을 앞두시고 오늘 주 예수님께서는 비유 속 주인의 입술을 빌려, 중요한 가르침을 내리십니다.

"내가 너에게 자비를 베푼 것처럼 너도 네 동료에게 자비를 베풀었어야 하지 않느냐?"(마태 18,33)

이 말씀에서 우리가 가슴에 새겨두어야 하는 자구는 "처럼"입니다.

"내가 너에게 자비를 베푼 것처럼."

"처럼"은 예수님께서 먼저 모범적으로 본보기를 보여주셨음을 전제로 합니다. 예수님께서는 이 사실적 전제에 기대시어 제자들에게 자비의 실천을 요구하십니다.

사실 예수님의 일생 자체가 자비 실천의 본보기였습니다.

병자를 고치심, 마귀를 쫓아내심, 죄인들과 함께 어울리심, 심지어 그들과 먹고 마시기를 함께 하심, 이것들은 하나같이 자비의 감동적인 모범이었습니다. 이제 얼마 안 있으면 이는 자신의 살과 피를 죄를 사하기 위한 희생 제물로 내어주시는 십자가 제사로 완성될 것입니다.

이런 예수님이시기에 제자들에게 힘주어 당신을 닮을 것을 권하신 것입니다.

"내가 너에게 자비를 베푼 것처럼, 너희도 그렇게 하라!"

이처럼 당당한 스승은 이전에도 없었고 이후에도 없을 것입니다.

오늘 예수님을 스승으로 모시고 사는 우리는 행복합니다.

나처럼만 해라.
그것으로 족하다.

본대로만 해라.
어렵지 않다.

시늉하듯 해라.
재미있다.

함께 기도하시겠습니다.

주님, 우리가 먼저 주님께로부터 무조건 용서받은 존재라는 사실만 깨닫고 살아도 못할 용서가 어디 있겠습니까.

주님, 우리가 우리를 영원한 죽음에로 이끌 죄의 짐에서 거저 탕감받은 사실만 잊지 않고 살아도, 더 이상 미움은 우리를 밤새 괴롭히지 못할 것입니다.

주님, 우리가 주님의 십자가를 하루 단 한 번만 바라보고 살아도, 단연코 우리 입술에서는 미움 타령이 흘러나오지 않을 것입니다. 주님, 죄송합니다.

우리 주 예수 그리스도를 통하여 비나이다. 아멘!

내 가치를 아시는 주님

"나는 맨 나중에 온 이 사람에게도 당신에게처럼 품삯을 주고 싶소"(마태 20,14).

1. 말씀의 숲

오늘 복음에서 예수님께서는 하늘 나라를 설명하는 마태오 특유의
비유 가운데 하나로, '선한 포도밭 주인의 비유'를 들려주십니다.

포도밭 주인이 아침에 삯꾼을 구하러 나갑니다. 그는 이른 아침, 아
홉 시, 열두 시와 오후 세 시쯤 일꾼들을 구해 품삯을 약속하고 포도밭
으로 보냅니다. 또 오후 다섯 시쯤에도 아무에게 고용되지 못한 사람들
까지 포도밭으로 보내 일을 하게 합니다.

저녁에 하루 일이 끝나자 주인은 자기 관리인을 시켜 이 모든 일꾼들
에게 품삯을 지급하게 하는데, 일찍 와서 일한 사람이나 늦게 와서 한
시간만 일한 사람이나 모두 한 데나리온을 받습니다. 이를 두고 제일 먼
저 온 사람들이 불공평하다고 주인을 비난하자, 주인은 약속대로 정해
진 품삯을 지급했음을 분명히 말합니다.

이 비유는 하느님과 당신 백성들의 관계를 상징합니다. 포도밭은 이
스라엘 백성을, 그 주인은 야훼 하느님을 가리킵니다(이사 5,1-10 참조). 그런
데 이 비유 속에서 일한 사람 모두는 주인으로부터 한 데나리온을 받
았습니다. 이는 곧 하느님께서는 모든 사람을 당신의 나라로 초대하여

구원을 베푸신다는 것을 예수님께서 가르치신 것입니다.

이 비유를 올바로 이해하려면, 비유가 나오게 된 배경을 알 필요가 있습니다.

그 첫째 배경은 '보상에 대한 베드로의 질문'입니다. 이 비유 바로 앞에서 베드로는 예수님께 묻습니다. "보시다시피 저희는 모든 것을 버리고 스승님을 따랐습니다. 그러니 저희는 무엇을 받겠습니까?"(마태 19,27)

그 둘째 배경은 공동체 안에서 이른바 '텃세'라는 것이 문제가 될 경우가 있다는 사실입니다. 초기 교회 공동체 안에는 처음부터 제자 공동체의 구성원이었던 제자들도 있고 나중에 합류한 제자들도 생겨나게 되었습니다. 처음부터 제자 공동체에 속했던 제자들은 나중에 합류한 제자들에 비해 우월한 것처럼 보였을 것입니다. 그래서 그것이 갈등을 빚었을 터였습니다.

이러한 물음과 관련해서 예수님께서는 "그런데 첫째가 꼴찌 되고 꼴찌가 첫째 되는 이들이 많을 것이다"(마태 19,30)라는 말씀으로 대답하십니다. 그리고 이에 대한 근거로 오늘 복음 말씀의 비유 이야기를 들려주십니다.

2. 말씀 공감

■ 그들의 꾐에 굴복하지 않으리

> "맨 나중에 온 저자들은 한 시간만 일했는데도, 뙤약볕 아래에서 온종일 고생한 우리와 똑같이 대우하시는군요"(마태 20,12).

1896년 영국에서 태어난 크로닌A.J. Cronin, 1896-1981은 우리에게 소설 『성채』, 『천국의 열쇠』 등으로 유명한 가톨릭 작가이지만, 원래 의과 대학을 졸업하고 제1차 세계대전에 영국 해군 군의관으로 종군하는 등 의사 출신인 사람이었습니다. 그런 그는 전쟁 후 개업의로 활동하다 작가가 되었지만 가난한 사람들에 대한 연민 때문에 광산촌에서 계속 의사로 봉사했습니다. 그 시절, 그의 이야기입니다.

그 광산촌에는 억울하게 오해를 받아 그곳으로 쫓겨 온 간호사가 한명 있었습니다. 그녀는 쫓겨 온 데다가 월급마저 매우 적었지만, 전혀 불평하지 않고 오히려 항상 생글생글 웃으며 일했습니다. 병원 진료시간이 끝나도 제일 늦게까지 남아서 일을 더 하곤 할 정도였습니다.

그런 간호사의 모습을 본 크로닌 박사가 한번은 안쓰러운 맘에 간호사에게 이렇게 얘기를 했습니다.

"당신은 당신이 가진 가치만큼 대우를 받지 못하고 있어요. 하느님은 그것을 아실 텐데 말입니다."

간호사는 이 말을 듣자마자 이렇게 대답했습니다.

"박사님, 제가 가치 있는 존재라는 것을 하느님께서 아신다면 그것으로 족하지 않습니까?"

간호사의 이 답변은 크로닌 박사의 마음에 화살처럼 꽂혔고, 그의 신앙을 더욱 깊게 다지는 계기가 되어 주었습니다.[87]

억울하고 열악한 환경 속에서도 생기 넘치고 빛나는 삶을 살 수 있었던 간호사의 비밀은 '주님께서 내 가치를 아신다'는 믿음이었습니다. 이 믿음의 선언이 크로닌의 내면을 바꾼 신앙적 깨우침이 되어준 것입니다.

오늘 복음에서 우리는, 한 시간 일한 저들이 온종일 일한 자신들과 똑같은 보수를 받는 것을 보고 포도밭 주인에게 투덜거리는 이들을 만납니다.

"맨 나중에 온 저자들은 한 시간만 일했는데도, 뙤약볕 아래에서 온 종일 고생한 우리와 똑같이 대우하시는군요"(마태 20,12).

언뜻 현실감각의 경제논리로 치자면, 저들의 불평은 정당한 것처럼 들릴 수도 있겠지요. 억울한 심정도 이해 못 할 것은 아닌 듯 보입니다.

하지만 그들이 일단 하느님 은총의 비밀을 깨우치고 나면 저 간호사나 훗날의 크로닌에게서처럼 얘기는 달라질 것입니다. 자신의 공적을 사람들에게 더 이상 자랑거리로 삼지도 않고 남들이 받은 축복을 자신의 축복과 비교하지도 않을 것입니다.

■ 자비의 사람이 되는 행복

> "나는 맨 나중에 온 이 사람에게도
> 당신에게처럼 품삯을 주고 싶소"(마태 20,14).

포도밭 주인의 이 한 마디가, 우리를 향한 하느님의 큰 사랑 고백처럼 들리는 것은 저에게 뿐만이 아닐 테지요. 앞선 이들이나 맨 꼴찌들에게도 똑같은 축복을 주고자 하시는 마음. 이처럼 하느님의 사랑은 인간적인 셈과는 비교 불가입니다. 여기 이 사랑을 조금씩 조금씩 깨닫고 있는 한 자매의 고백이 있습니다. 인천교구 A 본당 김 에스텔 자매의 증언입니다.

서울에서 태어나 자라고 캐나다와 캄보디아에서 지낸 적 있는 저는 합리적이고 이성적인 사고방식을 중요시했습니다. 그러나 요즘은 가건물에 아담한 마당이 있는 작은 성당에서 더 중요한 것을 배워나갑니다. 그건 바로 사람들과 함께 어울려 살아가는 따뜻한 마음입니다.

"필립보 형제님께서 목포 병원에 입원하셨어요. 뇌출혈로 쓰러지셨대요."

복사 어머니 모임 모니카회 스마트폰 채팅 창에 올라온 긴급 글이었습니다. 해경으로 근무하는 형제님께서 세월호 사고 현장에서 쓰러지신 것입니다. 모니카회에서 열심히 봉사하는 언니를 생각하니 눈물이 앞섰습니다. […] 매일 미사가 끝나면 시간 되는 이들은 모여 함께 […] 그리고 각자 개인이 시간을 내어 묵주기도를 바쳤습니다.

[…] 하느님께서 이 부부의 선한 모습을 예쁘게 보셨는지, 신자들의 기도가 하늘에 닿았는지, 필립보 형제님은 기적처럼 일어났습니다.

"[…] 의사가 깨어날 확률이 6%, 사망 확률 60%라고 했는데 이건 기적이래. 의사가 꼭 안아주면서 '이건 내가 수술을 잘한 게 아니라 어떤 보이지 않는 힘이라고밖에 설명할 수 없네요. 일어나주셔서 정말 감사해요'라고 하더라."

[…] 항상 베풀고 나누려는 본보기를 보여주는 언니는 이번에도 어김없이 번개 모임에 나와 먼저 계산하려고 합니다. […] 할 수 없이 모은 돈은 병원비에 보태라며 드렸습니다.

인터넷으로 전 세계 사람들과 이야기를 나누지만, 정작 옆집에는 누가 사는지 모르는 요즘, 성당에서 함께 기도하고 울어주는 모습은 합리적인 것과 이기적인 것을 잘 구분하지 못하고 살아온 저에게 많은 울림을 주었습니다.

강원도 풍수원성당에는 6단 묵주를 지니신 성모상이 있습니다. […] "항상 다른 이들만을 위해 기도하던 5단과 달리 나머지 한 단은 자기 자신을 위해 기도하라는 의미"랍니다.

그동안 저는 다른 이를 위해 얼마나 기도했을까요? 저의 부끄러운 모습을 돌아보며 묵주기도 6단을 바칩니다. 5단은 세상을 위해, 그리고 나머지 1단은 저를 위해. 하느님께 더 가까이 다가가는 넉넉함을 배우는 지혜를 위해.[88]

함께 기도하고 울어주는 그리스도 공동체의 모습 속에서 자신의 이기심을 버리고 하느님의 사랑 지대로 뛰어든 자매.

이제 이 자매는 자신보다 이웃을 위해 기꺼이 더 큰 행복을 빌어줄 수 있는 마음마저 묵묵히 훈련 중입니다.

"나는 맨 나중에 온 이 사람에게도 당신에게처럼 품삯을 주고 싶소"(마태 20,14).

■ 주님 사랑하는 데에만

> "이처럼 꼴찌가 첫째 되고 첫째가 꼴찌 될 것이다"(마태 20,16).

생각해 봅니다. 과연 나는 하느님 앞에서 꼴찌 그리스도인일까? 아니면 첫째 그리스도인일까?

물론, 세상적인 기준과는 한참 다르다는 사실을 염두에 두고서 말입니다.

103위 성인에 이어, 지난 8월 16일 프란치스코 교황님을 직접 모시고 124위 복자를 배출한 자랑스런 우리 한국 천주교회! 그들을 현양하는 것은 의무이기 이전에 특은임에 틀림없습니다. 그렇다면 우리는 과연 오늘날 어떻게 순교 영성을 살아내야 할까요. 고맙게도 우리는 그 답을 소화 데레사 성녀에게서 발견합니다.

교황청에서 소화 데레사를 시성하려 하자 동료 수녀들이 반대 의견을 냈다고 합니다.

"소화 데레사는 별 업적도 없는데 왜 시성하려고 합니까?"

이에 대한 교황 바오로 6세의 답변은 오늘 우리를 향한 매력적인 초대입니다.

"성녀는 지극히 작고 평범해 보이는 일에도 큰 사랑을 담아 실천했습니다. 이것이 소화 데레사를 시성한 이유입니다."

그 사랑의 동기에서 소화 데레사는 작은 고통을 하나도 놓치지 않고 주님 앞으로 가져와 봉헌하였습니다. 문제는 그것이 아주 '사소하고 보잘것없는' 것들이었다는 사실입니다. 이것이 동료 수녀들에게는 너무도 평범해 보였기에 '성인'의 조건과는 무관해 보였던 것이지요. 하지만 교황청 시성 관계자는 소화 데레사 영성의 깊이를 헤아릴 줄 알았습니다. 소화 데레사는 작은 고통의 가치를 누구보다도 잘 알고 있었습니다.

"아무것도 느끼지 못할 때, 기도하지도 선을 행하지도 못할 때, 그런 때는 작은 일을 찾아야 할 때입니다. 그런 작은 일들은 이 세상의 위대한 것보다, 극심한 순교의 고통보다 더 예수님을 기쁘게 해드리는 것입니다."

성녀는 그 수줄어하는 미소로 사소한 것이 위대한 것이라는 소중한 깨달음을 우리에게 전합니다.

그리고 동료들의 눈엔 성녀품에 한참 못 미쳤던 그녀를, 교회가, 하느님께서, 인정해주신 역사를 바라보며, 그 작은 위대함을 깊이 마음에 새겨 봅니다.

"이처럼 꼴찌가 첫째 되고 첫째가 꼴찌 될 것이다"(마태 20,16).

함께 기도하시겠습니다.

주님, 저희의 딱한 처지를 측은히 여기시는 것이 당신의 본성임을 저희가 압니다. 감사드립니다.

주님, 저희가 궁지에 몰렸을 때 오묘한 손길로 저희를 먹여 살리고자 하심이 당신의 본성임을 저희가 잘 압니다. 찬미 드립니다.

주님, 저희가 눈치채지 못해도 삐치지 않으시고 한결같이 저희의 부족을 채워주시려는 선의가 당신의 본성임을 저희가 눈물로써 깨닫습니다. 영광 올립니다.

우리 주 예수 그리스도를 통하여 비나이다. 아멘!

연중 제26주일: 마태 21,28-32

❦

말씀을 살아가는 이

"이 둘 가운데 누가 아버지의 뜻을 실천하였느냐?"(마태 21,31)

1. 말씀의 숲

재일 교포 출신의 성공한 기업가로 손꼽히는 MK 택시 창업가 유태식 부회장이라는 분이 있습니다. 그는 배타성이 강한 일본에서 독특한 경영 철학으로 MK 택시를 최고의 택시회사로 키워 놓았습니다. 그는 무엇보다 운전기사들에게 친절한 서비스를 강조했습니다. 그리고 사원들이 스스로 마음에서 우러나오는 친절을 베풀도록 사원 아파트를 지어 주며 직원들 복지에 최선을 다했습니다. 또 고객들이 언제 어디서나 택시를 대중교통 수단으로 편하게 이용할 수 있도록 요금을 인하했습니다.

일본 최고의 택시회사에 작은 자회사까지 거느린 MK 그룹의 회장 자리에 올랐지만 유태식 부회장은 기사가 딸린 자가용을 따로 마련하지 않았습니다. 그는 이렇게 말합니다.

"제가 왜 자가용이 필요합니까? 교토 시내 어디서나 볼 수 있는 MK 택시가 있는데요. 택시를 타면서 청결 상태도 보고, 인사를 제대로 하는지도 점검할 수 있으니 일석이조 아닌가요?"

소박하고 겸손한 유태식 부회장은 일본에서도 많은 존경을 받아 그의 경영 철학을 배우려는 사람들이 줄을 이었습니다.

한번은 그가 교토 시내에서 급하게 MK 택시를 타려고 기다리고 있었습니다. 조금 뒤 MK 택시가 다가오자 그는 차도 쪽으로 내려섰습니다. 그런데 택시가 그를 그냥 스쳐 가는 것이 아니겠습니까? 평소에 사원들과 직접 인사하고 택시 안에 설치된 무전기를 통해 대화하였기에 MK 택시 운전기사 가운데 유태식 부회장의 얼굴을 모르는 사람은 거의 없었습니다.

그는 무슨 일인가 하며 택시를 쳐다보았습니다. 그런데 MK 택시는 저만큼 앞에 서더니 장애인을 태우는 것이었습니다. 어떤 경우라도 승차 거부를 하지 않는 MK 택시에는 예외가 있었습니다. 바로 장애인만은 기다리는 순서에 관계없이 먼저 태우라는 것이었습니다.

그는 비록 승차 거부를 당했지만, 장애인을 먼저 태우기 위해 달려간 그 택시 기사의 모습이 바로 MK의 정신이라고 여기며, 강의 때마다 그 이야기를 빼놓지 않았다고 합니다.[89]

오늘 복음 말씀의 핵심 주제가 바로 하느님의 명령에 대한 순명과 관련된 것입니다.

오늘 비유 말씀에는 두 아들이 나옵니다. 아버지가 맏아들에게 포도밭에 가서 일을 하라고 분부하자, 그는 싫다고 대답했지만 뉘우치고는 가서 일했습니다. 둘째 아들은 가겠다고 대답하고는 포도밭으로 가지 않았습니다. 맏아들은 세리와 창녀들을, 둘째 아들은 유다의 지도자들을 가리킵니다.

비유의 말미에서 예수님께서는 죄인으로 멸시를 받던 세리들과 창녀들은 세례자 요한의 말과 당신의 복음을 믿었기 때문에 그들이 유다의 지도자들보다 먼저 하늘 나라에 들어간다고 파격적 선언을 하고 계십니다. 반면에, 그들이 믿는 것을 보고서도 하느님이 메시아의 선구자 세

레자 요한을 통해 선포하신 하늘 나라를 거절한 유다의 지도자들에게 는 비판이 가해집니다.

결국 이 비유를 통하여 예수님께서는 대사제들과 원로들의 정체를 폭로하십니다. 아버지의 말을 거부했으나 결국 그 뜻을 실행한 아들이 아버지의 말을 듣고 "예" 했으나 그 뜻을 따르지 않은 아들보다 더 낫 다는 것입니다. 인간은 말에 따라서가 아니라 자신의 '순명', 곧 하느님 뜻을 실행했느냐에 따라 심판받을 것이기 때문입니다.

'두 아들의 비유'에서는 예수님을 거부하고 있는 행위의 전말에 당사 자들의 주의를 끕니다. 여기서는 그 행위로 인해 진행되고 있는 사태를 '현재형'으로 기술합니다: "세리와 창녀들이 너희보다 먼저 하느님의 나 라에 들어간다"(마태 21,31).

2. 말씀 공감

■ 혹시 나는?

> "그는 '가겠습니다, 아버지!' 하고 대답하였지만 가지는 않았다"(마태 21,30).

아테네의 한 극장에서 국경일을 기념하는 연극이 공연되고 있었습 니다. 그때 한 노인이 좀 늦게 극장 안으로 들어왔는데, 초만원이라 앉 을 자리가 없었습니다. 두리번거리고 서 있는 노인을 본 아테네 사람 들은 "누가 저 노인에게 자리를 양보해라"라고 여기저기서 수군댔습 니다. 그러나 말은 그렇게 하면서도 정작 누구 하나 자기 자리를 양보 하는 이는 없었습니다.

노인은 천천히 외국인석으로 다가갔습니다. 그러자 스파르타 사람들이 벌떡 일어나 서로 자리를 내주었습니다. 이 광경을 본 모든 사람들이 박수를 쳤습니다. 이때 노인이 말했습니다. "아테네 사람들도 선^善이 무엇인지는 알고 있습니다. 그러나 스파르타 사람들은 그 선을 즉시 행동으로 옮기는 사람입니다."[90]

이 이야기를 올바로 이해하기 위해서는 고대 그리스 아테네 사람들과 스파르타 사람들의 상황을 알아둘 필요가 있습니다. 당시 아테네 사람들은 주로 지식인들로 철학적인 토론을 즐기던 사람들이었던 반면, 스파르타 사람들은 지식의 면에서 많이 밀리는 소박한 사람들이었습니다. 그러니 이 이야기에서 아테네 사람들은 '선이 무엇인지'에 대해 아는 것을 추구했던 반면, 스파르타 사람들은 '선'이 무엇인지 모르지만 몸소 선행을 하는 데는 빠르다는 대조를 보여 주고 있는 것입니다.

이와 비슷한 현대판 이야기가 있습니다. 미국의 프린스턴 대학교 신학교 학생들을 대상으로 실시했던 실험이야기입니다.

신학대생들은 각자 과제물로 설교를 준비해서 시간이 촉박한 가운데 모두들 급히 약속된 강의실로 향해 가고 있었습니다. 그날 설교 주제는 착한 사마리아인의 이야기였습니다.

신학대생들이 반드시 지나쳐야 하는 길목에 아픈 사람을 눕혀 놓고 학생들의 반응을 살펴보는 것이 실험이었습니다. 물론 실제로 아픈 사람은 아니었습니다. 과연 실험 결과는 어떠했을까요? 성경 속의 착한 사마리아인처럼 행동한 신학생이 있었을까요? 실험 결과는 단 한 명만이 도움의 손길을 내밀었다고 합니다. 심지어 어떤 신학생은 아픈 이를 넘어서 가버렸다고 합니다. 다른 주제도 아니고 사마리아인에 대한 이야기를 묵상하고 설교를 준비했을 텐데, 그들이 전하려고 했던 메시지와 자신의 행동이 얼마나 모순되는지 왜 알아채지 못했을까요?

이 짧은 이야기들에서 아테네 사람들과 신학대생들은 오늘 우리가 들은 복음 말씀에서 작은아들의 모습과 같습니다. 어쩌면 그들의 모습은 입으로는 좋은 말을 하면서 정작 실천하지 못하는 우리들의 모습일지도 모릅니다.

말만 앞서는 것보다 실천하는 생활을 통해 그리스도를 증거하는 사람이 참으로 올바른 신앙인입니다.

■ 저를 도우소서

> **"이 둘 가운데 누가 아버지의 뜻을 실천하였느냐?"**(마태 21,31)

혜화동 신학교 시절, 생활지도 신부님이 집단 면담시간에 "요즈음 읽고 있는 영성 서적을 하나씩 밝히고 그 유익을 나누자"고 제안하셨습니다. 제 차례가 되어 말했습니다.

"저는 토마스 아 켐피스의 『준주성범』을 읽고 있습니다. 신앙의 비장함을 일깨워주고, 깨어 있는 영성을 채찍질해줘서 좋은 것 같습니다."

무슨 영문인지 지도 신부님의 반응은 떨떠름했습니다. 게다가 한 말씀 보태셨습니다.

"그 책의 내용은 중세 시대의 영성을 벗어나고 있지 못하니, 앞으로 읽지 않았으면 좋겠어요."

저는 신부님의 말씀에 이의를 제기하지 않았습니다. 실은 저도 그 책이 십자가 영성에 대해서는 손색없이 기술하고 있지만, '부활' 내지 '기

뻠 영성'은 소홀히 다루고 있음을 알고 있었습니다. 바로 그 점이 지도
신부님이 우려하던 바였습니다.

오십을 훌쩍 넘긴 지금에 와서 식별해 보니, '십자가' 영성과 '부활의
기쁨' 영성을 균형 있게 다룬 책을 만나기란 그리 쉽지 않습니다. 상황
에 맞는 논리를 위하여 편의상 어느 하나를 강조할 수밖에 없는 것이
저자의 입장임에 십분 공감이 가기도 합니다.

그건 그렇고, 오늘 복음을 묵상하다가, 당시 『준주성범』의 갈피를 넘
기다 머문 한 대목이 떠올랐습니다. 여러분과도 나눠 봅니다.

> 오늘날 예수님의 천국을 사랑하는 사람은 많지만, 예수님의 십자
> 가를 지려는 사람은 적다. 예수님께 위로를 청하는 사람은 많지만, 고
> 통을 청하는 사람은 적다.
>
> 예수님의 식탁에 와서 앉으려는 사람은 많지만, 예수님과 같이 단
> 식하려는 자는 적다. 우리 모두는 예수님과 함께 기뻐하기를 원하지
> 만, 예수님을 위해서 기꺼이 고통을 당하려는 사람은 적다. […]
>
> 많은 사람들이 역경이 닥치기 전까지는 예수님을 사랑하고, 예수
> 님으로부터 위로를 받는 동안은 예수님을 찬양하고 축복한다. 그러나
> 예수님께서 아주 잠시 동안이라도 모습을 감추거나 떠나시면, 그들은
> 불평하고 크게 낙담한다.
>
> 자기 자신을 위해서가 아니라 오로지 예수님을 위해, 예수님을 사
> 랑하는 사람들은, 어떠한 고통과 불행이 와도 큰 위로를 받는 순간과
> 마찬가지로 예수님을 찬양한다. 그들은 하느님의 위로 없이도 하느님
> 을 똑같이 찬양하고, 하느님께 감사드린다.
>
> 예수님을 향한 순수한 사랑이 어떠한 이기심에 의해서 더럽혀지지

않는다면, 그런 사랑이야말로 참으로 강하도다. 언제나 위로만을 구하는 사람들은 장사꾼보다 나을 게 전혀 없다! 끊임없이 자신의 개인적인 위안과 이익을 추구하는 사람들은 그리스도를 사랑하는 것보다 자기 자신을 더 사랑하는 것이 아니고 무엇이겠는가?[91]

한 문장 한 문장이 게으른 신앙인의 폐부를 찌르는 간곡한 성찰입니다.
"이 둘 가운데 누가 아버지의 뜻을 실천하였느냐?"(마태 21,31)
예수님의 저 물음 앞에, 우리 또한 예외 없음을 상기하며, 오늘의 나를 되돌아봅니다.

■ 이 시대에도

> "내가 진실로 너희에게 말한다. 세리와 창녀들이
> 너희보다 먼저 하느님의 나라에 들어간다"(마태 21,31).

『우리가 선포해야 할 말씀이신 예수』(1996년)라는 책에 다음과 같은 마더 데레사 자신의 진술이 실려 있습니다.

한 자매가 나에게 두세 주 전에 그녀와 몇 명의 다른 자매들이 뭄바이의 길거리에서 한 남자를 찾아내어 집으로 데려왔다고 말해 주었습니다. 우리는 기증받은 커다란 터를 임종자들의 집으로 쓰고 있었습니다. 이 남자는 그 집으로 옮겨졌고 우리 자매들이 그를 돌보아 주었습니다. 그들은 그를 사랑했고 품위 있게 다루었습니다.
그들은 이내 그의 잔등이의 피부와 살이 다 없어진 것을 발견했습니다. 벌레들이 다 파먹었던 것입니다. 그들이 그를 씻어서 침대 위에 눕혔을 때에 그 자매는 자신이 그 남자의 얼굴을 보았을 때보다 더 큰 기쁨을 맛본 적이 없다고 내게 말했습니다. 그때 내가 그녀에게 물었습니다.

"그 남자의 몸으로부터 그 벌레들을 긁어낼 때에 자매는 무엇을 느꼈습니까?"

그러자 그 자매는 나를 쳐다보더니 다음과 같이 말했습니다.

"저는 그리스도의 현존을 느껴 본 적이 없었습니다. 저는 예수께서 너는 내가 병들었을 때에 나를 돌보아 주었다고 하신 말씀을 절대로 진짜로 믿지 않았었습니다. 그러나 그분은 거기에 계셨고 저는 그 남자의 얼굴에서 그것을 볼 수 있었습니다."

이는 하느님의 선물입니다.[92]

이 이야기에서 병든 남자는 거리에서 소외를 당하다가 수녀님들의 간호를 받고 나서 편안한 임종을 준비할 수 있었습니다. 그리고 그러한 기쁨이 얼굴을 통하여 드러났습니다. 비록 그의 피부가 벌레들에 의해 파먹히는 고통을 당하였지만, 그는 수녀님들의 간호 안에서 위로와 평화를 누릴 수 있었습니다. 그것이 그들에게는 바로 하느님 나라처럼 느껴졌을 것입니다. 그리고 역설적으로 그를 돕던 수녀님은 그의 환한 얼굴에서 예수님의 현존을 만나게 되었습니다.

오늘 복음 말씀에서 예수님께서는 세리와 창녀들이 백성의 지도자로 자처하는 수석 사제들과 백성의 원로들보다 먼저 하느님 나라에 들어갈 것임을 선포하셨습니다. 세리와 창녀는 그 시대에 사회적으로 소외당하고, 어려움을 겪고 있는 대표적인 사람들입니다.

주님께서는 예나 지금이나 주님께서는 사회적으로 소외당하고 어려움을 당하는 이들을 먼저 챙겨주십니다. 아멘!

함께 기도하시겠습니다.
주님, 그간 저희가 너무 저희의 안위만을 구하느라 주님의 뜻에 소홀하였습니다.
주님, 그렇다고 제 뜻을 버리고 주님 뜻을 따르겠다는 무모한 결단을 내리지 않겠습니다.
주님, 오히려 주님 뜻에 제 뜻을 맞추려 결심하오니, 저를 도우소서.
우리 주 예수 그리스도를 통하여 비나이다. 아멘!

내 삶의 기준

"너희는 성경에서 이 말씀을 읽어 본 적이 없느냐?"(마태 21,42)

1. 말씀의 숲

조선조 숙종이 평복으로 민정시찰을 나갔다가 저잣거리에서 침통한 표정을 짓고 있는 한 선비를 만났습니다. 딱하게 여긴 숙종이 "왜 그러느냐?"고 묻자 선비는 "과거시험 보러 왔다가 낙방했다"고 대답했습니다. 숙종은 "참으로 안됐다"며 "아무 벼슬이라도 하겠느냐?"고 물었습니다. 선비는 "뉘신지 모르겠으나 시켜주면 하겠다"고 했습니다.

숙종은 군수, 판서, 정승 벼슬을 차례로 나열하며 할 수 있는지 물었습니다. 물을 때마다 그 선비는 "하겠다"고 했습니다.

숙종은 마지막으로 "임금 자리 주면 하겠소?"라고 물었습니다. 순간 숙종 눈에 불이 번쩍했습니다. 선비는 "나보고 역적질하란 말이냐?"며 숙종의 뺨을 때린 것입니다.

놀란 숙종의 무감들이 선비를 붙잡고 요절을 내려는 찰나, 숙종이 나서며 말했습니다. "아니다. 저 사람이야말로 진정 충신이다." 그 후 벼슬길이 열린 선비는 정승 반열까지 올랐다고 합니다.[93]

오늘 복음 말씀인 포도원 소작인의 비유(마태 21,33-43 참조)는 예수님의 수난을 미리 비유적으로 말씀하신 것이라고 볼 수 있습니다. 더 넓게 보면 하느님의 인류구원의 구세사적인 개관이라고도 할 수 있습니다.

예수님께서 오늘 복음을 어느 상황에서 말씀하셨는지를 알면 그 의미가 분명해집니다. 예수님은 갈릴래아를 떠나 요르단 강변을 따라 유다 지역으로 오셨습니다. 예루살렘에 도착하신 예수님께서 성전을 정화하시자(마태 21,1-17 참조), 유다의 지도자들은 그분의 권위를 문제 삼습니다(마태 21,23-27 참조). 이에 예수님께서는 지난주 복음 말씀과 함께 오늘, 그리고 다음 주 복음 말씀에 나오는 세 가지 비유를 말씀하셨습니다. 즉, 두 아들의 비유, 포도원 소작인의 비유, 혼인 잔치의 비유를 들어 말씀하셨던 것입니다. 그 핵심은 메시아를 배척한 유다인들은 종말의 때에 하느님의 선택된 백성이라는 특권을 박탈당하고, 이 특권은 이방인들에게 주어질 것이라는 사실입니다.

오늘 비유 말씀의 내용은 이러합니다. 어떤 지주가 포도원을 가꾸어 소작인들에게 맡기고 먼 길을 떠납니다. 물론 소작료를 받기 위해서였습니다. 추수 때가 되자 주인은 종들을 차례로 포도원에 보내어 소작료를 받아 오도록 합니다. 소작인들은 나쁜 사람들이어서 흑심을 품고 주인이 보낸 사람들을 때려서 되돌려 보내고 혹은 죽이기도 하였습니다. 주인은 마지막으로 자기 아들을 보냈는데 소작인들은 그 아들마저 죽여버립니다. 소작료를 물기 싫은 정도가 아니라 포도밭 자체를 집어삼키려는 나쁜 마음에서였습니다. 주인은 그제서야 그 악한 소작인들을 죽이고 포도원을 다른 사람에게 맡깁니다.

이 비유 말씀을 정리해 보면, 포도원은 이스라엘 백성을, 포도원의 주인은 하느님, 소작인은 이스라엘 백성의 지도자, 주인이 보낸 사자들은 예언자들, 그리고 마지막으로 포도원의 상속자 아들은 메시아인 예수님을 나타냅니다. 처음의 소작인들을 해고했다는 내용을 이스라엘 백성의 포기로 알아들을 수 있습니다. 이야기의 결말로서 포도원은 제때에 소출을 내는 새로운 소작인에게 넘겨집니다. 예수님의 죽음과 구원을 위한 교회의 역할이 여기에 표현되고 있습니다.

2. 말씀 공감

■ 기쁜 소식의 포도밭을

> "제때에 소출을 바치는 다른 소작인들에게
> 포도밭을 내줄 것입니다"(마태 21,41).

오늘을 사는 우리 신앙인들이 하느님께 드릴 수 있는 '제때의 소출'이라면, 어떤 것을 떠올릴 수 있을까요?

강의 차 서울 모 성당에 갔다가 그곳 주임 신부로부터 큼지막한 액자를 선물로 받았습니다. 흰색 수단 차림에 흰색 모자를 쓴 교황님의 환한 미소가 하얀 테두리의 액자에 담겨있었습니다. 그 액자는 사제관 서재 책상 맞은편에서 저를 마주하고 있습니다. 컴퓨터 글 작업을 하다가 잠깐 시선을 외곽으로 돌리면 오른손을 펼쳐 축복을 발하며 밝게 웃고 있는 교황님 얼굴이 눈에 들어옵니다.

그러고 보니 그날 제가 받은 것은 한낱 사진 액자가 아니었습니다. 그 안에는 살아있는 그 무엇이 담겨 있었습니다. 프란치스코 교황님의 귀에 걸린 함박 미소는 값으로 환산할 수 없는 기쁨을 스스로 폭로합니다. 그의 미소는 바라보는 이에게 하나의 물음입니다.

"저분은 저렇게 웃으시는데, 나는 기쁜가?"

그는 그 개구진 미소로 우리의 기쁨을 일깨웁니다. '거창한' 희열이 아니라 '소소한' 기쁨.

그렇다면 그 기쁨의 비결은 무엇일까요. 프란치스코 교황님은 이렇게 밝힙니다.

> 기쁨은 어디에서 태어납니까? […] 누구는 이렇게 말할 겁니다. '기쁨은 우리가 가진 것에서 태어난다. 그러니 최신형 스마트폰을 찾아보자. 아님 더 빠른 스쿠터나, 눈에 띄는 자동차…….' 기쁨은 우리가 가진 것들로부터 태어나지 않습니다. […] 진정한 기쁨은 어떤 사물이나 소유에서 오지 않습니다. 그렇지 않아요!
>
> 기쁨은 만남에서, 다른 사람들과의 관계에서 태어나며, 자신이 받아들여지고 이해받고 사랑받았다는 느낌에서 태어납니다. 또한 받아들이고, 이해하며, 사랑하는 것에서 태어납니다. […] 기쁨은 만남의 무상성에서 태어납니다![94]

프란치스코 교황님은 '기쁨이 태어난다'는 문학적인 표현을 썼습니다. 이는 '기쁨이 발생한다'는 얘기와 같습니다. 어디에서 말인가요? 가진 것이 아니라 인간관계에서입니다. 만나고 대화하며 주고받는 관계에서, 보람에서 발생합니다. 이는 곧 사건 속에서 일상 속에서 마주하는 모든 것들을 기뻐한다는 의미입니다. 교황의 기쁨의 비결은 이처럼 간단합니다.

실로 기쁨은 존재의 선한 구현을 통해 발생합니다. 그러기에 교황은 자신에게 문제를 가지고 도움을 청하러 온 사람들에게 자주 되묻습니다.

"선행을 하고 있습니까? 작은 것이어도 좋으니 이웃에게 선행하세요."

이는 윤리적 덕목의 권고가 아니었습니다. 기쁨의 비밀을 아주 소중한 사람들에게 나눠주고픈 교황의 친절한 귀띔이었습니다.

그리고, 이 기쁨에 동참하는 것이 바로 오늘의 우리가 하느님께 드릴 수 있는 값진 소출임을 몸소 증명하시며 우리를 초대하십니다.

"제때에 소출을 바치는 다른 소작인들에게 포도밭을 내줄 것입니다"(마태 21,41).

■ 명령이 먼접니다

> "너희는 성경에서 이 말씀을 읽어 본 적이 없느냐?"(마태 21,42)

예전에는 매사에 성경을 인용하는 개신교 신앙을 좀 과하다고 여겼습니다.

아직 철모를 때의 일입니다.

실제로, 개신교인들은 어떤 주제나 일에 대해서 자신의 견해를 밝힐 필요가 있을 때 먼저 성경을 인용하고 그것으로부터 자기 생각을 전개하는 성향이 있습니다. 때론 본인도 이해하지 못한 말씀이고, 때론 맥락에 부합하지 않는 말씀이고, 때론 잘못 해석된 말씀인 경우들도 곧잘 있지만, 여하간 그들은 모든 일에서 말씀 우선입니다.

저는 언젠가 이 현상을 보다 큰 지평에서, 보다 긴 안목에서 짚어봤습니다. 그리고 결론을 내렸습니다.

"틀리건 말건, 정확하건 그렇지 않건, 일단 성경 말씀을 먼저 던져 놓고 그것을 기준점으로 사유하는 것이 더 바람직하다."

이렇게 말입니다. 그 까닭은 이런 이치입니다.

우리가 매사에 대해 자신의 견해를 밝힐 때, "나는 이렇게 생각해"라는 말에 익숙해지게 되면 우리는 점점 자유, 자립, 자주의 태도에 고착되어 갑니다.

이런 태도는 민주주의 시대에 성숙한 시민으로 사는 데는 참 좋은 미덕이 됩니다.

하지만 영성은 다른 태도를 요구합니다. 초기 단계에서는 아무래도 괜찮다고 하지만, 영성이 성장할수록 요구되는 태도는 하느님 먼저, 하느님 뜻 우선입니다. 이는 곧 말씀 우선을 의미합니다.

말씀을 우선으로 삼으면, 하느님도 하느님 뜻도 함께 존중하는 셈이 됩니다. 적당히 그런 것이 아니라 100% 그렇습니다.

오늘 주님께서는 당신 몸소 좋은 본을 보여 주십니다.

"너희는 성경에서 이 말씀을 읽어 본 적이 없느냐?"(마태 21,42)

주님께선 몸소 말씀을 무척 귀하게 여기셨습니다. 그러기에 제자들에게 이런 질문을 수시로 하셨습니다. 이 말씀의 의중은 "성경 말씀을 적극적으로 찾아 읽고 중요하다 여겨지는 것은 기억과 가슴에 새겨두고, 틈틈이 그 뜻을 헤아리는 데 골몰하라"는 것입니다.

■ 장쾌한 반전

> "집 짓는 이들이 내버린 돌 그 돌이 모퉁이의 머릿돌이 되었네.
> 이는 주님께서 이루신 일 우리 눈에 놀랍기만 하네"(마태 21,42).

아침 기도 후 차 한잔 마시며 오늘따라 특별히 '눈이 열린다'는 것에 대해 생각해보게 되었습니다. '감식안', 곧 숨은 가치를 정확히 알아보는 안목을 갖는다는 것은 참으로 이 시대에 필요한 일인 것 같습니다. 그러한 감식안은 때로 엄청난 시너지 효과를 내기도 합니다.

여러분도 잘 알고 계시는 밴드 '비틀즈The Beatles'가 바로 그러한 감식안의 결과입니다. 60년대에 음악으로 전 세계를 뒤흔들고, 지금까지도 많은 사람들에게 사랑받는 수많은 명곡을 낸 4인조 록음악 밴드입니다. 이들이 세상에 널리 알려지게 된 첫 사건 일화는 유명합니다.

비틀즈의 멤버들은 본래 그리 유명하지 않은 밴드였습니다. 작은 무대에서 공연한 뒤, 술집 밤무대에서도 연주하고, 때로는 손님들과 싸우기도 하며 방황하고 있었다고 합니다. 그런데 가족이 운영하는 음반 가게에서 운영하는 브라이언 엡스타인Brian Epstein이라는 청년이 있었습니다. 엡스타인이 우연히 이들을 만나게 됩니다. 여기서 엡스타인의 '감식안'이 발동하게 되었던 것입니다. 그는 비틀즈가 가진 재능을 단번에 알아보았습니다. 그래서 다른 누가 먼저 채 가기 전에 그들과 먼저 계약을 했다고 합니다. 그리고 엡스타인은 자신의 능력을 십분 발휘해 비틀즈를 세계적인 밴드로 키워냈습니다.

비틀즈의 멤버인 폴 매카트니Paul McCartney는 자신들의 성공이 모두 엡스타인의 덕분이었다고 회상했습니다. 아울러, 비틀즈에 대해 연구하는 마틴 루이스Martin Lewis는 한 술 더 떠 다음과 같이 말하기도 했다고 합니다.

비틀즈의 재능이 없었더라면 그는 할 일이 없었을 것이지만, 브라이언 엡스타인이 없었다면 우리 중 누구도 비틀즈에 대해 들어본 적이 없었을 것이다![95]

참으로 놀라운 감식안이 아닐 수 없습니다. 비록 32세라는 젊은 나이에 세상을 떠났지만, 그의 이름은 비틀즈를 기억하는 세대가 있는 한 계속해서 함께 기억될 것입니다.

술집 밤무대에서 연주하던 괴짜 청년들!

술집 손님들에게는 그저 그런 젊은 음악인들이었습니다. 하지만 그들은 특별한 감식안을 가진 엡스타인에게는 새 시대를 열 천재들이었습니다.

엡스타인의 예상을 뛰어넘어 오늘날 비틀스는 20세기 음악계의 최고 전설로 통합니다.

사실 이런 일은 도처에서 일어납니다. 그 반전의 양상과 정도가 다를 뿐, 오늘도 지난날 묻혔던 누군가의 재능들이 어느 흐릿한 불빛 아래서 숨은 고수들의 눈에 발탁되어 무한 기량을 발휘할 기회를 부여받는 기적! 흔치는 않지만 우리를 흥분시키는 경사라 할 것입니다.

"집 짓는 이들이 내버린 돌, 그 돌이 모퉁이의 머릿돌이 되었네. 이는 주님께서 이루신 일, 우리 눈에 놀랍기만 하네"(마태 21,42).

집 짓는 이들이 쓸모없다고, 쓰레기 같다고 내버린 돌. 그 인류적 범례가 주 예수 그리스도이십니다. 교회 수석 사제들, 율법 학자들, 그리고 백성의 원로들은 그분을 외려 신성모독자로 치부하고 일말의 미련도 없이 십자가 처형으로 내몰았습니다.

하지만 하느님께서는 그분을 다시 살려내시어 마침내 교회 모퉁이 머릿돌로 삼으셨습니다.

우리가 생략하지 말아야 할 것은 바로 그다음의 경탄입니다.

"이는 주님께서 이루신 일, 우리 눈에 놀랍기만 하네."

평소 매일 일어나는 일상의 기적들을 놀라운 눈으로 바라보고 찬미와 감사를 드리는 데 익숙해진다면, 누구나 '버려진 돌'에서 '모퉁이의 머릿돌'이 되는 기적을 누릴 기회를 얻게 될 것입니다.

함께 기도하시겠습니다.

주님, 십자고상을 바라볼 때마다 버림받았던 주님의 장쾌한 반전도 항상 상기하게 하소서.

주님, 저희 주변에서 버림받은 자로 사는 이들에게 언젠가는 모퉁이 머릿돌의 받침돌이라도 될 수 있다는 희망을 주소서.

주님, 저희에게 버림받은 자들 속에 찬란히 빛나는 걸작을 감별할 줄 아는 혜안을 주소서.

우리 주 예수 그리스도를 통하여 비나이다. 아멘!

연중 제28주일: 마태 22,1-14

혼인 잔치를 위한 예복

"사실 부르심을 받은 이들은 많지만 선택된 이들은 적다"(마태 22,14).

1. 말씀의 숲

미국의 한 교도소에 수감된 사형수가 신문 한 장을 손에 쥐고 하염없이 눈물을 흘렸다. 그 신문의 머리기사는 '미국 제22대 대통령 클리블랜드 취임'이었다. 간수가 사형수에게 슬피 우는 이유를 묻자 그는 고개를 떨구며 말했다.

"클리블랜드와 나는 대학교 동창입니다. 어느 날 수업을 마치고 나오다가 둘은 교회의 종소리를 들었어요. 클리블랜드는 내게 속삭였어요. '친구여, 교회에 가보세.' 그때 나는 거절했지요. 결국 클리블랜드는 교회로, 나는 술집으로 향했어요. 그것이 우리의 운명을 확연하게 갈라놓았습니다."

클리블랜드는 그날 새 삶을 다짐했고, 다른 친구는 주지육림酒池肉林에 빠져들었다. 세월이 흐르면서 두 사람의 인생은 완전히 달라졌다. 교회의 종소리를 '경건한 하늘의 초청'으로 받아들인 사람은 대통령, '환락의 소리'로 여긴 사람은 사형수가 되었다.[96]

오늘 복음 말씀인 혼인 잔치의 비유에서도 구원의 잔치에 참여할 기회를 거절한 사람들의 이야기가 나옵니다. 혼인 잔치의 비유는 예수님께서 당신의 권위를 문제 삼는 바리사이인들과 유다 종교지도자들에게 들려주셨던 세 가지 비유 중 마지막에 해당합니다. 첫 번째 것이 '두 아들의 비유'였고, 두 번째 것이 '포도원 소작인의 비유'였음을 기억하실 것입니다.

오늘 말씀은 두 부분으로 나누어 볼 수 있습니다.

첫째, 임금이 종들을 보내어 초대받은 이들을 혼인 잔치로 부르는 장면(마태 22,1-10 참조)

임금이 몇 번이나 종들을 보냈고 그때마다 초대받은 이들은 거절했습니다. 그러자 무서운 일들이 벌어졌습니다. 서로를 죽이는 살인이 벌어진 것입니다. 그러다가 결국에는 10절에 가서 혼인 잔칫집이 손님들로 가득 찼습니다.

둘째, 혼인 잔치 예복을 입고 오지 않은 사람의 문제(마태 22,11-14 참조)

혼인 잔치에 초대받은 사람들의 비유는 루카 복음에서도 찾아볼 수 있습니다. 그런데 혼인 잔치에 대한 마태오 복음의 비유는 루카 복음보다 훨씬 구체적이고 예리합니다. 루카 복음에는 어떤 사람이 잔치를 베풀어 사람들을 초대했지만, 마태오 복음에서는 임금이 아들의 혼인 잔치를 베풀고 있습니다. 루카가 초대받은 이들의 엉성한 변명들을 상술하고 있다면, 마태오는 충격적이게도 이구동성으로 초대를 거부한 사실에 대해 간략하게 진술하고 있습니다. 마태오 복음의 관심은 종결문(마태 22,11-14 참조)에 더 크게 가 있었던 것입니다. 곧 예복과 뽑힌 사람에 관한 얘기를 통해서 하느님 나라를 거절하거나 소홀히 여긴 사람들에게 경종을 울리고자 했던 것입니다.

오늘 복음을 크게 둘러보면서 우리는 당장 두 가지 교훈을 얻습니다.

첫째, 우리가 현실 속에서 중요하다고 여기고 놓으려 하지 않는 것 때문에 결정적으로 좋은 것을 거부하는 불행이 닥칠 수 있다는 사실입니다. 이스라엘의 영적 지도자들은 율법이라는 탁월한 전통을 가지고 있기 때문에 어떤 가르침이나 지시도 필요 없다는 확신에 사로잡혀 있었습니다. 스스로 의롭다고, 스스로 잘 살고 있다고 안심하는 것이 문제라는 것입니다.

반면에 이렇다 할 만한 것을 내세울 것이 없었던 다른 사람들은 예수님의 말씀에 민감하게 반응했고 하느님의 자비로우심을 바라면서 예수님을 통하여 그들의 희망을 키워갔습니다. 예수님께선 이들이 소위 의롭다 자부하는 이들보다 더 하느님께 가까이 있다고 보셨습니다.

언제고 점검해 봐야 합니다. 현재 내가 추구하고 있는 것이 정말 1순위로 중요한가? 더 중요한 것은 없는가?

둘째, 하느님 나라의 혼인 잔치에는 '예복'이 필요하다는 사실입니다. 그런데 잔치에 참석한 사람 가운데 하나가 '혼인 잔치 예복'을 입지 않고 있었습니다. 초대받은 사람으로서 최소한의 성의를 표해야 했습니다. 그는 '옷을 갈아입어야' 했습니다. 즉 그는 회개해야 했습니다. 그는 유흥을 즐기러 왔을 뿐, 혼인 잔치를 축하하지도 않았고, 자신을 초대한 주인을 경배하지도 않았습니다.

이 비유에서 '예복'은 그리스도인들을 향한 경고입니다. 그리고 이것이 이 비유의 절정입니다. 유다인은 하느님의 초대를 거부했습니다. 반면 그리스도인들은 그의 초대를 존중했습니다. 그러나 그리스도인이 되었다고 그것이 다가 아니라는 것입니다. '예복'으로 갈아입어야 합니다.

2. 말씀 공감

■ 아랑곳하지 않고

> "그러나 그들은 아랑곳하지 않고, 어떤 자는 밭으로 가고
> 어떤 자는 장사하러 갔다. 그리고 나머지 사람들은
> 종들을 붙잡아 때리고 죽였다"(마태 22,5-6).

오늘 복음 말씀에서 혼인 잔치의 비유 말씀은 이렇게 시작됩니다.

"하늘 나라는 자기 아들의 혼인 잔치를 베푼 어떤 임금에게 비길 수 있다"(마태 22,2).

여기서 "임금"은 하느님을, "아들"은 예수 그리스도를 상징합니다. 예수님이 "신랑"으로 그려지고 있는 것입니다.

이제 이 비유의 관심은 혼인하는 왕자가 아니라, '초대받은 자들의 불응'에로 모아집니다.

"그는 종들을 보내어 혼인 잔치에 초대받은 이들을 불러오게 하였다. 그러나 그들은 오려고 하지 않았다"(마태 22,3).

"초대받은 이들"은 이미 초대 손님 명단에 올라 청첩장을 받은 이들을 가리킵니다. 여기서는 일단 오랜 역사 동안 하느님의 선택을 확인한 이스라엘 백성 곧 유다인을 가리킵니다.

우리가 주목해야 할 문구는 "오려고 하지 않았다"는 말입니다. 이는 초대에 대한 완강한 거부를 나타냅니다. 이는 요지부동으로 버티는 옹고집과 다름없습니다.

하지만 임금은 포기하지 않고 최대한의 성의를 다하며 '모든 잔치 준비가 마쳐졌음'을 알리고 다시 초대하도록 합니다. 결과는 역시 퇴짜입

니다.

"그러나 그들은 아랑곳하지 않고, 어떤 자는 밭으로 가고 어떤 자는 장사하러 갔다. 그리고 나머지 사람들은 종들을 붙잡아 때리고 죽였다"(마태 22,5-6).

초대를 거절한 사람들의 거절 이유는 "밭"일이나 "장사" 때문이었습니다. 이 핑계들은 모두 세속 생활에 관한 것들로, 물질의 소유나 세상사에 집착하는 것은 하늘 나라에 들어가기에 합당하지 않다는 것을 말해줍니다. 오늘 우리의 일상에서도 "밭"일을 해야 할 사정은 얼마든지 생깁니다. 오늘 우리의 생업에서도 "장사"의 용무는 숱하게 발생합니다.

마태오 복음은 초청 거부 핑계에 덧붙여서 '종들을 학대하고 살해했다'는 말을 첨가하고 있습니다. 얼핏 생각하기에는 억지스러운 말 같지만 이런 일이 실제로 일어났습니다. 예언자와 예수님께서 이로 인해 죽임을 당했습니다. 수많은 그리스도인들이 '기쁜 소식'을 전했다는 이유로 순교하였습니다.

요즈음 성당의 주일 미사가 점점 썰렁해져 가고 있다는 얘기가 여기저기서 들려옵니다. 더 재미있고 더 가치 있어 보이는 그 무엇을 좇아 미사 잔치의 기쁨을 미련 없이 거절하는 이들이 늘기 때문입니다.

주일날 우리의 마음과 눈을 끄는 매력적인 것들은 우리 주위에서 점점 많아지고 있습니다.

하지만 확실한 건, 그것들로 인해 우리의 영혼은 점점 황폐화 되어가고, 영양실조로 인해 활력을 잃어 간다는 사실입니다.

■ 잔치에 가네

> "혼인 잔치는 준비되었는데 초대받은 자들은 마땅하지 않구나.
> 그러니 고을 어귀로 가서 아무나 만나는 대로
> 잔치에 불러 오너라"(마태 22,8-9).

상상해 봅니다.

형편이 좀 되는 사람이 명동성당에서 외아들 혼배성사를 치르기로 예약해 놓았습니다.

본인에게나 외아들에게나 일생 단 한 번 있는 대사이기에 몇 달 전부터 준비에 만전을 기합니다. 귀빈 명단을 작성하여 아들에게 청첩장을 보내도록 합니다. 만일을 대비하여 전화로도 별도로 초청의 뜻을 전하게 합니다.

손님 접대를 위해 연회실을 대관하여 청첩장 인원수에 맞춰 최고급 뷔페를 차려놓습니다.

혼배일이 되자 밤잠을 설치고 새벽부터 현장에 나가 준비상황을 점검합니다. 점점 예정 시간이 가까워 옵니다.

그런데, 웬걸!

하객은 드문드문 보일 뿐, 여기저기서 전화로, 또는 인편 전갈로 불참 소식을 전해옵니다. 핑계들은 구구합니다.

"갑자기 사업상 바이어를 접견해야 할 일이 생겼습니다. 축하하고 미안합니다."

"직장에서 특근을 하느라 못 빠져나갑니다. 축하하고 미안합니다."

"스케줄상 원래 못 갈 처지였습니다. 축하하고 미안합니다."

낭패입니다. 낭패도 이런 낭패가 없습니다.

성당 혼배성사 분위기도 썰렁할 것이고, 미리 차려놓은 뷔페도 다 버려야 할 판입니다.

오늘 비유 말씀은 이러한 상상력으로 묵상할 때 그 뜻이 더 잘 드러납니다.

아들의 혼인 잔치를 벌인 임금이 진노할 것은 당연한 일이었습니다. 그래서 고을을 폐허화하는 한편, 거리에서 아무나 초대하도록 종들을 보냅니다.

"혼인 잔치는 준비되었는데 초대받은 자들은 마땅하지 않구나. 그러니 고을 어귀로 가서 아무나 만나는 대로 잔치에 불러 오너라"(마태 22,8-9).

초대를 거절한 이들에 대한 징벌이 끝난 이후에도 잔치는 계속됩니다.

이제 종들은 새로운 손님들을 부르러 파견됩니다. 잔치는 어떻든 많은 사람들로 가득 차야만 영광스러워집니다. 유다인들이건 이방인들이건 악한 자들이건 선한 자들이건 모두 교회로 모아들이도록 명하십니다.

이렇게 해서 부르심이 이스라엘을 떠나 이방인에게 향하게 됩니다. 여기서 그리스도의 죽음과 부활, 성령의 강림으로 주어진 이방인 선교 시작의 모습을 엿볼 수 있습니다(마태 28,19 참조).

"만나는 대로 잔치에 불러 오너라"라는 명령은 분명히 새로운 사상입니다. 이 분부는 복음서 마지막에 예수님께서 제자들에게 '너희는 온 세상에 가서 이 복음을 전하고 세례를 주라'(마태 28,19; 사도 1,8 참조)는 분부의 전주곡이라고 할 수 있습니다.

이로써 '공짜 구원'이라는 의미로 축약되는 복음이 왜 굳이 선포되어야 했는가가 해명된 셈입니다.

몰라서 그렇지, 자격이 있건 없건, 죄인이건 아니건 "아무나" 하느님 잔치에 참여할 수 있게 되었다는 것은 경천동지할 새 소식입니다. 그리스도교 이외에는 그 어느 종교에도 없는 파격적인 소식입니다. 여기 이 "아무나"라는 말씀 덕에 잔치에 참여하여 하느님 백성의 일원이 된 우리는 참으로 행복합니다.

주님, 잔치에 참여하는 기쁨을 노래해 봅니다.

> 잔치에 가네.
> 얼마나 복된 축제인가.
> 사랑이 사랑을 만나고,
> 온갖 산해진미 상 차려지고,
> 노랫가락 흥겨운,
> 하느님 잔치.
>
> 잔치에 가네.
> 얼마나 복된 축제인가.
> 낮은 이 높은 이 초대받고,
> 가난한 이 모셔지고,
> 남녀노소 정겨운,
> 하느님 잔치.

■ 선택받으려면

> "사실 부르심을 받은 이들은 많지만 선택된 이들은 적다"(마태 22,14).

어느 유명한 회사에서 신입 사원을 뽑을 때 있었던 일이라고 합니다.

일류 대학을 나온 능력 있는 지원자들이 많이 지원했습니다. 서류 전형을 마치고 시험을 치른 합격자들에게 남은 것은 면접 시험뿐이었습니다. 면접은 사람됨을 가늠하는 가장 중요한 시험이기에 사장이 직접 하기로 되어 있었습니다. 면접 시험을 앞둔 사람들은 저마다 사장이 묻는 말에 대답을 잘하기 위해 열심히 준비했습니다. 그런데 이상하게도 지원자들을 한 사람씩 만난 사장은 한마디의 질문도 하지 않았습니다. 드디어 면접 시험이 끝나고 7명의 합격자가 발표되었습니다. 나머지 사람들은 어째서 합격이 되지 않았는지 궁금했습니다. 사장은 이렇게 대답했습니다.

"우리 회사는 똑똑한 사람보다 열심히 일하는 사람이 필요합니다. 그래서 면접을 보기 위해 들어오는 문 앞에 휴지 한 장을 떨어뜨렸습니다. 들어오면서 떨어진 휴지를 주워 휴지통에 넣은 사람을 합격시켰습니다."

그 해에 휴지를 줍고 들어온 사원들은 과연 다른 해에 뽑은 사원들보다 성실하게 회사 일을 잘해서 많은 사람들에게 칭찬을 받으며 중요한 일을 감당해 나갔습니다. 일은 입으로 하는 것이 아니라 손과 발을 움직여서 하는 것입니다.[97]

그 회사에 지원한 사람들은 많았지만, 정작 뽑힌 사람은 7명에 지나지 않았습니다. 그야말로 "부르심을 받은 이들은 많지만 선택된 이들은 적다"라는 예수님의 말씀을 다시 한 번 생각나게 하는 이야기입니다.

오늘 복음 말씀에서 하늘 나라 잔치에 초대는 받았지만, 쫓겨난 사람들은 예복을 입지 않았기 때문이었습니다. 여기서 말하는 예복은 무엇일까요? 아우구스티누스 성인은 이 예복에 대하여 다음과 같이 말하고 있습니다.

> 혼인 잔치에 필요한 옷은 몸에 걸치는 옷이 아니라 마음의 옷입니다. 그것이 겉에 입는 옷이었다면, 종들도 그것을 알아보았을 터이기 때문입니다. 그런데 혼인 잔치의 손님이 입어야 하는 예복은 무엇일까요? "당신의 사제들은 의로움으로 옷 입고"(시편 132,9)라는 말씀에서 우리는 그것을 알 수 있습니다. 이것은 (바오로) 사도가 '우리는 옷을 입고 있다면 알몸이 되지 않을 것'(2코린 5,3 참조)이라고 한 의로움의 옷입니다. 준비를 갖추지 못한 사람은 잔치를 여신 주님에 의해 이런 식으로 발견되고, 많은 사람 가운데 하나로서 추궁을 당하고, 손발이 묶여 바깥으로 던져집니다(아우구스티누스, 『설교집』, 90,4).
>
> 그러면 혼인 예복은 무엇입니까? 혼인 예복은 (바오로) 사도의 이 말로 설명할 수 있습니다. "그러한 지시의 목적은 깨끗한 마음과 바른 양심과 진실한 믿음에서 나오는 사랑입니다"(1티모 1,5). 이것이 혼인 예복입니다(아우구스티누스, 『설교집』, 90,6).

아우구스티누스 성인이 표현한 "깨끗한 마음과 바른 양심과 진실한 믿음에서 나오는 사랑"의 예복을 우리는 실천하는 믿음이라고 표현해도 무방할 것입니다. 관건은 믿음입니다. 하지만 사랑이 없는 믿음은 쭉 정이이기에 올바른 예복이라고 말할 수 없는 것입니다.

함께 기도하시겠습니다.

주님, 저희에게는 주일이 절대적으로 우선입니다. 그러기에 세상의 어떤 일정도 미사 참례보다는 나중입니다. 저희에게 결단의 용기를 주소서.

주님, 하늘 나라 잔치에로의 초대는 어리석은 이에게는 부담이지만 지혜로운 이에게는 은혜입니다. 저희 혜안을 밝혀 주소서.

주님, 세속에 마음을 빼앗긴 이들이 주님의 초대 말씀에 "아랑곳하지" 않는 것 이상으로, 저희는 세속의 재밋거리에 "아랑곳하지" 않으려 합니다. 저희를 도우소서.

우리 주 예수 그리스도를 통하여 비나이다. 아멘!

주님께 돌려 드립니다

"하느님의 것은 하느님께 돌려 드려라"(마태 22,21).

1. 말씀의 숲

지난 몇 주간 우리는 복음을 통하여 수석 사제들과 바리사이들에 대한 예수님의 질책 어린 비유(두 아들의 비유, 포도밭 소작인의 비유, 혼인 잔치의 비유) 말씀을 들었습니다. 특히 '포도밭 소작인의 비유' 말씀을 듣고 난 직후 유다인들의 반응을 마태오 복음은 이렇게 기록하고 있습니다. "수석 사제들과 바리사이들은 이 비유들을 듣고서 자기들을 두고 하신 말씀인 것을 알아차리고, 그분을 붙잡으려고 하였으나 군중이 두려웠다. 군중이 예수님을 예언자로 여겼기 때문이다"(마태 21,45-46).

결국 오늘 복음에서 바리사이들은 예수님의 말씀에서 트집을 잡아 올가미를 씌울 계획을 세웁니다. 그들은 예수님을 체포할 구실을, 세금 납부에 대한 문제에서 찾으려고 교활한 꾀를 씁니다. 바리사이들은 교묘한 질문을 하는 데 명수였고, 율법 학자들은 율법의 말마디를 가지고 남에게 죄를 뒤집어씌우는 데 따라갈 자가 없었습니다. 여기에 헤로데 당원들도 예수님에 관한 한 그들과 합세하고 있었습니다. 그들은 함께 예수님께 가서 황제 카이사르에게 바치는 세금 문제를 가지고 예수님을 시험합니다.

그들의 질문은 교활했습니다. 하느님과 황제 둘 중 택일하라는 것이 었는데 어느 쪽을 택하더라도 걸려들게 되어 있었기 때문입니다. 황제를 추종하는 것, 곧 세금을 바쳐야 한다고 말한다면 선택받은 거룩한 백성으로서 하느님을 저버리는 일이었습니다. 반대로 세금을 바치지 말아야 한다고 말한다면 로마 황제에게 저항하는 반역자가 되는 것이었습니다.

이에 예수님은 명쾌하게 결론을 내려 주십니다. 하느님과 국가 권력과의 관계는 상호 배타적인 관계가 아니고 권력을 주는 자와 받는 자의 관계라는 것입니다. 그러니 하느님께 해야 할 일이 있고 국가 권력자에게 해야 할 일이 있는 것입니다. 이는 사람에게보다 하느님께 더 순종해야 한다는 것을 뜻하며 세금 규정이 신적 권위에 의한 것이 아님을 암시합니다. 황제에게는 돈만 바치면 되지만 하느님께는 돈만이 아니라 자기를 봉헌해야 한다는 의미입니다. 이렇게 예수님께서는 지도자들의 간교한 함정을 빠져나오셨습니다.

2. 말씀 공감

■ 종교인의 회개

> "황제에게 세금을 내는 것이 합당합니까, 합당하지 않습니까?"(마태 22,17)

몇 년 전부터 꾸준히 있어 온 우리 사회의 공론화된 이슈 가운데 하나가 '종교인 세금 납부' 문제입니다. 최근 한 언론에는 이런 기사가 나기도 했지요.

종자연(종교자유정책연구원)은 "종교가 공익적 활동보다는 교세확장과 사익 추구에만 몰두하는 모습에 국민들은 매우 불편해 하고 있다."면 서 […] "종교인에 대한 과세는 조세의 형평성을 실현함과 더불어 종교 권력에 대한 최소한의 시민사회의 감시와 견제 방법이기도 하다."면 서 "종교인은 종교인이기 이전에 한 사람의 국민임을 잊지 말아야 한 다. 국민의 의무는 하지 않고 종교인으로서의 특혜만을 주장한다면 종교에 대한 국민들의 관심은 더욱 멀어질 것"이라고 경고했다. […]

"종교인 과세에 대한 국민의 공감대는 이미 형성되어 있다. 국민의 65%가 성직자의 세금 부과에 찬성하고 있는 것으로 확인되었다."면 서 "정부가 종교인에 대한 과세를 하지 않는 것은 공평과세와 조세형 평주의를 위반하는 것"이라고 밝혔다.[98]

대부분의 신자라면 아시겠지만, 사실 이 부분에 있어서 한국 천주교 회는 일찍이 모범을 보여 왔습니다.

지난 1994년 7월, 천주교 주교회의를 통해 성직자들도 세금을 내기 로 결의한 이후 현재 각 교구별로 신부, 수녀 등 천주교 성직자들의 세 금은 매달 원천징수하고 있습니다. 그뿐만 아니라 거의 모든 교구에서 는 고용보험을 제외한 국민연금과 건강보험료도 공제하고 있지요.

뿐만 아니라 1983년 이래로 한국 천주교회는 각 교구 산하의 모든 재산을 법인화해 재정 및 회계의 투명성을 확보하였습니다.

천주교가 이처럼 세금을 내는 까닭은 다른 데에 있지 않습니다. 종교 의 문제 이전에 교회와 성직자가 납세의 의무를 지킴으로써 신자들을 비롯한 국민들에게 사회적 모범을 보일 수 있기 때문입니다.

그런데 연일 언론에 보도되고 있는 타 종교인들의 재산 다툼 문제를 접하노라면 가슴이 안타까워지지 않을 수 없는 것입니다.

"황제에게 세금을 내는 것이 합당합니까, 합당하지 않습니까?"(마태 22,17)

이 질문에 예수님께서는 '너희가 세금으로 내는 돈을 가져오라'(마태 22,19 참조)시며, 그 돈에 새겨진 "초상과 글자가 누구의 것"(마태 22,20)인지를 그들에게 되물으십니다.

이 말씀을 통하여 예수님께서는 일단 이 땅 위에 존재하는 세속 왕국에 대한 의무를 인정하신 셈입니다. 물론, 이를 전제로 '하느님 것은 하느님께'라는 단서를 다심으로 하느님 왕국에 대한 의무를 후반부에서 강조하시기도 했습니다마는.

그렇다면 우리 묵상의 결론은 어떠해야 할까요. 저에게는 예수님 말씀의 요지가 역으로 이렇게 들려옵니다.

"세상 사람들에게 하느님께 대한 의무를 강조하기 전에, 너희가 먼저 특권 의식을 버리고 세상 권력에 대한 너희의 의무를 다하라. 그것이 바로 정의이며, 모범이며, 감동이니라!"

■ 저희를 위하여 미치신 주님

> "하느님의 것은 하느님께 돌려 드려라"(마태 22,21).

간혹 우리는 문득 우리 앞에 산더미처럼 쌓여 있는 일들에 부딪히게 됩니다. 그 순간 압박감이랄까 무게감이랄까는 이루 말할 수 없을 것입니다. 그럴 때 이를 해결하기 위하여 가장 시급한 것은 우선순위를 정하는 것입니다.

미국 오하이오 주에 사는 레아 파우스트 씨가 의외의 해법을 제시합니다.

　나는 '기도 노트'를 적는 일로 하루 일과를 시작합니다. 그런데 어느 날 아침에는 머릿속이 너무 복잡해 도저히 집중이 안 되었습니다. 급기야는 기도 노트를 한쪽으로 치워 놓고 내가 신경 써야 할 일들을 목록에 빼곡히 작성하기에 이르렀습니다.

　'슈퍼마켓 가기, 옷 드라이클리닝 맡기기, 빨래하기, 거실 진공청소기 돌리기…'

　그런 다음 작성한 목록을 옆으로 밀어 놓고는 다시 기도 노트를 집어 들었습니다. 그런데 이번에 떠오른 해야 할 일들은 나 좋으라고 하는 것들이 아니었습니다.

　'데니스와 그 가족들 살피기, 산책하며 기도하기, 교회에 처음 나오는 방문자들 잘 챙겨주기, 새 신자들에게 기도서 한 권씩 선물하기, 등등…'

　이처럼 주님을 위한 일들이었습니다. 할 일은 자꾸만 떠올랐습니다.

　나는 그날 온종일 '주님'을 위한 일 목록에만 신경을 쏟았습니다. 실제 '내' 할 일 목록에는 손도 못 댔던 것입니다. 그럼에도 날이 저물 무렵에는 몇 배의 기쁨이며 성취감이 느껴졌습니다. 이튿날 나는 주님께 이렇게 기도드렸습니다.

　"주님, 오늘도 당신께 하루를 바칩니다. 오늘도 그리고 앞으로도 계속 주님께서 원하시는 바를 제가 행할 수 있게 도와주세요. 아멘."[99]

소소한 일상에서 우리는 주님의 것을 제일 나중으로 미뤄두는 경우가 얼마나 많았던지요. 하지만 이야기 속 주인공처럼 아예 순서를 뒤집어 버리는 것입니다. 그러면 놀라운 반전이 일어납니다.

물론 시간을 다투는 아주 긴급한 상황이라면 지금 자신에게 주어진 일에 성실히 임해야 하는 게 우선임은 맞습니다. 그렇지만 그럴 때도 속으로 "주님, 제가 이 일을 잘 끝마칠 수 있게 도와주소서" 하고 아주 짧은 화살기도라도 먼저 바치고 일에 집중한다면 더 좋은 결과를 얻을 수 있지 않을까요.

내 모든 것이 이미 그분 것이기에 그분께 먼저 바람과 간청과 감사와 찬미를 돌려 드리면, 그대로 내게 다시 돌아올 것이기 때문입니다.

"하느님의 것은 하느님께 돌려 드려라"(마태 22,21).

오늘 복음에서 예수님의 이 말씀대로 행하여 축복받는 여러분이 되시길 기도합니다.

함께 기도하시겠습니다.

주님, 주님께서 항상 저희 선택의 0순위가 되어야 하는 것은 그냥 당연하고 마땅하기에 그 까닭은 사실 이유 불문입니다.

주님, 그래도 끝까지 고집스런 저희의 못난 인간 중심적인 선택을 피하기 위해서, 저희에게는 '주님께서 나의 하느님이 되시면, 만사형통이니라'라는 믿음이 필요합니다.

저희를 위하여 미치신 주님, 저희가 무엇이건 0순위로 주님께 의탁하고 바치오니, 주님께서는 노상 저희의 거룩한 '미친 존재감'이 되어 주소서.

우리 주 예수 그리스도를 통하여 비나이다. 아멘!

행동이 언어를 압도할 때

"나는 하늘과 땅의 모든 권한을 받았다"(마태 28,18).

1. 말씀의 숲

오늘 우리는 전교 주일을 맞이하고 있습니다. 교회는 1926년부터 전교 사업에 종사하는 선교사나 선교 지역의 교회를 돕고자 10월 마지막 주일을 '전교 주일'로 정했습니다. 또한 이날은 신자들에게 교회 본연의 사명인 선교에 대한 의식을 일깨우는 날이기도 합니다. 과연 선교란 무엇일까요? 다음의 이야기를 통하여 올바른 선교에 대하여 생각해 보는 시간을 가져야겠습니다.

영국이 인도를 점령하여 식민지 통치를 할 때, 영국군 장성들의 모임에 초청을 받은 간디는 연단에 올라가 영국군 장교들에게 이렇게 말했다고 합니다.

"당신들이 가는 곳마다 십자가가 달린 교회를 짓는데, 당신들이 그리스도인이라면 교회 건물이나 선전 벽보가 아니라 당신들의 삶으로 예수를 보여주시오. 당신들이 믿는 예수가 부당하게 폭력을 휘두르며 살인하라고 가르쳤습니까? 당신들의 예수가 나약한 여인들을 겁탈하라고 가르쳤습니까? 가난한 이들의 재산을 약탈하라고 가르쳤습니까? 내 조국 인도를 그냥 놓아 두시오! 당신들의 예수가 아니더라도 행복하게 살

수 있습니다. 나는 예수를 사랑하지만 '그리스도인'들은 싫어합니다."

영국군은 교회를 짓고 거기에 선전 벽보를 붙이며, 온갖 말로 그리스도를 전했지만 간디의 말대로 그리스도를 보여주지 못했습니다. 오히려 그리스도를 그릇되게 보여주었습니다. 그런데 똑같은 인도에 마더 데레사가 갔습니다. 데레사 수녀님은 아무 말 없이 가장 가난한 도시 캘커타의 빈민가에 들어가 길거리에서 죽어가는 병자들을 돌보았습니다. 데레사 수녀님은 교회도 짓지 않고 십자가도 세우지 않고 벽보도 붙이지 않고 예수님을 믿으라고 외치지도 않았습니다. 오로지 하느님의 자비와 사랑을 삶으로 보여주었습니다. 그러나 많은 이들이 이러한 데레사 수녀님의 행실을 보고 그 안에서 하느님의 사랑을 보았습니다.

선교는 단순히 말로써, 선전 벽보로써 전하는 것이 아닙니다. 오히려 그리스도를 따르는 우리들의 행실을 통하여 주님의 사랑과 복음이 더 확실하게 전해집니다.

오늘 우리가 들은 복음은 마태오 복음서의 끝 부분입니다. 부활하신 예수님께서는 제자들에게 모든 민족을 가르쳐 당신의 제자가 되게 하고 세례를 베풀라고 말씀하고 계십니다. 마태오 복음의 이 마지막 다섯 절(마태 28,16-20 참조)의 거의 모든 단어는 그의 복음 전반에 걸쳐 마태오가 검토하고 있는 큰 주제들에 대한 자료 일람표처럼 보입니다. 그뿐만이 아닙니다. '이스라엘의 길 잃은 양들'에게 관심을 집중해야 한다고 생각하는 유다인 출신의 그리스도인들이 있는 소심한 교회 안에서 한편으로 담대한 다른 그리스도인들은 다음과 같은 슬로건을 내겁니다. '모든 민족들을 누구든지 제자로 삼아, 아버지와 아들과 성령의 이름으로 세례를 주고, 내가 너희에게 명령한 모든 것을 가르쳐 지키게 하여라'(마태 28,19-20 참조). 이것이 교회의 강령입니다. 복음서의 마지막 부분에서, 마태오는 이렇게 참여하는 신자들에게 그리스도의 이름으로 그 근거를 제시하고 있으며, 자신 안에 폐쇄적으로 움츠러드는 사람들에게 용기를 북돋아 주고 있습니다. 그러나 이 주석 작업을 마치기 위해 우리는 이러한 설명보다 훨씬 더 풍요로운 복음서 저자의 복음 자체로 되돌아가야 합니다.

예수님은 갈릴래아에서 이 말씀을 하셨습니다. 이방인들의 갈릴래아에서 어둠 속에 앉아 있는 백성이 큰 빛을 보고, 죽음의 그늘진 땅에 앉아 있는 사람들에게 빛이 솟아오르도록 하기 위해서 말입니다(마태 4,15-16 참조). 세상의 모든 민족을 당신의 제자로 삼기 위해서 말입니다.

2. 말씀 공감

■ 그 산

> "열한 제자는 갈릴래아로 떠나
> 예수님께서 분부하신 산으로 갔다"(마태 28,16).

예수님께서 분부하신 산!

여기서 "산"은 그리스어 원문에는 "그 산"이라 표기되어 있습니다. 제자들이 다 알고 있는 산이라는 뜻이죠.

갈릴래아 어딘가에 있는 그 산! 그 산은 제자들에게 "갈릴래아"라는 지명에 서려 있는 특별한 의미에 더하여 비밀스런 추억을 사연으로 하고 있는 산입니다.

예수님과 첫 번째 만남, 첫 번째 부르심, 그리고 첫 번째 동행이 이루어졌던 갈릴래아는 대부분의 제자들에게 지리적인 고향일 뿐 아니라, 영적인 고향이기도 했습니다. 그 갈릴래아에서 "그 산"은 예수님과 제자들이 군중들을 돌려보내고 자신들만 오롯하게 시간을 보냈던 장소였을 것입니다.

복음서의 여러 진술들을 종합하면, 예수님께서는 그 산기슭 어딘가에서 제자들과 함께 지내시다가 그들을 그곳에 머물게 하시고 홀로 산중에 드시어 밤샘기도를 하시곤 하셨습니다. 모르긴 몰라도, 그곳에서 제자들은 주 예수님의 돌보심 하에 친밀한 사랑의 친교를 나누는 한편 아직은 수수께끼 같은 자신들의 미래 운명에 대해 담론하였을 것입니다.

예수님께서는 부활하신 후 그곳에서 제자들을 만나고자 하셨습니다. 그리하여 마리아 막달레나를 통하여 그런 뜻을 전하셨습니다.

만남의 장소로 굳이 그 산을 택하셨습니다. 거기에는 깊은 뜻이 서려 있었습니다.

예수님께서 부활하셨을 당시, 제자들은 예수님 앞에 얼굴을 들 수 없을 만큼 자괴감에 빠져 있었습니다. 예수님께서 십자가 죽음의 길에 오르셨을 때, 비겁하게 도망쳤던 자신들! 그들은 그것 하나만으로도 스스로를 용서할 수 없었던 것입니다. 설령 용서한다 해도 그들은 예수님의 부재를 감당할 수 없었습니다. 부활하시어 발현까지 해 주셨지만, 그것은 잠시일 뿐 예수님께서 다시 떠나시면 그들은 당장 자신들의 미래 걱정을 해야 했습니다. 그러기에 대부분의 제자들은 도로 이전의 생업에로 돌아갈 심산이었다고 복음서는 전합니다.

그러나 귀향은 그들이 취해야 할 선택이 아니었습니다. 예수님께서는 제자들 마음의 상처를 치유하시고 심기일전케 하여 복음을 전하는 사명에로 파견하시고자 하셨습니다. 그러기 위해서는 첫 마음을 회복시켜

주시는 것이 먼저였습니다.

그러기에 세계만방으로 제자들을 파견할 장소로 갈릴래아를 택하셨습니다. 그리고 그 결정적인 유언의 장소로 "그 산"을 택하셨던 것입니다. 제자들이 예수님의 분부를 따라 그 산에 들어서는 순간 제자들에게는 지난 3년간 그곳에서 생사고락을 같이하며 의기투합했던 추억이 새록새록 살아났을 터입니다. 그리고 그 추억이 그들 뇌리에서 가슴으로 내려와 자신들의 상처 입은 소명을 회복시켜 주었을 것입니다. 굳이 예수님께서 하나하나 상기시켜줄 필요도 없으셨습니다. 산에 들어서는 순간 성령으로부터 불어오는 치유의 바람이 상큼하게 그들의 콧구멍을 벌렁거리게 했기 때문입니다. 이 내적 회생의 작업이 완료되었을 때 예수님께서는 그들에게 나타나시어 최후의 명령을 내려주셨던 것입니다.

이후 제자들에게 "그 산"은 위대한 새 출발의 장소가 됩니다.

제자들은 이제부터 더 이상 제자가 아닙니다. 그 정도가 아니라 복음 전파의 사명을 부여받고 모든 민족들에게 파견된 자, 곧 사도입니다.

필경 제자들이 각자의 사명지에서 예수님의 뒤를 따라 죽음으로 내몰리게 되었을 때, 그 산에서 내려진 예수님의 파견명령이 그들을 박해자 앞에서도 당당하게 복음을 증거하도록 용기를 북돋웠을 것입니다.

"그때에 열한 제자는 갈릴래아로 떠나 예수님께서 분부하신 산으로 갔다"(마태 28,16).

그리스도인이라면 누구에게도 그 산이 있습니다. 누구에게나 첫 마음의 장소 갈릴래아가 있고, 누구에게나 첫 밀회의 장소 '그 산'이 있습니다. 우리 주 예수 그리스도와 연을 맺었던 그 운명의 장소 말입니다.

가을이 깊어갑니다. 너무 깊어지기 전에 '그 산'을 한 번쯤 꿈에서라도 다녀와 봄이 어떨지요.

■ 사랑의 본을 살게 하소서

> **"나는 하늘과 땅의 모든 권한을 받았다"**(마태 28,18).

뜨거웠던 2014년 여름, 프란치스코 교황이 다녀간 뒤, 사람들을 만날 때마다 듣는 인사말에는 법칙처럼 교황이 남긴 강력한 인상에 대한 언급이 끼어 있었습니다. 그 중 하나로, 어느 주교님께서 들려준 한 신부의 소감에 저는 크게 공감했습니다. 내용은 이렇습니다.

"나는 지금까지 성경 말씀 가운데 '예수님 말씀에는 권위가 있었다'는 구절을 그냥 머리로만 이해하고 상상으로만 수긍했는데, 교황님의 말씀을 들으면서 그 권위라는 것이 무엇인지 보았습니다. 사실 교황님께서 하신 말씀에는 특별한 말이 없었습니다. 누구나 아는 평범한 말이었습니다. 그런데 그 말에는 무슨 특별한 기운이 서려 있었습니다. 거부할 수 없는 설득력이랄까……."

그러고 보니 프란치스코 교황이 남긴 말은 사실 누구나 여태껏 쉽게 해 왔던 말이고, 싫도록 들었던 말입니다. 그런데 그 말이 여전히 우리 마음에 꽂혀 사그라지지 않는 여운을 발산하고 있습니다.

"가난한 이들을 돌보라."

"이웃의 고통을 함께 아파하라."

"용서하라."

울림이 있고, 그대로 따르고 싶고, 뇌리에서 지워지지 않습니다. 대관절 이런 그의 권위는 어디에서 오는 걸까요. 흔히 사람들은 이구동성으로 '언행일치'를 그 결정적인 이유로 꼽습니다. 일리가 있습니다. 하지만 저는 거기서 한발 더 나아간 지점에서 그 까닭을 봅니다. 단순히 언행이 일치하면 그것은 말에 대한 신뢰성을 높일 뿐입니다. 그것은 아직 권위가 아닙니다. 그러므로 저의 결론은 이렇습니다.

"진정한 말의 권위는 행동이 언어를 압도할 때 발산된다!"

무슨 사족이 더 필요하겠습니까마는, 이와 관련하여 제가 『천금말씨』(2014년)에서 들려 드린 아이젠하워의 멋진 말을 여러분과 나누고자 합니다.

미국에서 가장 존경받는 군인으로 기억되고 있는 아이젠하워가 2차 세계대전 중 전쟁터로 떠나는 장교들을 배웅할 때의 일입니다. 그는 미리 준비한 끈이 든 상자를 들고 장교들이 모여 있는 방으로 들어갔습니다. 짧은 연설을 끝낸 뒤 그가 그들을 일렬로 서게 한 다음, 상자에서 준비해 온 줄을 꺼내 그들 앞에 하나씩 놓아두었습니다.

"자, 각자 줄 끝을 쥐고 한번 당겨 보게."

장교들이 그의 말대로 하자, 그가 또 말했습니다.

"자, 그럼 이번에는 줄 끝을 밀어 보게."

끈을 당기기는 쉬웠지만 밀기는 쉽지가 않았습니다. 장교들이 낑낑대고 있을 때, 아이젠하워가 말했습니다.

"끈을 당기면 자네들이 끌고 가고자 하는 곳까지 어디든 따라올 것이네. 그러나 끈을 밀려고 하면 끈은 아무 데로도 가지 않는다네."

아이젠하워는 장교 한 명 한 명의 눈을 쳐다보며 이렇게 덧붙였습니다.

"군들이 부하들을 이끌 때도, 이것과 똑같은 원리가 적용된다는 것을 잊지 말게."[100]

기억에 남을 명언입니다. 강압으로 부하에게 윽박지르지 말고 솔선수

범으로 본을 보여 부하로 하여금 따르게 하라는 뜻이었을 터입니다.

프란치스코 교황의 경우가 바로 그랬습니다. 먼저 행동으로 상대를 매료하고 말은 가급적 짧고 쉽고 명쾌하게!

그리하여 우리 가톨릭 신자들은 물론, 믿지 않는 많은 이들, 그리고 차갑고 냉정할 수밖에 없는 모든 언론과 미디어마저 앞다투어 그의 정신과 리더십을 보도하며 찬양했던 것입니다.

물론 그의 이 권위의 가르침의 스승은 예수님이시구요.

"나는 하늘과 땅의 모든 권한을 받았다"(마태 28,18).

■ 영적 기개를 저희 가슴에도

> **"내가 세상 끝 날까지 언제나 너희와 함께 있겠다"(마태 28,20).**

조용한 한 때, 초가을의 연구소 뒤편 천둥성지를 거닐다 보면, 새삼 송해붕 세례자 요한의 순교 얼이 마음 깊이 되새겨집니다.

오늘, 민족들의 복음화를 위한 미사를 봉헌하며, 미래사목연구소 주보이자 한국 천주교회의 다음 시복 대상자로 '홍용호 프란치스코 보르지아 주교와 동료 80위'에 올라있는 우리들의 신앙 선배, 송해붕 세례자 요한의 깊은 신심을 엿볼 수 있는 일기 몇 대목을 여러분과 나눠 봅니다. 이 땅에 더욱 확고한 복음의 씨앗이 뿌려지길 기원하는 마음과 함께 말이지요.

먼저, 사제가 되겠다는 부푼 꿈을 안고 덕원 신학교에 간 송해붕 세례자 요한이, 내심 2학년으로 편입될까 걱정하였으나 4학년으로의 편입이 결정되면서 적은 감사 기도 대목입니다.

나의 양심조차도 판단치 못했던 일이 이루어졌으니 이는 전적으로 하느님의 좋으신 부르심이 아니고 무엇이겠는가.

나 뜻을 세워 고향을 떴으니

하느님의 부르심이 있으면

어찌 뜻을 이루지 못하리오.

성령이시여 임하소서.

주님의 뜻대로 이루어지소서.

호수 천사여 저를 비추어 주소서. 아멘(1944년 4월 3일 월요일 일기 중에서).

"하느님의 부르심이 있으면 어찌 뜻을 이루지 못하랴"라고 고백하는 그의 믿음은, 신학교 생활을 해 내 가며 다음과 같이 깊어집니다.

아! 아름다운 천국과 같은 신학교 생활이여, 얼마나 우아한 세상인고! 기둥과 같이 의지되는 교장 신부님과 지도 신부님을 끝까지 신뢰하고 하느님의 뜻이 임하시는 그날까지 최선의 노력을 다하여 순차로 앞으로 나아갈 것이다.

그리하여 반드시 나의 숭고한 목적인 하느님의 복음을 전하며 각지에 두루 다니고 또한 미개한 곳에는 십자가를 세우고자 세상 끝까지 갈 것이다. 모든 선교의 사명을 마음에 품고 세상의 한끝에서 다른 끝까지 신성한 천주교를 넓혀 가고 싶다.

진지한 나의 동경이며, 주님 대전에서 맹세하는 나의 큰 이상을 이루어 낼 것이다(1944년 4월 13일 목요일 일기 중에서).

하지만 신학생 송해붕을 위해서 하느님께서는 더 큰 계획을 갖고 계셨습니다. 그를 세세에 빛날 평신도 선교의 선봉으로 세우고자 하셨던 것입니다. 그리하여 그는 하느님의 안배를 따라 고촌 일대에서 평신도 선교 활동을 하다가, 급기야 1950년 10월 12일 순교의 영예를 누리게 되었습니다.

하느님의 부르심에 강력하게 사로잡혀 기록한 일기장에서 오늘도 힘차게 박동하고 있는 청년 송해붕 세례자 요한의 선교 사명 열정은, 그의 순교 몇십 년이 흐른 지금 저희의 마음 안에 고스란히 살아 있습니다. 한국 천주교회 역사 안에서 큰 빛으로 빛나고 있습니다. 오늘 복음에서 우리에게 주신 예수님의 저 약속 말씀과 함께 말입니다.

"내가 세상 끝 날까지 언제나 너희와 함께 있겠다"(마태 28,20).

함께 기도하시겠습니다.

주님, 용광로 같은 주님 사랑 앞에 복음 전파를 위한 저희의 알량한 열심은 그저 부끄러울 따름입니다.

주님, 애간장 녹는 주님의 노파심 앞에 기쁜 소식을 전하기 위한 저희의 잰걸음도 턱없이 뒤처질 따름입니다.

주님, 하지만 저희의 저런 아장 걸음조차도 '아름답다' 격려해 주시니, 용기를 내어 행보를 재촉하겠습니다.

우리 주 예수 그리스도를 통하여 비나이다. 아멘!

축복의 지름길

> "네 마음을 다하고 네 목숨을 다하고 네 정신을 다하여
> 주 너의 하느님을 사랑해야 한다"(마태 22,37).

1. 말씀의 숲

오늘 복음을 가장 은혜롭게 묵상하는 길은 '발상의 전환'이라고 생각합니다. 흔히 오늘 복음에 제시된 '하느님 사랑'을 단지 명령이나 의무로 생각하기 쉽습니다. 하지만 이 계명의 핵심은 전혀 다른 데 있습니다. 하느님 사랑은 축복의 지름길입니다.

"행복하여라, 그분께 피신하는 이들 모두!"(시편 2,12)

"행복하여라, 야곱의 하느님을 도움으로 삼는 이 자기의 하느님이신 주님께 희망을 두는 이!"(시편 146,5)

"주님을 신뢰하고 그의 신뢰를 주님께 두는 이는 복되다. 그는 물가에 심긴 나무와 같아 제 뿌리를 시냇가에 뻗어 무더위가 닥쳐와도 두려움 없이 그 잎이 푸르고 가문 해에도 걱정 없이 줄곧 열매를 맺는다"(예레 17,7-8).

또 우리는 이웃을 사랑하는 것을 거창하게 생각하고 부담을 느끼는 경향이 있습니다. 그러나 사실 그대가 주변 사람들에게 잘해 주는 것은 아주 쉬운 일입니다. 우리 주변에는 우리의 도움을 필요로 하는 사람들

이 언제나 있기 때문입니다. 저는 그러한 선행의 예를 『가이드포스트』 2008년 6월호에 실린 한 글에서 보았습니다.

> 보통 식료품점에 갈 때면 나는 물건을 조금씩 사는 편이다. 언제나 '열다섯 품목 이하'라고 쓰여진 줄에 설 수 있다. 다른 줄에 비해 약간 빨리 줄어드는 편이지만, 이는 내게 그리 중요하지 않다.
>
> 실은, 뒷사람에게 나보다 앞서 계산하고 싶은지 항상 물어보곤 한다.
>
> "먼저 하세요!"
>
> 나는 이렇게 권한다. 허둥지둥거리며 조급해하는 고객들은 내 말에 약간 당황하곤 한다. 이런 질문을 얼마나 많이 받았는지 셀 수도 없을 정도다.
>
> "정말이세요?"
>
> 당연히 진담으로 하는 말이다! 이 작은 친절이 언제나 분주해하는 낯선 이의 얼굴에 미소를 드리우게 한다. 게다가 나까지 기분이 좋아진다. 사소한 일이지만, 나는 서두를 생각이 없다. 내게는 이것이 너무도 크나큰 축복이다(플로이스 라슨, 메릴랜드주, 실버 스프링).[101]

오늘 복음 말씀은 10계명 가운데 가장 큰 계명에 관한 것으로 예수님께서 사두가이파 사람들과 부활에 관한 논쟁(마태 22,23-33 참조)을 하신 다음에 이어지는 대목입니다.

바리사이들은 예수님께서 사두가이들을 논박하셨다는 소문을 듣고 예수님을 시험하기 위해 한 율법 교사를 보내 율법에서 가장 큰 계명이 무엇인지 묻게 합니다(마태 22,34-36 참조). 그들은 예수님이 잘못 대답하시면 트집을 잡을 생각이었던 것입니다. 이 질문에 대하여 예수님께서는 신명기 6장 5절을 인용하여 마음과 목숨과 뜻을 다해 하느님을 사랑하는 것이 가장 중요한 계명이라고 가르치셨습니다(마태 22,37 참조). 그것은 십계명의 제1계명을 발전시킨 것입니다. 또한 예수님께서는 이웃을 자신처럼 사랑하라(레위 19,18 참조)는 계명을 둘째가는 계명으로 제시하셨습니다(마태 22,39 참조). 예수님은 이 계명을 첫째 계명과 따로 떼어 생각할 수 없는 '비슷한' 것으로 간주하고 있습니다.

이런 배경에서 율법 학자들이 가지고 있던 십계명의 근본 정신에 대한 관심이 있습니다. 그래서 오늘 복음에서처럼, 그들은 어느 날 기회를 만들어서 예수님께 십계명 가운데 어떤 계명이 가장 큰 계명인지를 물었습니다. 이에 대한 예수님의 대답은 613개 조항의 율법 규정과 십계명의 숫자에 부담감을 느끼고 있던 당시 사람들뿐 아니라 우리 모두에게 명쾌한 가르침을 주고 있습니다. 사실이지 하느님께 대한 사랑과 이웃에 대한 사랑에만 최선을 다해서 충실하면 십계명이고 613개 조항이고 필요 없다는 말씀을 하신 셈이었기 때문입니다.

마침내 예수님은 이 두 계명마저도 하나로 묶습니다.

"이것이 나의 계명이다. 내가 너희를 사랑한 것처럼 너희도 서로 사랑하여라"(요한 15,12).

이처럼 예수님은 율법의 핵심 정신을 꿰시고 율법을 자유롭게 해석하실 수 있는 권위를 지니셨습니다. 하지만 예수님의 이런 파격적인 단순화는 오해를 살 여지가 있었습니다. 예수님의 가르침을 들은 율법 학자나 바리사이들은 다음과 같이 말할 수도 있었습니다. "예수란 작자가 나타나서 율법의 613개 조항을 무시한다. 십계명도 우습게 여긴다. '사랑' 타령만 하면서 모든 율법들을 무력화시키고 있다."

그래서 예수님께서는 오늘 복음 말씀의 결론부에서 다음과 같이 선언하셨습니다. "온 율법과 예언서의 정신이 이 두 계명에 달려 있다"(마태 22,40).

이 말씀은 율법 학자들이 마음속에 품고 있는 불만을 일소시키는 가르침이었습니다. 곧 하느님 사랑이 '상 3계'의 핵심 정신이요, 이웃 사랑이 '하 7계'의 핵심 정신이라는 것입니다. 그러므로 십계명, 나아가 613개 조항은 사랑의 이중 계명으로 인해 무시되는 것이 아니라 오히려 더 잘 구현되게 되어 있습니다. 예수님께서는 이전에 다음과 같이 말씀하셨습니다.

"내가 율법이나 예언서들을 폐지하러 온 줄로 생각하지 마라. 폐지하러 온 것이 아니라 오히려 완성하러 왔다"(마태 5,17).

그렇습니다. 예수님 안에서 우리는 율법의 완성을 보고, 율법의 은총을 누립니다.

2. 말씀 공감

■ 자신의 학문에 대한 과신

> "율법 교사 한 사람이 예수님을 시험하려고 물었다"(마태 22,35).

영국에 철학자이며 수학자인 알프레드 화이트헤드Alfred Whitehead, 1861-1947라는 교수가 있었습니다. 그는 본래 그리스도교를 믿는 교육자 집안에서 태어났습니다. 하지만 젊은 시절 철학과 수학에 심취한 나머지 신앙에 대해 깊은 회의에 빠지게 되었고, 결국에는 집안 대대로 믿어오던 신앙을 버리게 되었습니다.

그렇게 생활하던 화이트헤드가 인생의 황혼기에 접어든 어느 날, 그가 살던 지방에 엄청난 폭설이 내렸습니다. 외출 중이던 그는 서둘러 집으로 돌아가고 있었습니다. 그런데 어디에선가 가냘픈 노랫소리가 들려왔습니다. 그 노래는 눈구덩이에 빠진 한 할머니가 부르는 노래였습니다. 그는 서둘러 눈구덩이에서 할머니를 건져주었습니다. 할머니는 그에게 감사해 하면서 다음과 같이 물었습니다.

"내게 이런 큰 은혜를 베풀어주시다니, 당신은 분명 신앙심이 깊은 분이겠지요?"

화이트헤드는 그 말에 약간 겸연쩍은 듯 머리를 긁적대며 대답했습니다.

"아니요. 저는 교회에 다니지 않습니다. 신앙심도 없구요."

그러자 그 할머니는 의외라는 듯이 말했습니다.

"아니, 다 늙은 사람이 어쩌자고 아직도 예수님을 믿지 않는단 말이에요? 그러다가 나처럼 뜻밖의 사고를 당하면 어쩌려고 그래요? 나는 저 눈구덩이 속에서 죽을 것이라 생각하고 계속 열심히 성가를 부르고 있었던 거예요."

화이트헤드는 할머니의 그 말을 듣는 순간 충격을 받았습니다. 그리고는 이렇게 생각했습니다.

'도대체 무엇이 저 할머니로 하여금 저토록 두려운 죽음 앞에서 큰 확신을 갖고 성가를 부르게 하는가? 내가 탐구하고 있는 철학이나 수학, 아니 어떤 학문이라도 저 할머니가 갖고 있는 저런 확신을 줄 수 없지 않은가?'

그 이후로 화이트헤드는 그동안 자신이 탐구해온 학문에 대하여 회의하기 시작했습니다. 젊어서는 신앙에 회의를 느끼고 그것을 버렸지만,

늘어서는 자신이 그토록 만만해하던 학문에 대하여 회의를 느끼고 젊은 시절 자신이 버렸던 신앙을 다시 찾게 되었던 것입니다.[102]

화이트헤드가 신앙을 잃었던 이유는 그가 학자였기 때문이었습니다. 오늘 복음 말씀에서도 우리는 자신의 학문을 과신하며 예수님께 질문을 던지는 한 율법 학자를 만나게 됩니다. 그는 자신의 동료들과 함께 예수님께서 사두가이파 사람들의 코를 납작하게 해주었다는 말을 듣고 그분을 찾아왔던 터였습니다. 하지만 그는 예수님을 믿으려 하지 않았습니다. 오히려 자신들이 궁금하게 생각하던 것을 질문함으로써 예수님을 시험하려고 했던 것입니다.

오늘 이 시대에도 예수님을 믿지 않고 의심하고, 회의를 품는 사람들이 많이 있습니다. 바로 화이트헤드와 같은 사람들이 그들입니다. 그들은 예수님의 말씀을 들었지만, 그것을 마음으로부터 받아들이려 하지 않았던 것입니다. 오히려 자신들이 가지고 있는 지식과 학문이 예수님의 말씀보다 더 가치가 있다는 생각을 가지고 있습니다.

프랑스의 유명한 철학자요 작가이며 위대한 인문학자인 프랑수아 볼테르François Valtaire, 1694-1778는 자신이 건강할 때 그리스도교에 대하여 다음과 같이 말했다고 합니다.

"그리스도교란 안방 부녀자나 양복 수선공이 믿기에는 좋은 것이다. 그러나 지혜로운 자가 믿을 바는 못 된다."

하지만 그는 죽기 직전에 담당 의사에게 이렇게 호소하며 말했다고 합니다.

"나는 지금 하느님과 사람으로부터 버림을 받았습니다. 내게 6개월만 생명을 연장해 준다면 내가 가진 값진 것 중에서 절반을 당신에게 주겠습니다. 그러고 나서 나는 기꺼이 지옥으로 가겠습니다."[103]

볼테르는 죽음을 눈앞에 둔 시점에서 자신의 생명을 연장해 줄 수 있는 존재가 없음을 하소연하고 있는 것입니다. 건강하고 젊을 때는 그리스도를 배척하고 받아들이지 않았어도 잘 살 수 있었지만, 인생의 끝에서는 결국 주님께서 참 생명의 주관자임을 그도 깨달았던 것입니다.

지금 예수 그리스도의 말씀을 듣고, 살아가는 우리는 언제나 주님의 말씀을 믿고, 그분만을 바라보며 생활해야 할 것입니다. 신앙생활을 하면서 회의가 밀려올 때, 우리는 더욱 주님께 굳건한 믿음을 달라고 간청해야겠습니다.

■ 바꿀 수 없는 사랑

> "네 마음을 다하고 네 목숨을 다하고 네 정신을 다하여
> 주 너의 하느님을 사랑해야 한다"(마태 22,37).

몇 명의 미국인들이 아이티 섬으로 선교 여행을 떠났습니다. 그들은 그곳에서 하느님을 깊이 사랑하는 열아홉 살의 한 청년을 만났습니다. 청년의 뜨거운 열정에 감명받은 선교팀원들은 모든 경비를 대주겠다면서 그를 미국으로 초대했습니다.

아이티의 청년은 지금껏 보지 못한 세상에 연일 놀라움을 금치 못했습니다. 푹신한 시트, 실내의 욕조 시설, 하루에 세 끼를 먹는다는 것도 햄버거와 스테이크도 모두 처음이었습니다.

한 달여의 방문이 끝나고 떠나기 전날, 그동안 사귄 많은 친구들이 아이티의 청년을 위해 성대한 환송파티를 열어주었습니다. 돌아가며 한 마디씩을 나누고 마지막 청년의 차례였습니다.

맑은 눈의 아이티 청년은 말했습니다.

"초대해 준 모두에게 진심으로 감사드립니다. 저는 미국에서 즐거운 시간을 보냈습니다. 그러나 집에 가게 되어 얼마나 기쁜지 모릅니다. 풍족한 이곳에서의 삶은 하루하루 주님을 의지하는 내 본연의 습관을 잃어버리게 하는 것 같았기 때문입니다."

아이티 청년의 말은 옳습니다. 우리는 현대 문명이 주는 편리를 풍요롭게 누리는 대신에, 하느님께 의지하는 본연의 습관을 상실한 것은 아닌지 한 번쯤 반성해 보아야 하겠습니다.

아이티 청년의 이야기를 읽다 보니 가톨릭 성가에 실린 〈주 예수와 바꿀 수는 없네〉라는 성가가 생각났습니다. 그 가사 내용을 한번 음미해보겠습니다.

> 주 예수 그리스도와 바꿀 수는 없네
> 이 세상 부귀영화와 권세도
> 우리를 위하여 돌아가신
> 예수의 크옵신 사랑이여
> 세상 즐거움 다 버리고
> 세상 명예도 버렸네
> 주 예수 그리스도와 바꿀 수는 없네
> 세상 어떤 것과도

이 성가의 곡을 쓴 사람은 조지 베버리 쉐아George Beverly Shea라는 복음 성가 가수입니다. 그는 본래 보험회사에서 일하던 샐러리맨이었습니다. 그런데 1931년 라디오 공개방송에서 노래할 수 있는 기회를 얻게 되었습니다. 그가 들려준 저음의 바리톤 음색은 방송을 통해 전 미국 국민들에게 울려 퍼졌고, 그의 노래에 매료된 사람들은 그에게 끊임없는 박수와 갈채를 보냈습니다. 그는 일약 스타가 되었고, 여러 방송사에서 끊임없는 계약 제의가 들어왔습니다. 앞으로 그의 인생은 출세와 돈이 보장된 스타의 길을 걷게 된 것이었습니다.

그러나 그의 마음에는 왠지 기쁨보다는 두려움이 밀려왔습니다. 그래서 그는 머리 숙여 기도했습니다. 그가 기도하던 시간에 그의 어머니는 사랑하는 아들에게 조그마한 쪽지를 건네주었습니다. 그 쪽지에는 어머니가 자주 애송하던 밀러 부인의 기도가 쓰여 있었습니다. 그는 그 기도를 조용히 읽다가 감동을 받고 뜨거운 눈물을 흘렸습니다. 그리고 마음에서 울려나오는 멜로디를 종이에 써내려갔습니다. 그렇게 해서 탄생한 곡이 바로 가톨릭 성가 61번에 수록된 이 노래입니다.

1983년 네덜란드의 암스테르담 공연에서 그가 이 노래를 불렀을 때 수많은 사람들이 일어나 박수갈채를 보냈습니다. 박수가 끝난 후 그가 남긴 한 마디는 모든 사람들을 숙연케 했습니다. "감사합니다. 그러나 나는 여러분이 주신 박수갈채와 그리스도를 바꾸지 않겠습니다."[104]

예수님께서는 오늘 복음에서 "네 마음을 다하고 네 목숨을 다하고 네 정신을 다하여 주 너의 하느님을 사랑해야 한다"(마태 22,37)라고 말씀하십니다. 아이티의 청년이나 조지 베버리 쉐아는 이 세상의 그 어떤 부나 명예, 편리보다도 주 하느님을 사랑한 사람의 모범이라 할 수 있을 것입니다.

> **"둘째도 이와 같다.**
> **'네 이웃을 너 자신처럼 사랑해야 한다.'는 것이다"**(마태 22,39).

신앙생활에서 성장하고 싶은데, 늘 그 모양 그 타령이라 스스로 답답하게 느껴질 때가 있습니다.

그런 경우 질문의 방향만 조금 바꿔도 길이 보일 수 있습니다.

율법에 대하여 탁상공론의 타성에서 벗어나지 못했던 율법 학자들은 예수님께 "무엇"에 대한 궁금증을 물었습니다.

"스승님, 율법에서 가장 큰 계명은 무엇입니까?"(마태 22,36)

"무엇입니까?"라는 물음은 필요한 단계에서는 꼭 물어야 하지만, 노상 이 물음만 물으며 사는 것은 발전적이지 못합니다.

우리는 그다음 차례의 물음을 던질 줄 알아야 합니다. 곧 '어떻게'를 물어야 하는 것입니다.

"그러면, 어떻게 해야 하느님을 모든 것을 다하여 사랑할 수 있겠는가? 어떻게 해야 이웃을 우리 자신처럼 사랑할 수 있겠는가?"

자녀를 교육할 때 '무엇'을 넘어서 '어떻게'를 세심하게 가르쳐 주는 부모는 참으로 슬기로운 이들입니다.

그건 그렇고, 과연 어떻게 하면 우리는 우리 이웃을 우리 자신처럼 사랑할 수 있을까요? 그 힌트를 게리 채프먼Gary Chapman이 쓴 『5가지 사랑의 언어』(2010년)라는 책이 우리에게 제공합니다.

채프먼은 40년 이상 결혼 상담 경력을 통하여 사람이 '사랑받는다'고 느끼는 언어가 각기 다르다는 사실을 깨달았습니다. 그는 그 가운데

5가지를 추렸습니다. 첫째, 인정하는 말, 둘째, 함께하는 시간, 셋째, 선물, 넷째, 봉사, 다섯째, 스킨십, 이렇게 5가지 말입니다.

물론, 꼭 다섯 가지만이 아닐 것입니다. 수십 가지, 수백 가지가 될 수도 있습니다. 편의상 5가지만 대표적으로 뽑아본 것입니다.

이와 관련하여 상대방이 이 5가지 가운데 특히 어느 항목에서 사랑받는 느낌을 받는지를 알아내는 것이 중요합니다. 무엇이 될지는 상대방 심신의 욕구에 따라 달라질 것입니다. 또 그때그때 달라질 것입니다. 이를 정확히 파악하기 위해서는 대화와 소통이 필요합니다.

상대가 별로 선호하지 않는 것을 주려고 하면 사랑하려다가 되레 역정만 사는 꼴이 될 수도 있습니다.

사랑의 성장을 위하여 다시금 상기해 봅니다.

인정받는 말을 좋아하는 이에게는 인정해주는 말이 사랑입니다.

함께하는 시간을 원하는 이에게는 시간을 내어 함께 지내주는 것이 사랑입니다.

선물을 기대하는 이에게는 작은 것이라도 정성을 담아 전해 주는 것이 사랑입니다.

도움이 필요하여 봉사 받기를 원하는 이에게는 봉사가 최고의 사랑입니다.

스킨십을 원하는 이에게는 상식적인 선에서 최소한 악수의 손이라도 건네주는 것이 사랑입니다.

결국, 사랑은 상대에 대한 섬세한 배려를 내포합니다.

함께 기도하시겠습니다.

주님, 복음 전하는 사명 앞에 스스로에게 묻습니다. '이것이 최선인가?' 아니라면 저희를 채근하소서.

주님, 기도할 때에 자신에게 묻습니다. '이것이 최선인가?' 아니라면 때가 찰 때까지 응답을 보류하소서.

주님, 봉헌할 때에 자신에게 묻습니다. '이것이 최선인가?' 아니라면 하늘 나라 셈법을 깨우쳐 주소서.

우리 주 예수 그리스도를 통하여 비나이다. 아멘!

연중 제31주일: 마태 23,1-12

진정한 스승

"그리고 너희는 선생이라고 불리지 않도록 하여라.
너희의 선생님은 그리스도 한 분뿐이시다"(마태 23,10).

1. 말씀의 숲

지난 몇 주간 우리는 바리사이들, 헤로데 당원들, 사두가이들, 그리고 율법 학자들까지 연달아 예수님의 가르침에 말문이 막혔다는 것을 보았습니다. 예수님과 이스라엘 지도자들 사이의 이 긴장관계는 오늘 복음 말씀에서 절정에 달하게 됩니다.

오늘 복음 말씀은 복음서 안에서도 가장 강한 어조로 기록된 부분에 해당합니다. 특히 유다인들의 입장에서 들어보면 매우 받아들이기 어려운 내용 중 하나입니다. 예수님의 말씀은 크게 두 부분으로 나뉩니다.

첫 번째 부분은 1절에서 7절까지로, 율법 학자들과 바리사이들을 두고 하시는 비난과 질책입니다. 예수님은 그들을 두 가지로 들어 고발하셨습니다.

한 가지는 '위선'입니다. 예수님은 그들이 모세의 자리에 앉아 모세의 권위를 등에 업고 있으면서도 말만 하지 행동으로 옮기지 않는다고 지적하십니다.

그리고 또 한 가지는 '허영심과 과시욕'입니다. 예수님은 그들이 모든 일을 사람들에게 보이기 위해 행하고 있다고 꿰뚫어 말씀하십니다.

8절 이하의 두 번째 부분에서 예수님은 율법 학자들과 바리사이들의 질책을 제자들에게까지 연장하십니다. 제자들은 누구도 라삐와 스승으로 불려서는 안 된다고 확실하게 못 박아 말씀하십니다. 제자들은 모두 같은 형제고 아버지는 오직 한 분, 하늘에 계신 분이시며 진정한 스승은 그리스도, 곧 예수님 한 분이시기 때문입니다.

마지막으로 예수님은 지도자 되는 사람들의 섬김을 강조하시면서 말씀을 마치십니다.

프랑스의 제9대 대통령이었던 '포 항가리' 대통령에 관한 이야기입니다. 그는 쏠버대학 출신이었는데, 어느 날 자신의 은사 라비스 박사가 교육자가 된 지 50주년을 기념하는 행사에 하객으로 참석했습니다.

그런데 답사를 하기 위해 단상에 오른 라비스 박사는 깜짝 놀랐습니다. 내빈석도 아닌 재학생석 맨 뒷자리에 포 항가리 대통령이 앉아 있었기 때문이었습니다. 라비스 박사는 황급히 단상에서 내려가 대통령을 단상으로 모시려고 했습니다. 그러나 대통령은 끝내 사양하면서 이렇게 말했습니다.

"선생님, 저는 한 나라의 대통령이기에 앞서 선생님의 제자입니다. 오늘의 주인공은 오직 선생님뿐입니다."

장내는 뜨거운 박수갈채가 터져 나왔고, 포 항가리 대통령은 더욱 명성 높은 대통령이 되었습니다.[105]

2. 말씀 공감

■ 저희의 거짓말

> "또 그들은 무겁고 힘겨운 짐을 묶어
> 다른 사람들 어깨에 올려놓고, 자기들은 그것을 나르는 일에
> 손가락 하나 까딱하려고 하지 않는다"(마태 23,4).

이 말씀은 율법 학자와 바리사이의 폐습을 지적하는 질타입니다.

대충 들으면 우리와 상관없는 남들의 이야기인 것입니다.

하지만 명백한 사실은 성경 속 율법 학자와 바리사이는 상징어에 지나지 않는다는 사실입니다.

율법 학자는 오늘날의 교수, 교사, 지식인, 문인, 언론인 등 머리와 말로 사는 이들을 총칭합니다.

바리사이는 본디 애국지사의 후예로서 점차 율법의 철저한 준수를 지향했기에, 오늘로 치자면 골수 이념주의자들과 흡사하다 하겠습니다.

과거에도 그랬고 현재에도 예수님께서는 머리와 입이 본직인 사람들, 사상에 경도되어 사는 사람들이 빠질 수 있는 위험을 통찰하고 계십니다.

"또 그들은 무겁고 힘겨운 짐을 묶어 다른 사람들 어깨에 올려놓고, 자기들은 그것을 나르는 일에 손가락 하나 까딱하려고 하지 않는다"(마태 23,4).

여기서 핵심적으로 문제가 되는 것은 그들이 머리와 말, 그리고 사상으로 "다른 사람들" 어깨에 무겁고 힘겨운 짐을 올려놓고, 자신들은 "손가락 하나 까딱하려고 하지 않는다"는 사실입니다.

치열한 반성의 주체는 우리 모두입니다. 누구 하나 예외가 없습니다.

설령 방금 상세히 묘사된 그런 부류의 사람이 아니더라도, 가정에서 직장에서 이런 일들은 비일비재하게 일어납니다.

　흔히 이런 피해 사례를 '갑질'이라고 일컫습니다. 저는 이런 표현을 애써 피하려고 노력합니다. 결코 바람직한 단어가 아닙니다. 이런 단어는 고소 또는 고발하는 데 쓰기 위한 전문용어의 색채가 농후합니다. 고소 및 고발이 난무하면 모든 것을 남의 탓으로 돌리는데 익숙해 져서 자기 성찰이 게을러 질 수 있습니다. 가장 큰 모순은 '갑질'이라는 말로 고발을 일삼는 것이야말로 '고발 갑질'의 누를 범하는 꼴이 되고 만다는 사실입니다.

　부정은 부정을 낳습니다. 긍정은 긍정을 낳습니다.

　바오로 사도가 우리에게 훌륭한 대안을 제시합니다.

　바오로 사도는 복음을 전파한 대가로 주님으로부터 생계의 보장을 받아 누릴 수 있었지만, 그는 그 자신이 어디서나 그물 수선공으로서 땀흘려 일하며 자급자족하려 노력했습니다. 그리고 그는 자신이 가르친 바를 반드시 먼저 실행하려고 최선을 다했습니다. 그는 말합니다.

　"그러므로 나는 목표가 없는 것처럼 달리지 않습니다. 허공을 치는 것처럼 권투를 하지 않습니다. 나는 내 몸을 단련하여 복종시킵니다. 다른 이들에게 복음을 선포하고 나서, 나 자신이 실격자가 되지 않으려는 것입니다"(1코린 9,26-27).

　외람된 말씀이지만, 바오로 사도를 저는 지도 선배로 여기고 배움의 모델로 삼습니다. 그러기에 저 역시 실격자가 되지 않으려고 부단히 노력합니다.

　기도와 영적 독서, 그리고 본분인 연구 짬짬이, 되도록 몸을 꼼지락거리려고 노력합니다. 육신이 게으름 피우지 못하도록 일부러 일을 만들어서 땀을 흘립니다. 작은 심부름도 시키지 않고 가급적이면 몸소 움직이려고 바지런을 떨어봅니다.

■ 행동하는 스승

> **"너희는 스승이라고 불리지 않도록 하여라"**(마태 23,8).

오늘 예수님의 이 말씀을 마음에 새기자니, 문득 6년 전쯤 했었던 저의 작은 묵상 하나가 떠올랐습니다. 두고두고 마치 첫 마음처럼 제 마음 안에 새긴 그 추억의 묵상을 여러분과도 나눠봅니다.

오늘날 '모세의 자리'(2절)를 이어 '율법'을 가르치는 위치에 있는 사람,

오늘날 '성구갑'과 기다란 '옷자락 술'(5절)을 과시할 만한 사람,

오늘날 잔칫집에서나 회당에서 '윗자리', '높은 자리'(6절)를 차지할 신분의 사람,

오늘날 길에서 '인사' 꽤나 받고 '스승'(7절) 소리를 들을 처지의 사람,

오늘날 '아버지Abba'(9절), '선생'(10절)으로 불릴 위치의 사람,

그 사람이 남이 아니고 바로 나로구나.

아무리 주변을 둘러봐도 그 사람이 남이 아니고 바로 나로구나.

신자들에게 해줄 그럴듯한 가르침을 찾을 일이 아니라 바로 내 반성이나 제대로 해야 할 일이로구나.

'강론대'의 권위를 한껏 누리고 있으니 그것이 '모세의 자리'요 '율법'의 권위가 아니랴.

‘로만 칼라’와 ‘수단’은 ‘성구갑’이나 기다란 ‘옷자락 술’과 무엇이 다르랴.

어디엘 가도 나를 위해 비어있는 ‘가운데 자리’가 바로 ‘윗자리’요 ‘높은 자리’ 아닌가.

거리에서 받는 ‘환대’가 바로 그 ‘인사’요 소개말에 따라다니는 ‘교수’ 직함이 ‘스승’ 소리 아닌가.

한국말로 “신부님!” 영어로 “father!” 소리를 듣고 사니 ‘아버지Abba’ 소리 듣는 셈이며, ‘(연구소) 소장’으로 불리는 것을 즐기고 있으니 그게 ‘선생’으로 불리는 것과 무엇이 다르겠는가.

“너희는 스승이라고 불리지 않도록 하여라”라는 말씀을 묵상하다가 여기까지 이르렀습니다마는, 이쯤에서 우리는 이 말씀의 참뜻을 다시 헤아려볼 필요가 있겠습니다. 왜냐하면, 우리는 세상의 관례상 ‘스승’으로 부르기도 하고 불리기도 하기 때문입니다.

요컨대, 이 말씀의 핵심이 ‘행세하지 말라’, ‘위세부리지 말라’에 있음을 새겨둘 일입니다.

그건 그렇고 이런 묵상의 연장 선상에서 최근 저는 감히 ‘스승’급으로 존경하고 싶어진 한 인물의 면모를 언론을 통해서 만났습니다. 바로 야구의 전설, 무쇠팔 故 최동원 선수입니다.

저는 그의 삶을 재조명한 특집물을 우연히 TV로 시청하면서, 그의 몰랐던 진면목을 발견하는 한편, 그것이 바로 그가 크리스천 신앙인이었기에 가능했던 것임을 짐작해 볼 수 있었습니다. 그의 인생 행적을 조금이나마 엿볼 수 있는 신문기사 한토막입니다.

최동원은 강직했다. 한없이 사람 좋아 보이는 인상과 달리, 대쪽 같은 성격은 타협이나 핑계와는 거리가 멀었다. 성격만큼이나 야구 스타일도 마찬가지였다. 한번 목표를 정하면 주저하지 않고 앞으로만 나아갔고, 자기가 옳다고 믿는 선택에서는 어떤 일이 있어도 뜻을 굽히지 않았다. 야구에서 있어서나 인생에 있어서나 최동원은 항상 '정면승부'를 고집했다. […]

최동원은 좀 더 편안한 삶을 살 수 있었다. 84년 우승 이후 […] 안정된 말년이 보장되어 있었지만, 최동원은 그것을 외면하고 초대 야구선수협의회 창립에 앞장섰다. 정작 80년대 당시에 억대 연봉을 받던 최동원 본인에게는 솔직히 필요도 없는 일이었다.

그러나 동료 선수가 교통사고로 숨지는 사건이 발생했고, 최동원의 눈에는 화려한 외양과 달리 복지의 사각지대에 놓인 야구선수들의 그늘이 보이기 시작했다. 최동원이 단지 개인의 영예만을 쫓는 선수였다면 하지 않았어도 될, 아니 하지 말았어야 할 일이었지만, 최동원에게는 돈보다 중요한 야구와 '야구인들에 대한 깊은 애정과 사명감'이 있었다.

물론 야구만을 바라보며 살아왔던 순진한 최동원에게 현실의 벽은 너무도 높았다. 그에게 돌아온 보복은 고향 팀에서 쫓겨나듯 트레이드되는 것이었고, 최동원은 그렇게 선수생활의 말년을 쓸쓸히 전전하다 변변한 은퇴식도 못하고 그라운드에서 사라졌다. […]

그는 자신의 꿈에 부끄럽지 않은 삶이 되기 위하여 끊임없이 노력해왔고, 떠나는 순간까지 그 강직함을 지켰다. […]

육신은 떠났지만, 그 뜻과 의지만은 팬들의 가슴 속에 영원히 살아 숨 쉴 레전드 최동원의 삶은 그 누구보다 아름답고 가치 있었다.[106]

최고의 선수로서 돈과 명예를 움켜쥔 그는 동료를 사랑하는 마음으로, 옳은 뜻을 이룩해내고자 하는 사명감으로 기꺼이 약자들 편에 섰습니다. 그리고 이제 수많은 사람들 마음속에 다시 살아서 우리에게 진한 감동과 교훈을 주는 전설이 되었습니다.

■ 주님만이 저희의

> **"그리고 너희는 선생이라고 불리지 않도록 하여라.**
> **너희의 선생님은 그리스도 한 분뿐이시다"**(마태 23,10).

오늘 복음 말씀에서 예수님께서는 반복의 수사법을 구사하십니다.

"너희는 스승이라고 불리지 않도록 하여라."

"이 세상 누구도 아버지라고 부르지 마라."

"너희는 선생이라고 불리지 않도록 하여라."

스승, 아버지, 선생, 그리스어로 라삐, 아빠, 카테게테스! 이 셋은 사실상 이 세상의 권위를 나타내는 상징어에 지나지 않습니다. 그러기에 오늘 말씀은 개별 단어에 묶여서 묵상하기보다는 전체 맥락에서 예수님께서 원하시는 의중이 무엇인지 헤아리는 것이 바람직해 보입니다.

저런 단어들을 거론하신 예수님의 속뜻은 율법 학자나 바리사이처럼 높은 자리, 윗자리를 탐하고, 인사받기를 좋아하고, 섬김 받기를 좋아하지 말라는 훈시 말씀을 더욱 구체적으로 강조하시기 위함이었습니다.

왜 그러지 말라고 당부하셨을까요?

첫째 이유는 스스로 권위를 즐기다 보면 교만에 매몰될 공산이 크기 때문입니다. "나 이런 사람이야!"라고 자신의 권력을 과시하다 보면 결국 영적 교만을 피할 수 없습니다. 세상적인 교만은 그런대로 용서받을 여지가 있습니다. 하지만 "영적 교만"은 죄 가운데 으뜸 죄, 곧 용서받을 수 없는 죄에 해당합니다.

이 교만이 하느님의 말씀을 거역하게 하고, 감히 하느님의 지혜에 도전하고, 심지어는 하느님께 등을 져 이탈하게 하는 것입니다.

사탄은 아담과 이브에게 이 교만을 부추겨서 불순종의 죄로 유인하는 데 성공했습니다. 율법 학자와 바리사이는 이 교만으로 인해 완악한 심사가 되어 예수님을 배척하고 심판하여 마침내 십자가형에 처하도록 작당했습니다.

둘째 이유는 권력에 맛들이다 보면 자아도취에 빠져서 하느님의 영광을 가로챌 공산이 크기 때문입니다. 자아도취는 사실 교만의 연장 선상에서 더 나아간 상태를 가리킵니다. 이 증세가 심해지면 성경 말씀에 자신을 맞추는 것이 아니라 자신의 영광을 위하여 성경 말씀을 끌어다 붙이게 됩니다. 심지어는 교주 비슷한 행태를 보이거나 스스로 하느님 행세를 하기도 합니다. 혹자는 그런 생각을 "뭐, 그러기까지 하려고?"라며 일축할 수도 있겠습니다. 하지만 이런 유혹에 빠진 이들이 의외로 곧잘 있습니다. 가톨릭 교회 안에서 활약하는 명사들 가운데에도 제법 있습니다.

오죽하면 예수님께서 사실상 같은 단어를 세 번이나 반복하여 경고하셨을까요.

"그리고 너희는 선생이라고 불리지 않도록 하여라. 너희의 선생님은 그리스도 한 분뿐이시다"(마태 23,10).

스스로 그런 유혹에 빠지지 말고, 또 그런 유혹에 빠진 이들에게 휘둘리지 말라고 예방주사를 놓아주신, 예수님의 우려에 절로 공감이 느껴지는 순간입니다.

함께 기도하시겠습니다.

주님, 가르쳐 놓고 저희 자신은 정작 행하지 못한 것, 그것이 저희 위선입니다.

주님, 남들에게 시키기만 좋아하고 저희 몸뚱이는 게으르게 방치한 것, 그것이 저희의 고약함입니다.

주님, 새 출발 하겠다고 주님 앞에 섣부르게 발설해 놓고 나중에 가서는 흐지부지하게 얼버무려진 것, 그것이 저희의 거짓말입니다.

우리 주 예수 그리스도를 통하여 회개하나이다. 아멘!

위령의 날 - 둘째 미사: 마태 11,25-30

온유의 영성

"나는 마음이 온유하고 겸손하니 내 멍에를 메고 나에게 배워라"(마태 11,29).

1. 말씀의 숲

오늘 우리는 교회의 고유 축일인 '위령의 날'을 지내고 있습니다. 교회는 전례력상 마지막 달이 되는 11월을 위령의 달로 정하고, 한 달 동안 우리보다 먼저 세상을 떠난 모든 영혼들을 위해 기도하고, 특히 연옥에 있는 영혼들을 위해 집중적으로 기도합니다. 그런데 위령의 날은 비단 돌아가신 분들만을 위한 것이 아닙니다. 지금 현재를 살아가는 우리 역시 언젠가는 맞이할 자신의 죽음을 생각하면서 그간 살아온 삶을 반성하여 회개의 삶을 살도록 권고합니다.

성인들의 통공은 쌍방향으로 이루어집니다. 제2차 바티칸 공의회는 지상에 있는 우리가 연옥을 거치는 사람들을 도울 수 있는 것과 마찬가지로 천상에 있는 사람들이 하느님께 전구하여 지상의 순례 중에 있는 우리를 도울 수 있음을 가르치고 있습니다.

어떤 신자가 필자에게 이렇게 질문한 적이 있습니다.

"신부님, 우리는 연옥 영혼을 위해서 기도하는데, 반대로 연옥 영혼은 우리를 위해 기도할 수 없나요?"

성령의 메시지를 받은 필자는 이렇게 대답하였습니다.

"기도해 줄 수 있습니다. 금지된 것은 아닙니다. 그러나 내 코가 석 자이지 않습니까?"

"나는 행복합니다. 그대들도 행복하십시오!"
- 교황 요한 바오로 2세의 마지막 메시지

필자는 독자들과 아주 은혜로운 글을 하나 음미하고 싶습니다. 교황 요한 바오로 2세가 돌아가시면서 남긴 마지막 메시지가 그것입니다.

> 새 천 년의 문을 열어 놓고
> 이제 나는 주님께 나를 바칩니다.
> 이제 새 천 년의 시작은 여러분이 해야 합니다.
> 나는 너무 많은 일을 했습니다.
> 많은 고통도 겪었습니다.
> 쉴 시간이 없었습니다.
> 늘 기도했습니다.
> 손에서 묵주를 놓은 적이 없었습니다.
>
> 나는 여러분에게서 등을 돌리고 싶었습니다.
> 너무 오랫동안 고독 속에서
> 주님이 원하시는 일을 묵묵히 실천하느라
> 고통스러웠습니다.
> 이제 그 십자가를 여러분에게 넘기고
> 나는 쉬러 갑니다.

지금은 쉬고 싶습니다.

너무 힘들고 외로웠습니다.

나에게는 친구가 필요했습니다.

즐기고 싶었고

울고 싶기도 했으며

방황도 하고 싶었습니다.

나는 이제 그대들 곁을 떠나지만

내가 하던 일은

하느님의 이끄심에 의해 계속될 것입니다.

이제 모든 짐을 벗어 버리고

편히 주님께 갈 수 있어서

나는 행복합니다.[107]

   그분이 우리를 바라볼 때 항상 지었던 그 미소를 기억합니다. 그 미소가 있기 위해 뒤에서 그분이 얼마나 인내하셨을지 짐작해 봅니다. 사실 필자가 이 기도문을 처음 봤을 때 참 많은 눈물을 쏟았습니다.

   진정 그분은 살아있는 예수 그리스도셨습니다. 우리 인류의 구원을 위해 한시도 손에서 묵주를 놓은 적이 없었다는 요한 바오로 2세. 그분은 왜 이런 삶을 살 수 있었을까요? 바로 천국이 있다는 것을 확신했기 때문입니다. 우리 인류를 천국으로 데려가고자 원하셨기 때문입니다.

   이처럼 우리는 언젠가는 죽는다는 사실을 기억해야 합니다. 죽음은 우리가 생각지도 못한 때 갑자기 찾아오기 때문입니다. 그러므로 위령의 날을 지내는 우리는 이미 우리 곁을 떠나간 사람들을 생각하며, 동시에 우리 자신의 죽음에 대하여 생각하며 앞으로 우리들의 삶에 대하여 진지하게 생각하는 시간을 가져야 하겠습니다.

11월 2일 위령의 날은 1030년경 개혁 수도회로 이름난 프랑스의 클뤼니 수도원의 대수도원장 오딜로_{Odilo, 962-1048}가 처음으로 기념하기 시작하여 온 세계 교회로 퍼졌습니다. 오딜로 대 수도원장은 수사들에게 '비록 그들의 죽음이 너와 무관하다 하더라도 자주 불쌍한 영혼들을 기억하라'고 강조했습니다. 오늘날 오딜로 성인은 연옥의 불쌍한 영혼들의 수호 성인으로 추앙받고 있습니다.

교회가 죽은 이들을 위하여 기도하는 것은 '모든 성인의 통공^{通功}'을 믿기 때문입니다. 하느님의 백성인 교회는 이 세상에서 살고 있는 지상 교회와 연옥에서 정화 중인 연옥 교회, 그리고 천국에서 행복을 누리고 있는 천상 교회로 이루어져 있습니다. 이 세 교회는 서로 친교를 이루며 그리스도 안에서 서로 결합되어 있습니다. 이들은 기도와 희생, 선행으로 서로 도울 수 있는데 이를 성인의 통공이라고 합니다. 그래서 우리는 연옥에 있는 영혼들을 위하여 기도하고 희생함으로써 그들을 돕는 것입니다.

오늘 우리가 들은 복음 말씀은 두 부분으로 나누어 볼 수 있습니다.

첫째, 예수님의 찬미의 기도(마태 11,25-26 참조)

예수님께서는 하늘과 땅의 주인이신 아버지께 당신 말씀과 행적을 통해 구원의 뜻을 계시하신 것을 찬양하셨습니다. 아버지께서는 그것을 지혜롭고 영리한 자들에게는 숨기시고 어린이와 같은 사람들에게 계시하셨습니다.

둘째, 수고하는 사람들을 향한 부르심(마태 11,28-30 참조)

예수님께서는 율법 자체 때문이 아니라 바리사이들이 해석한 율법, 바리사이들의 전통에서 규정한 사항들(마태 23,4 참조)을 지켜야 하는 무거운 짐에 허덕이는 사람들에게 휴식을 주실 것을 약속하셨습니다. 예수님께서는 율법의 핵심을 하느님과 이웃을 향한 사랑이라는 가르침으로 요약하셨는데, 사랑을 실천하는 사람은 이 가르침을 짐스럽게 여기지 않고 기꺼이 지킬 수 있는 감미로운 멍에로 받아들입니다. 그러므로 예수님의 가르침을 이해하는 것으로 만족하지 않고 그분을 본받는 사람만 영원한 행복이라는 휴식을 체험할 수 있습니다.

2. 말씀 공감

■ 순진의 은혜

> "지혜롭다는 자들과 슬기롭다는 자들에게는 이것을 감추시고 철부지들에게는 드러내 보이시니, 아버지께 감사드립니다"(마태 11,25).

외국의 어떤 신문에 새 캐딜락 자동차를 50불에 판매한다는 광고가 실렸습니다. 60년대 당시 일반 자동차가 보통 1,000불이었던 반면 캐딜락은 5,000불이 넘는 비싼 차였습니다. 그렇기 때문에 많은 사람들은 "이거 광고가 잘못 났구만. 5,000불인데 0자를 잘못 빼놓고 실은 게 분명해. 내일쯤이면 분명히 정정해서 나오겠지"라고 생각했습니다.

그런데, 그 다음 날에도 또 그 다음 날에도 이 광고는 계속해서 '50불'이라고 나왔습니다. 자칭 똑똑하다는 사람들은 "이거 광고를 어떤 부서에서 맡았는지는 몰라도 틀린 것도 모르고 계속 내다니 일을 제대로 하고 있는 건가?"라고 불평을 했습니다.

일주일 후 그 신문에는 큰 기사가 났습니다. 바로 그 캐딜락이 50불이 팔렸다는 것입니다. 사람들은 깜짝 놀라서 그 기사 내용을 읽어보았습니다. 그 기사는 이런 내용이었습니다.

어느 콜럼버스(미국 조지아주 서쪽에 있는 도시)에 있는 회사 사장이 죽으면서 유언을 했던 것입니다. 그는 자신이 죽을 것을 알고 자신이 가지고 있던 재산 상속 목록을 미리 작성했던 것입니다. 그런데 최근에 산 비싼 고급 승용차인 캐딜락은 팔아서 자기 '여자 친구' 아무에게 주라고 유서를 남겼다는 것이었습니다. 그 유서를 보고 부인이 얼마나 화가 났겠습니까? 자기 몰래 여자 친구를 사귄 것도 화가 날 지경인데, 5,000불이나 하는 차를 팔아서 그 여자에게 주라니 부인된 입장에서 도저히 받아들일 수 없는 내용이었습니다. 그렇다고 남편이 유서로 남긴 내용이니 안 하면 안 되겠다 싶어서 생각하고 생각하다가 화가 나서 차를 50불에 팔아버렸다는 것이었습니다.[108]

신문기사를 보고 똑똑하다고 자부하여 '신문기사가 잘못 났겠거니' 생각한 사람들은 한순간에 횡재할 기회를 놓쳤습니다. 오히려 그 기사를 제대로 믿은 어떤 바보 같은 사람이 그 기회를 잡은 것입니다. 바로 오늘 복음에서 예수님께서 말씀하신 대로 이루어진 것입니다.

"지혜롭다는 자들과 슬기롭다는 자들에게는 이것을 감추시고 철부지들에게는 드러내 보이시니, 아버지께 감사드립니다"(마태 11,25).

신앙생활에서도 이러한 상황이 벌어질 수 있습니다. 우리는 주님의 신비에 대하여 우리들의 이성과 지식으로 알고자 할 때가 있습니다. 하지만 그러한 것들로 인해 우리는 하느님의 사랑을 놓칠 수도 있음을 우리는 알아야 합니다. 이성과 믿음 사이에서 번민하던 아우구스티누스 성인은 이렇게 기도했습니다.

"당신이 제게 생각할 수 있는 능력을 주셨으니 제가 당신을 두고 지치도록 연구할 수 있는 힘을 주소서! 그러나 제가 알아듣지 못하고 이해하지도 못해서 그것이 걸림돌이 된다면, 제가 당신을 떠나지 않도록 저에게 믿음의 은총을 주소서!"

우리는 아우구스티노 성인의 기도를 기억해야 합니다. 우리가 주님을 알려고 노력하는 것은 올바른 자세이지만, 주님께서 우리에게 알려주신 신비를 이해하지 못할 때는 철부지 어린이와 같은 자세로 믿어야 한다는 것입니다. 그렇게 될 때 우리는 주님께서 베풀어주시는 은총을 온전히 누리게 될 것입니다.

■ 무거운 짐을 주님께

> "고생하며 무거운 짐을 진 너희는 모두 나에게 오너라"(마태 11,28).

지난 18세기 영국이 오대양 육대주를 누비며 다닐 때, 수없이 많은 배를 띄웠는데 그중에 적지 않은 배들이 침몰되곤 했습니다. 그 이유는 너무도 단순한 것이었습니다. 바로 짐을 너무 많이 싣고 다녔기 때문입니다. 이에 사무엘 프림솔Samuel Plimsoll이라는 사람은 이 사실을 철저히 조사하여 영국 의회에서 적재 한계선Load Line이라는 법을 통과시키게 됩니다. 이 법은 일정한 짐을 실은 배가 일단 물 위에 띄워지면, 그 배가 물에 닿는 부분에 선을 긋고, 그 이상은 절대로 초과해서 짐을 더 못 싣게 하는 것이었습니다.

우리가 지금도 큰 배를 보면 배 아래에 노란 선, 또는 하얀 선이 그

어져 있습니다. 이 선을 프림솔이란 사람이 제안했다고 하여 프림솔 선
Plimsoll line이라고 합니다. 이 선에 물이 닿게 되면 그 배는 그 이상 짐을 실
을 수 없습니다. 그 이상 짐을 싣게 되면 배가 가라앉기 때문에 이 선은
배에 있어서 생명선과도 같은 것입니다.[109]

우리네 삶도 이와 마찬가지입니다. 너무 무거운 짐을 지고 가다 보면
조그만 역경에도 너무 쉽게 쓰러지기 마련입니다. 사실 사람은 누구나
살아가면서 인생고를 지니고 있기 마련입니다. 그래서 역사 이래로 수
많은 철학자들이나 종교가들은 그러한 인생고를 해결하기 위하여 노력
했습니다. 그러나 우리는 이 문제를 스스로 해결하지 못한다는 것을 인
정해야 합니다. 이런 때는 예수님의 초대에 응하는 것이 상책입니다.

"고생하며 무거운 짐을 진 너희는 모두 나에게 오너라. 내가 너희에
게 안식을 주겠다"(마태 11,28).

우리가 삶 안에서 무거운 짐을 짊어지고 간다고 느껴질 때, 안식을 누
릴 수 있는 곳은 주님의 품 안입니다.

미국의 백화점 왕인 페니의 이야기입니다. 그는 목사의 아들로 태
어나 사업에 투신했으나 심한 재정난으로 자살까지 생각하게 되었습
니다. 급기야는 미시간 주 배틀 크릭에 있는 격리 병원에 수용되었습
니다. 어느 날 아침 낙망하고 좌절한 그에게 찬송 소리가 들려왔습니
다. 그가 무거운 몸을 이끌고 맥없이 그곳을 찾아갔더니, 어떤 건물 특
별실에서 기도회가 열리고 있었습니다. 그가 뒷자리에 앉아 있을 때
매우 친숙한 찬송 "너 근심걱정 말아라"가 불리고 있었습니다. 그 찬
송을 듣는 순간 그의 마음에서 좌절감이 사라지고 큰 확신이 생겼습
니다. 그는 주님께 외쳤습니다. "사랑하는 하느님, 저는 아무것도 할

수 없습니다. 저를 좀 돌봐 주시옵소서."

그 후 그는 고백하기를 "나는 무한한 어두운 공간에서 찬란한 태양 빛으로 옮겨지는 느낌이었고 마음속의 무거운 짐이 옮겨져서 그 방을 나올 때는 새로운 사람이 되었습니다. 나는 마비된 심령으로 풀이 죽어서 그곳에 들어갔으나 해방되어 기쁜 마음으로 나왔습니다."라고 하였습니다. 하느님께서 그의 건강을 돌보아 주셔서 건강이 회복되었으며 다시 사업을 일으켜 크게 성공할 수 있었습니다.[110]

페니의 인생에서 우리는 오늘 복음 말씀이 99%도 아닌 100% 이루어졌음을 확인합니다. 할렐루야!

■ 온유의 영성

> **"나는 마음이 온유하고 겸손하니
> 내 멍에를 메고 나에게 배워라"**(마태 11,29).

온유한 사람은 아버지 하느님의 뜻을 존중하고 따르는 사람, 자신의 뜻보다 아버지의 뜻을 먼저 내세우는 사람을 의미하는 것입니다.

"나는 마음이 온유하고 겸손하니 네 멍에를 메고 나에게 배워라"(마태 11,29)라고 예수님께서는 말씀하고 계십니다. 여기서 예수님은 "나는 마음이 온유하다"라고 했는데 예수님이 말씀하신 온유는 하느님 아버지에 대한 온유였습니다. 결국 예수님의 말씀은 이런 의미였습니다.

"나는 내 계획대로 내 프로그램대로 살지 않고 아버지의 계획대로 아버지의 프로그램대로 따라가고 있다. 내가 지고 사는 '멍에'는 아버지가 지워주신 것이다. 나는 온유하여 내 뜻을 고집하지 않으니, 얼마나 속이 편하고 마음이 든든한지 모른다."

온유한 사람의 대표적인 사람이 모세입니다. 모세는 이스라엘 민족의 강력한 지도자였습니다. 모세는 강력한 지도자였지만 온유하고 겸손한 사람이었습니다. 모세가 강력한 지도자가 될 수 있었던 것은 하느님의 강력함이 모세의 온유함을 통해서 드러났기 때문입니다. 그의 일생을 종합한 생활기록부에는 이렇게 기록되어 있습니다.

"모세라는 사람은 매우 겸손하였다. 땅 위에 사는 어떤 사람보다도 겸손하였다"(민수 12,3).

모세는 하느님 앞에 자신을 내세운 적이 없습니다. 그저 시키는 대로 따르기만 했습니다. 홍해 바다를 건널 때도 그랬습니다. "'너는 네 지팡이를 들고 바다 위로 손을 뻗어 바다를 가르고서는, 이스라엘 자손들이 바다 가운데로 마른 땅을 걸어 들어가게 하여라' […] 모세가 바다 위로 손을 뻗었다. 주님께서는 밤새도록 거센 샛바람으로 바닷물을 밀어내시어, 바다를 마른 땅으로 만드셨다"(탈출 14,16.21).

홍해 바다 앞에서 바다 위로 팔을 뻗치라고 하셨을 때에도 모세는 야훼께서 지시하신 대로 그대로 합니다. 따지지 않고 시키는 대로 뻗칩니다.

모세는 하느님의 명령을 그대로 순명한 사람입니다. 온유한 사람인 모세의 강력한 카리스마는 모세 자신에게서 나온 것이 아니라 하느님의 능력에서 나온 것입니다.

강력한 리더십을 행하고 싶은 사람은 온유한 자가 되십시오. 그러면 하느님께서는 여러분을 부려서 여러분에게 강력한 리더십을 주실 것입니다. 하느님께 '예' 하고 응답하는 사람이 되기를 바랍니다.

함께 기도하시겠습니다.

주님, 오늘 저희는 주님이 주시는 위로의 말씀을 들었습니다. "고생하며 무거운 짐을 진 너희는 모두 나에게 오너라"(마태 11,28).

주님의 그 말씀은 인생고에 시달리는 저희에게 큰 위로가 됩니다. 감사합니다.

주님. 언제나 저희의 피난처가 되어주셔서 인생의 어려움이 닥칠 때 저희가 주님의 품 안에서 안식을 누릴 수 있는 은총을 베풀어주소서.

주님, 또한 저희도 온유하신 당신을 본받아 매사에 아버지 하느님의 뜻을 따르게 하소서. 그러기 위하여 저희로 하여금 언제나 주님의 말씀에 귀를 기울이고 그 말씀을 저희 마음속에 새기며 살아가게 하소서.

우리 주 예수 그리스도를 통하여 비나이다. 아멘.

연중 제32주일: 마태 25,1-13

깨어 있는 삶

"깨어 있어라"(마태 25,13).

1. 말씀의 숲

오늘 복음 말씀은 신랑의 도착을 기다리며 등불을 밝히는 '열 처녀의 비유'로, 이 비유를 통해 예수님께서는 제자들에게 당신의 재림을 늘 깨어 준비하는 것이 얼마나 중요한지 가르치십니다.

이는 마태오 복음 24장부터 시작된 올리브 산에서의 예수님 가르침 속에 언급된 여러 가지 비유 중 그리스도 재림의 확실성과 그 시기의 의외성 및 급박성 그리고 그에 따른 준비적 자세를 강조한 앞의 두 비유, 곧 '도둑이 언제 올지 모르니 깨어 있어라'(마태 24,42-44 참조)라는 말씀과 '주인이 돌아와서 볼 때 충실히 일하고 있는 종'(마태 24,45-51 참조)에 연계한 세 번째 비유입니다.

'크래프트'는 미국의 식품 제조업체로, 스위스의 '네슬레'와 함께 세계 2대 식품 기업입니다. 이 기업의 창시자 제임스 루이스 크래프트 J.L. Kraft, 1874-1953는 처음부터 막대한 자산을 갖고 사업한 것이 아니었습니다. 그는 마차에 치즈를 싣고 다니며 팔던 가난한 사람이었습니다. 하지만 그에게는 한 가지 습관이 있었습니다. 매일 아침 치즈를 팔러 나가기 전 하느님께 꼭 기도를 드리고 나가는 것이었습니다. 그때마다 판매 전략에 대한 지혜가 생겨 사업이 번창하게 되었고 나중에는 수많은 트럭으로 치즈를 공급하는 치즈 왕이 되었습니다.

어느 날 어떤 기자 한 사람이 크래프트에게 성공 비결이 무엇인지 물어보았습니다. 그때 그는 이렇게 대답했습니다.

"하느님께 지혜를 구하는 기도를 드리면 지혜가 생겼고 저는 그것을 실천했을 뿐입니다."[111]

2. 말씀 공감

■ 무형으로 환시를 주시니

> "슬기로운 처녀들은 등과 함께
> 기름도 그릇에 담아 가지고 있었다"(마태 25,4).

슬기로운 처녀들이 등과 함께 그릇에 담아가지고 있었던 '기름'은 구체적으로 무엇을 의미할까요?

제가 오스트리아 비엔나 대학에서 박사학위 통과 시험을 치르던 당시의 이야기입니다. 저는 학위 취득을 위해 전공서적 30여 권을 깨알 같은 글씨로 요약해 가며 빈틈없이 준비하였습니다. 구두시험 현장에서 저의 논문지도 교수이며 시험 주심이기도 했던 쭈레너P.M. Zulehner, 1939-교수가 던진 질문은 그에 비해 의외로 너무도 파격이었습니다. 기억이 다 나지는 않지만, 예를 들면 이런 식이었습니다.

"그 책에서 말하고자 하는 것을 단 한 단어로 말해 보시오."

"오늘날 전 세계를 지배하고 있는 현상들의 배후에 작용하고 있는 결정적인 가치는 무엇이라고 생각합니까. 단 한 단어로 말해 보시오."

"⋯⋯."

당황스럽기도 하고 혼란스럽기도 한 이 질문에 저는 마치 '스무고개' 풀기를 하듯이 진땀을 빼며 답을 추적할 수밖에 없었습니다. 하지만 제가 답의 언저리에 근접할 때마다 교수님은 보조 질문을 던져 주면서 도와주었습니다. 단 한 번에 만족스런 답을 제시하지 못했던지라 의당 교수님의 얼굴을 살필 수밖에 없었지만, 교수님의 표정은 대만족이었습니다. 어차피 교수님은 정해진 답을 요구한 것이 아니었던 것입니다. 교수님은 지식을 요구한 것이 아니라 사유법의 학습을 기대했던 것입니다. 그리고 교수님은 오직 제자 스스로가 섭취하고 소화한 초간단 핵심 및 그의 학문적 내공을 점검하고 싶으셨던 것입니다.

돌이켜 보니 교수님의 질문은 시험이 아니라 마지막 강의였던 셈입니다. 그 수업의 추억은 제 인생에 가장 중요한 메시지가 되어 오늘도 제 가슴에서 고동치고 있습니다.

"늘 한 단어 핵심을 파악하려고 노력하라. 많이 아는 것보다 더 중요한 것은 결정적인 인자를 파악하는 것이다. 그러므로 계속 물으라. '여기서 진짜 중요한 것은 무엇이지?'"

그렇습니다. 우선순위를 아는 것이야말로 으뜸 지혜라 할 것입니다. 고로 현상의 표리表裏, 사안의 경중輕重, 순서의 선후先後를 파악하는 것이 무릇 공부의 목적이 아닐까요. 무수한 곁다리들을 가져다 놓고 이러쿵저러쿵 해봤자 허접할 따름입니다. 그 곁다리들을 헤치고 핵심 하나만 분명히 잡으면 어떤 난제건 해결의 실마리가 술술 풀리게 마련 아닌가요.

다시 원점으로 돌아가 봅니다.

"그렇다면 오늘 복음에서 말하는 '기름'은 구체적으로 무엇일까요, 단 한 단어로 말입니다."

이제 답은 여러분의 몫입니다. 어쩌면 예수님조차도 '이거다'하고 어떤 특정한 답을 제시하려 하지 않으셨을지도 모릅니다. 다만 그것에 이르는 접근선은 여러 차례 제시해 주셨지요. 기름은 본질상 어떤 정해진 실체가 아니고, 엑기스 곧 '걸러지고 짜여진' 그 무엇이기 때문입니다. 그러기에 '기름'이 뜻하는 핵심적인 요지는 이것입니다.

"과연 신앙생활에서 결정적으로 중요한 것은 무엇일까? 하늘 나라에 가려면 결정적으로 필요한 것은 무엇인가? 이렇게 줄곧 물으라. 지상에서 육신으로 사는 한 답은 어차피 영원할 수 없으니, 답을 안다 해도 계속 물으라. 그리고 아는 만큼 행하라."

■ 하늘 나라 기도

> "그들이 기름을 사러 간 사이에 신랑이 왔다.
> 준비하고 있던 처녀들은 신랑과 함께 혼인 잔치에 들어가고,
> 문은 닫혔다"(마태 25,10).

신랑이 왔다!

신부는 물론, 신부 측 들러리로 뽑힌 준비된 다섯 처녀들은 혼인 잔치에 들어가고, 문은 닫힙니다.

혼인 잔치의 여흥과 기쁨을 우리는 어떻게 표현할 수 있을까요?

상상만으로도 심신에 노래가 흐르고 춤사위가 동합니다.

동양과 서양, 옛날과 오늘날의 구분 없이 혼인 잔치는 어느 문화권에

서나 으뜸 축제입니다. 잠시일지언정 혼인 잔치는 어른들에게는 물론 어린이들에게도 신바람 납니다.

어릴 적 동네에서 혼인 잔치가 있는 날이면 그 근처를 떠나지 않았습니다. 구경거리는 장관이요, 서성이다가 얻어먹는 재미는 그야말로 횡재였습니다.

오늘날 우리네 웨딩 문화도 이와 못지않은 것으로 알고 있습니다. 다른 것은 몰라도 혼인 잔치의 비중은 시간의 흐름 속에서도 퇴색되지 않기를 바랍니다.

혼인 잔치의 이런 문화적 좌표 위에 오늘 예수님의 비유 말씀을 올려놓아 봅니다.

"그들이 기름을 사러 간 사이에 신랑이 왔다. 준비하고 있던 처녀들은 신랑과 함께 혼인 잔치에 들어가고, 문은 닫혔다"(마태 25,10).

하느님 나라를 혼인 잔치에 비유하신 것이 과연 말씀의 예술이다 싶습니다.

그런데 의문이 생깁니다.

예수님께서는 왜 이렇게 좋기만 한 혼인 잔치 분위기에 "어리석은 다섯 처녀"를 등장시키셨을까?

무슨 깊은 뜻에서 "문은 닫혔다"고 선언하심으로써, 잔치 분위기를 침울하게 만드셨을까?

직관적으로 결론을 내다봅니다.

사람들이 하도 "하느님 나라"를 등한시하니까, "귀하게 여기지 않으면 훗날 돌이킬 수 없는 낭패를 보게 될 것이다"라고 경고하시기 위해서 그러신 것입니다.

그렇습니다. 하느님 나라는 그 어느 것하고도 비교할 수 없는 궁극의 가치지만, 그런 만큼 그것을 대수롭지 않게 여기면 그 비극은 돌이킬 수 없는 통한이 될 것입니다.

"문이 닫혔다"는 말은 마지막 기회의 문이 닫혔다는 뜻을 지닙니다. 끝장, 영원히 돌이킬 수 없는 파국, 시쳇말로 지옥을 뜻합니다.

아무리 문이 닫혀도 그 안에 별 볼 일 없는 것들로 가득하면 그리 섭섭해할 이유도 없습니다.

문이 닫힌 것이 안타깝고 통탄스러운 것은 그 안에 여태 상상도 해본 적이 없는 지고의 열락이 충만하기 때문입니다.

미사 때에 성체 축성의 절정에서 사제는 미사 경문을 따라 이렇게 기도합니다.

> 부활의 희망 속에 고이 잠든 교우들과
> 세상을 떠난 다른 이들도 모두 생각하시어
> 그들이 주님의 빛나는 얼굴을 뵈옵게 하소서.
> 저희에게도 자비를 베푸시어
> 영원으로부터 주님의 사랑을 받는 하느님의 어머니 복되신 동정
> 마리아와
> 그 배필이신 성 요셉과 복된 사도들과 모든 성인과 함께 영원한 삶
> 을 누리며
> 성자 예수 그리스도를 통하여 아버지를 찬양하게 하소서("미사 통상
> 문」중 '감사 기도 제2양식').

하느님 나라에 오늘 교회 공동체가 함께 동참한다는 정신으로 바치는 기도문입니다. 너무도 아름답고 본질적인 희망을 담고 있기에 저는 개인적으로 잠시 하늘과 땅의 일치에 잠긴 후 지나가는 대목입니다.

■ 기도의 촛불

> **"깨어 있어라"**(마태 25,13).

연구소에서 간행하는 정기 잡지로 『참 소중한 당신』과 『사목정보』가 있습니다. 그런데 한 달쯤 전 구독자들 명단을 관리하는 전산망이 해킹당하는 일이 발생했습니다. 해커의 공격을 받아 셧다운 된 것입니다.

연구소 담당자들은 모두 초긴장하여 어찌할 바를 몰라 했습니다. 서버관리 회사 측으로부터 회복불가 판정을 받았고, 복구업체 쪽에서도 불가능 선고가 내려졌습니다.

전문가들이 최후로 제시한 길은 두 가지였습니다.

하나는 해커와 협상하여 일정한 금액을 지불하고 복구 요청을 하는 것이었습니다. 나머지 하나는 그냥 날린 셈 치고 재부팅을 시도하는 것이었습니다. 이럴 경우 성공확률은 10%밖에 되지 않으니 그냥 안전한 길을 택하는 것이 좋겠다고 했습니다.

어떻게 해야 옳겠느냐는 질문을 들었을 때, 저는 즉시 후자를 선택했습니다.

일단 해커와는 협상을 거부하고 재부팅을 시도할 것!

지시할 때는 설명도 함께 전하도록 했습니다.

"해커는 무조건 협상 대상이 아니다. 설령 아무리 수천만 원이 더 든다고 해도 쉬운 길을 포기하고 어려운 길을 택하자. 사회적 범죄자들에게는 단 1원도 줄 수 없다."

그리고 추가적으로 덧붙였습니다.

"모든 것을 하느님께 맡기자. 재부팅이 안 되어 제로베이스에서 다시 시작해야 하더라도 보속으로 여기고 기꺼이 받아들이자. 그러면 더 좋은 일이 일어날 것이다."

오후 두 시쯤 기별이 왔습니다.

"신부님, 재부팅이 성공했어요. 기적이 일어났어요. 전문가들은 일단 날린 셈 치라고 했었거든요."

들려오는 흥분된 목소리에 저의 화답은 짧았습니다.

"할렐루야. 수고했어."

전화를 끊고 저는 속으로 하느님께 "감사합니다"를 연신 올려드렸습니다.

"깨어 있어라"(마태 25,13).

깨어 있다는 것은 잠을 안 자는 것을 뜻하지 않습니다.

깨어 있다는 것은 타성이나 악습, 관행이 우리를 지배하지 못하도록 의식을 각성하는 것을 의미합니다.

깨어 있다는 것은 오직 그리스도의 가르침만을 우리 삶의 기준으로 삼고, "좋은 게 좋은 것"이라는 두루뭉술한 세상의 처세법에 대하여 까칠한 태도를 견지하는 것과 다르지 않습니다.

함께 기도하시겠습니다.

주님, 다섯 처녀가 준비하고 있었던 '기름'이 저희에게는 무엇이죠? 믿음인가요, 사랑인가요, 희망인가요. 그렇다면 어떻게 믿어야 잘 믿는 건가요? 어디까지 사랑해야 하나요? 무엇을 희망해야 옳을까요?

주님, 제가 더 알아야 할 것은 무엇이고, 더 행해야 할 것은 또 무엇인가요?

주님, 침묵으로 음성을 주시고, 무형으로 환시를 주시고, 무응답으로 답을 주시니, 그 덕에 제가 늘 깨어 삽니다.

우리 주 예수 그리스도를 통하여 비나이다. 아멘!

우직한 성실

"착하고 성실한 종아! 네가 작은 일에 성실하였으니
이제 내가 너에게 많은 일을 맡기겠다"(마태 25,21).

1. 말씀의 숲

지금으로부터 약 200여 년 전에 영국에 유명한 해군 제독이 있었습니다. 바로 넬슨 제독입니다. 그는 너무 가난하고 의지할 것이 없어서 열두 살이 되던 해에 해군에 입대를 했습니다.

그는 싸움에 나갈 때마다 "영국은 제군들이 각자 맡은 바 임무를 다할 것으로 믿는다"라는 신호를 달았습니다. 그런데 그는 1794년 코르시카 전투에서 오른쪽 눈을 잃고 말았습니다. 보통 사람 같으면 외눈이 되어 쓸모없는 인간으로 제대했을 터인데, 그는 안대를 붙이고 전쟁에 참가했습니다. 그러다가 1797년, 세인트 빈센트 해전에서 그는 또다시 오른팔을 잃어버리는 부상을 입었습니다. 그럼에도 불구하고 그는 전투에 임할 때는 항상 꿋꿋한 자세를 유지했습니다. 결국 그는 모든 신체적인 난관을 극복하고 결국 지휘관의 자리에까지 올랐습니다.

1805년, 트라팔가르 앞바다에서 프랑스, 스페인 연합함대와의 접전에서 그는 적 함대를 거의 침몰시켰습니다. 하지만 그 역시 적의 총탄에 맞고 말았습니다. 그는 쓰러지면서도 전투의 결과를 걱정하며 부하에게 다음과 같이 말했습니다.

"누가 승리하고 있는가?"

넬슨의 질문에 옆에 서 있던 부하는 다음과 같이 말했습니다.

"승리는 우리 쪽입니다."

그는 부하의 말에 미소 지으며 다음과 같이 말하고 숨을 거두었습니다.

"하느님, 감사합니다. 내가 내 직분을 다할 수 있게 하신 것을 감사합니다."

넬슨은 국가를 지키는 군인으로서 그에게 주어진 책임을 충실히 이행했던 것입니다.[112]

우리는 전례력으로 한 해의 끝자락에 와 있습니다. 한 해를 마무리하면서 과연 우리는 주님께서 우리에게 맡겨주신 탈렌트를 관리하는데 얼마나 노력을 했는지 되돌아보아야 할 것입니다. 오늘 복음에서 예수님께서는 '지금 무엇을' 할 것인가를 생각하도록 우리에게 탈렌트의 비유를 들려주십니다.

오늘 복음 말씀은 어떤 사람이 길을 떠나면서 종들에게 각각 다섯 탈렌트, 두 탈렌트, 한 탈렌트를 맡긴 다음, 오랜 시간이 지난 후 다시 돌아와 그들과 셈을 하는 내용입니다. 그때 다섯 탈렌트를 받은 종은 자신들이 일해서 일구어 놓은 좋은 결과를 주인께 바칩니다. 그리고 주인은 그들이 착하고 성실한 종이라고 칭찬을 합니다.

그런데, 짧은 복음에서는 나오지 않았지만, 세 번째 한 탈렌트를 받은 종은 주인에게 받은 돈을 땅에 그대로 묻어 두었다가 그대로 주인에게 되돌려 드립니다. 어쩌면 세 번째 종의 입장에서는 주인에게 받은 것을 그대로 돌려드렸으므로 다행이라고 볼 수 있습니다. 그러나 주인은 그 종을 "악하고 게으른 종"이라고 나무라시며 그에게서 있는 것마저 빼앗아 열 탈렌트를 가진 종에게 줍니다.

오늘 비유에서 우리가 살펴볼 것은 두 가지입니다.

첫째, 주인은 벌어놓은 액수와는 상관없이 각자가 받은 재능을 활용하여 열심히 일한 이들을 기쁘게 받아들이십니다.

둘째, 셋째 종과 그에 대한 주인의 태도에서, 우리는 지금 이 시기가 심판을 준비해야 하는 결단의 시기임에도 불구하고 그것을 무시하고 그릇된 안일주의에 빠져 현세 생활에 집착한 이들이 받는 심판에 대해서 알 수 있습니다. 그는 하늘 나라의 복음을 믿지 않고 따르지 않아 성화되지 못한 자입니다. 그리고 그러한 그의 불충실은 이미 자신이 받은 선물까지 빼앗기는 결과를 당한다는 것을 암시합니다.

마태오 복음사가는 종말적 심판의 입장에서 이 탈렌트 비유를 깨어 있음의 경고로 이용합니다. 공동체에 속해 있어도 깨어 있지 못하면 구원을 보증받지 못한다는 것입니다. 구원과 비非구원의 최종적 갈림이 아직 이루어지지 않은 상태에서 모든 것은 현재적 가능성들을 어떻게 성실하게 받아들이고 대처하느냐에 전적으로 달려 있다는 것입니다.

2. 말씀 공감

■ 나의 재능

> "그는 각자의 능력에 따라 한 사람에게는 다섯 탈렌트,
> 다른 사람에게는 두 탈렌트, 또 다른 사람에게는
> 한 탈렌트를 주고 여행을 떠났다"(마태 25,15).

고백합니다마는 저에게는 아주 어려운 일이 하나 있습니다. 짐을 정리하는 일입니다. 저는 아무리 노력해도 방이나 책상 정리를 잘 못 합니다. 물건 가지 수가 늘어나면 골치 아파집니다. 청소할 때면 같은 물건을 들었다 놨다 하며 우왕좌왕합니다.

성지순례에 갔을 때 인솔팀에 이런저런 반찬거리들이 모여들었습니다. 식사 시간이 되면 십여 가지의 찬거리들이 차려졌다가 다시 짐으로 꾸려지곤 했는데, 저는 그때 식사 수발을 하는 어느 자매가 후다닥 정리하는 솜씨를 보고 감탄한 적이 있습니다. 제가 했으면 한 30분이 걸려도 어설프게 끝났을 일을, 단 5분 만에 깔끔하게 정리하는 것을 보았기 때문입니다.

그런데 이런 제가 여러 가지 복잡한 생각거리들은 일목요연하게 잘 정리하는 재주가 있습니다. 저는 희한하게도 아무리 뒤죽박죽 섞어놓아도 개념과 생각들은 제자리에 질서 있게 갖다 놓는 데 소질이 있습니다. 이래서 사람들이 함께 연합하여 사는 것 같습니다.

동화책에 나오는 이야기입니다. 하루는 당나귀가 밖에서 열심히 일하고서는 집으로 돌아왔습니다. 때마침 그 집의 강아지가 주인의

무릎에 앉아서 재롱을 떨고 있었습니다. 그 모습을 보면서 당나귀는 샘이 났습니다. 자기는 뼈 빠지게 일만 하고 집으로 돌아왔는데 강아지는 일도 하지 않고 주인의 사랑을 독차지하고 있었으니 말입니다. 당나귀는 자기도 주인의 사랑을 받고 싶었습니다.

어느 날 좋은 기회가 왔습니다. 주인은 마당에 홀로 앉아서 한가하게 부채질을 하고 있었습니다. 강아지는 어디로 갔는지 보이지 않았습니다. 그 틈을 놓칠세라 당나귀는 주인에게로 얼른 달려갔습니다. 그리고 강아지처럼 자기의 꼬리를 살랑살랑 흔들면서 그 육중한 몸을 날려서 주인의 무릎 위로 껑충 뛰어올랐습니다. 그 결과가 어떻게 되었겠습니까? 불쌍한 당나귀는 영문도 모른 채 그날 주인에게 죽도록 얻어맞았습니다.[113]

강아지를 부러워한 당나귀는 자신이 가지고 있는 재능을 망각하고, 강아지를 따라 했다가 낭패를 보고 말았습니다. 우리도 이러한 당나귀와 같은 우를 범하는 일이 다반사입니다. 우리는 사람들이 이런 이야기하는 것을 드물지 않게 듣습니다.

"나도 저 사람처럼 피아노를 잘 칠 수 있으면 얼마나 좋을까?"

"나도 축구선수처럼 축구를 잘해봤으면 좋겠다."

"내게 가수처럼 노래를 잘할 수 있는 능력이 있었으면……."

우리가 이런 생각을 가지고 있을 때, 우리는 자신에게 주어진 재능은 잘 못 보는 경향이 있습니다. 하지만 하느님께서는 각자의 능력에 맞는 재능을 주셨습니다. 오늘 복음 말씀에 나오는 탈렌트가 바로 재능을 의미합니다.

"그는 각자의 능력에 따라 한 사람에게는 다섯 탈렌트, 다른 사람에게는 두 탈렌트, 또 다른 사람에게는 한 탈렌트를 주고 여행을 떠났다"(마태 25,15).

그러므로 남이 지닌 재능을 부러워할 것이 아니라 자신이 지닌 재능을 점검하고 확인해볼 일입니다.

■ 네 앞에 있는 것을 주라

> "주인님, 저에게 다섯 탈렌트를 맡기셨는데,
> 보십시오, 다섯 탈렌트를 더 벌었습니다"(마태 25,20).

성 발렌티누스가 수도원에 있을 때 이렇게 기도를 했습니다.

"하느님, 저는 말도 잘할 줄 모릅니다. 음악도 할 줄 모릅니다. 제게는 물질도 없습니다. 제가 무엇을 가지고 봉사를 해야 할까요?"

그때 하느님의 음성이 들려왔습니다.

"네 앞에 있는 것을 남을 위하여 주라."

눈을 떠보았지만, 아무것도 없었습니다. 그런데 수도원 창문 밖 작은 화단에 다 시들어가는 꽃 한 송이가 보였습니다. 그때 발렌티누스는 '아! 하느님께서 이것을 주라고 하신 것이구나'라고 생각했습니다. 그는 꽃나무에 물을 주고 잘 가꾸었습니다. 꽃이 싱싱하게 되살아났습니다. 그리고는 그 꽃을 한 송이씩 잘라서 환자들의 머리맡에 갖다 놓았습니다. 그는 그 일을 21년 동안 하다 세상을 떠났습니다. 그가 세상을 떠난 후, 그 지방 사람들이 꽃을 서로 주고받는 관습이 생겼습니다. 그것이 바로 오늘날 우리가 발렌티누스를 기념하는 날(발렌타인 데이)이 된 것입니다.

우리에게 무엇이 있든지, 그것이 아무리 작은 것이라도 하느님을 위해서, 다른 사람들을 위해서 사용한다면 그것이 우리의 탈렌트입니다. 그 탈렌트를 잘 사용해야 합니다.[114]

폴 세잔Paul Cézanne 1839-1906은 '근대 회화의 아버지'로 불리는 인물입니다. 하지만 그가 작품활동을 하던 시절, 아무도 그의 재능을 알아주지 못했습니다. 그는 작품을 만드는 일을 너무나 사랑했기 때문에, 그는 인정받는 것에 대해 신경을 쓰지 않았습니다. 그는 35년간을 에익스Aix라는 무명의 도시에서 세상을 잊고 작품 활동에만 몰두했고, 그는 그의 명작들을 관계없는 이웃들에게 그냥 나누어 주었습니다.

그러던 어느 날, 그의 작품들을 수집해 온 식견 있는 파리의 미술품 판매상이 몇 점을 추려서 첫 번째 전시회를 열었습니다. 비로소 이 전시회에서 세상은 그의 위대한 예술에 놀라움을 금치 못했습니다. 그는 진정한 대가였던 것이었습니다!

이 전시회에서 세잔 자신도 똑같이 놀랐습니다. 아들의 부축을 받으며 회장에 도착해서 그는 자신의 작품들을 경이에 차서 쳐다보고 눈물을 흘렸습니다. 그가 속삭였습니다.

'봐라, 내 그림에 액자를 했구나!'

아직도 세잔은 자신이 그린 그림의 위대함에 놀라고 있는 것이 아니라, 단지 그 그림들을 액자에 넣었다는 사실에 감동했던 것입니다.

세잔은 자신이 그림 그리는데 소질이 있다는 사실만 알았고 이를 즐거움으로 표현하는 일생을 살았습니다. 그에게 명예나 부는 안중에 없었습니다.

세잔의 주목적이 위대한 예술가로 칭송받는 것이었다면 그는 아마 이렇게 위대한 업적을 남기지 못했을 것입니다.

폴 세잔은 하느님께로부터 받은 탈렌트를 잘 관리한 사람이었습니다. 그는 다른 사람들로부터의 인정에 대하여 신경 쓰지 않고, 오직 자신이 받은 재능을 발휘하는 데만 최선을 다했던 것입니다. 필경 그는 임종의 때에 주님께 다음과 같이 말씀을 기쁘게 드릴 수 있었을 것입니다.

"주인님, 저에게 다섯 탈렌트를 맡기셨는데, 보십시오, 다섯 탈렌트를 더 벌었습니다"(마태 25,20). 아멘!

■ 우직한 성실

> "착하고 성실한 종아! 네가 작은 일에 성실하였으니
> 이제 내가 너에게 많은 일을 맡기겠다"(마태 25,21).

영국에서 전해 내려오는 이야기입니다. 왕자가 사냥을 갔다가 산속에서 길을 잃고 헤맸습니다. 그러다 왕자는 우연히 제임스라는 목동을 만나 길 안내를 부탁했습니다. 그러자 목동은 "안 됩니다. 저는 주인집의 양을 치는 목자입니다. 주인의 양 떼를 지키는 것이 내 임무입니다"라고 말했습니다. 왕자는 많은 돈을 주겠다고 말했습니다. 그러나 목동은 그것을 받아들이지 않았습니다. 왕자는 안내해주지 않으면 죽이겠다고 위협까지 했습니다. 그래도 목동은 눈 한번 깜짝하지 않고 이렇게 말했습니다.

"죽을지언정 양들을 돌보겠습니다. 다만 말로 안내해 드리지요. 산

을 세 번 넘은 후에 서쪽으로 계곡을 따라 가면 도로가 나옵니다."

　양들을 돌보는 직무를 가진 그 목동은 무슨 일이 있어도 양들 곁을 떠날 수 없었던 것입니다. 왕자는 할 수 없이 시키는 대로 했습니다. 후에 그 왕자가 왕이 되었습니다. 그는 제임스 목동을 불러 재상으로 삼았습니다. 주인에게 충성하는 그 목동을 평생 잊지 못했기 때문입니다. 일을 시키면 틀림없이 잘할 것이라는 믿음 때문이었습니다.[115]

　목동의 이 우직한 성실. 이것이 참 성실이며 참 충실이요, 참 충성입니다.

　오늘 복음에 나오는 "착하고 성실한 종"은 주님께서 맡기신 재능을 잘 관리하였기 때문에 주님께서는 더 큰 일을 그에게 맡기십니다. 지금 우리 사회에서 가장 필요로 하는 사람은 머리가 좋은 사람이 아니라 자신에게 맡겨진 일을 최선을 하여 성실하게 실행하는 사람일 것입니다. 그는 자신의 일에 최선을 다함으로써 다른 사람들에게 유익을 줄 뿐 아니라 결국에는 자신의 노력에 상응하는 보상을 받음으로써 행복을 누리게 될 것입니다.

　영국이 낳은 문호 칼라일이 일찍이 다음과 같은 말을 한 적이 있습니다. "그대가 하는 일이 미천하다고 낙심치 말라. 그대가 하는 일은 하느님께서 그대에게만 맡기신 가장 중요한 일이다. 집안을 정리하는 단순한 일일지라도 마음먹고 그 일을 잘하라. 만일 그대의 책임의 범위가 넓고 관계되는 일이 많으면 더욱 그리해야 할 것이다. 만일 그대에게 부모와 처자와 형제와 자매가 있으면 그들에 대한 그대의 책임이 얼마나 큰 것인지 기억하고 그들로 하여금 실망케 말지어다. 우리가 최선을 다하는 것은 곧 세상의 여러 가지 불행이 생기지 않게 하는 최선의 방법이다."

영국의 시인 키플링의 말이 이 묵상의 결론입니다.

"나라를 위해 충성을 다하는 것은 별다른 것이 아니라 보이는 연장을 잡아 눈앞에 있는 작은 일에 최선을 다하는 것이다."[116] 아멘!

함께 기도하시겠습니다.

주님, 세상에 작은 일이란 없습니다. '작은 일'은 사람들이 관행상 붙여 놓은 거짓 이름이며, 주님께서도 편의상 수용한 어법일 뿐입니다. 아멘.

주님, 존재하는 것은 오직 눈앞의 일, 그것을 작게 보면 작은 일 크게 보면 큰 일이 되는 것입니다. 아멘.

주님, 이 이치를 깨우쳐주신 성령님께 감사드립니다. 저희는 다만 주어진 일에 성실을 쏟을 따름입니다.

우리 주 예수 그리스도를 통하여 비나이다. 아멘!

온 누리의 임금이신 우리 주 예수 그리스도왕 대축일: 마태 25,31-46

축복받은 사람들

"너희가 내 형제들인 이 가장 작은 이들 가운데
한 사람에게 해 준 것이 바로 나에게 해 준 것이다"(마태 25,40).

1. 말씀의 숲

오늘 우리는 전례력으로 마지막 주일을 보내면서, 예수 그리스도를 왕으로 고백하는 그리스도왕 대축일을 맞이했습니다. 교회는 오늘 예수님을 하늘과 땅의 모든 권한을 가진 진정한 왕으로 고백합니다. 그리스도왕 대축일을 지내는 의미는 우리가 세례로 그리스도의 왕직에 참여하게 됨을 기념하면서 온 세상이 그리스도의 다스림에 따라 새롭게 되도록 기도하기 위함입니다.

사실 사람들은 누구나 자신이 왕이 되고 싶어 합니다. 하지만 왕이 되는 것은 오직 그리스도이십니다. 또한 사람들은 자신이 심판관이 되고 싶어 하지만 그리스도께서 모든 것을 심판하시는 심판관이 되십니다. 그래서 교회는 오늘 '최후의 심판'에 관한 복음을 읽음으로써 예수 그리스도께서 곧 왕이시며 심판관이심을 드러내고 있습니다.

오늘 복음 말씀은 크게 네 부분으로 나누어 볼 수 있습니다.

첫째, 영광에 싸여 오는 사람의 아들(마태 25,31-33 참조)

예수님은 영광에 싸여 모든 천사와 더불어 오셔서, 영광스러운 옥좌에 좌정하십니다. 그리고 모든 민족들이 당신 앞에 모여들면, 예수님께서는 양과 염소를 가르는 목자처럼 모여든 이들을 오른편과 왼편으로 갈라놓으실 것입니다.

둘째, 축복받은 사람들과의 대화(마태 25,34-40 참조)

임금의 오른편에 세워진 사람들은 아버지의 축복을 받은 이들입니다. 이들은 이야기 끝에 가서 영원한 생명을 누리러 가는 의인들로 지적됩니다. 이들은 자신들을 위해 창세 때부터 마련된 나라를 상속받을 수 있습니다.

셋째, 저주받은 사람들과의 대화(마태 25,41-45 참조)

임금의 왼편에 세워진 사람들은 저주받은 자들입니다. 그들에게는 악마와 그 심부름꾼들을 위해 마련된 영원한 불이 주어집니다. 그들은 그 불 속으로 영원한 벌을 받으러 가야 합니다.

넷째, 판결의 집행(마태 25,46 참조)

'최후의 심판' 이야기에서 사람들이 임금의 오른편과 왼편으로 갈려진 이유는 매우 뜻밖입니다. 오른편의 사람들이라고 해서 뛰어난 공적이나 눈부신 일을 하지 않았고 왼편의 사람들이라고 해도 지독한 죄악을 범한 것도 아니었습니다. 다만 오른편의 사람들은 굶주린 이들, 목마른 이들, 나그네들, 헐벗은 이들, 병든 이들, 감옥에 갇힌 이들을 맞이해 주었고 보살펴 주었으며 감싸주었습니다. 그러나 왼편의 사람들은 이렇게 가장 가난하고 소외되고 자신의 모든 권리를 빼앗겨버린 힘없는 사람들을 받아들이지 않았습니다.

'최후의 심판'에 대한 이야기는 마태오 복음서의 전체적인 가르침을 요약하고 있습니다. 이미 산상설교의 끝 부분에서 예수님께서는 다음과 같이 경고하셨습니다.

"나에게 '주님, 주님!' 한다고 모두 하늘 나라에 들어가는 것이 아니다. 하늘에 계신 내 아버지의 뜻을 실행하는 이라야 들어간다"(마태 7,21).

곧, 그리스도인의 신앙은 이웃 사랑에 대한 사랑으로 실천되어야 한다는 것입니다.

2. 말씀 공감

■ 우리들의 충성

> "사람의 아들이 영광에 싸여 모든 천사와 함께 오면,
> 자기의 영광스러운 옥좌에 앉을 것이다"(마태 25,31).

미켈란젤로가 그의 가장 위대한 작품인 시스티나 성당 내 600㎡나 되는 넓이의 천장 벽화, '천지창조'를 그릴 때의 일이라고 합니다.

하루는 그가 받침대 위에 올라가 누워서 천장 구석에 인물 하나를 하루 종일 조심스럽게 그려 넣고 있었습니다. 그때 친구가 다가와 이렇게 물었습니다.

"여보게나, 그렇게 구석진 곳에 잘 보이지도 않는 인물 하나를 그려 넣으려고 그 고생을 한단 말인가? 천장 위 작은 그림 하나가 완벽하게 그려졌는지, 그렇지 않은지를 도대체 누가 안단 말인가?"

그러자 미켈란젤로는 이렇게 말했습니다. "내가 알지."[117]

비록 미켈란젤로는 "내가 알지"라고 대답을 했지만, 사실 그 일에 대해서 하느님께서도 알고 계심을 확신했을 것입니다. 결국 미켈란젤로는

성당 벽화를 그리는 일을 하느님과 자신에게 충성을 다 했던 것입니다. 그는 하느님께 충실한 사람이었던 것입니다.

전례력으로 한 해를 마무리하면서 우리는 예수 그리스도님을 우리의 왕이라고 고백합니다. 그런데 과연 우리가 주님을 왕으로 모시고 살아간다는 것은 무엇을 의미할까요?

저는 그에 대한 해답을 故 최기산 주교님의 저서 『어느 주교의 행복 수첩』에서 발견했습니다. 그 내용을 함께 나누어 보겠습니다.

> 우리에게 지금 중요한 것은 예수 그리스도를 다시 우리의 주님, 나의 주님, 우리의 왕으로 모시는 일이다. 어떤 이들은 세계화, 토착화 시대에 그게 무슨 소리냐고 반문할지 모른다. 그러나 진리는 하나, 오직 예수 그리스도뿐이라고 말할 수 있을 때 우리는 참 신앙인인 것이다. 예수님은 "나는 길이요 진리요 생명이다"(요한 14,6)라고 말씀하셨다.
>
> 왕은 누구인가? 전권을 가진 사람이다. 예수 그리스도는 이 세상에 전권을 가진 분이시고, 나의 전권을 가진 분이시다. 예수님은 "나는 하늘과 땅의 모든 권한을 받았다"(마태 28,18)고 말한 분이시고 "쇠 지팡이로 모든 민족들을 다스릴 분"(묵시 12,5)이시다.
>
> [⋯] 예수는 우리의 유일한 구세주시며 우리의 왕이시다. 우리의 왕을 제쳐놓고 다른 왕을 찾아 헤매는 것은 모반이다. 우리에겐 참 왕이 계시다. 그분 앞에서 심판받을 날이 올 것이다. 그러므로 왕에게 드릴 우리의 마땅한 도리는 다시 충성이다.[118]

이제 우리들의 충성을 고백할 때입니다. 주님, 무슨 일이 있어도 충성합니다. 아멘!

■ 아가야, 내 사랑둥이야

> "그는 목자가 양과 염소를 가르듯이 그들을 가를 것이다.
> 그렇게 하여 양들은 자기 오른쪽에, 염소들은
> 왼쪽에 세울 것이다"(마태 25,32-33).

보좌 신부 시절, 제 강론은 선이 분명하였습니다.

가급적이면 균형 잡힌 관점을 견지하려고 노력했기에 흑백논리나 양단 논법까지는 가지 않았지만, 그래도 선과 악, 신앙과 불신앙, 구원과 비구원의 기준을 비교적 명료하게 제시하는 강론이었습니다.

돌이켜보면 그 시절 강론이 가장 엄하고 강경했던 것 같습니다.

하지만 사반세기를 사제로 살아오면서 저는 바뀌었습니다. 기준이 바뀐 것이 아니라, 그 기준의 적용에 일종의 여지, 여백, 성경의 용어로 유예를 허용하는 법을 배웠기 때문입니다. 이는 시행착오를 거치면서 터득한 사목적 경륜이라 해도 무방할 것입니다.

저는 이제 결론을 내렸습니다.

"사람에 관한 한 어떤 단언도 장담도 할 수 없다."

그렇습니다.

우리는 "그는 참 나쁜 사람이야!"라고 속단할 수 없습니다. 시간이 지나면 아닌 경우가 참 많이 발생합니다.

우리는 "그녀는 믿음이 좋은 분이야!"라고 결정적으로 말해서도 안 됩니다. 나중에 그것이 눈가림이었음이 밝혀지는 일도 제법 있습니다.

우리의 판단은 짧습니다. 완전하지 못합니다. 그것이 진실입니다.

그릇됨 없이 판단하실 수 있는 분은 예수 그리스도 한 분뿐이십니다.

그러기에 오늘 복음 말씀은 장엄하게 선언합니다.

"그는 목자가 양과 염소를 가르듯이 그들을 가를 것이다. 그렇게 하여 양들은 자기 오른쪽에, 염소들은 왼쪽에 세울 것이다"(마태 25,32-33).

과연 예수 그리스도만이 양과 염소, 의인과 악인을 가리실 수 있으십니다.

구약에서는 아직 삼위일체의 신비가 온전히 드러나지 않았기에 하느님만이 그러실 수 있다고 믿었습니다. 가령 말라키 예언서는 하느님의 역사하심을 통해서 우리가 그 결과를 알게 된다고 전합니다.

"그러면 너희는 다시 의인과 악인을 가리고 하느님을 섬기는 이와 섬기지 않는 자를 가릴 수 있으리라"(말라 3,18).

이는 2017년 10월 12일 독서 말씀인 말라키 예언서의 한 구절입니다.

이 말씀은 악인과 의인이 공개적으로 구별되기 전에 먼저 하느님의 비망록에 의인의 이름이 기록되어 있음을 천명합니다.

"주님을 경외하며 그의 이름을 존중하는 이들이 주님 앞에서 비망록에 쓰였다"(말라 3,16).

언젠가도 전했던 확신입니다만, 주님의 비망록, 그 생명의 책에 여러분의 이름이 또렷이 기록되어 있음을 저희는 믿습니다. 그러기에 저는 그 믿음으로 매일 새벽 제단의 촛불을 밝힙니다.

세상살이가 산란스러우면, 신앙의 근간도 송두리째 흔들리기 십상입니다. 도처에서 들려오는 세속의 소리는 영락없는 말라키 예언서 한 대목의 그것입니다.

"하느님을 섬기는 것은 헛된 일이다. 만군의 주님의 명령을 지킨다고, 그분 앞에서 슬프게 걷는다고 무슨 이득이 있느냐?

오히려 이제 우리는 거만한 자들이 행복하다고 말해야 한다. 악을 저

지르는 자들이 번성하고 하느님을 시험하고도 화를 입지 않는다"(말라 3,14-15).

심지어 멀쩡히 신앙생활 잘 해오던 이들도 유혹자들의 꿀 바른 꾐에 넘어가 냉담, 전향, 나아가 배반의 덫에 걸려듭니다.

하지만 이런 주장은 반드시 거짓으로 판명날 것입니다.

주님께서 몸소 당신 자신을 드러내시는 그날! 그날에 진실로 드러나는 것은 오직 경건한 신앙뿐입니다. 끝까지 충실하여 이를 지켜낸 이들에게 주님께서 약속해 주십니다.

"그들은 나의 것이 되리라. — 만군의 주님께서 말씀하신다. — 내가 나서는 날에 그들은 나의 소유가 되리라. 부모가 자기들을 섬기는 자식을 아끼듯 나도 그들을 아끼리라"(말라 3,17).

그제서야 누가 악인인지 누가 의인인지가 확연히 밝혀지게 될 것입니다.

저희는 여러분의 이름이 그때에 의인의 명단에 올라있기를 충실한 사랑으로 기도드릴 따름입니다.

"그들은 나의 것이 되리라" 하셨습니다.

주님의 것인 우리는 이미 주님의 품에 안겨 있는 셈입니다.

주님께서는 부모가 "자식을 아끼듯" 아껴주신다고 하셨습니다.

자식인 우리는 자나 깨나 하늘 아빠 하늘 엄마의 사랑둥이입니다.

오늘 복음 말씀에서 의인의 무리에게 내리신 말씀이 이 특은의 다른 이름인 영원한 복락을 확증해 줍니다.

"내 아버지께 복을 받은 이들아, 와서, 세상 창조 때부터 너희를 위하여 준비된 나라를 차지하여라"(마태 25,34).

아가야

출생 일성이 서러운 울음보더니

어느덧 여러 십 년을 내처 고달프게 살아왔구나.

열락悅樂과 허무 사이를 왕래하며

표류하듯 밀려온 네 생의 궤적은

마디마다 생채기로구나.

아가야, 내 사랑둥이야

너는 모른다.

너 서러울 때 나 온기로 너를 안았다.

너 고달플 때 나 뜬눈으로 너를 지켰다.

너 비탄할 때 나 녹는 애간장으로 너를 보듬었다.

아가야, 내 눈물아

이제 대소大笑하라

이제 안식하라

이제 환호하라

나는 웃음이요 쉼이요 기쁨이다.

■ 기억하라

한때 번성했던 대수도원이 있었습니다. 시대의 흐름을 따라 수많은 사람들이 떠나가고 나이 든 다섯 명의 수사들만이 수도원을 지키고 있었습니다. 수도원을 둘러싼 숲속에는 한 라삐가 은둔하고 있었는데 그는 현인으로 이름이 높았습니다. 어느 날 수도원장이 그 라삐를 찾아가 말했습니다.

"꼭 한번 뵙고 싶었습니다. 저희 수도회가 다시 번성할 수 있는 방법이 있다면 조언해 주십시오."

라삐는 미소 띤 얼굴로 이렇게 말했습니다.

"제가 뭘 알겠습니까. 다만 한 가지 말씀드리면 남은 다섯 분의 수사님들 중 한 분이 바로 메시아시군요."

수도원장은 라삐의 말을 수사들에게 전했습니다. 그러자 그들은 쑥덕거렸습니다.

"우리 가운데 한 사람이 메시아라니……. 만일 그렇다면, 누구란 말인가?"

그때부터 수도원에 변화가 생기기 시작했습니다. 다섯 수사는 매일 깊은 묵상을 하면서 메시아가 될 동료 수사를 위해 일찍 일어나 수도원을 청소하고 서로를 정중히 대하였습니다. 점점 수도원은 활기를 되찾아갔고 하나둘 사람들이 다시 찾아들기 시작했습니다. 서로를 향한 존경과 사랑의 기운이 사람들의 발길을 이끌었던 것입니다. 찾아온 젊은 이들 가운데 입회하는 경우도 늘어났습니다.

몇 년 후 수도원은 다시 예전의 명성을 되찾았습니다.[119]

이 이야기에 나오는 수도원이 다시 명성을 찾게 된 이유는 무엇일까요? 그것은 바로 함께 생활하는 수사들 중에 메시아가 계신다는 믿음으로 서로에게 봉사하는 생활을 했기 때문입니다. 그리고 이렇게 사랑이 깃든 공동체에 하느님께서는 다시금 예전의 명성을 찾을 수 있도록 안배해 주셨던 것입니다. 실상 하느님께서는 그 공동체의 모든 수사님들과 함께하고 계셨던 것입니다. 바로 예수님께서 제자들에게 말씀하셨던 내용 그대로입니다.

지금 이 시대에도 우리의 왕이신 주님께서는 우리 주변의 어려운 이웃들과 함께하십니다. 세기의 연인이며 영원한 요정 오드리 헵번Audrey Hepburn, 1929-1993이 숨을 거두기 일 년 전 크리스마스 이브에 아들에게 다음과 같은 글을 썼다고 합니다.

"아름다운 입술을 가지고 싶으면 친절한 말을 해라. 사랑스러운 눈을 가지고 싶으면 사람들의 좋은 점을 보아라. 날씬한 몸매를 가지고 싶으면 네 음식을 배고픈 사람들과 나누어라. 아름다운 자세를 가지고 싶으면 결코 너 혼자 걷고 있지 않음을 명심해라.

기억하라. 네가 더 나이가 들면 손이 두 개라는 걸 발견하게 된다. 한 손은 너 자신을 위한 손이고 다른 한 손은 다른 사람을 돕는 손이다."

오드리 헵번의 말은 우리에게 우리 주변에 있는 어려운 이웃들에게 어떻게 봉사해야 하는지 알려줍니다. 아멘.

함께 기도하시겠습니다.

주님, 역사 이래 그 어느 왕조, 그 어느 패권, 그 어느 정권도 당신의 "영광스러운 옥좌" 앞에 한낱 하루살이 반딧불일 따름입니다.

주님, 지금 세상을 호령하는 그 어떤 이름도 당신 이름 앞에 먼지일 뿐입니다.

주님, 저희에게는 당신 말씀만이 절대 진리요, 세상 그 어느 지혜도 그저 풋 지식일 따름입니다.

우리 주 예수 그리스도를 통하여 비나이다. 아멘!

주석

001 이힘, "김남희 할머니, '영세 환갑' 기념잔치 화제", 『가톨릭평화신문』, 2007.4.22.

002 Epistola a. 1486: A. Galuzzi, *Origini dell'Ordine dei Minimi*, Romae 1967, 121-122; "진실한 마음으로 회개하십시오", 『성무일도 II』, 한국천주교중앙협의회 1990, 1579-1580.

003 Epistola a. 1486: A. Galuzzi, *Origini dell'Ordine dei Minimi*, Romae, 121-122; "진실한 마음으로 회개하십시오", 『성무일도 II』, 한국천주교중앙협의회 1990, 1580.

004 참조: 고훈, "너와 함께 있었다", 블로그 '정원사&하나의 산행이야기', 2007.6.20.

005 참조: 헨리 블랙커비, "부르심에 응답한 사람들", 『소명』, 최문정 역, 두란노서원 2003. 34-35.

006 한상용, "구유", 『성광』 2002/12.

007 김희숙, "새벽에 부는 나팔 소리", 『참 소중한 당신』 2007/7, 26.

008 김희숙, "새벽에 부는 나팔 소리", 『참 소중한 당신』 2007/7, 27-28.

009 편집부, "97%를 위해", 『행복한 동행』 2013/4, 103.

010 이힘, "주님 채찍질에 씽씽 도는 팽이죠", 『가톨릭평화신문』, 2010.9.5.

011 김정현, 『아버지』, 문이당 1996, 97-100.

012 김정현, 『아버지』, 문이당 1996, 223-224.

013 참조: 이정연, "교황님, 이 밤중에 어딜 가시나요?", 『한겨레신문』, 2013.12.4.

014 참조: 김 가타리나, "삶 자체가 선교인 함 데레사 자매님", 『참 소중한 당신』 2007/10, 61-62.

015 김형영, "세례를 받고 나서", 『홀로 울게 하소서』, 열림원 2000, 14.

016 박완서, "복된 첫사랑의 추억", 『옳고도 아름다운 당신』, 열림원 2008, 18-19.

017 차동엽, "은퇴 후 일탈", 『김수환 추기경의 친전』, 위즈앤비즈 2012, 235-237.

018 정호승, "호승아, 이제는 실뭉치가 풀리는 일만 남았다", 『내 인생에 힘이 되어준 한마디』, 비채 2006, 305-309.

019 차동엽, "주도권 다툼_화해", 『맥으로 읽는 성경 1』, 위즈앤비즈 2008, 129-131.

020 마종기, "누구인지", 『나를 사랑하시는 분의 손길』, 바오로딸 2007, 14.

021 참조: 리차드 램브란트, "선으로 악을 이기라", 인터넷 웹사이트 '그날의 양식', 2005.9.21.

022 이지혜, "홍 대리, 나랑 성당 다녀 볼래", 『가톨릭평화신문』, 2007.5.27.

023 최덕보, "선물 받은 것을 돌려주어야 할 시간", 『참 소중한 당신』 2013/12, 74-75.

024 용혜원, "가난한 사람들", 『그대 곁에 있을 수만 있다면』, 민예원 2002, 100-101.

025 김주혜, "마음이 가난한 사람이 그립다", 『천주교의정부주보』, 천주교의정부교구 2005.11.20.

026 참조: 차동엽, "의미만 있다면", 『바보 Zone』, 여백 2010, 251-252.

027 "약점과 결점이 있어도", 인터넷 다음 카페 '행복한 예수님의 사람들', 2017.5.3.

028 이지연, "세상을 따뜻하게 바라보는 바라봄 사진관 나종민 대표", 『가톨릭신문』, 2013.12.15.

029 박용만, "돌봐주시는 하느님", 『서울주보』, 천주교서울대교구 2013.12.1.

030 참조: "고아 사망률", 인터넷 블로그 '쉴만한 물가'.

031 참조: 김석년, "주님은 살아계시니", 『국민일보』, 2017.4.19.

032 송종원, "나와 공동체", 『참 소중한 당신』 2014/1, 80-81.

033 J. 모러스, "실행하라", 『잠깐만요』, 전유미(역), 성바오로 1999, 101.

034 J. 모러스, "인간을 능가하는 힘", 『잠깐만요』, 전유미(역), 성바오로 1999, 54.

035 편집부, "나는 그날 쭈그리고 앉아", 『낮은 울타리』 2008/6, 19-22.

036 참조: "유익", 네이버 블로그 '갈릴리 어부들', 2004.6.30.

037 최인호, "제4의 유혹", 『서울주보』, 천주교서울대교구 1999.2.21.

038 김형영, "괜찮다", 『서울주보』, 천주교서울대교구 1999.2.28.

039 참조: 마더 데레사, 『영혼을 울리는 아름다운 사랑』, 김진(역), 오늘의책 2002, 163.

040 참조: 사베리오 가에타, 『교황 프란치스코: 새 시대의 응답자』, 성바오로 2013, 26.

041 정영식·최인자, "성 요한 마리아 비안네(2)", 『가톨릭신문』, 2011.2.27.

042 박일규, "단장 창자가 끊어졌단 뜻으로 비통한 슬픔", 『충청투데이』, 2013.6.17.

043 이주연, "스케이트 선수 박승희 씨", 『가톨릭신문』, 2014.7.20.

044 정호승, "절망이라는 죄는 신이 용서하지 않는다", 『내 인생에 힘이 되어준 한마디』, 비채 2006, 113.

045 탕원, "생각이 나를 바꾼다", 『곁에 있어 행복한 50가지 이야기』, 양성희(역), 예솜출판 2005, 38.

046 안영, "시간표까지 짜 주시는 하느님", 『가톨릭신문』, 2011.4.3.

047 김현태, "희망을 닦는 소년", 『내 영혼의 쉼표 하나』, 미래지식 2004, 90.

048 서상덕, "5년 동안 붓펜으로 성경 필사한 조재웅 할아버지", 『가톨릭신문』, 2007.5.27.

049 차동엽, "희망은 도약한다", 『희망의 귀환』, 위즈앤비즈 2013, 163.

050 정호승, "상처 없는 독수리는 이 세상에 태어나자마자 죽어버린 독수리뿐이다", 『내 인생에 힘이 되어준 한마디』, 비채 2006, 295-296.

051 "고해 사제는 하느님 자비 보여줘야", 『가톨릭평화신문』, 2014.3.16.

052 홍 이냐시오, 인터넷 서울대교구 직장사목부 사이트 '빈터', 1999/6.

053 "칭찬 먹은 사내", 인터넷 다음 블로그 '상선약수 노트', 2006.12.8.

054 빈센트 예오, "두려움아, 날아가라!", 『가이드포스트』 2008/2, 62-63.

055 김수환 추기경 전집 편찬위원회, "광야의 유혹", 『김수환 추기경 전집 4: 인간의 근본 문제』, 가톨릭출판사 2001, 298.

056 릭 워렌, "모든 것이 하나님으로부터 시작되었으니", 『목적이 이끄는 삶』, 디모데 2003, 26.

057 여운학, "너를 위해 내어줄 때", 『지하철 사랑의 편지』, 규장 2000, 164.

058 참조: 키즈마인드, "감옥에 핀 꽃", 『굿뉴스데일리』, 2015.11.18.

059 나침반출판사 편집팀, "노인의 어머니", 인터넷 홈페이지 '나침반출판사', 2008.2.17.

060 "한 글자 열 글자", 인터넷 홈페이지 사회복지법인삼동회 '둥근마음', 2017.2.4.

061 J. 모러스, "재능", 『행복 만들기』, 김제선(역), 성바오로 2003, 259.

062 "사랑의 금전 출납부", 인터넷 홈페이지 '따뜻한 하루', 2016.11.10.

063 J. 모러스, "재능의 불꽃", 『행복 만들기』, 김제선(역), 성바오로 2003, 78-79.

064 김랑아, "부족한 기도도 귀담아들어 주시니 감사", 『가톨릭평화신문』, 2014.4.6.

065 김진영, 이승훈, "나의 죽음, 나의 부활", 『가톨릭신문』, 2014.4.20.

066 "걘 내 친구니까요", 네이버 블로그 '장생주의 포토에세이', 2009.8.28.

067 박상훈, "허풍쟁이의 헌신", 『하나님 오늘은 쉬세요』, 크리폼 1994, 47.

068 스테이시 라이쉬, "열린 문", 『가이드포스트』 2014/6, 75-82.

069 참조: 장자옥, "도미노 피자", 『국민일보』, 2003.8.23.

070 차동엽, "추임말", 『천금말씨』, 교보문고 2014, 125-126.

071 김학중, "험담은 살인이다", 인터넷 홈페이지 '갓피플', 2013.5.10.

072 이영무, "장점과 단점", 인터넷 홈페이지 '햇볕같은 이야기', 2008.3.8.

073 차동엽, "어찌 기쁘지 아니한가", 『교황의 10가지』, 위즈앤비즈 2014, 59-63.

074 참조: 김용기, "구상 시인의 신앙이야기: 나는 왜 크리스천인가?", 『생활성서』 2001/5, 44-48.

075 우광호, "용인 삼가동성당에 대작 봉헌 서소언 화백", 『가톨릭신문』, 2008.5.25.

076 제임스 켈러, "감사할 줄 아는 사람이 되자", 『그리스토퍼의 하루에 3분 묵상 4』, 염봉덕 (역), 가톨릭신문사 2004, 205-206.

077 이상혁, "혼자 거두기 힘든 하느님의 채워주심", 『채워주심』, 규장 2007, 14.

078 참조: "참 신앙은 죽음 앞에서 빛을 발한다", 인터넷 홈페이지 '예화신문', 2008.4.14.

079 김동환, "인내심", 『김동환의 다니엘 마음관리 365일』, 고즈윈 2005, 177-179.

080 김선여, "'친구를 위해 목숨을 내놓은' 참 소중한 당신", 『참 소중한 당신』 2011/8, 38-39.

081 최경식, "사람 낚는 어부들", 인터넷 홈페이지 '오요한 신부의 가톨릭', 2007.2.3.

082 참조: 차동엽, "성경, 생명의 말씀", 『여기에 물이 있다』, 미래사목연구소 2007, 65-66.

083 프랭크 미할릭, "십자가가 큰 이유", 『느낌이 있는 이야기』, 성찬성(역), 바오로딸 2007, 112-113.

084 참조: 양병무, "가만히 있으면 부정적으로 흐른다", 『국민일보』, 2006.2.1.

085   차동엽, "관계의 치유", 『무지개 원리 스마트버전』, 위즈앤비즈 2011, 211-212.

086   참조: "용서의 철학", 인터넷 '디럭스 웹바이블'.

087   이동원, "주님 한 분만으로 나는 만족해", 『짧은 이야기 긴 감동 2』, 누가 2005, 95.

088   김미현, "하느님께 다가가는 넉넉함을 배우는 지혜", 『가톨릭평화신문』, 2014.8.10.

089   참조: 유태식, "[나의인생 나의신앙] 유태식 MK그룹 부회장 (8)", 『국민일보』, 2000.6.12.

090   "행함이 있는 믿음", 인터넷 홈페이지 '햇볕같은 이야기 최용우서점', 2007.12.25.

091   토마스 아 켐피스, "세속을 떠나 하느님을 섬기는 취미", 『준주성범』, 윤을수(역), 가톨릭 출판사 1994, 118-120.

092   안젤로 데바난다, 『우리가 선포해야 할 말씀이신 예수』, 김형민(역), 가톨릭출판사 1996, 39.

093   윤여풍, "충성을 시인하자", 『국민일보』, 2008.2.1.

094   프란치스코 교황의 신학생과 수도회 수련자들과의 담화, 2013.7.6, Paolo VI 홀에서.

095   참조: Randy Lewis, "How Beatles manager Brian Epstein made the Rock Hall of Fame", *Los Angeles Times*, 2014.4.10.

096   "순간의 결정", 인터넷 홈페이지 '햇볕같은 이야기 최용우서점', 2008.10.23.

097   용혜원, "떨어진 휴지 한 장", 『지하철 사랑의 편지』, 나무생각 2003, 150-151.

098   서현욱, "종교인 과세, 지체하지 말고 시행하라", 『불교닷컴』, 2012.3.23.

099   레아 파우스트, "God's to do List", 『가이드포스트』 2011/9, 90-91.

100   차동엽, "미는 말보다 끄는 말", 『천금말씨』, 교보문고 2014, 223-224.

101   플로이스 라슨, "먼저 가세요!", 『가이드포스트』 2008/6, 84-85.

102   참조: "확신에 찬 삶", 인터넷 홈페이지 '이야기마을', 2002.5.27.

103   참조: 김필곤, "예수님은 생명의 빵이십니다(요한 6,30-35)", 인터넷 홈페이지 '열린교회', 2003.11.9.

104   참조: 이동원, "주 예수보다 더 귀한 것은 없네", 『짧은 이야기 긴 감동 1』, 누가 2001, 102-103.

105   김현태, "가져야 할 마음 '겸손'", 『성공감성사전』, 한스미디어 2007, 26.

106   이준목, "故 최동원의 멋진 삶, 누군가의 꿈이 된다는 것은……", 『야구타임즈』, 2011.9.16.

107   김승업, "일상의 기도", 『평화의 어머니와 함께하는 일상기도』, 성바오로 2006, 4-5.

108   참조: 한태완, "믿음과 의심", 인터넷 홈페이지 '기독정보넷'.

109   참조: 류영모, "다 오라, 내가 쉬게 하리라(마태 11,28-30)", 인터넷 홈페이지 '갓피플', 2010.7.2.

110   "백화점 왕 페니", 인터넷 홈페이지 '햇볕같은 이야기 최용우서점', 2008.10.24.

111   "치즈왕 크래프트", 인터넷 홈페이지 '햇볕같은 이야기 최용우서점', 2003.3.1.

112   참조: 한태완, "책임감과 충성", 인터넷 홈페이지 '햇볕같은 이야기 최용우서점', 2007.7.8.

113   "맡은 소임이 충실한 삶", 인터넷 홈페이지 '승동교회', 2006.5.21.

114   "발렌타인의 꽃", 인터넷 홈페이지 '나침반출판사', 2006.8.3.

115   한태완, "각자의 사명", 다음 블로그 '오직 예수', 2007.11.24.

116   참조: 임복만, "진정 큰 사람이 되는 비결", 『당신은 비전이 있습니까?』, 쿰란출판사 1996, 87.

117   참조: 주태산, "인도 호텔의 종업원", 『디지털타임스』, 2004.10.6.

118   최기산, "왜 하늘만 쳐다보나", 『어느 주교의 행복수첩』, 위즈앤비즈 2008, 118-119.

119   참조: 류해욱, "랍비의 선물", 『사랑이 없으면 우린 아무 것도 아니라네』, 바오로딸 2005, 82-84.

Nihil Obstat :
Rev. Raphael Jung
Censor Librorum
Imprimatur :
Most Rev. John Baptist JUNG Shin-chul, S.T.D., D.D.
Episcopus Dioecesanus Incheonensis
2022. 9. 22.

차동엽 신부의 주일 복음 묵상 가해

눈이 열려 (루카 24,31)

2022년 9월 22일 교회인가
2022년 10월 25일 초판 1쇄 발행
2022년 12월 12일 초판 2쇄 발행

엮은이 김상인

펴낸이 (사)미래사목연구소 **| 펴낸곳** 위즈앤비즈
디자인 이건우
주소 경기도 김포시 고촌읍 신곡로 134 **| 전화** 031)986-7141
출판등록 제409-3130000251002007000142호 2007년 7월 2일
홈페이지 miraesm.modoo.at

ISBN 978-89-92825-01-6 03230

값 25,000원

성경 · 전례문 · 교회 문헌 ⓒ 한국천주교중앙협의회, 2022.